Business strategy for financial institutions

金融機関の
ビジネス戦略

持続可能なビジネスモデルの構築に向けた態勢整備

PwC総合研究所
［編］

栗原俊典
北野淳史
古宇田由貴
緒方俊亮
愛敬祥文
［著］

中央経済社

推薦のことば

　金融機関は，低金利環境やわが国の成長の減速，人口減少・高齢化社会や規制強化といったさまざまな経済や社会の不確実性のもと，厳しい収益環境にさらされている。また，フィンテックと呼ばれる金融サービスと最新の情報テクノロジーの融合は，金融機関に新たなビジネスに向けた手段を提供する一方で，規制の対象外である金融以外の他業種からの金融ビジネスへの参入といった新たな競争を引き起こそうとしている。米国におけるサブプライムローン問題に端を発する世界金融危機により，金融機関は国内外においてさらに厳しい規制に服することとなったが，その一方で，金融当局より，顧客本位の業務運営として，顧客の最善の利益を追求するために行動することが求められている。このようなさまざまな取り巻く環境の変化の中で，金融機関が，金融仲介機能を果たし，顧客中心のニーズに応えるために持続可能なビジネスモデルを構築していくことが容易ではないことは想像に難くない。

　本書は，金融機関が，このような複雑なビジネス環境下において，いかに持続可能なビジネスモデルを構築していくかという方法論について，当局や民間金融機関などにおける豊富かつさまざまな経験を有する著者らが，その専門的な知見や実際の経験に基づき，わかりやすくかつ丁寧に説明を行った他に類を見ない書籍である。ビジネスモデルというと，とかくビジネス戦略自体に話が集中しがちであるが，本書は，さまざまなビジネス戦略モデルなどについての説明を行うことのみならず，ビジネス戦略が外部環境や内部要因の変化を踏まえて最適化されるべきことを踏まえ，ビジネス戦略を持続可能なものとするためのプロセスや，これを支える実効的なガバナンスについても多くの説明を行っており，戦略とガバナンスを併せたビジネスモデル全体の持続可能性を高めていくうえで多くの示唆に富む内容となっている。

　なお，持続可能なビジネスモデルの構築は，必ずしも金融機関のみの課題で

はなく，むしろ，金融機関のような規制による参入障壁に囲まれておらず，常にイノベーションや厳しい競争にさらされる事業会社においても共通する課題であるといえる。そのため，本書は，金融機関のほか，証券会社や保険会社といった金融業を営む会社はもちろん，上記のような持続可能なビジネスモデルの構築に取り組もうとする金融機関以外の事業会社においても参考になるものと思われる。

　金融機関やこれら会社においてビジネス戦略や経営計画を策定するにあたり，本書がそのための手掛かりを与えるものとなることを期待している。

　平成30年4月

野村不動産ホールディングス株式会社　取締役会長

吉川　淳

iii

出版に寄せて

夏への扉

「夏への扉」というSF小説を昔読んだことがある。確か，扉の向こうには未来があるというような寓意のタイムマシンものであったように記憶している。自分の居場所から飛び出して未来に向かっていかなければならない，今の日本の金融機関が置かれている場所も同じである。これまでのビジネスモデルを抜本的に見直し，持続可能な未来指向のものを再構築していく必要がある。

長期的低迷と高齢化・人口減少社会

背景にあるのは，いわゆる「長期的停滞」である。これが日本を含めた先進国に広まって久しい[1]。限りなくゼロに近い金利，それがフラットなイールドカーブでどこまでも続いていく。この現象が構造的なものか循環的なものかについては議論はあるが，少なくとも日本に限っては構造的に見える。投資不足と需要不足が直接の原因，ただ，その背景にある要因については多様なものがありそうだ。グローバルな資金需給の歪み，技術革新の鈍化・変質，所得格差の拡大などが挙げられるが，最も影響がありそうなのは，先進国さらには中所得国に広がる少子高齢化・人口減少化であろう。

こうした低金利・フラットなイールドカーブは金融機関の収益構造に大きな影響をもたらす。要は，お金の価値が小さくなっているのであるから，それをどう動かそうが大きな利益は生み出しようもないのである。ただ，その影響具合いは金融機関のビジネスモデルによって天地の差がある。小規模で，地域に特化した金融機関，そして預金で資金調達をし貸出しを主体とするもの，こういう金融機関ほど収益が大きく圧迫される。最近のIMFの報告書での分析であ

1　Larry Summers, *The Age of Secular Stagnation*, February 2016.

iv　　出版に寄せて

る[2]。さらに，長期運用を基礎とする生命保険や年金基金も，高齢化社会の中，同様の課題に直面している。

　近年，金融当局も，こうした金利環境の変化が金融機関の収益構造にもたらす影響について盛んに警鐘を鳴らし始めた。ただ，そうした目に見える変化を待つまでもなく，少子高齢化，成長鈍化，国際化等が金融機関のビジネスモデルに与える影響は直感的にも把握できよう。個人の高齢化が進み人口が減少すれば，一般に銀行貸出への需要は減退し，他方，預金は増えていく。企業サイドでは，大口の貸出先企業は国際化を推し進め，海外で資金調達し，投資をするようになっていく。こうなると，地域に留まりビジネスモデルを変えようとしない金融機関においては，与信業務は縮小の一途を辿り，やがて決済専門銀行へと近似していく。かたや，広域的あるいは国際的に業務展開できる金融機関は，業容を拡大・多様化させ，国際化を推し進めていく。二極化である。

世銀グループもビジネスモデル転換中

　しかし，ビジネスモデルの転換は容易なことではない。国際化さえ進めれば活路が開けるというわけでもない。そして，実はこれは他人事でもないのである。世銀グループも，「市場の創造」というキーワードのもと，これまでの顧客持ち込み案件を受け身で待つ営業姿勢を，案件発掘のため能動的に工夫をこらすビジネスモデルへ転換しようとしている。新興国においては，インフラ整備を含め年間数兆ドルもの資金需要があるといわれるが，実際に資金の手当てができているのは，そのごくわずかでしかない。そのわずかな案件をめぐって，数多くのプレイヤーがしのぎを削っている。要は，新興国のプロジェクト案件の多くはバンカブルなものでないのである。カントリーリスク，規制環境の未整備，為替リスク，事業リスクなど，リスクが多すぎる。そうであれば，これらを能動的にバンカブルなものに変えていくよりほかない。川上戦略である。現地政府に働きかける，投資環境を整備する，土地収用制度やPPP制度の導入

2　International Monetary Fund, *Global Financial Stability Report*, April 2017.

を支援する，そして為替リスクをヘッジできるような商品を提供し，さらには事業のファースト・ロス・リスクを吸収できるような保証を提供する。市場を切り拓き，顧客を見出していく，そういう攻めの戦略への転換である。いずこでも金融業は受け身ではどうにもならぬ時代に突入しているのである。

フィンテック

　さらに伝統的な金融業にビジネスモデルの変容を待ったなしとしているのは，最近流行りのフィンテックの登場であろう。そもそも金融機関に求められている機能とは，大きく分ければ，決済，つまり異なる地点間で資金を移動すること，受信と与信，つまり異なる主体，異なる時点間で資金を移動させ資金の需給ギャップを埋めること，そして，リスク管理のノウハウや金融商品を提供することにより資産の運用を支援することであろう。こうした任務を遂行するために，金融機関はこれまで営々と，決済インフラを構築し，信用情報を分析・蓄積し，リスク管理ノウハウの獲得・蓄積に努めてきた。金融機関が情報産業といわれる所以でもある。しかし，例えば，決済が銀行インフラを使わずとも個々人のモバイル端末で処理できるようになる，膨大な信用情報を公開されたビッグデータをもとにクラウドコンピューティングで処理できるようになる，先進化したAI（人工知能）がリスク管理の適切なアドバイスを提供できるようになる，そうなると，どうであろうか。フィンテックは，既存の金融機関の業務を補完するだけでなく，一部代替しつつある。これは，金融システムが十分に深化・発達していない新興国において，むしろ顕著である。いわゆるリープ・フロッグ現象である。フィンテックという異業種の参入により，プラットフォームごと金融機関の機能が取って代わられてしまう可能性が出てきているのである。

扉が両方向に開く

　そうであるからこそ，金融機関は今こそビジネスモデルを抜本的に見直す必要がある。今いる場所に留まっていてはいけないのであろう。金融規制がいつ

までも守ってくれると思っていてもいけないのであろう。ただ，向こうから入ってこられるということは，こちらからも出ていけるということ。扉は両方向に開いているものだからである。

平成30年4月

国際金融公社　東京事務所長

黒澤　利武

はじめに

本書のねらい

　今，金融機関は，歴史的なビジネスモデルの変革期のスタートラインに立っている。

　世界金融危機後，次なる危機に備え，国際的にさまざまな金融規制が導入され，金融機関の健全性の確保に向けた取り組みがなされてきた。その一方で，金融機関を取り巻く政治，経済，社会，テクノロジーといった外部環境は大きく変化してきた。本邦の金融機関を取り巻く環境は，経済成長の限界，地方衰退，少子高齢化，低金利など，さまざまな問題や不確実性を抱えており，これらを背景として，中長期的な収益性の確保が，金融機関に共通の喫緊の課題となっている。

　他方で，この間にも，アメリカや欧州，新興国をはじめとして，金融機関以外の企業がイノベーションを活用して顧客ニーズに即した金融サービスを提供する動きが生じることで，金融機関の競争環境は激化し，本邦にもその波は押し寄せてきている。この大きな環境変化の荒波の中，金融機関は，自らのビジネスモデルの競争優位性や生産性，成長性を高めて，いかに中長期的に持続可能なものとするか，大変難しい判断に迫られている。

　もっとも，見方を変えれば，金融機関が中長期的に持続可能なビジネスモデルを構築していくための糸口も多い。金融機関自らも新たなテクノロジーを活用し，従来の横並びの商品やサービスではなく，顧客ニーズに合わせた独自の商品やサービスを提供することもできる。生命科学や宇宙，人工知能，ロボットといった次なる技術革新の萌芽も見られ，長期的経済成長につながっていくことも想定される。世界全体では，経済活動の中心が欧米からアジアやアフリカに移っていくレジームシフトも進むであろう。

　このように足元において大きなパラダイムシフトが進んでいく中で，日本経

済全体についてはもちろん，個々の金融機関にとっても，新たなビジネスを創造し，提供していく機会が生じている。イノベーションの進化により，必ずしも資本力や規模で勝る金融機関が競争優位性を有するというわけではなくなった。規模の小さい金融機関であっても，イノベーションを用いてデファクトスタンダードを打ち立てることで，日本，ひいては世界全体にビジネスを広げることも可能かもしれない。

　このような大きなパラダイムシフトを，危機と受け止めて既存のビジネスの維持に腐心するのか，あるいは，好機と捉えて新たなビジネスの展開および持続的成長への足掛かりとしていくのかは，それぞれの金融機関次第である。もちろん確たることはいえないが，これを機に変革を行わない限り，将来の成長を見通すことは困難なのであろう。

　本書は，このような大きなパラダイムシフトが進んでいく中で，収益を持続的に稼ぐ力を確保するために，攻めのビジネスモデルを目指す金融機関に対して，その競争優位性や生産性，成長性を高め，持続可能なビジネスモデルを構築するうえで有益となる方法論や示唆を提供しようとするものである。

本書の構成

　本書は大きく4つの部分によって構成されている。

　第Ⅰ部では，金融機関を取り巻く環境変化を踏まえて，金融機関が目指すべきビジネスモデルの方向性や，持続可能性を高めるために必要となる取り組みなどについて説明している。第Ⅰ部を通して，金融機関が構築すべき持続可能なビジネスモデルとは何か，という大きな問いに対する考え方について概観することができる。

　第Ⅱ部では，顧客中心のビジネスモデルの観点から，金融機関の全社的ビジネス戦略やそれに基づく各種計画の策定の考え方などについて，その参考となりうるビジネス戦略モデルの類型例とともに示している。第Ⅱ部を通して，持続可能なビジネスモデルの構築に向けて，金融機関に求められる戦略および計画を策定するための方法論と考え方について知ることができる。

第Ⅲ部では，持続可能なビジネスモデルの構築および推進に向けて，金融機関がビジネス戦略を策定・執行し，これと一体的にリスク管理を行うための方法論と具体的なプロセスについて説明している。第Ⅲ部を通して，ビジネス戦略の策定やその執行の過程で生じるさまざまな収益機会やリスクに関し，金融機関としてどのようなプロセスを整備し，これらを管理すべきかについて理解することができる。

第Ⅳ部では，持続可能なビジネスモデルを支えるための金融機関のあるべきガバナンス体制について説明している。第Ⅳ部を通して，ビジネス戦略を実効的に管理するために，コーポレートガバナンスのみならずリスクガバナンスやグループガバナンスも含めて，金融機関として整備することが求められるガバナンス体制について理解することができる。

このように，本書においては金融機関が持続可能なビジネスモデルを構築する上で必要となるさまざまな要素について，各章がそれぞれ独立した内容の説明を行っていることから，読者がその関心に応じて必要な章を読むことを想定している。例えば，経営に直接携わる読者には第Ⅰ部だけでも参考になるであろうし，経営企画に関わる読者には主に第Ⅰ部と第Ⅱ部が特に参考になるであろう。また，リスク管理に関わる読者には第Ⅰ部と第Ⅲ部が，内部監査に関わる読者には第Ⅳ部がとりわけ参考となるであろう。なお，直観的な知識を得たいのであれば，図表目次を活用して，持続可能なビジネスモデルの構築に必要な方法論について，鳥瞰図的に捉えることも可能であろう。

本書の執筆にあたっては，佐藤隆文氏（日本取引所自主規制法人理事長）より，海外子会社管理を含むグループガバナンスの重要性などに関して大変貴重なご示唆をいただいた。また，目黒謙一氏（全国保証株式会社監査役）からも，数々の貴重なご示唆をいただくとともに，著者・栗原俊典との共著である『金融規制・監督と経営管理』（日本経済新聞出版社，2014年）に掲載された図表の一部につき適宜改変等を行い本書に掲載することについて，ご快諾いただいた。両氏にはこの場を借りて心より感謝申し上げたい。また，本書の推薦文を

x　はじめに

頂戴した吉川淳氏および発刊にあたって寄稿いただいた黒澤利武氏にも，この
場を借りて心より感謝申し上げたい。本書の執筆にあたり図表の作成や文章の
校正等について多大な貢献をいただいた田端彰子氏にも厚くお礼を述べたい。
なお，本書で示した考えについては，ひとえに著者らの責任であることをお断
りしておきたい。

　最後に，本書の出版にあたり，企画段階から最終校正に至るまで，株式会社
中央経済社の坂部秀治取締役には大変有益なご示唆とご尽力をいただいた。こ
の場を借りて厚くお礼申し上げたい。

　平成30年4月

著　　者

CONTENTS

第Ⅰ部
持続可能なビジネスモデルの構築

第1章　ビジネスモデルの持続可能性が求められる 背景 ——————— 3

① ビジネスモデルの持続可能性・3

② 社会経済システムの不確実性とビジネス戦略に係るリスク・4

(1) 社会経済システムの不確実性とその相関関係／4

(2) ビジネス戦略に係るリスクの管理の重要性／7

(3) レジームシフト／8

(4) 長期的経済サイクル／10

(5) 世界的な人口動態／12

(6) 経済規模の推移（GDP予測）／16

(7) グローバル経済の状況／18

(8) 短期的・中期的経済サイクル／20

(9) 資源価格の推移／23

(10) 世界の紛争問題／25

(11) 軍事バランスの状況／28

③ 今後30年の社会経済システムの予想される変化・30

第2章　ビジネスモデルの方向性 ——————— 33

① ビジネス戦略の潮流・33

(1) 顧客中心のビジネスモデルの重要性／33

(2) イノベーションの積極的活用／34

(3) 顧客ニーズの把握／36

2　CONTENTS

　　(4)　チャネルおよびサービス・商品の開発／37

　　(5)　ビジネスとオペレーションの簡素化／38

　　(6)　ガバナンスの高度化／38

　　② 顧客中心のビジネスモデルの開発のプロセス・39

　　③ イノベーション（技術革新）の進展・42

　　④ 金融機関に求められるビジネスモデルのあり方・44

　　(1)　ビジネスモデルと金融規制／44

　　(2)　金融規制改革の流れ／46

　　(3)　持続可能なビジネスモデルに向けた取り組み／47

第3章　持続可能なビジネスモデルの枠組み ──── 49

　　① 持続可能なビジネスモデルの構成要素・49

　　(1)　持続可能なビジネスモデルの構成要素／49

　　(2)　持続可能なビジネスモデルの構成要素としてのビジネス戦略／51

　　(3)　持続可能なビジネスモデルの構成要素としてのガバナンス態勢／52

　　② 持続可能なビジネスモデル構築の全体像・54

第4章　持続可能性を高めるためのビジネス ポートフォリオ ──────── 56

　　① ビジネスポートフォリオ・56

　　② コアビジネスラインとノンコアビジネスライン・57

　　(1)　コアビジネスラインの特定／57

　　(2)　コアビジネスラインの特定方法／58

　　③ エコノミックファンクションとクリティカルファンクション・60

　　(1)　エコノミックファンクション／60

　　(2)　クリティカルファンクションの特定／60

　　(3)　クリティカルファンクションの特定方法／62

　　④ クリティカルシェアードサービス・64

(1)　クリティカルシェアードサービスの特定／64
　　(2)　クリティカルシェアードサービスの特定方法／65

　5　セパラビリティ・65
　　(1)　セパラビリティ／65
　　(2)　セパラビリティの分析方法／66
　　(3)　ビジネスラインごとの相互連関性／68
　　(4)　セパラビリティの向上／68

　6　レゾルバビリティ・69
　　(1)　レゾルバビリティ／69
　　(2)　レゾルバビリティの分析方法／69
　　(3)　レゾルバビリティ分析とセパラビリティ分析の差異／71

　7　ビジネスポートフォリオの最適化・72
　　(1)　ビジネスポートフォリオの最適化の重要性／72
　　(2)　ビジネスポートフォリオ最適化のための分析／72

　8　金融機関におけるビジネスポートフォリオ分析の全体像・74

　9　金融システムおよび経済システムとの連関性・76
　　(1)　金融機関のシステム連関性／76
　　(2)　経済システムとの連関性／78
　　(3)　金融システムとの連関性／79
　　(4)　金融市場インフラ／80

第5章　持続可能性を高めるためのフレームワーク —— 81

　1　リスク文化とビジネス戦略コントロールのフレームワーク・81
　　(1)　持続可能なビジネスモデルを支えるためのガバナンス態勢／81
　　(2)　リスク文化の醸成および浸透／82
　　(3)　4つのコントロールレバー／83

　2　リスクアペタイトフレームワークの役割・86
　　(1)　リスクアペタイトフレームワーク／86
　　(2)　基層文化の醸成における役割／86

③ リスクガバナンスの役割・88

④ 実績評価・報酬体系の役割・90

  (1) 実績評価・報酬体系の重要性／90

  (2) 実績評価・報酬体系の役割／90

⑤ 持続可能なビジネスモデルの構築プロセス・92

  (1) 持続可能なビジネスモデルの構築プロセスの概要／92

  (2) 構築プロセスの具体的な流れ／95

⑥ ビジネス戦略に係るリスク・96

  (1) ビジネス戦略に係るリスクの管理の必要性／96

  (2) ビジネス戦略に係るリスクの範囲／97

⑦ ビジネス戦略管理の流れ・98

⑧ ビジネス戦略に見合った資本計画策定・100

  (1) 資本計画策定の重要性／100

  (2) 資本計画策定プロセスの概要／101

⑨ ビジネスモデルの持続可能性の検証・102

  (1) ビジネスモデルの持続可能性の検証の必要性／102

  (2) 持続可能性の検証の視点／103

第Ⅱ部
ビジネス戦略と経営計画の策定

第1章　ビジネス戦略策定手法 ——————— 107

① 金融機関を取り巻くビジネスの状況・107

② ビジネス戦略モデル・108

  (1) 経営に関する戦略および計画／108

  (2) ビジネス戦略モデルの類型例／110

⑶　コア戦略／110

　　⑷　ポジショニング戦略／112

　　⑸　成長戦略／113

　③　プラットフォームビジネス・113

　　⑴　金融のプラットフォーム／113

　　⑵　金融以外のプラットフォーマーとの競争／114

　　⑶　競争優位性を高めるための取り組み／116

　④　ピラミッド型ビジネスポートフォリオ・117

　　⑴　サービスピラミッド構造／117

　　⑵　サービスピラミッドをめぐる競争／118

　　⑶　競争優位性を高めるための取り組み／119

　⑤　ソリューション型サービス・120

　　⑴　ソリューション型サービス／120

　　⑵　金融ニーズの把握の必要性／123

　⑥　取引市場型ビジネス・124

　　⑴　金融仲介機能の発揮と取引市場型ビジネス／124

　　⑵　取引市場の競争優位性の確保／126

　⑦　トレード・オフ・127

　　⑴　トレード・オフの考え方／127

　　⑵　トレード・オフの考え方に基づく分析例／128

　⑧　デジタル活用型ビジネス・130

　　⑴　デジタル活用型ビジネス／130

　　⑵　バリューチェーンの最適化／132

　　⑶　デジタル技術を活用した最適化の方法／133

　⑨　低コスト型ビジネス・134

　　⑴　低コスト型ビジネス／134

　　⑵　完全なプラットフォームの構築／134

　⑩　地域トップ型ビジネス・135

6　CONTENTS

　　(1)　地域トップ型ビジネス／135
　　(2)　地域通貨の取り組みの例／136

第2章　ビジネスプランの策定 ──────────── 140

1　バリューチェーン分析・140

　　(1)　バリューチェーン分析／140
　　(2)　バリューチェーン分析の方法／141
　　(3)　バリューチェーン分析の具体例／141

2　顧客ニーズ・144

　　(1)　情報アドバンテージの活用／144
　　(2)　顧客ニーズの把握／145

3　顧客チャネル・147

　　(1)　顧客チャネルのあり方／147
　　(2)　オムニチャネル／147

4　提供する商品・サービス・150

　　(1)　提供する商品・サービスのあり方／150
　　(2)　イノベーションの活用／152

5　コンピテンス・153

　　(1)　コンピテンスの確立／153
　　(2)　金融機関に求められるコンピテンス／154

6　経営資源・157

　　(1)　経営資源の効率的・効果的活用／157
　　(2)　金融以外のプラットフォーマーとの競争における視点／159

7　収益計画の策定プロセス・160

　　(1)　収益計画の策定プロセスの概要／160
　　(2)　収益計画策定の方法／161

CONTENTS 7

第3章 リカバリープラン策定 ——————————— 163

1 ビジネスモデルの持続可能性を高めるためのリカバリープラン・163

2 リカバリープランの必要性・165

3 リカバリープラン・プロジェクトの流れ・167

4 リカバリープラン（ビジネスモデルの分析，リカバリー戦略・経営戦略策定）の流れ・170

(1) ビジネスモデルの分析／170

(2) ビジネスモデルの持続可能性の向上／171

5 ビジネスモデルの分析・173

(1) ビジネスモデルの分析の全体像／173

(2) ビジネスモデルの分析の流れ／173

6 ビジネスモデルの持続可能性向上・176

(1) ビジネスモデルの持続可能性向上のためのプロセス／176

(2) リカバリーオプションのリストアップ／176

(3) リカバリー戦略の策定／178

7 リカバリーオプション・179

(1) リカバリーオプションのリストアップの方法／179

(2) トップダウンシミュレーションを通じたリカバリー戦略の構築／181

8 マネジメントアクションの検討を通じた能動的なリスク管理・183

(1) 能動的なリスク管理の重要性／183

(2) マネジメントアクションの検討を通じた能動的なリスク管理のプロセス／184

第4章 資本計画策定（キャピタルプランニング）—— 188

1 ビジネス戦略遂行のための自己資本の十分性・188

2 資本計画策定の全体像・189

（1） 金融機関に求められる自己資本管理／189

（2） 資本計画策定の全体像／191

③ **資本計画策定プロセス・195**

（1） リスク管理プロセスとの一体的運営の重要性／195

（2） 資本計画策定プロセスの概要／196

④ **自己資本充実度評価・198**

（1） 自己資本充実度評価の概要／198

（2） 自己資本充実度評価に用いられる指標／198

⑤ **キャピタルアクション分析・201**

（1） キャピタルアクション分析の重要性／201

（2） キャピタルアクション分析の流れ／202

（3） 代替的キャピタルアクション例／206

第Ⅲ部
ビジネス戦略の意思決定・管理プロセス

第1章　ビジネス戦略管理プロセス ——————— 211

① **ビジネス戦略に係るリスク・211**

（1） ビジネス戦略に係るリスクの適切な管理の必要性／211

（2） ビジネス戦略に係るリスクの管理の全体像／212

② **外部環境リスクのドライバー・217**

（1） 外部環境リスクの分析／217

（2） 財務リスクのリスクファクターに与える影響の分析／219

③ **競合リスク・220**

（1） 競合リスクの分析／220

（2） 競争優位性の分析／222

④ **金融機関の戦略固有リスク・223**

(1) 戦略固有リスクのリスクファクター／223

(2) 外部要因および内部要因による影響の分析・評価／225

5 戦略執行リスク・227

(1) フロー変数およびストック変数の変動の見積もり／227

(2) 戦略執行リスクによる影響の分析／228

(3) マネジメントアクションの検討／229

(4) 戦略執行リスクの管理のためのSWOT分析例／231

6 戦略・オペレーショナル・財務リスク・233

7 企業価値リスク・234

8 ビジネス戦略管理プロセス・235

第2章　統合的リスク管理 —————————— 240

1 統合的リスク管理プロセス・240

(1) 統合的リスク管理態勢の整備の必要性／240

(2) 統合的リスク管理プロセス／240

2 統計的手法と決定論的手法・245

(1) 各手法の概要／245

(2) 各手法のリスク管理における活用／246

(3) 決定論的手法のシナリオ分析などへの活用／248

3 戦略・収益・資本・リスク・コンプライアンスの一体的プロセス・249

(1) 戦略・収益・資本・リスク・コンプライアンスの一体的プロセスの整備／249

(2) シームレスなリスク管理態勢の構築／252

4 グループ一体的内部管理プロセスの実践・253

(1) グループ一体的内部管理プロセスの整備／253

(2) 管理機能横断的プロセス／255

(3) 業務運営プロセス／256

10　CONTENTS

第3章　有価証券運用戦略管理プロセス ──────── 259

1 有価証券運用戦略と管理プロセス・259

2 ビジネスモデルと投資モデルの関係・260

3 投資哲学・戦略・戦術・262

(1) 投資哲学／262

(2) 投資戦略／263

(3) 投資戦術／264

4 投資ポートフォリオの運用（投資戦略）・264

(1) 投資スタイル／264

(2) 投資アロケーション／265

(3) 投資セグメント／265

5 投資手段・投資商品・266

6 投資戦略検討プロセス・268

7 有価証券投資に係る能動的なリスク管理プロセス・270

8 マネジメントアクションの洗出し・272

9 マネジメントアクションの有効性・実行可能性の評価・273

第4章　コンダクトリスク管理 ──────── 275

1 顧客本位の業務運営・275

2 コンダクトリスク・277

(1) コンダクトリスクとは／277

(2) コンダクトリスクが金融機関に及ぼす影響／279

3 コンダクトリスク管理・280

(1) コンダクトリスク管理の概要／280

(2) コンダクトリスクのリスクアペタイト／282

(3) コンダクトリスクの特定／283

(4) コンダクトリスクの評価／285

(5)　コンダクトリスクのコントロール／286

　　(6)　コンダクトリスクのモニタリング／287

　④　顧客本位のビジネスモデルの確立と利益相反管理・288

　　(1)　利益相反管理の重要性／288

　　(2)　利益相反管理プロセス／289

　⑤　利益相反関係・290

　　(1)　金融機関を取り巻く利益相反関係／290

　　(2)　利益相反の類型化／292

　⑥　利益相反管理プロセス・293

　　(1)　利益相反管理プロセスの概要／293

　　(2)　利益相反管理の具体的プロセス／295

第5章　シナリオ分析（ストレステスト，デスクトップ シミュレーション，戦略策定への活用など）─ 297

　①　リスクアペタイトフレームワークに基づくシナリオ分析を通じた リスク管理・297

　　(1)　シナリオ分析を通じたリスク管理プロセス／297

　　(2)　シナリオ分析に用いられるシナリオ／298

　　(3)　包括的シナリオ分析／299

　　(4)　リカバリープラン・緊急時対応策において用いられるシナリオ分析／ 300

　　(5)　各シナリオ分析の概要／301

　②　シナリオ分析を活用したビジネス戦略検討プロセス・303

　　(1)　シナリオ分析を活用したビジネス戦略検討プロセスの概要／303

　　(2)　内部要因・外部要因の分析／305

　　(3)　戦略案の策定・評価／305

　　(4)　ストレステストの検討・実施／306

　　(5)　アクションプラン検討とビジネス戦略策定／307

　③　計画策定におけるシナリオ分析の活用・308

12 CONTENTS

    (1)　ビジネスプラン策定におけるシナリオ分析の活用の取り組み／308

    (2)　具体的なシナリオ分析活用プロセス／308

④ ストレステストプログラム・311

    (1)　ストレステストプログラムの類型／311

    (2)　全体的ストレステスト／312

    (3)　部分的ストレステスト／313

    (4)　持続可能なビジネスモデルの構築に向けた積極的活用／313

⑤ 全体的ストレステストにおけるシナリオ分析・313

    (1)　全体的ストレステストのシナリオ分析の類型／313

    (2)　共通シナリオに基づくシナリオ分析／315

    (3)　独自シナリオに基づくシナリオ分析／316

⑥ 決定論的手法によるストレスシナリオの策定・317

    (1)　ストレスシナリオの策定手法／317

    (2)　決定論的手法に基づくストレスシナリオの策定／317

⑦ 主要なリスクドライバー（ヒートマップ）とその伝播・320

⑧ 取り巻く環境の変化に見合ったビジネスモデルの構築・322

第6章　リスクアペタイトフレームワーク ──────── 324

① リスクアペタイトフレームワークを通じたリスク管理・324

    (1)　リスクアペタイトフレームワーク／324

    (2)　リスクアペタイトステートメント／326

    (3)　ボードガバナンスの発揮／326

② リスクアペタイトフレームワークの概要・327

    (1)　リスクキャパシティ／328

    (2)　リスクアペタイト／328

    (3)　リスク限度／330

③ リスクアペタイトの整理・330

    (1)　定性リスクアペタイトの設定／330

(2) 定量リスクアペタイトの設定／332

④ リスクアペタイトフレームワークの目的・334

第Ⅳ部
ガバナンス体制

第1章　コーポレートガバナンス ―――――――― 339

① ビジネスモデルを支える実効的ガバナンス・339

② コーポレートガバナンス高度化の潮流・341

③ 金融機関のあるべきガバナンス体制・342

(1) ガバナンス体制の構築の視点／342

(2) 金融機関のあるべきガバナンス体制／343

④ ボードガバナンス・346

(1) モニタリングモデルとマネジメントモデル／346

(2) ボードガバナンスの全体像／348

⑤ 取締役会・352

(1) 取締役会の役割／352

(2) 取締役会の構成／358

(3) 取締役会の運営／359

⑥ リスク委員会・360

(1) リスク委員会の役割／360

(2) リスク委員会の構成／363

⑦ 監査委員会・364

(1) 監査委員会の役割／364

(2) 監査委員会の構成／365

(3) 監査委員会の職務の補助者／366

(4) 内部監査部門との関係／366

8 指名委員会・367

(1) 指名委員会の役割／367

(2) 取締役の選定および評価の基準／368

(3) 指名委員会の構成／370

9 報酬委員会・370

(1) 報酬委員会の役割／370

(2) 報酬委員会の構成／372

10 経営会議・372

(1) 経営会議の役割／372

(2) 取締役会による監督／375

(3) ビジネスモデルに関する承認・決定／376

第2章　リスクガバナンス —————————— 377

1 リスクガバナンスフレームワーク・377

2 スリーラインズディフェンス・378

(1) スリーラインズディフェンスの概要／378

(2) ファーストラインの役割の概要／379

(3) セカンドラインの役割の概要／380

(4) サードラインの役割の概要／380

(5) 取締役会の役割の概要／381

3 セカンドライン・382

(1) リスク管理部門の役割／382

(2) 最高リスク責任者の役割／383

(3) コンプライアンス部門の役割／384

(4) 世界金融危機後のセカンドラインの役割の変化／386

4 サードライン・387

5 リスクガバナンスを支えるリスク文化・389

(1) リスク文化の重要性／389

(2) リスク文化の醸成および浸透のための方法論／390

(3) リスク文化の評価の視点／391

(4) リスク文化の個別評価／393

(5) 健全なリスク文化の醸成に向けたPDCAサイクル／395

(6) リスク文化監査／396

(7) 収益を持続的に稼ぐ文化の醸成／396

第3章　グループガバナンス ——————— 399

1　グループガバナンスの重要性・399

2　持株会社によるグループ一体的管理・400

3　グループガバナンス態勢の整備・405

(1) グループガバナンス態勢の全体像／405

(2) 持株会社の取締役会の役割／407

(3) グループ会社の取締役会の役割／408

(4) 持株会社とグループ会社におけるセカンドラインの整備／409

(5) 持株会社とグループ会社におけるサードラインの整備／409

4　海外子会社のガバナンス管理・411

第4章　実績評価・報酬体系とサクセッション プランニング ——————— 413

1　リスク文化を支える実績評価・報酬体系・413

2　リスク文化およびリスクアペタイトを踏まえた報酬体系・414

(1) リスク文化を支える報酬体系の整備／414

(2) 報酬体系の設計／414

(3) 報酬決定における評価指標／415

(4) 業績連動報酬の設計／416

(5) マテリアル・リスクテイカーの報酬／418

(6) セカンドライン・サードラインの従業員の報酬／418

16   CONTENTS

3 サクセッションプランニング・419

(1) サクセッションプランニング／419

(2) 経営陣候補のための人材育成／421

第5章 ビジネスモデル監査 ——————————— 423

1 ビジネスモデルの持続可能性を検証するための内部監査・423

2 持続可能なビジネスモデルのためのPDCAサイクル・424

3 ビジネスモデルの持続可能性の検証・427

(1) 検証の概要／427

(2) 検証プロセス／429

4 ビジネスモデル監査における監査委員会および内部監査の役割・
   433

5 監督当局との対話・435

参考文献　439

索　　引　443

CONTENTS **17**

■図表目次■

第Ⅰ部　持続可能なビジネスモデルの構築

第1章　ビジネスモデルの持続可能性が求められる背景
図表Ⅰ－1－1：社会経済システムの不確実性とビジネス戦略に係るリスク・5
図表Ⅰ－1－2：レジームシフト・9
図表Ⅰ－1－3：長期的経済サイクル・11
図表Ⅰ－1－4：世界的な人口動態・14
図表Ⅰ－1－5：PPPベースのGDP予測（長期トレンド）・16
図表Ⅰ－1－6：グローバル経済の連関性（クロスセクション分析）・19
図表Ⅰ－1－7：短期的・中期的経済サイクル・21
図表Ⅰ－1－8：グローバル経済に影響を与えうる不確実性の要因・23
図表Ⅰ－1－9：原油価格の推移・24
図表Ⅰ－1－10：世界の紛争地域マップ・27
図表Ⅰ－1－11：軍事バランスの状況・29
図表Ⅰ－1－12：今後30年の社会経済システムの予想される変化・31

第2章　ビジネスモデルの方向性
図表1－2－1：ビジネス戦略の潮流・35
図表1－2－2：顧客中心のビジネスモデルの開発の要素・40
図表1－2－3：イノベーションの進展が予想される主な領域・43
図表1－2－4：金融機関に求められるビジネスモデルのあり方・45

第3章　持続可能なビジネスモデルの枠組み
図表1－3－1：ビジネスモデルの構成要素・50
図表1－3－2：持続可能なビジネスモデル構築の全体像・54

第4章　持続可能性を高めるためのビジネスポートフォリオ
図表1－4－1：コアビジネスラインとノンコアビジネスライン・59
図表1－4－2：エコノミックファンクションとクリティカルファンクション・61

18　CONTENTS

図表1－4－3：クリティカルファンクション判定のための分析・62

図表1－4－4：セパラビリティ分析の例・67

図表1－4－5：レゾルバビリティ分析の例・70

図表1－4－6：ビジネスポートフォリオの最適化・73

図表1－4－7：ビジネスポートフォリオ分析の全体像（イメージ）・75

図表1－4－8：金融システムおよび経済システムとの連関性・77

第5章　持続可能性を高めるためのフレームワーク

図表1－5－1：リスク文化とビジネス戦略コントロールのフレームワーク・82

図表1－5－2：4つのコントロールレバー・83

図表1－5－3：リスクアペタイトフレームワークの役割・87

図表1－5－4：リスクガバナンスの役割・89

図表1－5－5：実績評価・報酬体系の役割・91

図表1－5－6：ビジネスモデルの持続可能性を高めるためのビジネス戦略管理
　　　　　　　プロセス・93

図表1－5－7：ビジネス戦略に係るリスク・97

図表1－5－8：ビジネス戦略管理の流れ・99

図表1－5－9：ビジネス戦略に見合った資本計画策定プロセス・101

図表1－5－10：ビジネスモデルの持続可能性の検証・103

第Ⅱ部　ビジネス戦略と経営計画の策定

第1章　ビジネス戦略策定手法

図表Ⅱ－1－1：金融機関の経営に関する戦略と計画の分類例・109

図表Ⅱ－1－2：ビジネス戦略モデルの例・111

図表Ⅱ－1－3：プラットフォームビジネス・115

図表Ⅱ－1－4：ピラミッド型ビジネスポートフォリオ・118

図表Ⅱ－1－5：ソリューション型サービス・121

図表Ⅱ－1－6：取引市場型ビジネス・125

図表Ⅱ－1－7：トレード・オフ・129

図表Ⅱ－1－8：デジタル活用型ビジネス・131

CONTENTS　19

　　図表Ⅱ－1－9：低コスト型ビジネス・135
　　図表Ⅱ－1－10：デジタル化された通貨のプラットフォーム・137
　　図表Ⅱ－1－11：地域循環型経済・139

第2章　ビジネスプランの策定
　　図表Ⅱ－2－1：バリューチェーンの評価視点の例・142
　　図表Ⅱ－2－2：顧客ニーズ・146
　　図表Ⅱ－2－3：顧客チャネル・148
　　図表Ⅱ－2－4：提供する商品・サービス・151
　　図表Ⅱ－2－5：金融機関のコンピテンス・155
　　図表Ⅱ－2－6：経営資源・158
　　図表Ⅱ－2－7：収益計画の策定プロセス・162

第3章　リカバリープラン策定
　　図表Ⅱ－3－1：リカバリープランとレゾリューションプラン・166
　　図表Ⅱ－3－2：リカバリープラン・プロジェクト・168
　　図表Ⅱ－3－3：リカバリープランの流れ・170
　　図表Ⅱ－3－4：ビジネスモデルの分析・174
　　図表Ⅱ－3－5：ビジネスモデルの持続可能性向上・177
　　図表Ⅱ－3－6：リカバリーオプションの類型例・180
　　図表Ⅱ－3－7：トップダウンシミュレーション・182
　　図表Ⅱ－3－8：マネジメントアクションの検討を通じた能動的なリスク管理・
　　　　　　　　　 185

第4章　資本計画策定（キャピタルプランニング）
　　図表Ⅱ－4－1：資本計画策定の全体像・192
　　図表Ⅱ－4－2：資本計画策定プロセス・196
　　図表Ⅱ－4－3：リスクキャパシティ，リスクアペタイト，リスク限度・199
　　図表Ⅱ－4－4：自己資本充実度評価の例・200
　　図表Ⅱ－4－5：代替的キャピタルアクションの分析・202
　　図表Ⅱ－4－6：キャピタルアクション分析シート・205

20 CONTENTS

図表Ⅱ－4－7：代替的キャピタルアクションの例・206

第Ⅲ部　ビジネス戦略の意思決定・管理プロセス

第1章　ビジネス戦略管理プロセス

図表Ⅲ－1－1：ビジネス戦略に係るリスク・212

図表Ⅲ－1－2：外部環境リスクのドライバー・218

図表Ⅲ－1－3：競合リスクのドライバー・221

図表Ⅲ－1－4：バリューチェーンの競争優位性分析の例・223

図表Ⅲ－1－5：戦略固有リスク・224

図表Ⅲ－1－6：金融機関のリスクファクターの分類例・226

図表Ⅲ－1－7：戦略執行リスク・230

図表Ⅲ－1－8：持続可能性に関する分析例（グローバルに活動する金融機関）・232

図表Ⅲ－1－9：持続可能性に関する分析例（国内を中心に活動する金融機関）・233

図表Ⅲ－1－10：企業価値の分析例・236

図表Ⅲ－1－11：ビジネス戦略管理プロセス・238

第2章　統合的リスク管理

図表Ⅲ－2－1：統合的リスク管理プロセス・241

図表Ⅲ－2－2：統計的手法と決定論的手法・246

図表Ⅲ－2－3：一般的に使用されているリスク計測手法・247

図表Ⅲ－2－4：戦略・収益・資本・リスク・コンプライアンス管理の一体的プロセス・250

図表Ⅲ－2－5：平時・懸念時・危機時にわたるシームレスなリスク管理態勢・252

図表Ⅲ－2－6：一体的内部管理プロセス・254

第3章　有価証券運用戦略管理プロセス

図表Ⅲ－3－1：ビジネスモデルと投資モデルの関係・261

CONTENTS　21

　図表Ⅲ－3－2：投資哲学・戦略・戦術・263
　図表Ⅲ－3－3：投資ポートフォリオの運用・265
　図表Ⅲ－3－4：投資手法・投資商品の例・267
　図表Ⅲ－3－5：投資戦略検討プロセス・268
　図表Ⅲ－3－6：有価証券運用におけるマネジメントアクションの検討・270

第4章　コンダクトリスク管理
　図表Ⅲ－4－1：顧客本位の業務運営とビジネスモデルの持続可能性・276
　図表Ⅲ－4－2：コンダクトリスク・278
　図表Ⅲ－4－3：コンダクトリスク管理の実務・280
　図表Ⅲ－4－4：エマージングリスクの特定方法・284
　図表Ⅲ－4－5：顧客本位の業務運営のための利益相反管理プロセス・289
　図表Ⅲ－4－6：金融機関を取り巻く利益相反関係・291
　図表Ⅲ－4－7：利益相反の類型化・292
　図表Ⅲ－4－8：利益相反管理プロセス・294

第5章　シナリオ分析（ストレステスト，デスクトップシミュレーション，戦略策定への活用など）
　図表Ⅲ－5－1：リスクアペタイトフレームワークに基づくリスク管理とシナリオ分析・298
　図表Ⅲ－5－2：各シナリオ分析のイメージ・301
　図表Ⅲ－5－3：シナリオ分析を活用したビジネス戦略検討プロセス・304
　図表Ⅲ－5－4：計画策定におけるシナリオ分析の活用プロセス・309
　図表Ⅲ－5－5：ストレステストプログラムの類型・311
　図表Ⅲ－5－6：全体的ストレステストのシナリオ分析の類型・314
　図表Ⅲ－5－7：決定論的手法に基づくストレスシナリオの策定・318
　図表Ⅲ－5－8：主要なリスク（ヒートマップ）とリスクの伝播・321
　図表Ⅲ－5－9：取り巻く環境の変化に見合ったビジネスモデルの構築・323

第6章　リスクアペタイトフレームワーク
　図表Ⅲ－6－1：リスクアペタイトフレームワーク・325

22 CONTENTS

図表Ⅲ－6－2：リスクアペタイトフレームワークの概念図・327

図表Ⅲ－6－3：リスクアペタイトの整理の方法・331

図表Ⅲ－6－4：定量リスクアペタイト指標の例・333

第Ⅳ部　ガバナンス体制

第1章　コーポレートガバナンス

図表Ⅳ－1－1：ビジネスモデルを支える実効的なガバナンス態勢・340

図表Ⅳ－1－2：金融機関のあるべきガバナンス体制・346

図表Ⅳ－1－3：ボードガバナンスの全体像・348

図表Ⅳ－1－4：取締役会の役割・357

図表Ⅳ－1－5：リスク委員会の役割・363

図表Ⅳ－1－6：監査委員会の役割・365

図表Ⅳ－1－7：指名委員会の役割・368

図表Ⅳ－1－8：報酬委員会の役割・371

図表Ⅳ－1－9：経営会議の役割・373

第2章　リスクガバナンス

図表Ⅳ－2－1：スリーラインズディフェンスによるリスクガバナンス・378

図表Ⅳ－2－2：内部監査機能の役割・387

図表Ⅳ－2－3：リスク文化の基本的要素と評価の視点・391

図表Ⅳ－2－4：リスク文化の個別評価指標・394

図表Ⅳ－2－5：収益を持続的に稼ぐ文化の醸成・398

第3章　グループガバナンス

図表Ⅳ－3－1：持株会社によるグループ一体的管理・402

図表Ⅳ－3－2：グループ一体的ガバナンス態勢・403

図表Ⅳ－3－3：ビジネス戦略に見合うグループガバナンス態勢の整備・406

第4章　実績評価・報酬体系とサクセッションプランニング

図表Ⅳ－4－1：定量的指標・定性的指標の例・416

図表IV－4－2：固定報酬と変動報酬による報酬制度・417

図表IV－4－3：報酬体系の整備において求められる要素・419

図表IV－4－4：経営陣候補のための人材育成・421

第5章　ビジネスモデル監査

図表IV－5－1：持続可能なビジネスモデル構築に向けたPDCAサイクル・425

図表IV－5－2：実効的なリスクアペタイト枠組みに係る原則・428

図表IV－5－3：ビジネスモデル監査プロセス・429

図表IV－5－4：ビジネスモデル監査のための検証シート例・431

図表IV－5－5：全般的な課題の概要マップ・432

図表IV－5－6：個別課題の整理マップ・434

図表IV－5－7：ビジネスモデル監査における監査委員会と内部監査の役割・436

図表IV－5－8：監督当局との対話・437

第 I 部

持続可能な
ビジネスモデルの構築

2　第Ⅰ部　持続可能なビジネスモデルの構築

　第Ⅰ部では，金融機関に持続可能なビジネスモデルの構築が求められる背景や目指すべきビジネスモデルの方向性，また，そのために金融機関において求められるさまざまな取り組みについて，広く説明を行う。

　まず，金融機関を取り巻く社会経済システムの不確実性が増大する中で，金融機関が持続可能なビジネスモデルを構築することが必要とされる背景について，ビジネス戦略の検討に際して行う必要のある外部環境の分析方法とともに，説明を行う（第1章）。

　また，イノベーションが劇的に進展していく中で，金融機関が目指すべきビジネスモデルとして，イノベーションを活用した顧客中心のビジネスモデルの構築の重要性について説明を行う（第2章）。

　持続可能なビジネスモデルを構築するためには，ビジネス戦略とこれを支えるガバナンス態勢を構築することが必要となる。そこで，前者については，ビジネス戦略モデルの検討による最適なビジネス戦略の策定とビジネスポートフォリオの強靱性の確保が必要となり，後者については，ビジネス戦略を支えるガバナンス態勢（プロセスおよびガバナンス体制）が必要となることについて説明を行う（第3章）。

　さらに，ビジネスモデルの持続可能性を高めるためには，ビジネス戦略の策定および実施を通じて最適なビジネスポートフォリオを構築していくことが重要であり，それは危機に対する強靱性を高めることにつながる。そこで，このようにビジネスポートフォリオを最適かつ強靱なものとするための方法論について説明を行う（第4章）。

　最後に，ビジネスモデルの持続可能性を高めるためのフレームワークとして，金融機関に整備が求められるビジネス戦略を支えるガバナンス態勢について，とりわけリスク文化の醸成やビジネス戦略管理の観点から説明を行う（第5章）。

第1章
ビジネスモデルの持続可能性が求められる背景

① ビジネスモデルの持続可能性

　金融機関[1]は，資金余剰者である貯蓄主体から資金需要者である支出主体に資金を仲介する金融仲介機能を発揮することで，金融の円滑化に資するとともに，金融システムの一部を構成し，信用秩序の維持を支える存在となっている。また，金融機関は，広く国民一般の預金を受け入れ，国民経済の資金流通を支える重要な役割を果たす。金融機関の業務が公共性を有するとされる[2]のは，このように金融機関が金融の円滑化，信用秩序の維持および預金者保護といった公的に重要な役割を果たすためである。このような業務の公共性から，金融機関は，金融を取り巻く環境が急激に変化する中においても，景気変動サイクルに左右されることなく，その業務を通じて質の高い金融仲介機能を発揮し，企業や経済を十分に支え，これらの持続的かつ健全な成長・発展に貢献するとともに，安定的な資産形成などによる国民の厚生の増大に寄与することが強く求められる。

　そのため，金融機関は，持続可能なビジネスモデルを構築し，このような自らに求められる役割を果たすことが重要となる。

1　本書において「金融機関」とは，他に定義する場合を除き，本邦における銀行，信用金庫，信用組合，労働金庫，農漁業協同組合その他の預貯金取扱金融機関を指し，文脈上海外のものを含む場合には海外におけるこれらに類するものを含む。
2　銀行法第1条，信用金庫法第1条など。

4　第Ⅰ部　持続可能なビジネスモデルの構築

　もちろん，金融機関にとって単一または共通の持続可能なビジネスモデルというものが存在するわけではなく，それぞれの金融機関が，自らのビジネス特性やリスクプロファイル，競合他社との関係および取り巻く環境などを踏まえた最適なビジネスモデルを探究する必要があることはいうまでもない。現在，少子高齢化が一段と進む一方で，地政学リスクが高まるなど，政治・経済・社会情勢がますます不安定化し，金融機関を取り巻く環境が急激に変化している。金融機関は，このような先行きに対する不確実性が高まる状況において，自らを取り巻く環境を絶えず把握するとともに，中長期的かつフォワードルッキングな視野も持って，自らのビジネスモデルを最適なものとし続けなければならない。

② 社会経済システムの不確実性と ビジネス戦略に係るリスク

　金融機関のビジネスに影響を与える外部環境は，国内外の政治，経済，技術革新，人口動態など多岐にわたる。金融機関は，これらの状況を適時適切に把握することはもちろん，それぞれの相互の影響や関係も把握したうえで，自らのビジネスモデルをどのように構築していくべきかについて検討を行う必要がある。

(1)　社会経済システムの不確実性とその相関関係

　図表Ⅰ－1－1の上部は，金融機関が一般的にビジネス戦略の検討において考慮すべき社会経済システムの不確実性の要因となりうる要素とその連関について表したものである。

　この図に掲げるように，足元において考慮すべき社会経済システムの不確実性の要因，すなわち外部環境の変化としては，欧州や日本をはじめとする先進国の成長の限界と，成長力は多少弱まったものの新興国における高度経済成長の継続，引き続き欧州でくすぶるソブリンリスクや日本を含む財政危機のリス

第1章 ビジネスモデルの持続可能性が求められる背景　5

図表Ⅰ-1-1　社会経済システムの不確実性とビジネス戦略に係るリスク

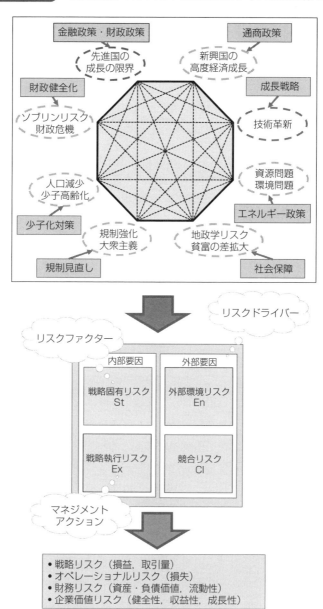

6　第Ⅰ部　持続可能なビジネスモデルの構築

ク，先進国はもちろん新興国においても見られ始めた人口減少と少子高齢化，いわゆるリーマンショックに端を発する金融危機（以下，「世界金融危機」という）後の金融規制強化と，従来型の既得権益を含むエスタブリッシュメントや富める者に対する批判として支持を集める大衆主義，政治・経済圏からの離脱に見られる「連帯」から「自立」への動きや中東における宗教的対立，不安定化する東アジアなどの地政学的リスクと貧富の差の拡大，原油とそれを代替しうるシェールオイルやシェールガスなどの資源問題と地球温暖化を中心とした環境問題，生命科学や人工知能（AI）の分野をはじめとする社会や経済に大きな影響を及ぼしうる技術革新など，さまざまなものが挙げられる。

　これらはそれぞれ独立して金融機関のビジネスに影響を与えるのではなく，それぞれが相互に連関することによって，金融機関に対しさまざまな影響を及ぼしうる。例えば，先進国や新興国における貧富の差の拡大が，世界金融危機後の金融規制の強化を後押しする1つの要因となったが，それにとどまらず，自国主義や大衆主義と呼ばれる気運を高めるとともに，他方で世界中にテロリズムを拡大させることにもつながり，結果として，世界中で広く社会・政治の安定が失われ，地政学リスクが高まり，社会経済システム全体の不確実性を一段と増加させることとなっている。

　これらの社会経済システム上の不確実性の要因に対しては，例えば，同図に示すように，各国・地域の政府により金融政策・財政政策，財政健全化の政策，少子化対策，規制見直し，社会保障，エネルギー政策，成長戦略および通商政策などのさまざまな政策手段の実施が行われることとなるが，このような諸施策も金融機関のビジネスに影響を及ぼすことになる。例えば，世界金融危機後，先進国の成長の限界に対しては，金融政策・財政政策の一環として，各国・地域において非伝統的な金融政策と呼ばれる経済刺激のための量的金融緩和政策やマイナス金利政策の導入などが行われることとなった。その結果，イールドカーブ全体の低下が促されることにより，短期的には金融機関の純金利収入の減少を引き起こし，金融機関の収益性にマイナスの影響を及ぼすこととなっている。また，このような成長の限界に関連して，先進国を中心とするソブリン

リスクや財政危機の問題は，当該国・地域の財政の持続可能性に対する信認を損なわせることから，これらの国・地域において財政再建の必要性に迫られることとなる一方で，低成長環境下の景気対策としての財政出動への期待が高い中で，これらの国・地域において実施される政策が結果として為替市場や株式市場などにさまざまな影響を及ぼし，金融機関の財務やビジネスにも影響を及ぼすこととなる。

(2) ビジネス戦略に係るリスクの管理の重要性

これらの社会経済システム上の問題と各国・地域の政府による諸施策は，それぞれ相互に複雑に絡み合うことから，これらを総体的な観点から捉える必要があり，その解決は一層複雑かつ困難なものとなっている。このような状況において，金融機関は，そのビジネス戦略の策定および実施にあたり，自らを取り巻く社会経済システム上の不確実性の要因を総体的に把握したうえで，これらの複雑に絡み合う要因に対し各国・地域においてどのような政策手段が採られうるのかということも含めて分析することが求められる。そのうえで，ビジネス戦略に関して生じるおそれのあるリスクを的確に把握し，持続可能なビジネスモデルの構築に向けたビジネス戦略の策定や見直しに活用していくためには，上記のような外部環境や自らを取り巻く競合環境をリスクドライバーとして把握したうえで，これらがビジネス戦略の固有のリスクファクターに及ぼす影響を把握し，同図の下部に示すような実際の戦略執行において顕在化するリスクに関してさまざまなストレス事象が生じた場合の影響をフォワードルッキングに分析・評価する必要がある。さらには，これに対処するためのマネジメントアクションの検討を行うことで，ビジネス戦略自体の評価やその見直しにつなげていくことが重要となる。

そのため，金融機関は，このようなビジネス戦略に係るリスクの管理を行う前提として，社会経済システムの不確実性が高まる状況のもと，かかる社会経済システムにおいて，さまざまな不確実性がどのように相互に作用し，これらに対応するためにどのような政策手段が講じられ，かつ，これらのリスクドラ

8　第Ⅰ部　持続可能なビジネスモデルの構築

イバーが結果として金融市場や金融システムのほか金融機関内部のリスクファクターにどのような影響を与える可能性があると見込まれるかについて，フォワードルッキングな視点から分析を行う，いわゆるシステムダイナミクス的な思考方法を養うことが，より一層重要となっている。

　以下では，金融機関を取り巻く環境である社会経済システムについて，より具体的に見ていくこととする。

(3)　レジームシフト

　少子高齢化や先進国における成長の限界により国内経済が縮小しつつある中で，金融機関は，海外への事業活動の展開や，国内企業の海外進出の支援を行うなど，海外関連業務を拡充することも1つの選択肢として考えられる。また，国内において金融業務を提供する場合においても，日本国内の経済活動は，輸出入といった他国・地域との交易活動や，他国・地域の経済活動や市場による影響を大きく受ける。そのため，金融機関がこのように国内外における事業活動の展開やそのバランスを検討するにあたっては，今後の中長期的なグローバルな経済・社会動向を的確に予測することが不可欠となる。

　図表Ⅰ-1-2は，1700年から2012年までの期間における世界の商品・サービスの生産量の地域別分布を示したものであり，グローバルにおける各地域の経済活動の相対的規模の推移を表している。

　例えば，大清帝国が現在の中国を中心とする地域において繁栄していた18世紀当時，アジアは，世界において，ヨーロッパ，アメリカ大陸およびアフリカを凌ぐ生産量を誇る経済圏を構成していた。しかし，その後18世紀後半のイギリスにおける産業革命を経て，イギリスやヨーロッパ，また19世紀後半の南北戦争後の西部開拓を経たアメリカ合衆国における相対的生産量が増加したことで，グローバル経済の中心は欧米に移ることとなった。そして，2度にわたる世界大戦の終結から70年以上が経過する中で，米欧の先進国の成長が限界に達する一方で，アジアにおいては，戦後の日本の高度経済成長，近年の中国やインド，東南アジアなどにおける急激な経済成長などを経て，今日においては生

図表Ⅰ-1-2　レジームシフト

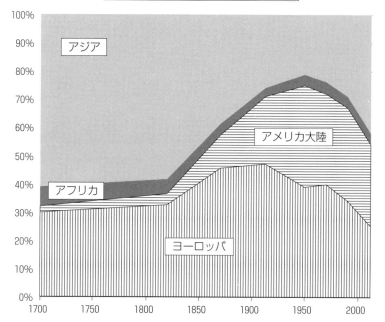

生産量の世界分布1700年〜2012年

出所：トマ・ピケティ，PSE（パリ経済学校）のデータをもとに作成

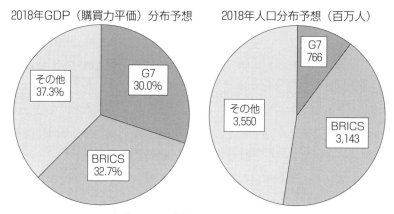

出所：国際通貨基金，世界経済見通しデータベースをもとに作成

10　第Ⅰ部　持続可能なビジネスモデルの構築

産量の著しい拡大を見せており，グローバル経済活動におけるアジアの重要性
は着実に高まっている。

　このような背景を踏まえて世界全体を見渡すと，従来の米欧を中心とする市
場型の資本主義から，中国を代表例とする国家が主体となる国家資本主義へと
政治・経済構造の大きなレジームシフトが起こりつつあることを認識する必要
がある。2008年に生じた世界金融危機により，それまでのG7という先進国に
よる国際経済協調の枠組みが，G20と呼ばれる新興国を含む国々による枠組み
へと移行している。今後さらに，BRICS（ブラジル，ロシア，インド，中国お
よび南アフリカ）を中心とする新興国における政治や経済体制が，従来の先進
国主導の体制に代わり，世界をリードしていくことが予想される。金融機関は，
これらの結果として今後社会経済システムにどのような影響が生じうるのかに
ついてフォワードルッキングに分析・評価し，これに適切に対応していくこと
が必要となっている。

⑷　長期的経済サイクル

　金融機関が中長期的に持続可能なビジネスモデルを構築するためには，時系
列的視点をもって，現在および近い将来の経済状況を把握または予想するのみ
ならず，より長期的な観点から，金融機関を取り巻く経済状況を見通し，これ
を考慮に入れる必要があることはいうまでもない。

　歴史を遡ると，**図表Ⅰ－1－3**に示すように，産業革命以降，現在に至るま
で，およそ50年から60年の経済サイクルである長期の景気変動（いわゆるコン
ドラチェフの波）が観測されている。この長期的な景気変動サイクルは，技術
革新の周期により発生するものと考えられており，直近のものとしては，1990
年前後から始まった第5周期である情報技術の大きな発展を伴う景気変動周期
の中にあるといわれている[3]。また，米国の未来学者アルビン・トフラーが「第
3の波」と呼んでいた情報革命の波にわれわれは現在置かれている。これまで

3　ただし，この点については諸説あるところである。

の3つの革命の波のうち，人類が農業を開始して以降，近世までの農業革命の第1の波が最も長く，その次の18世紀以降の産業革命に伴う第2の波を経て，第3の波である情報革命の期間はさらに短くなるものと予想されている。

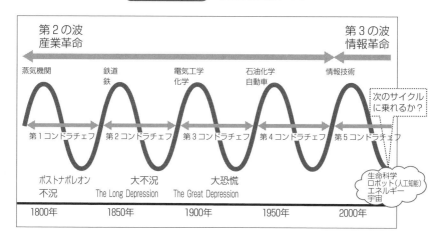

図表Ⅰ-1-3　長期的経済サイクル

　第3の波においては，情報技術の革新により，インターネットの爆発的普及や，ネット取引やソーシャルネットワーキングサービス（SNS）の一般化などが見られ，これにより情報化社会が進展し，産業構造や人々の生活スタイル・行動様式が大きく変化している。その双方向性や即時性といった特徴から，個人や顧客の情報発信力も強くなったため，そのニーズも多様化しており，従来の大量生産・画一的なサービスや商品ではなく，個人や顧客のニーズを把握し，これにあわせてカスタマイズされたものを提供することが重要となってきている。しかし，これらの分野においては，グローバルにデジタルプラットフォームを提供する米国のグローバル企業などが世界的に市場を席巻している一方で，日本企業はグローバルには立ち遅れてしまったといえる。

　もっとも，こうした第3の波は，前述のとおり短期間で終わり，その次の第4の波が近い将来訪れると予想されているところ，そこで有力視されているものが医療分野における生命科学（ライフサイエンス），人工知能（AI）やロ

12   第Ⅰ部　持続可能なビジネスモデルの構築

ボット工学，そして再生可能エネルギーのエネルギー革命や宇宙革命などである。これらにより，例えば生命科学の発展による人間の健康長寿化，人工知能やロボット工学による労働力の代替など，人々の生活スタイルはさらに大きく変化し，それに伴いそのニーズも変化していくものと予想される。

　金融機関としては，こうした第4の波が近い将来訪れることを予測し，これを先取りする形で，本邦においてこのような新たな革新的技術を担う企業に対し，財務的側面にとどまらず経営的側面を含めさまざまな面から支え，グローバル市場での競争を支えていくことができれば，日本経済にとって中長期的にプラスの影響をもたらすことはもちろん，金融機関としても長期的な観点からの収益性を確保することができ，結果としてビジネスモデルの持続可能性を高めることにもつながっていくのではないかと考えられる。また同様に，技術革新のスピードが指数関数的に速まることを意識しつつ，今後の人々の生活スタイルやニーズの変化を見越して，これを先取りした商品やサービスを提供していくことも，ビジネスモデルの持続可能性を高めるためには重要になるものと考えられる。

(5)　世界的な人口動態

　経済成長の源泉の1つとして，人口（労働人口）の増加を挙げることができる。世界的な人口動態について見ると，先進国においては少子高齢化により人口減少が進む一方で，アフリカにおいては，足元，人口の爆発的な増加が進んでいるのは周知のとおりである。日本においても，少子化対策は喫緊の重要課題であり，適切な少子化対策を講じなければ出生率が1.0近辺に収斂するのではないかといわれていることから，政府もさまざまな少子化対策としての取り組みを進めているところである。

　図表Ⅰ－1－4は，1950年以降のグローバルな出生率と人口動態，および2100年頃までのそれぞれの見通しを国連のデータを基に示したものである。日本については，少子化対策がそれなりに奏功して今後出生率が約1.5人前後に収斂するとの楽観的な仮定が置かれているが，それでも，2050年頃に日本の人

口は 1 億人を割り込み9,800万人程度にまで減少すると予測されている。また，これまで人口増加が経済成長に直結してきた中国においても，2021年頃には人口増加のピークを迎えることが予測され，その後は，過去の一人っ子政策の影響も相まって，先進国と同様に少子高齢化が進んでいくと予測されている。その他，日本および中国を除くアジアにおいては2045年頃に人口増加のピークを迎えると予測されており，最後まで人口成長が進むと思われるアフリカにおいても2100年頃にはピークを迎え，その後人口が減少する段階に入ると予測されている。

　日本においては，人口減少が経済成長の後退や地方の衰退につながっていくと一般的には予測されているが，他方で，足元における少子化対策のほか，女性や高齢者の社会進出や社会参加に伴う労働力の確保，さらには医療やAI，ロボティクスの進歩などによって，人口減少が経済の縮小に必ずしも直結するわけではないという見方も示されている。上記のとおり，今後，新興国やアフリカにおいても，日本と同様に人口減少の問題に遅かれ早かれ直面することになると予測されているが，こうした日本やグローバルにおける人口動態の変化が，日本やグローバルの経済はもちろん，金融機関のビジネスに及ぼす可能性のある影響を考えることは，長期的および超長期的な視点からビジネスモデルの持続可能性を高めることを検討していくうえで重要な視点になると考えられる。

第Ⅰ部　持続可能なビジネスモデルの構築

図表Ⅰ-1-4　世界的な

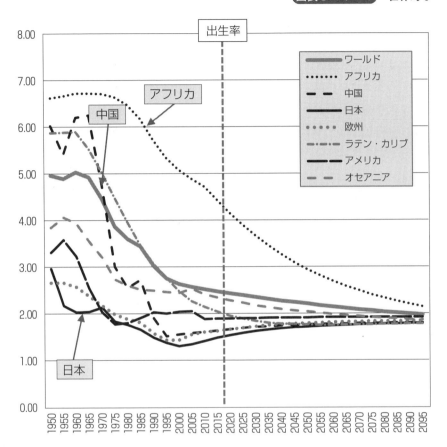

第1章 ビジネスモデルの持続可能性が求められる背景　15

人口動態

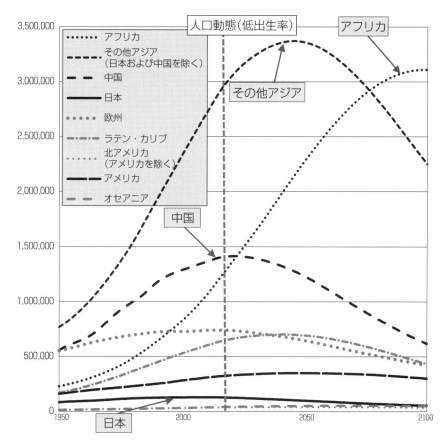

出所：国連，経済社会局データをもとに作成

16　第Ⅰ部　持続可能なビジネスモデルの構築

(6)　経済規模の推移（GDP予測）

　人口動態に加え，各国の経済規模が今後どのように推移し，また相対的にどのような順位となっていくのかを把握することも，金融機関が持続可能なビジネスモデルの構築を検討していく観点からは重要である。**図表Ⅰ－1－5**は，2016年，2030年および2050年の各国の購買力平価（PPP）ベースの国内総生産

図表Ⅰ－1－5　PPPベースのGDP予測（長期トレンド）

（2016年の日本のGDPを100%として指数化）

順位	国名（2016）	GDP	国名（2030）	GDP予測	国名（2050）	GDP予測
1	中国	431%	中国	771%	中国	1186%
2	米国	376%	米国	476%	インド	895%
3	インド	177%	インド	396%	米国	691%
4	日本	100%	日本	114%	インドネシア	213%
5	ドイツ	81%	インドネシア	110%	ブラジル	153%
6	ロシア	76%	ロシア	96%	ロシア	145%
7	ブラジル	64%	ドイツ	95%	メキシコ	139%
8	インドネシア	61%	ブラジル	90%	日本	137%
9	英国	57%	メキシコ	74%	ドイツ	124%
10	フランス	55%	英国	74%	英国	109%
11	メキシコ	47%	フランス	68%	トルコ	105%
12	イタリア	45%	トルコ	61%	フランス	95%
13	韓国	39%	サウジアラビア	56%	サウジアラビア	95%
14	トルコ	39%	韓国	54%	ナイジェリア	88%
15	サウジアラビア	35%	イタリア	52%	エジプト	88%
16	スペイン	34%	イラン	48%	パキスタン	86%
17	カナダ	34%	スペイン	44%	イラン	79%
18	イラン	30%	カナダ	43%	韓国	72%
19	オーストラリア	24%	エジプト	42%	フィリピン	68%
20	タイ	24%	パキスタン	38%	ベトナム	64%

出所：PwC調査レポートの予測（購買力平価ベース）のデータをもとに作成

（GDP）の規模と予測について，2016年度の本邦のGDPを100％として指数化することで示したものである。

　2016年の時点で，すでに中国が世界最大の経済大国となっており，日本は4位にとどまっている。また，中国を含むBRICSと呼ばれる5か国のうち4か国が上位を占めており，これら4か国はさらに経済成長により順位を上げて，2050年の時点ではいずれも上位6か国に含まれることになると予想されている。一方で，G7に当たる国々は，2016年時点では上位20か国に全て入っているものの，2050年においてはイタリアとカナダの2か国が20位圏外へ落ちると予想されている。また，米国は，2050年において，インドに抜かれるものの3位の順位を確保すると予想される一方，残りの4か国については，さらに順位を落とすこともさることながら，絶対的な経済規模という観点で最上位の国々からは大きく引き離されることになると予想されている。

　また，BRICS以外の新興国のうち，インドネシアやメキシコについては2016年の時点ですでに上位に位置しているところ，今後，これらの国は着実にその順位と経済規模を高めていくと予想されている。また，2016年には20位圏外に位置していたアフリカのエジプトおよびナイジェリア，ならびにアジアのパキスタン，ベトナムおよびフィリピンなどは，2050年においてはいずれも上位20か国の一角を占めることになると予想されている。

　このように，すでに上位に位置している新興国は着実に経済規模と順位を高めていくとともに，それ以外の新興国あるいは発展途上国の一部についても今後急激にGDPを拡大していくと予想される一方で，現在の先進国は，相対的な経済規模に関して，上位との差がますます拡大することとなり，新たに台頭する国々との差は縮小していく状況に今後置かれることになると予想されている。金融機関がグローバルな視点を踏まえた中長期的なビジネスモデルの持続可能性を高めていく観点からは，こうした世界規模の経済動向をフォワードルッキングに把握したうえで，これをさまざまな戦略策定に活かしていく必要がある。

18   第Ⅰ部　持続可能なビジネスモデルの構築

(7)　グローバル経済の状況

　これまで，時系列的（タイムシリーズ的）視点からグローバルの経済動態を見てきたが，その分析においては，あわせて，各国の経済がどのように連関し，相互に作用しうるのかといったクロスセクションの視点により，地域横断的な経済分析を行うことも必要となる。

　図表Ⅰ-1-6は，グローバル経済について2018年初頭時点のクロスセクション分析を行う例を示したものであるが，各地域の経済や地政学上のさまざまな要因や状況が相互に影響を及ぼし合っていることがわかる。

　世界金融危機後を例に考えると，米国における大規模な量的緩和策の終了によりグローバルに広がった過剰流動性が解消していく過程で，新興国への投資やオルタナティブ投資などに向けられていた資金が米国に還流し，これが新興国における通貨下落や，通貨下落対策を行った結果としての外貨準備高不足，および資源価格下落などを引き起こし，グローバルに金融資本市場が混乱するおそれがある。こうした構図は，過去においても米国の金融政策や通貨政策の変更時には幾度となく見られた動きであり，1997年のアジア通貨危機においては米国の政策変更をきっかけとして世界的な金融危機に発展していった。

　また，中国をはじめとして，経済成長を続ける新興国においては景気減速や過剰生産が見られるが，今後一層景気が下振れした場合には，それに伴い資源価格のさらなる下落や世界的な需要不足と供給過剰が生じ，グローバル経済の成長に強い下押し圧力が生じる可能性がある。さらに，当該新興国におけるバブルの崩壊や，それに伴う不良債権問題の顕在化による金融システムの混乱にまで至るような場合には，これがさらにグローバル金融システムの混乱にまで波及する可能性もある。あるいは，これらに伴うエネルギーや資源価格の低迷によって，資源国の通貨危機や経済混乱にまで進展する可能性もある。

　世界金融危機後，欧州を中心とした先進国においては，景気低迷が長引く中で，混乱や紛争が続く中東からの大量の移民の流入が続いたことや，貧富の差が拡大していることと相まって，保護主義や自国主義といったポピュリズムが

第1章 ビジネスモデルの持続可能性が求められる背景 19

図表 I-1-6 グローバル経済の連関性(クロスセクション分析)

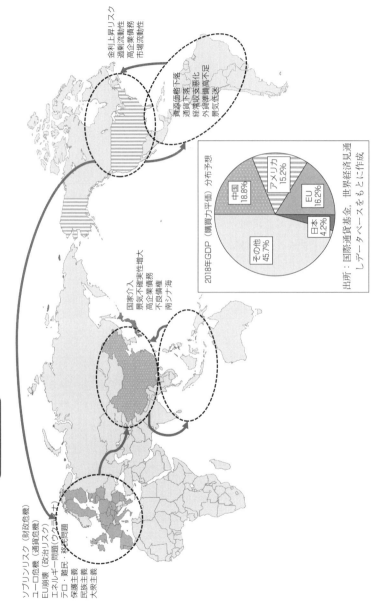

20　第Ⅰ部　持続可能なビジネスモデルの構築

台頭してきている。こうした波が今後さらに大きくうねりを打てば，先進国における政治の混乱を引き起こし，グローバル経済の分断，それに伴う世界的な景気低迷や，地政学リスクの高まり，経済や金融システムの不確実性の増大などを引き起こすことにもつながりかねない。宗教やイデオロギーの問題に起因する紛争やテロリズム，領土に関する国家間の紛争は，グローバル経済に影を落とし続けると見込まれる。

　以上のように，グローバルにさまざまな要因や問題が複雑に絡み合う中で，時系列的視点から世界の政治，経済および社会の動きを予測することがより一層困難となっていることに加え，各国における影響が他国にどのような形で伝播しうるかといったクロスセクション分析を行うことも必ずしも容易ではなくなっている。かかる状況下においても，金融機関としては，こうしたリスクを特定・評価し，ビジネス戦略の策定に活かしていくことが必要となるといえる。

(8)　短期的・中期的経済サイクル

　前記(4)では30年先や50年先を見据えた長期および超長期の景気動向の分析の必要性について触れたが，グローバル経済の分析にあたっては，短期的および中期的な経済サイクルについて考慮することももちろん欠かせない。短期的および中期的なビジネスサイクルとしては，平均40か月を周期とする在庫投資の循環的変動に基づく景気変動サイクルであるキチン循環と，平均8～10年を周期とする設備投資などの循環的変動に基づく景気変動サイクルであるジュグラー循環，さらに平均20年を周期とする建築物の需要に伴う景気変動サイクルであるクズネッツ循環が観察されているが，こうした短期的または中期的な景気循環の動きと実際の経済動向とを照らし合わせながら，今後の経済動向をフォワードルッキングに分析していくことが金融機関には必要となる。**図表Ⅰ－1－7**は，1980年以降の各国および世界全体のGDP成長率（予測値を含む）を示したものである。

第1章　ビジネスモデルの持続可能性が求められる背景

図表Ⅰ-1-7　短期的・中期的経済サイクル

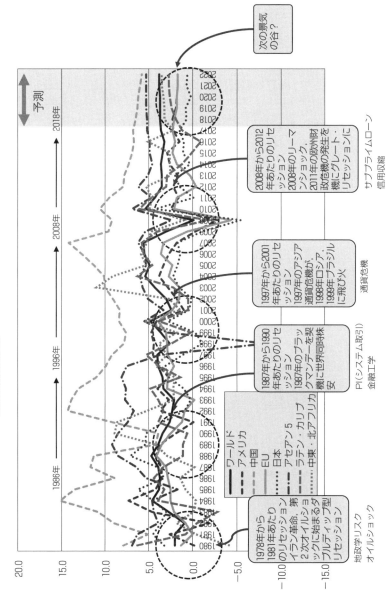

出所：国際通貨基金のデータをもとに作成

22　第Ⅰ部　持続可能なビジネスモデルの構築

　同図で示されるように，いわゆるジュグラー循環の周期である10年前後で景気の循環が定期的に生じており，直近では，2007年のサブプライムローン問題および2008年から2012年にかけての世界金融危機に端を発するザ・グレート・リセッションや欧州ソブリン危機を機に，大規模な景気後退が起きている。

　このような約10年を周期とする景気変動の波は，今後も継続する可能性があると見込まれるが，金融機関が持続可能なビジネスモデルを構築していくうえで重要なことは，景気の下降局面においてさまざまな不確実性や問題が発生した場合，これらが相互に増幅し合うことでより深い景気後退やより長期にわたる景気後退が生じる可能性があることを認識し，これを的確に分析したうえで，どのように対処していくかについて検討を行うということである。1987年のブラックマンデー，1997年のアジア通貨危機および2007年のサブプライムローン問題や2008年のリーマンショックは，いずれも世界的規模の金融危機へと発展し，世界規模の景気の底割れにつながっている。景気循環は今後も続いていくものと思われるが，次に景気の谷が訪れる場合に，社会経済システムを取り巻くさまざまな不確実性の潜在的要因がどのような形で顕在化し，またそれがどのように相互に作用することで本邦またはグローバル経済にどのような影響を与えうるかといった点について，フォワードルッキングに分析することが重要である。そのうえで，景気の底においても持続可能となるビジネスモデルを平時から構築するとともに，危機時において新たなビジネスチャンスに投資できる経営体力を確保することが重要となる。

　図表Ⅰ－1－8は，このようなグローバル経済に影響を与える不確実性の潜在的要因の一部を例示したものである。ここでは，その時々の具体的な社会経済システムの状況に応じて，それぞれの金融機関のビジネス特性やリスクプロファイルを踏まえつつ，こうした不確実性の潜在的要因がグローバル経済にどのような影響を及ぼしうるかを適切に評価したうえで，実際のビジネス戦略の策定や見直しにつなげていくことが必要となる。

第1章　ビジネスモデルの持続可能性が求められる背景　23

図表Ⅰ-1-8　グローバル経済に影響を与えうる不確実性の要因

種類	潜在的要因の具体例
マクロ	● 政治リスク ● 新興国経済の不確実性 ● 経常収支悪化，外貨準備高不足（資源国） ● 資源価格の下落 ● 地政学リスク
信用	● 信用の質の低下（シャドーバンキング） ● 高レバレッジ（資源・新興国・多国籍企業） ● 不良債権問題（欧州・新興国）
市場	● ボラティリティ上昇（市場） ● 低金利・マイナス金利 ● リスク資産への資金シフト（低格付け） ● アルゴリズム取引，HFT（高頻度取引） ● 通貨下落（資源国，ユーロ）
流動性	● 市場流動性低下（社債市場） ● 過剰流動性
連関性	● 資産間の連関性上昇 ● 金融市場インフラ（FMI）の停滞・停止

(9)　資源価格の推移

　グローバル経済や金融市場，各国の安全保障に影響を及ぼしうるものとしては，資源価格の動向にも留意する必要がある。**図表Ⅰ-1-9**は，このうち代表的な資源である原油価格の推移などを示したものである。

　2007年前後から，原価価格は大きく上下に変動しており，極めてボラタイルな特性を示していることがわかる。こうした価格変動の要因としてはさまざまなものが考えられるが，例えば，原油価格の上昇要因としては，中東を中心とする原産国・地域をめぐる領土紛争や宗教に係る問題，世界各地で起こるテロリズムの問題のほか，石油輸出国機構（OPEC）などの複数の産油国による原油減産合意に伴う影響などが挙げられる。他方，原油価格の下落要因としては，

24　第Ⅰ部　持続可能なビジネスモデルの構築

図表Ⅰ-1-9　原油価格の推移

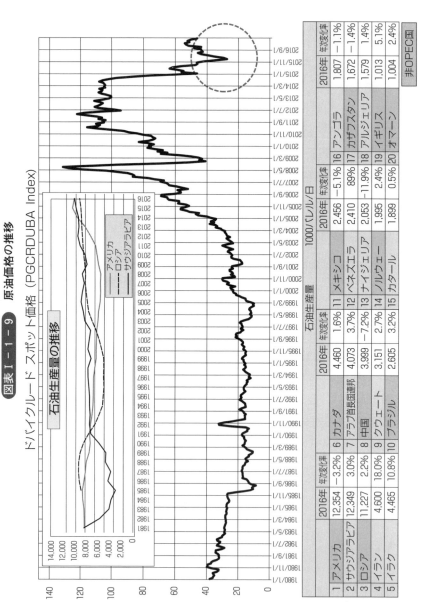

出所：世界エネルギーのBP統計レビューおよびブルームバーグのデータをもとに作成

新興国の景気減速に伴う世界的なエネルギー需要の減退，新たなエネルギー源であるシェールガスやシェールオイルの生産増，経済制裁対象となっていた原油原産国への経済制裁解除，再生可能エネルギーをはじめとした代替エネルギー源の台頭，OPEC加盟国の思惑の違い，欧州や米国における金融政策の変更に伴うエネルギー関連資金の巻き戻しなどが挙げられる。原油価格の下落により，産油国はその財政などに大きな影響を受け，他方で原油価格の上昇は，日本をはじめとする原油輸入国の経済に大きな影響を与える。また，エネルギーは，経済活動のみならず国家安全保障にも大きな影響を与えるところ，当面，世界的な需要の減退や米国におけるシェールガスやシェールオイルの生産増，欧州や米国における金融政策の変更，OPEC加盟国の足並みの乱れなどの下落圧力と，中東における民族間対立などによる不確実性に伴う原油価格の上昇圧力という両方向からの影響を受けることになる。

　いずれにしても，エネルギーを含む資源価格は，経済のみならず国家安全保障に直接的な影響を及ぼし，国家間の対立や地政学リスクの顕在化にもつながりうることから，その価格動向をフォワードルッキングにグローバルな視点から分析・評価していくことが，金融機関にとって必要となる。特に，本邦においては，エネルギー輸入国であるものの，2011年の東日本大震災以降，エネルギー源を原子力に大きく依存することが困難となっている。そのため，エネルギー価格の動向もさることながら，本邦として今後どのようにエネルギー源を確保していくのか，また不確実性の高まる東アジアにおける地政学リスクが顕在化した際にエネルギー政策にどのような影響が生じうるのかなど，エネルギーの動向が経済や安全保障に与える影響が大きいことから，政府によるエネルギー政策も含めて，特にその動向には注意を払うことが必要になるといえる。

⑽　世界の紛争問題

　上記のエネルギーを含む資源の問題は，国家安全保障の問題にも直接的な影響を及ぼすところ，世界におけるさまざまな紛争問題についても，資源問題などと関連して大きな地政学リスクの要因となりうることから，その動向につい

ても常に考慮に入れる必要がある。**図表Ⅰ－1－10**は，世界各地における近時の領土紛争やテロ事件などを示したものである。

今日において，中東，中央アジアおよびアフリカを中心に，年間1万件をはるかに超えるテロが発生し，3万人を超える犠牲者が生まれている。中東においては，2010年から2012年にかけて起きた「アラブの春」以降の民主化運動の結果，政治体制の不確実性が高まり，過激主義の台頭を招いているほか，民族間の対立や国家間の政治的対立など，中東における地政学的な不確実性はますます高まっている。加えて，これらの結果として，欧州に向けて中東やアフリカから多くの移民・難民が流れるとともに，欧州域内でのテロの頻発や，移民に対する大衆の反発，これを受けたポピュリズム政治の台頭など，欧州における地政学上の不安定性を高める結果となっている。

一方で，中東における過激主義が，アジアのイスラム圏へと飛び火するなど，テロリズムの問題が世界中に伝播し長期化する様相を呈している。また本邦にとっては，東アジアにおける地政学リスクの高まりや，南シナ海における中国と近隣諸国との間の領有権争いなど，これらのリスクが顕在化した場合，本邦の経済や安全保障に深刻な影響が生じることにもなりかねない。

米国においては，2017年のトランプ政権の誕生以降，これまでの対テロ政策や対中東政策などが変化してきているが，欧州における移民・難民問題が今後どのような方向に動いていくのか，また中東における過激主義やテロリズムの動きが世界においてどのような形で継続あるいは影響していくのかなど，世界における紛争に関わる不確実性は今後も高い状態が続くと予想される。

以上のように，エネルギーや領土，あるいは宗教的対立といったさまざまな紛争の火種は世界中にあり，各国のイデオロギーやポピュリズムの台頭，それに伴う政治体制の変化などによって，こうした火種が今後どのように動き，また大きなものとなっていくのか，さらには，各国経済や社会はもちろんのこと，グローバル経済やグローバルな秩序にどのような影響を与えうるのかについて，大局的な視点から分析および把握することは，金融機関のビジネスモデルの持続可能性を高めるべく社会経済の不確実性を分析するうえで必要な視点の1つ

第1章　ビジネスモデルの持続可能性が求められる背景　27

図表 I-1-10　世界の紛争地域マップ

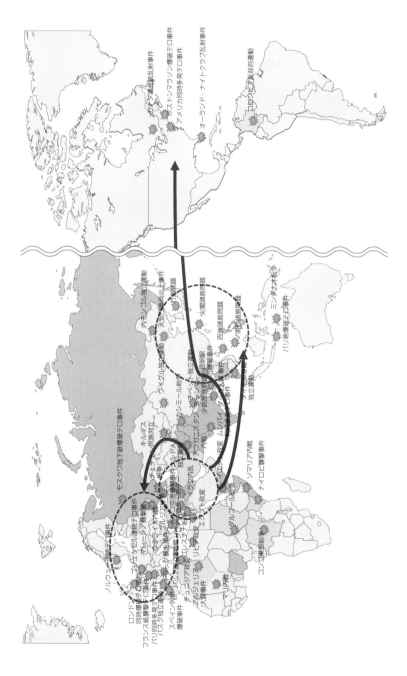

28　第Ⅰ部　持続可能なビジネスモデルの構築

といえる。

⑾　軍事バランスの状況

　上述のさまざまな世界中の紛争の火種については，仮にそれが顕在化した場合，軍事力行使を含めて，各国の軍事力のバランスを背景とする解決がなされる可能性が高いことから，その影響を分析するためには，各国の軍事バランスの状況について考慮することも必要となる。

　図表Ⅰ－1－11は，2016年における軍事費に基づくグローバルな軍事バランスの状況について，日本を100％とした場合の各国の百分率を示したものである。各国の軍事費のバランスとしては，引き続き米国が突出して高いものの，近年その2位以下の国々との差は縮小傾向にある。一方で，現在第2位の中国は急速に軍事費を拡大してきており，購買力平価のGDPについてはすでに米国を抜いて世界第1位となる中，その経済成長について減速の兆候が見られるとはいえ，引き続き先進国との比較においては高い経済成長が見込まれることから，軍事費についても今後拡大を継続させていくのではないかと見込まれている。

　こうした中，米国では，かつてのいわゆる世界の警察としての位置付けが変化してきているところ，これにより今後世界的な軍事バランスがどのように変化していくのか，また，その結果として各国の安全保障にどのような影響が生じ，金融市場や経済にどのような影響を与えうるのかについても，金融機関が今後のビジネス戦略を社会経済の不確実性を踏まえ検討していくうえで考慮すべき重要な要素の1つとなっている。

　とりわけ，本邦にとっては，東アジアや南シナ海における有事の際，日本としてどのような対応を行うのか，さらにその結果として日本にどのような影響が生じうるのかなどについて分析し，勘案することは，眼前の大きなリスクドライバーの1つへの対処として重要となっている。もちろん，このような軍事的なリスクが顕在化した際に個々の金融機関として採りうる手段は限られているものの，こうしたリスクが顕在化した場合に備えた準備を行うことは，重大

第1章　ビジネスモデルの持続可能性が求められる背景　29

図表 I-1-11　軍事バランスの状況

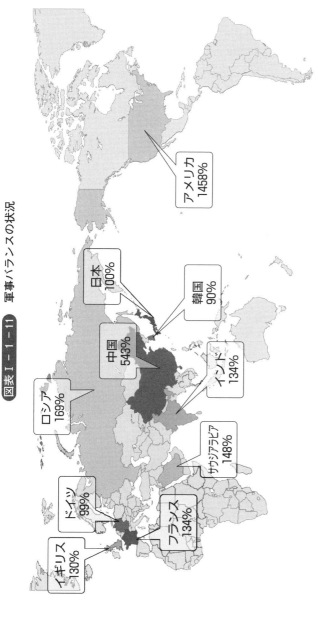

出所：ストックホルム国際平和研究所（2016年）の軍事費データをもとに作成

30　第Ⅰ部　持続可能なビジネスモデルの構築

なリスクへの耐性を高めるという点で，金融機関のビジネスモデルの持続可能性を高めていくうえで重要になると考えられる。

③　今後30年の社会経済システムの予想される変化

　本章の最後として，これまで説明してきたような社会経済システムの不確実性について，超長期的な視点から，今後30年で生じうる変化としてさまざまな場面において指摘されていることを，**図表Ⅰ-1-12**にまとめている。

　例えば，図表Ⅰ-1-4で示した今後の世界的な人口動態の予測については，実際には当該予測よりも早い段階で世界人口がピークアウトする可能性も指摘されており，また，これにより少子高齢化がさらに加速し，将来世代の負担がより一層増す結果となるおそれがあることが指摘されている。その一方で，新興国や途上国には引き続き人口ボーナスと呼ばれる人口増加による恩恵に加え，先進国がこれまで果たしてきた経済成長よりも速いペースで経済成長が進むことも予想されている。また，先進国については，これまでに比べて経済成長はスローダウンするものの，例えば，宇宙，エネルギー，ライフサイエンス，ロボットまたはAIなどの分野において破壊的技術革新が起こる可能性も指摘されており，このような技術革新が実際に生じた場合には，経済成長のブレイクスルーとなりうると考えられる。

　このような予想は，あくまで社会経済システムの変化の予想としていわれているものをまとめたものであり，必ずしもこのような変化が実際に生じるとは限らないが，金融機関にとって重要なことは，そのビジネスモデルに影響を与える可能性のあるさまざまな社会経済の不確実性について，短期および中長期のみならず，次の時代にどのようなことが生じうるのかについて幅広い視点からフォワードルッキングに分析を行ったうえで，これを踏まえて絶えずビジネスモデルを最適なものにし続けていくことであろう。単に従来の延長線上で将来を予測するのみでは，実際に外部環境に劇的な変化が生じた場合に，あらかじめそうした事象に対する予測や準備を行ってきた金融機関との間で，ビジネ

第1章 ビジネスモデルの持続可能性が求められる背景

図表Ⅰ-1-12 今後30年の社会経済システムの予想される変化

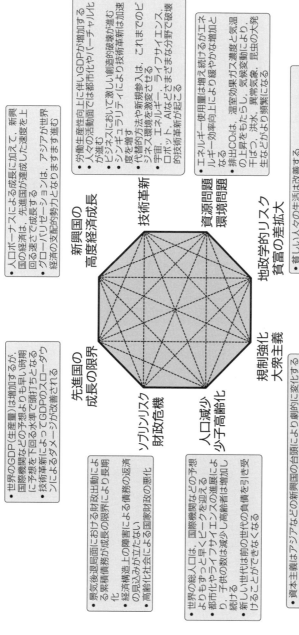

新興国の高度経済成長
- 人口ボーナスによる成長に加えて、新興国の経済は、国際機関などの予想より速成した速度を上回る速さを下回る水準で頭打ちとなる
- グローバリゼーションは、アジアが世界経済の支配的勢力となりますます進む

技術革新
- 労働生産性向上に伴いGDPが増加する
- 人々の活動面ではバーチャル化が進む
- ビジネスにおいて激しい創造的破壊が進む
- シンギュラリティにより技術革新は加速度を増す
- 代替材の方法や新規参入は、これまでのビジネス環境を激変させる
- 宇宙、エネルギー、ライフサイエンス、ロボット、AIなどさまざまな分野で破壊的技術革新が起こる

資源問題 環境問題
- エネルギー使用量は増え続けるがエネルギー効率向上により緩やかな増加になる
- 排出CO₂は、温室効果ガス濃度と気温の上昇をもたらし、気候変動、洪水、干ばつなどが頻発、異常気象、昆虫の大発生などが頻繁になる

地政学的リスク 貧富の差拡大
- 貧しい人々の生活は改善する
- 地域格差および階層格差は非常に大きくなる
- 所得分配の不平等が原因で、社会的摩擦が武力紛争が発生する
- 経済的弱者によるテロなどが発生する

規制強化 大衆主義
- 資本主義はアジアなどの新興国の台頭により劇的に変化する
- 個人の権利が公共の利益より優先されるという考え方は次第に社会経済の進化の障害となる
- 金融危機の教訓を踏まえ市場関連の規制が強化される
- 金融システム、経済システム、社会システムにパラダイムシフトが起こる
- SNSの進展により社会も経済も大衆主義的となる

人口減少 少子高齢化
- 世界の総人口は、国際機関などの予想よりもずっと早くピークを迎える
- 都市化やライフサイエンスの進展により、子供の数は減少し高齢者の増加が続ける
- 新しい世代は前の世代の負債を引き受けることができなくなる

ソブリンリスク 財政危機
- 景気後退局面における財政出動による累積債務などにより成長の限界による長期化
- 経済構造上の障害による債務の返済の見込みが立たない
- 高齢化社会による国家財政の悪化

ス戦略や意思決定に関して決定的な差異が生じると考えられる。

　繰り返しとなるが，社会経済システムの不確実性に対して，さまざまな要素間のクロスセクション分析に加えて，それらが短期から超長期に至る時間軸の中でどのように影響し合うのかといった時系列的視点による分析の双方を行うことが，金融機関として適切なビジネス戦略に係るリスクの管理および持続可能なビジネスモデルの構築を行ううえで不可欠といえる。

第2章

ビジネスモデルの方向性

[1] ビジネス戦略の潮流

(1) 顧客中心のビジネスモデルの重要性

　第Ⅱ部において説明するように，金融機関のビジネスは，金融のプラット
フォームを用いて行われるビジネスと考えることができるところ，金融機関は，
そのプラットフォームをめぐり，他の金融機関との競争はもちろん，デジタル
技術を用いる他のプラットフォーム企業との間の厳しい競争にもさらされてい
る。このような厳しい競争を勝ち抜くために，金融機関は，提供する商品や
サービスを，顧客にとって魅力的で，顧客から選ばれるものとすることが必要
となる。したがって，金融機関のビジネスモデルが持続可能であるということ
は，将来において金融危機が生じた場合においても損失を可能な限り最小化し，
求められる金融仲介機能を発揮し続けることができるということ（金融危機へ
の強靭性）のみならず，金融機関が，顧客を中心に据えたビジネスを展開する
ことで，いかなるビジネス環境下においても顧客から選択され続けるというこ
と（顧客中心主義）を意味する。

　金融機関を取り巻く環境は大きく変化してきており，とりわけ，金融以外の
業態の企業が，FinTech（フィンテック）と呼ばれるデジタルIT技術を活用す
ることで，金融ビジネスに参入し，金融機関の既存のビジネスに脅威を与えよ
うとしている。このように金融ビジネスに関する競争がますます激化する中，

34　第Ⅰ部　持続可能なビジネスモデルの構築

この競争に勝ち残り，ビジネスモデルを持続可能とするために，いかに顧客の
ニーズに応えるか，すなわちいかに顧客中心のビジネスモデルを確立するかが
大変重要になっている。顧客との共通価値の創造のため，金融機関が顧客ニー
ズを踏まえた良質なサービスを提供し，法人顧客の成長性，生産性の向上や個
人顧客の資産形成を助け，結果として，金融機関自身も安定した顧客基盤と収
益を確保するという取り組みは，金融当局からも求められているものである。

(2)　イノベーションの積極的活用

　本邦において金融機関が顧客に提供するサービスや商品は，日本における平
成金融危機前はいわゆる護送船団方式によって横並びであったことや，金融機
関はその適用ある法律に基づき競争制限的規制を含む各種規制を受けることか
ら，一般に量的拡大競争に走りがちな傾向が見られ，顧客の立場からは金融機
関を商品やサービスで選別しにくいといった側面があったことも事実である。
こうした中，金融機関以外の企業が，電子記帳技術や人工知能（AI），ビッグ
データなどのフィンテックを活用し，または他のプラットフォームビジネスを
提供する中で獲得した情報などの強みを活用することで金融ビジネスに新規参
入してきている。そのため，既存の金融機関においても，フィンテックをはじ
めとするイノベーション（技術革新）を積極的に活用することで，自らのビジ
ネスを顧客にとって魅力の高いものに変革し，他の金融機関はもとより，この
ような金融機関以外の新たなプレイヤーとの競争において優位性を確保してい
くことが，競争を生き残るためには不可欠といえる。したがって，**図表Ⅰ-2
-1**に示すように，金融機関は，イノベーションの実現を通じていかに顧客中
心のビジネスモデルを構築していくかが，足元において重要となっている。

　金融を取り巻くイノベーションには，仮想通貨を含むデジタル通貨，ブロッ
クチェーンを用いた分散型の記録技術，音声や虹彩，指紋など生体認証を用い
た新たな技術，ビッグデータを活用した情報分析技術，AI，バーチャルリア
リティなどさまざまなものが挙げられる。今後，この他にもさまざまなイノ
ベーションが実現されることが予想されるが，金融機関にとって，これらのイ

第2章 ビジネスモデルの方向性

図表 I-2-1 ビジネス戦略の潮流

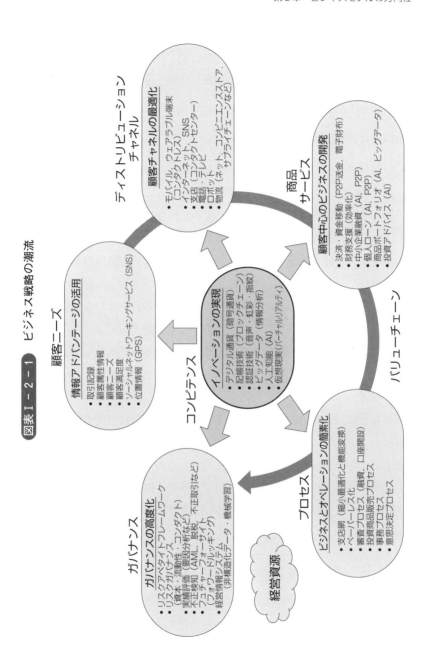

ノベーションをビジネスにおいていかに活用していくかが，今後のビジネスモデルの持続可能性を高めていくうえで不可欠な要素となる。そのため，金融機関としては，このような新たなイノベーションに対する投資や活用を図っていくことが重要となる。

(3) 顧客ニーズの把握

こうしたイノベーションを活用しつつ，顧客中心のビジネスモデルを構築するためには，顧客ニーズを的確に把握または分析することが何よりも重要である。他の金融機関や他業態の企業が把握していない顧客ニーズを把握することが可能となれば，これは競争上の大きな情報アドバンテージとなる。これまでも金融機関は膨大な顧客情報を有していたものの，これらの情報が必ずしも顧客ニーズの把握に十分に活用されてきたとはいえない。また，金融機関はこれまで，顧客のニーズをリアルタイムに把握するための顧客に関わる情報を必ずしも十分には収集していなかった。そのため，金融機関としては，情報アドバンテージを活用するため，金融機関がすでに保有する顧客に関わる情報を有効に利用することはもちろん，従来とは異なる新たな情報源を活用した顧客ニーズの把握にも努めることが重要となる。

その例としては，顧客との取引によって取得した取引記録や顧客属性情報に加え，店頭およびインターネットなどを通じて収集した顧客ニーズや顧客満足度を活用することはもちろん，顧客（潜在的顧客を含む）のソーシャルネットワーキングサービス（いわゆるSNS）の利用を通じて得られる情報や携帯電話のGPS位置情報など，顧客の嗜好や行動といったこれまで取得や活用していなかった情報を，顧客ニーズの把握のためにデジタル技術を用いて取得および活用することも考えられる。また，これらの情報を，例えばビッグデータとして高速かつリアルタイムに処理することで，顧客のより細かいニーズを把握したり，またAIに分析させることで顧客の隠れたサービスや商品の需要を把握および分析したりすることなどに活用していくことも考えられる。この他にも，企業間取引のサプライチェーンの商品とお金の流れの情報から，企業の経営状

況をリアルタイムに把握することによって，資金ニーズや経営課題（ソリュー
ション型サービスのための情報など）の分析に活用することなども考えられる。

⑷　チャネルおよびサービス・商品の開発

　このようにして顧客ニーズを把握した後，それをどのようなチャネルで提供
するか，そしてどのようなサービス・商品を開発するかが，次に検討が必要な
ステップとなる。顧客チャネルについては，これまで活用されてきた金融機関
の支店の店頭やコンタクトセンター，電話，ATM端末，銀行代理店などだけ
ではなく，インターネットはもちろん，SNSや顧客対応ロボットの活用，コン
ビニエンスストア，商品販売サービスを提供する商品流通のチャネルの利用も
含め，複数のチャネルによって提供するマルチチャネルにとどまらず，あらゆ
る機会を捉えて顧客ニーズに応えるチャネルを整備するオムニチャネルを整備
していくことが重要となる。そうした観点からは，モバイル端末やウェアラブ
ル端末を通じて，顧客が望むタイミングでいつでも利用可能なチャネルを提供
するといったことも考えられる。金融機関としては，こうしたオムニチャネル
を通じて，顧客が望む時に望むチャネルを選択できるようにし，顧客ごとの
ニーズを踏まえた最適なチャネルを用いてサービスや商品を提供できるように
することが重要となってくる。

　顧客に提供する商品やサービスについても，イノベーションを活用すること
で，顧客ニーズに合うものを開発していくことが必要となる。例えば，従来は
銀行窓口やATMなどによって行っていた決済や資金移動について，銀行口座
を必ずしも介さないＰ２Ｐ（ピア・トゥー・ピア）送金サービスが提供されて
いるほか，中小企業融資や個人ローンといった伝統的な間接型金融である貸出
業務の一部も，マーケットプレイス・レンディングとして，インターネット上
のプラットフォームで金融機関を介さずに直接的な形で提供されている。また，
投資アドバイスについても，AIやロボアドバイザーなどを用いることで最適
な商品ポートフォリオを構築する試みも行われている。このようなサービスや
商品は，まさに金融機関が従来提供していたサービスを，イノベーションを利

38　第Ⅰ部　持続可能なビジネスモデルの構築

用して顧客にとってより利便性が高く有用なものに変換するものである。その
ため，金融機関としても，細かい顧客ニーズを踏まえた商品・サービスを提供
していくことが必要となっている。

(5)　ビジネスとオペレーションの簡素化

　以上のようなイノベーションを活用した顧客ニーズの把握，顧客チャネルの
整備，商品・サービスの開発の結果として，金融機関のビジネスとオペレー
ションが簡素化されることにもつながっていく。例えば，サービスや商品の提
供が，よりコンタクトレスな形式に移行していけば，支店網の最適化または機
能変換といった既存のレガシー資産の見直しや，ペーパーレス化による業務改
善などにつながるほか，融資判断や投資アドバイスに関しAIやロボットを活
用していけば，審査プロセスや事務プロセス，投資商品販売プロセスなどの簡
素化につながっていく。これらの結果として，金融機関内部の関連するさまざ
まな意思決定プロセスも簡素化されることが期待され，イノベーションを活用
した顧客中心のサービス提供により，顧客利便性向上のみならず，金融機関に
とっても，コンプライアンスリスクおよびオペレーショナルリスクの削減や，
生産性向上，コスト削減といった恩恵がもたらされることにもつながるわけで
ある。

(6)　ガバナンスの高度化

　さらに，イノベーションの実現を通じた顧客中心のビジネスモデルの構築は，
金融機関のガバナンスの高度化にもつながっていくと考えられる。第Ⅱ部第2
章で述べるように，金融機関は，リスクアペタイトフレームワークを通じて，
ビジネス戦略の策定とリスクガバナンスを一体的に推進および管理していくこ
とが求められるが，こうした中で，データに基づくビジネス戦略の策定やリス
クガバナンスの高度化のためにはイノベーションの活用が不可欠となっている。
例えば，ビッグデータの分析や機械学習機能を備えた経営情報システムを整備
し，AML（アンチ・マネーロンダリング），脱税その他の不正取引などの検知

を網羅的かつリアルタイムに行うことでコンダクトリスクの潜在的要因を早期に発見および対処したり，いまだ顕在化していないものの今後自社のビジネスに深刻な脅威となりうるエマージングリスクをはじめとして，将来的に顕在化する可能性のあるリスクについてフォワードルッキングな視点からフューチャーフォーサイト（将来動向の分析）を行ったりすることが可能になるなど，イノベーションの活用がガバナンスの高度化に果たす役割は大きいといえる。

② 顧客中心のビジネスモデルの開発のプロセス

このように，金融機関にとって，イノベーションの実現を通じた顧客中心のビジネスモデルを構築していくことが急務となっているが，このような顧客中心のビジネスモデルを，どのようなPDCAサイクル[4]を回すかたちで開発していくべきか，その具体的なプロセスについて示したのが**図表Ⅰ－2－2**である。

顧客中心のビジネスモデルの開発プロセスとして，同図に示すように，顧客ニーズの把握，専門グループによる戦略策定，顧客チャネルの最適化，顧客中心の商品・サービスの開発，および顧客視点からの実績評価という大きく5つのステップを通じて行うことが考えられる。

① 顧客ニーズの把握

前述のとおり，顧客中心のビジネスモデルを開発するためには，顧客ニーズを的確に把握することがまず何よりも必要となる。そのためには，既存の取引関係などを通じた顧客情報の収集や保有に加えて，さらなる情報収集を強化するため，例えば顧客ニーズを常時収集およびモニタリングするためにSNSを用いたり，これらを通じて収集した情報についてビッグデータ技術を用いて処理し，潜在的な顧客ニーズを把握したりするために用いることなどが考えられる。

② 専門グループによる戦略策定

こうして取得された顧客に関する情報をもとに，金融機関として目指すべき

4　計画（Plan），実行（Do），チェック（Check），アクト（Act）を繰り返し行うことによる業務評価・改善プロセスをいう。

図表Ⅰ-2-2　顧客中心のビジネスモデルの開発の要素

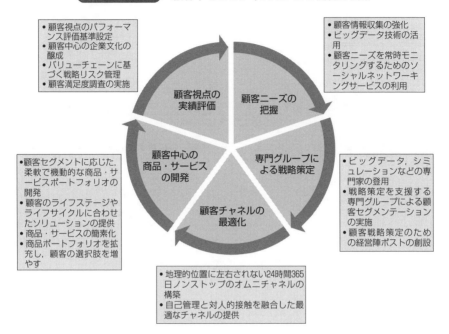

　戦略を策定していくこととなるが，上記のようなイノベーションを活用して収集された情報は，これまで金融機関が収集してきた情報と質および量ともに異なるほか，その収集・分析方法も従来とは異なるものとなる。それゆえ，これを実施するためには，戦略策定に向けた情報の分析および活用に関する専門知識が必要となってくる。そのため，例えば，ビッグデータの分析やシミュレーションなどに強い専門家を登用し，ビジネス戦略策定を支援するための専門グループを組成して，顧客ニーズの高度な分析や新しい顧客セグメンテーションを行うことなどが考えられる。また，イノベーションを活用したビジネス戦略策定の重要性に鑑みれば，こうした専門家の登用や専門部署の立ち上げのみならず，顧客戦略策定について責任を負う経営陣ポストを創設することなども考えられるであろう。

③ 顧客チャネルの最適化

そのうえで，常に顧客に最適なチャネルを提供できるように，顧客の地理的所在に左右されない，いわば24時間365日いつでも利用可能なオムニチャネルを構成することが必要となる。その際，対面チャネルと非対面チャネルを別々に設けるのではなく，顧客のニーズに応じて，顧客自身による自己管理型のものと対人的接触型のものを組み合わせ，これを融合する形での最適なチャネルを提供していくことも重要となる。

④ 顧客中心の商品・サービスの開発

金融機関が提供するサービスや商品については，顧客セグメントに応じて，柔軟で機動的なサービスや商品のポートフォリオの開発が必要となる。具体的には，顧客ニーズにきめ細かく応える観点から，商品ポートフォリオを拡充し，顧客の選択肢を増やすことが必要となる一方，顧客にとってのわかりやすさや，不必要なサービスの提供を避ける必要性に鑑み，提供する商品やサービスの簡素化を行うことが必要となる。その際，顧客による商品の比較可能性を高めるために，販売手数料や信託報酬，管理手数料といったサービスや商品の提供対価について適切な開示を行うとともに，多様な世代の顧客ニーズに応える観点から，顧客のライフステージやライフサイクルに合わせたよりテイラーメイドなソリューションを商品やサービスの提供において与えることが考えられよう。

⑤ 顧客視点の実績評価

このように，顧客中心のビジネスモデルの開発プロセスのうち，計画（Plan）および執行（Do）を行った後，金融機関が提供する商品やサービスが真に顧客中心のものとなっているのかについて，顧客満足度調査などを活用し金融機関自身によって顧客視点からの実績評価（Check）を行い，問題や改善の余地がある場合には必要な見直し（Act）を行っていくというPDCAサイクルを回していくことが，一連のプロセスを継続的に改善していくために必要となる。そのためには，顧客視点でパフォーマンスを評価する基準やインセンティブ体系を整備することや，経営陣による顧客中心の企業文化の自社グループ内での醸成および浸透，また詳細は第Ⅲ部で述べるが，バリューチェーンの

42　第Ⅰ部　持続可能なビジネスモデルの構築

競争優位性を踏まえたビジネス戦略に係るリスクの管理態勢を整備することなどが必要となる。

③ イノベーション（技術革新）の進展

　金融機関が顧客中心のビジネスモデルを開発するにあたり，イノベーション（技術革新）の活用が必要となることは前述のとおりであるが，今後このような技術革新が進展すると予想される主な領域について，**図表Ⅰ-2-3**に示している。

　この図は，金融業務の主要なビジネス領域ごとに，当該領域に関して今後さらに進展すると想定されるイノベーションをマッピングしたものである。このようなイノベーションとしては，チャネル，商品またはサービスに関わるものと，戦略，プロセスまたはガバナンスに関わるものに大きく分類することができるが，それぞれについて，同図に掲げるようにさまざまな進展が今後生じていくことが予想される。とりわけ，個人および中小企業関連ビジネスにおいて大きなイノベーションが予想されており，前述のマーケットプレイス・レンディングや株式クラウドファンディングなどの金融機関を介さずにインターネット上のプラットフォームで直接資金融通が行われるサービスや，デジタル通貨・トークンを用いた支払や送金などのサービスが，今後さらに拡大および普及していくことが予想される。

　また，ここに列挙されているように，銀行業務，資金移動・決済業務，資産運用，保険業務など幅広い金融業務の領域でイノベーションが起きることが見込まれるところ，これらのイノベーションを用いることで，金融機関が提供する業務について，顧客の立場からより利便性や魅力度の高いものに変えていくことが可能と考えられる。その一方で，もし金融機関においてこれらイノベーションへの対応が遅れた場合には，一気に他の金融機関や新規参入者に顧客を奪われる結果にもなりかねない。さらには，インターネットなどを通じたデジタルチャネルの進化により，今後，金融機関の地理的拠点の重要性がさらに低

図表 I－2－3　イノベーションの進展が予想される主な領域

領域	個人・中小企業向け銀行業務		投資・ウエルスマネジメント ブローカー業務		保険・保険仲介 再保険	資金移動・決済 市場業務・取引所		
経済機能別	銀行業務・引受		投資関連			支払・清算・決済		
						支払		金融市場インフラ
	預金・貸出	資本調達	投資管理 投資家サービス	マーケットサポート	保険	リテール	ホールセール	
チャネル・商品・サービス	マーケットプレイスレンディング	株式クラウドファンディング	Eトレーディング	クラウドコンピューティング	ウェアラブルIoT			
			ロボアドバイス		モバイル・ウェブベース金融サービス			
	デジタル通貨・トークン							デジタル通貨・トークン
戦略・プロセス・ガバナンス	DLT／スマート・コントラクト							
	eアグリゲーター							
	ビッグデータ							
	デジタルID認証（本人確認）							
	Regtech／Suptech							

出所：金融安定理事会のレポート（2017年）を参考に作成

下していく可能性が高い一方で，顧客にとってのデジタルチャネルの重要性は一層大きくなると予想される。

　そのため，投資のための資金余力が相対的に大きい大手金融機関のほうが，よりデジタルチャネルの開発に優位性があると予想される。一方，このような

44　第Ⅰ部　持続可能なビジネスモデルの構築

状況に至った場合には，地域金融機関にとってより深刻な影響が生じる可能性もあると考えられる。いずれにしても，金融機関としては，顧客にとって利便性の高いデジタルチャネルを開発し，既存の対面チャネルとあわせ顧客に最適なオムニチャネルを設け，顧客チャネルの最適化を進めることで，他の競合する金融機関のほか，フィンテック技術を活用するグローバル金融機関や金融のプラットフォームに新規参入してくる企業などとの間の競争を勝ち抜いていく必要がある。

4　金融機関に求められるビジネスモデルのあり方

(1)　ビジネスモデルと金融規制

　これまで，フィンテックを含むイノベーションに関する動きを中心に，金融機関が構築していくべきビジネスモデルの方向性について述べてきた。もっとも，その一方で，金融機関は，業務の公益性を有し，破綻時に保護される必要のある預金者や，株式を含む規制資本などへの投資家が多数存在することや，破綻した場合にシステミックリスク発生のトリガーになる可能性があるなど金融システムに対する影響が大きいことから，銀行法などの法律に基づくさまざまな厳しい規制を受ける規制業種である。そのため，こうした規制の動向を考慮せずにビジネスモデルの方向性を検討することもまたできない。また，第1章で述べたように，こうしたイノベーションの進展が見られるのみならず，金融機関を取り巻く社会経済システムの不確実性も増大していることから，金融機関としては，このような外部環境を十分に考慮したうえで，あるべきビジネスモデルの構築に向けた取組みを進めていく必要がある。そこで，本章の最後として，こうした背景を踏まえて**図表Ⅰ－2－4**に示すとおり，金融機関に求められるビジネスモデルのあり方について説明したい。

第2章 ビジネスモデルの方向性　45

図表 I-2-4　金融機関に求められるビジネスモデルのあり方

国際的金融規制の方向性

- ミクロプルーデンス
  リスクアセット対比の収益性向上，資産に依拠しないビジネスの推進，ALMの高度化
- マクロプルーデンス
  実体経済との連関性を重視したビジネスモデル，安定的かつ持続可能な収益構造
- クライシスマネジメント（危機管理）
  ストレス時の回復力の向上，金融システムの安定性維持

実体経済との連関性を重視したビジネスモデル

資産効率向上	資産拡大に依存しないビジネスの推進，適正資産規模の維持
営業収益拡大	リスクアセット対比の収益性を向上させ，安定的かつ持続可能な収益構造へと転換
純資産増加	内部留保確保や増資などのキャピタルアクションによって適正な資本を確保
自己資本比率上昇	ストレス時の回復力を高めてビジネスモデルの持続可能性および強靭性を強化
時価総額増加	収益性および健全性，成長性の向上によって，株価上昇，資本規模拡大
ビジネス上の競争力向上	資本力を使ってビジネスモデルを最適化，高信用格付によって顧客からの信頼を確保

ビジネスの進展

- 社会経済システムの変革に合わせてビジネスモデルを絶えず進化させる
- 経済システムのダイナミクスを意識して金融ビジネスを創生する
- イノベーション（技術革新）の起こる成長分野を発掘・育成することによって金融ビジネスそのものを成長させる

社会経済システムの不確実性

- 社会経済システムの不確実性増大
- 社会経済システムの変革
- 社会経済における成長分野の育成
- 社会経済システムの安定的発展
- 金融ビジネスの成長

環境変化に合わせてビジネスモデルの強靭性強化

ビジネスの進展

46　第Ⅰ部　持続可能なビジネスモデルの構築

(2)　金融規制改革の流れ

①　ミクロプルーデンス

　サブプライムローン問題やリーマンショックに端を発する世界金融危機を受け，金融機関に対する規制はさまざまな点において強化されている。かかる世界金融危機より前は，個別の金融機関の健全性，すなわちミクロプルーデンスに規制目的の重点が置かれており，ミクロプルーデンスを確保することによって金融システム全体の安定性が保たれるとの考えのもと，金融機関の自己資本比率規制を中心とする個別の金融機関に対する施策が，金融規制の中心であった。もちろん，こうしたミクロプルーデンスの視点が規制・監督当局にとって依然として重要であることに変わりはなく，金融危機後において大きな規制強化がなされている。特に，バーゼルⅢと呼ばれる金融機関の自己資本比率規制の分子・分母の強化およびレバレッジ規制や流動性規制という新たな規制の導入などにより，金融機関は，今まで以上にリスクアセットと呼ばれるリスク資産対比の収益性を上げること，またはそうしたリスクアセットに依存しないビジネスモデルを確立することが求められているほか，バランスシート全体の効率性を高めること，すなわち資産負債管理（ALM）の高度化を図ることも求められている。

②　マクロプルーデンスと危機管理

　このような従来からのミクロプルーデンスの観点を中心とした規制・監督に対し，金融危機後に強化された規制・監督の視点が，マクロプルーデンスとクライシスマネジメント（危機管理）の視点である。このうち前者のマクロプルーデンスの視点は，世界金融危機において，金融システム内において生じた金融機関の健全性の問題が結果として実体経済にまで波及したこと，すなわちシステミックリスクが顕在化したことを受け，そうした金融システム内におけるシステミックリスクの顕在化をいかに防止するかという視点に基づく規制・監督である。また，いかにミクロプルーデンスの規制・監督を強化したとしても，危機発生の可能性を完全に根絶することは困難であることから，仮にさま

ざまな危機が今後生じた場合の備えを十分なものとしておくという観点から，危機管理の視点に基づく規制・監督も新たに導入されている。

　マクロプルーデンスの視点からは，金融機関は，常にそのビジネスが実体経済との連関があることを認識したうえで，景気動向や経済動向にかかわらず持続的・安定的な収益を上げることが，いざ実体経済が悪化した場合においても監督当局や社会から期待される金融仲介機能の発揮および維持を果たすことにつながることとなる。また，危機管理の観点からは，金融機関のビジネスモデルの持続可能性を高め，金融機関のストレスに対する回復力を向上させることが，金融危機時における金融システムの安定性を確保することに寄与する。したがって，金融機関のビジネスモデルの持続可能性を高めることは，結果として実体経済の安定にも寄与するわけである。

③　金融機関に対する期待

　そのため，ミクロプルーデンス，マクロプルーデンスおよび危機管理のそれぞれの規制・監督の強化を踏まえ，金融機関は，資産効率の向上，すなわち資産拡大に依存しないビジネスモデルを確立するとともに，経済動向に大きく左右されないかたちで資産対比の収益性（ROA）を向上させることにより，金融機関そのものの健全性を強化していくことが期待されている。その際，金融危機への耐性を高めるために，フォワードルッキングなストレステストなどのシナリオ分析の実施を通じて，ビジネス戦略や経営計画を持続可能なものにしていくことが求められるが，健全性の維持の観点からは，さまざまなリスクが顕在化した場合に備え，必要に応じ増資などのキャピタルアクションの実施を含む適切な資本計画を策定していくことが必要となる。

(3)　持続可能なビジネスモデルに向けた取り組み

　このように，金融機関の収益性および健全性の双方を高めるビジネスモデルを構築していくことで，その市場における評価や信頼も高まり，上場企業であれば株価上昇を通じて時価総額が増加することで資本力を用いたビジネスモデルの最適化が可能となるとともに，高い信用格付が付与されることによって顧

客からの信頼を確保できるといった好循環につながっていくであろう。

　他方で，第1章で述べたように，社会経済システムの変革に合わせてビジネスモデルを絶えず進化させることも重要である。前述のとおり，クロスセクションの視点ならびに短期，中期，長期および超長期の時系列的視点から，社会経済システムの不確実性に対処するために生じる変革などの環境変化に合わせて，新しいビジネスを金融機関として創出していくことが必要となってきている。そうした中で，生命科学（医療）や宇宙，AIやロボット，エネルギーといった今後急速かつ大規模な技術革新（イノベーション）が起こりうると考えられる成長分野の育成に資するビジネスを展開することを通じて，社会経済システムの安定的発展に寄与することが，金融ビジネスそのものの成長につながり，結果として金融機関のビジネスモデルの持続可能性を高めることにもつながっていくと考えられる。

　以上のように，金融機関は，社会経済システムの不確実性が高まる状況において，金融機関に対する規制・監督の強化が行われ規制コストも高まる一方，他業態からの金融業務への新規参入により競争がますます激化していくという厳しい環境に置かれている。このような環境において，金融機関は，金融分野のみならずさまざまな分野でイノベーションが起こり，それがビジネスに活用されていくという流れを活かして，顧客の生活スタイルやニーズの変化に合わせて，顧客を中心とするビジネスモデルを開発し，経済動向に依存しない安定的な収益を計上することができるビジネスモデルを構築していくことが求められているといえる。

第3章

持続可能なビジネスモデルの枠組み

① 持続可能なビジネスモデルの構成要素

(1) 持続可能なビジネスモデルの構成要素

　第1章および第2章においては，社会経済システムの不確実性が増大する中で金融機関が持続可能なビジネスモデルを構築することが必要とされる背景と，金融機関によるイノベーションを活用した顧客中心のビジネスモデルの構築の重要性について述べてきた。本章では，このように金融機関が持続可能なビジネスモデルを構築しようとする場合に，具体的に検討を行うべきビジネスモデルの構成要素と，それらがどのように連関・機能しているのかについて，その概観を説明する。

　持続可能なビジネスモデルは，**図表Ⅰ－3－1**に示すように，大きく分けて金融機関がそのビジネスを実施するための方向性，方法論または仕組みなどを示すビジネス戦略と，それを支えるガバナンス態勢の2つの柱によって構成されていると考えることができる。

　ここでは，ビジネスを，顧客セグメントや提供する商品・サービスおよび地域などで区分された業務として定義し，金融機関がビジネス戦略モデル（第Ⅱ部で詳説）を実施した結果としてのビジネスラインやグループ会社，商品・サービスの組み合わせが，ビジネスポートフォリオとなる。ビジネス戦略は，これらビジネスを行う際の方向性や方法論または仕組みであり，ビジネス戦略

50　第Ⅰ部　持続可能なビジネスモデルの構築

図表Ⅰ-3-1　ビジネスモデルの構成要素

ビジネス戦略	ビジネス戦略モデル	コア戦略
		ポジショニング戦略
		成長戦略
	ビジネスポートフォリオ	コアビジネス・ノンコアビジネス
		主要法人（KLE）
		クリティカルファンクション
		クリティカルシェアードサービス
ガバナンス態勢	プロセス	ビジネス戦略管理プロセス
		統合的リスク管理プロセス
		リスクアペタイトフレームワーク
	ガバナンス体制	企業文化・リスク文化
		リスクガバナンス
		実績評価・報酬体系

　モデルという手段を通じて実施され，ビジネスポートフォリオ（次章で詳説）
という結果の組み合わせとして現れることになる。逆をいえば，ビジネス戦略
モデルやビジネスポートフォリオは，ビジネス戦略を実施するための個別戦略
として位置付けることができる。

　また，ビジネス戦略を支えるガバナンス態勢（第5章で概説）は，枠組みと
してのガバナンス体制（第Ⅳ部で詳説）と，金融機関内部において実際に履践
され機能するプロセス（第Ⅲ部で詳説）によって成り立つものと考えられる。

　そのため，ビジネスモデルを持続可能なものとするためには，最適なビジネ
ス戦略を策定するとともに，これを支える実効的なガバナンス態勢を構築する
ことが必要となる。

(2) 持続可能なビジネスモデルの構成要素としてのビジネス戦略

① ビジネス戦略の最適化

　金融機関は，その全社的なビジネス戦略に基づき，合併買収や提携などに関する企業戦略，マーケティング戦略やチャネル戦略といったビジネスライン別戦略，および資本戦略や資産負債戦略といった機能別戦略などのさまざまな戦略を策定し，これらをビジネスプラン，収益計画，資本計画，リカバリープランおよび事業継続計画（BCP）といった具体的な計画に落とし込んだうえで，実行に移していくこととなる。持続可能なビジネスモデルの構成要素であるこのような全社的なビジネス戦略については，第Ⅱ部で説明するように，ビジネスポートフォリオの最適化などのコア戦略，収益性向上のためのポジショニング最適化によるポジショニング戦略，および将来収益に向けた成長性向上のための成長戦略のそれぞれに関し，さまざまなビジネス戦略モデルが考えられる。金融機関においては，自らを取り巻く外部要因や内部要因を踏まえて，最適なビジネス戦略を策定するとともに，時の経過に伴う外部要因や内部要因の変化に応じて，絶えずビジネス戦略を最適なものにしていく必要がある。

② ビジネスポートフォリオの強靱性

　加えて，金融機関のビジネスモデルが持続可能であることを確保するためには，前述のとおり，将来において金融危機が生じた場合においても損失を可能な限り最小化し金融仲介機能を発揮し続けることが可能であること（危機に対する強靱性）も求められる。そのため，ビジネスモデルの構成要素であるビジネス戦略モデルを実施した結果として金融機関が有することとなるビジネスポートフォリオについて，事業の継続性や持続可能性を確保し，危機に対する強靱性を高めていくことが必要となる。

　したがって，ビジネス戦略の策定にあたっては，ビジネス戦略モデルの策定のみならず，ビジネスポートフォリオの強靱性を確保することが重要となる。そのためには，次章で述べるように，自社グループのビジネスポートフォリオについて，コアビジネスラインとそうでないノンコアビジネスライン，主要法

人，機能停止が実体経済や金融システムに大きな影響を与えうるクリティカル
ファンクション，および機能停止がビジネスの継続に大きな影響を与えうるク
リティカルシェアードサービスを，それぞれ特定および分析する必要がある。
これらの特定および分析を踏まえ，平時におけるコアビジネスラインをはじめ
とするビジネスラインからの収益の維持に加えて，ストレス事象が顕在化した
危機時において，コアビジネスラインや主要法人を除くビジネスラインおよび
法人の売却または処分などによって当該危機からの回復を図る方法や，当該危
機時においても業務継続が不可欠となるクリティカルファンクションの維持を
図る方法などを検討することとなる。そのうえで，これらの検討を踏まえ，危
機時のアクションプランをあらかじめ策定しておくことで，ビジネス戦略やリ
カバリー戦略などの平時から危機時に至るまでのさまざまなステージにおける
金融機関の戦略を，常日頃から準備しておくことが必要となる。

　このような危機時のビジネスラインなどの売却や処分の容易さは一般的にセ
パラビリティ（分離可能性）と呼ばれるが，危機に対する強靭性を高める観点
からは，セパラビリティを平時から高めておくことが重要となる。また，シス
テム上重要な金融機関については，危機時よりもさらに深刻な破綻処理のス
テージに入った場合において，その円滑な破綻処理を実施できなければ金融シ
ステム全体に大きな負の影響が生じることから，破綻処理の容易さであるレゾ
ルバビリティを高めておくことが求められる。

(3) 持続可能なビジネスモデルの構成要素としてのガバナンス態勢

　金融機関はいわゆる規制業種であり，第2章で説明したようにミクロプルー
デンス，マクロプルーデンスおよび危機管理の視点によるさまざまな規制を受
けることから，ビジネス戦略を支える適切なガバナンス態勢（すなわち，プロ
セスおよびガバナンス体制）抜きには，ビジネスモデル全体を持続可能なもの
とすることはできない。

　このうちプロセスについては，その中心となる具体的な管理プロセスとして，
第Ⅲ部第1章および第2章で説明するように，ビジネス戦略に係るリスクを管

理するためのビジネス戦略管理プロセスと，金融機関が直面するさまざまなリスクについて総体的に捉えて管理を行う統合的リスク管理プロセスの整備が必要となる。また，これらプロセスを実効的なものとするための枠組みとして，第Ⅲ部第6章で説明するリスクアペタイトフレームワークの整備が重要となる。

　ガバナンス体制については，第5章で詳しく説明するように，当該プロセスにおいて役職員による適切なリスクテイクやリスク管理活動を促す企業文化・リスク文化の全社的な醸成および浸透が重要となる。また，かかるリスク文化をリスクアペタイトフレームワークとともに支えるものとして，リスクガバナンスおよび実績評価・報酬体系を整備していくことも必要となる。

　このように，持続可能なビジネスモデル構築のためのガバナンス態勢として，リスクテイクに当たるビジネス戦略策定とこれを支えるガバナンスを一体的に管理する枠組みであるリスクアペタイトフレームワークのもと，実効的なビジネス戦略管理プロセスと統合的リスク管理プロセスを整備するとともに，リスクアペタイトと整合的な実績評価・報酬体系およびリスクガバナンスを整備し，金融機関グループ全体における共通のリスクテイクやリスク管理に関する基本的考え方ともいえるリスク文化を組織全体に醸成および浸透させていくことが重要となる。

　なお，持続可能なビジネスモデルの構築にあたっては，取締役会がボードガバナンスを発揮していくことが必要となる。そのため，このようなビジネスモデルを支えるボードガバナンスを含むコーポレートガバナンスの確立も重要となる。また，金融機関グループ全体のガバナンスという観点からは，グループガバナンスとして，グループ全体にわたるコーポレートガバナンスおよびリスクガバナンスを整備するとともに，これを実効的に機能させるためのグループ管理上の取組みを行うことも重要となる。

② 持続可能なビジネスモデル構築の全体像

図表Ⅰ-3-2は，このようなビジネス戦略とガバナンス態勢の関係を含む持続可能なビジネスモデルの構築の全体像について示したものである。

これまで説明してきたとおり，ビジネスモデルはビジネス戦略とガバナンス態勢という2つの大きな柱で構成されるところ，ビジネス戦略については，収益性や成長性のためのビジネス戦略モデルの決定に加えてビジネスポートフォリオの最適化と強靭性強化が必要となり，それを支える実効的なガバナンス態

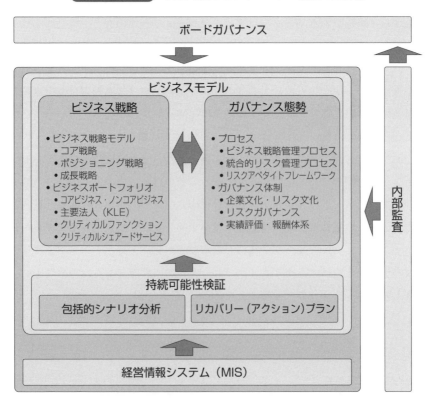

図表Ⅰ-3-2　持続可能なビジネスモデル構築の全体像

勢として，リスクアペタイトフレームワークとそれに基づく実効的な管理プロセスの構築と，企業文化・リスク文化の醸成・浸透や実効的なリスクガバナンス，適切な実績評価・報酬体系の制度によるガバナンス体制の整備およびその発揮が，ビジネスモデルの持続可能性を高めていくために不可欠となる。

　こうしたビジネスモデルが持続可能であるか否かについては，第Ⅲ部第5章で説明する包括的シナリオ分析と，そのようなさまざまなストレスシナリオが顕在化した場合の対応策としてのマネジメントアクションの検討および評価を通じて，検証が行われることとなる。

　加えて，持続可能なビジネスモデルを構築し，社会経済システムの不確実性などに照らしてその持続可能性を検証していくためには，これに必要となる情報を適時適切に収集し，分析を行うことを可能にする経営情報システム（MIS）を整備することが必要となる。また，持続可能なビジネスモデルの構築に向けたこれら一連のプロセスおよびガバナンス体制により構成されるガバナンス態勢の妥当性や適切性については，リスクガバナンスにおいて，ファーストラインやセカンドラインからの独立性を有するサードラインである内部監査機能を通じて，取締役会が定期的に検証を行うことも必要となる。かかる内部監査機能による検証結果は取締役会に報告され，指摘された欠陥や問題点について，取締役会による検証を経たうえで，ボードガバナンスを発揮するかたちで，取締役会が経営陣[5]に指示を行うことで改善を促すとともに，経営陣によって当該指示に従った欠陥や問題点の改善が図られているか否かについての監視およびフォローアップが行われる。このような持続可能なビジネスモデルの構築に向けたPDCAサイクルを実効的に回していくことが，最終的にビジネスモデルの持続可能性を継続的に高めていくことにつながるわけである。

5　本書において，経営陣とは，業務執行に関する意思決定を行う執行役や取締役を示すものとして用いており，具体的には，一般に設置される経営会議などが該当する。

第4章
持続可能性を高めるための
ビジネスポートフォリオ

1 ビジネスポートフォリオ

　大規模かつ国際的に業務を行う金融機関は，一般的にリテールビジネス，法人ビジネス，資産運用ビジネス，資産管理ビジネスなどのさまざまな金融関連ビジネスを，国内外のさまざまな地域で提供している。前章で述べたとおり，持続可能なビジネスモデルを構築していくためには，これを構成するビジネス戦略および適切なガバナンス態勢の整備が必要となる。

　金融機関は，ビジネスに投下できる経営資源や経営資本に限りがある中で，自らが提供する業務の種類や収益性と，経済システムや金融システムとの間の連関を踏まえつつ，顧客中心のビジネスモデルに向けたビジネス戦略モデルを決定し，ビジネス戦略とビジネスプランなどを策定および実施することとなる。ビジネス戦略モデルについては第Ⅱ部第1章で説明するが，これらを実施した結果としての金融機関のビジネスラインやグループ会社，商品・サービスについて，その最適な組み合わせ，すなわち最適なビジネスポートフォリオを構築していくことが，金融機関のビジネスモデルの持続可能性を高めるとともに，危機に対する強靭性を高めることにつながる。

　例えば，ビジネスポートフォリオの大部分を，足元に置いて収益を稼ぎ出しているビジネスのみに集中させるという判断を行った場合，当該ビジネスにより当面は収益を継続的に稼ぐことができる可能性が高い一方，仮に当該ビジネスの脆弱性を露呈させるようなリスクが顕在化した場合，一挙にビジネスモデ

ルが破綻するおそれがある。また，金融仲介機能を提供し，金融システムを支える役割を担う金融機関にとって，その提供しているビジネスのうち，金融システムや実体経済に大きな影響を及ぼすサービスについては，自らが危機に陥った場合においても継続して提供できなければ，実体経済に深刻な影響を及ぼし，それが自らの業務にも2次的な影響（セカンド・ラウンド・エフェクト：フィードバック）を及ぼすこととなる。さらに，顧客や取引先からの信頼に基づきビジネスを行う金融機関にとって，危機時に業務を継続して提供することが困難な事態に陥ると，顧客や取引先の信頼を失い，自らが築き上げてきたブランド価値を毀損するとともに，大きな風評リスクにさらされることとなり，回復困難な状態に陥るおそれもある。そのため，金融機関としては，自らが危機に陥った場合においても必要な業務を継続できるように，ビジネスモデルについて危機に対する強靭性を高めるための取組みを平時より行っておくことが必要となる。

　ビジネスモデルの持続可能性と強靭性を高めるためには，基本的にカウンターシクリカル，すなわち，景気変動により経済状態が悪化しストレス状態になった場合にも業務やサービスの提供が継続できるようなビジネスポートフォリオを構築するとともに，危機が生じた場合にも，これに対応できるための有効なマネジメントアクションを，平時より準備しておくことが重要となる。

　本章では，このように，ビジネス戦略モデルの実施の結果として構成されることとなるビジネスポートフォリオについて，これを最適かつ強靭なものとするための方法論について説明する。

② コアビジネスラインとノンコアビジネスライン

(1) コアビジネスラインの特定

　金融機関は，持続可能なビジネスモデルを構築するため，ビジネス戦略モデルを策定および実施していく中で，リテールビジネスや法人ビジネス，資産運

用ビジネスといったさまざまなビジネスラインのうち，収益面や資産面におい
て重要であり，中長期的にそのビジネス戦略の中心となるものを特定し，これ
を中心とするビジネスポートフォリオを構築していく必要がある。こうした収
益面や資産面において重要なビジネスラインをコアビジネスラインと呼び，そ
れ以外のビジネスラインをノンコアビジネスラインと呼ぶ。

　このようにビジネスラインをコアなものとノンコアなものに区分することで，
仮に危機が生じたとしても，コアビジネスラインを維持・保全しつつ，自己資
本や資金を捻出するためにノンコアビジネスラインを売却するといったオプ
ションの発動により，当該危機に対応しつつ，他方で，危機後も収益性の高い
コアビジネスラインを維持し，さらにはその後拡大することもでき，危機に対
する強靭性を有し，かつ中長期的に持続可能なビジネスポートフォリオを構築
することができることとなる。

(2)　コアビジネスラインの特定方法

　金融機関は，そのグループの各ビジネスラインについて，収益面や資産面に
おける重要度，すなわちコア度の評価を行い，その結果に従いコアビジネスラ
インとノンコアビジネスラインを区分したうえで，中長期的なグループ全体の
ビジネスポートフォリオにおける位置付けや方向性と危機時における取扱いな
どについて，検討を行う必要がある。

　図表 I - 4 - 1は，かかるビジネスラインにおけるコアとノンコアの関係を
示したものである。

　コアビジネスラインは，収益面および資産面で金融機関にとって重要なだけ
ではなく，これが金融機関のビジネス戦略にとって中心的なものでなければな
らない。そのため，例えば金融機関に大きな収益をもたらしているものの，市
場環境などによって一時的に高収益を上げているにすぎず，他のビジネスライ
ンとの間のシナジー効果がないなど，ビジネス戦略にとって中心的でないビジ
ネスラインは，ノンコアビジネスラインに位置付けられる。このようなノンコ
アビジネスラインは，前述のとおり，中長期的な観点からは必ずしも維持する

第4章　持続可能性を高めるためのビジネスポートフォリオ

図表Ⅰ－4－1　コアビジネスラインとノンコアビジネスライン

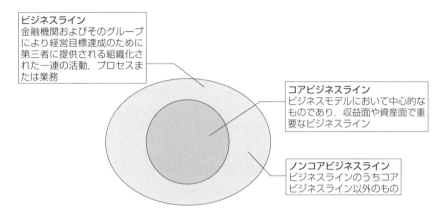

ことが重要ではないことから，危機時においては，その売却などを通じて，自らの健全性を回復させるための有効なオプションとなりうる。逆に，グループにおいて営むビジネスのほとんど全てがコアビジネスラインから構成されるようなケースにおいては，危機が生じた場合にビジネスラインの売却という選択肢を狭めることとなり，危機に対する強靭性は相対的に弱まることとなる。したがって，金融機関は，ビジネスモデルの持続可能性および強靭性を高めるためには，一定程度ノンコアなビジネスラインを維持しておくことも重要といえる。

　金融機関においてコアビジネスラインを特定するためには，各ビジネスラインが上げている収益や利益，資本効率などに関する定量的指標と，当該ビジネスラインが対象としている顧客や活動拠点，ビジネスライン同士の業務運営シナジーや足元の収益性および今後の成長性，市場における価値やポテンシャルなどに関する定性的指標を，バランスよく組み合わせて，客観的かつ体系的に選定を行う必要がある。定量的指標と定性的指標のいずれに重きを置くかという点や，どのような指標によりコア度を評価するかという点については，金融機関ごとにそのビジネス特性などが異なることから，各金融機関のビジネス特性などに照らして最適な指標を選定する必要がある。

60 第Ⅰ部 持続可能なビジネスモデルの構築

③ エコノミックファンクションとクリティカルファンクション

(1) エコノミックファンクション

　金融機関は，銀行業務やその他の金融関連業務を通じて，金融システムはもちろん実体経済にさまざまな影響を及ぼしている。このような，金融システムや実体経済に影響を与えうる金融機関の活動・機能を，エコノミックファンクション（経済機能）といい，銀行業務の基礎となる支払・決済機能から，預金・貸出機能，投資サービス機能などに至るまで，広範な内容が含まれる。

(2) クリティカルファンクションの特定

　かかるエコノミックファンクションには，その機能が停止した場合に，金融機関グループの規模または市場シェア，外部および内部的な相互連関性，複雑性ならびにクロスボーダー活動などを理由に，実体経済や金融システムの安定性に不可欠なサービスの混乱につながる可能性のある活動・機能がある。こうした機能を，**図表Ⅰ－4－2** に示すとおり，実体経済や金融システムにとって極めて重要な機能という意味で，クリティカルファンクションと呼ぶ。各国や各市場における金融の成熟度や金融機関が提供するサービスのほか，実体経済や金融システムとの連関度合いによって，クリティカルファンクションとなりうる金融機関が提供している機能は異なってくる。例としては，一般的な商業銀行業務やリテール業務分野における支払やカストディ，一部の貸出および預金受入活動のほか，清算・決済，ホールセール市場業務の一部のセグメント，一部の証券および集中度の高い専門的な貸出分野におけるマーケットメイク機能などが挙げられる。

　クリティカルファンクションは，その重要性（クリティカリティ）から，これを提供している金融機関に危機が生じた場合においても，実体経済や金融シ

第4章　持続可能性を高めるためのビジネスポートフォリオ　61

図表Ⅰ－4－2　エコノミックファンクションとクリティカルファンクション

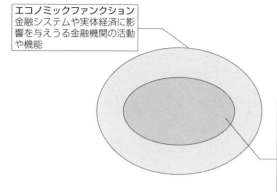

エコノミックファンクション
金融システムや実体経済に影響を与えうる金融機関の活動や機能

クリティカルファンクション
金融機関およびグループの規模または市場シェア，外部および内部的な相互連関性，複雑性ならびにクロスボーダーな活動などにより，機能停止した場合に実体経済や金融システムの安定に不可欠なサービスの混乱につながる可能性のある活動や機能

ステムの安定のために，機能がそのまま継続して提供されることが求められる。前述のコアビジネスラインと異なり，クリティカルファンクションは，それが失われることによる金融機関の収益面や資産面に着目するものではなく，むしろ金融機関の外側にある実体経済や金融システムへの影響に着目するものである。すなわち，コアビジネスラインが金融機関からの目線で評価および特定されるものであるのに対し，クリティカルファンクションは，実体経済や金融システムからの目線で評価および特定されるものである。規模が大きく，提供するサービスが多岐にわたる金融機関であればあるほど，当該金融機関が実体経済や金融システムに与えるおそれのある影響は大きくなる。したがって，そのような金融機関であればあるほど，自社グループに危機が生じた場合においても，クリティカルファンクションの機能停止により実体経済や金融システムに悪影響を与えることなく自助努力により健全性を回復することができるように，平時から必要な態勢整備を行うことが求められるわけである。

　クリティカルファンクションとコアビジネスラインには以上のような違いがあることから，これらが共通する場合もあるものの必ずしも一致しないことのほうが多い。

⑶ クリティカルファンクションの特定方法

　このようなクリティカルファンクションも，金融機関のビジネスモデルや実体経済および金融システムとの連関度合いなどに照らして特定される必要がある。一般的には，定量的および定性的な観点から，クリティカルファンクションは**図表Ⅰ－4－3**に示すように3段階のステップによる分析を通じて特定されることとなる。

　1つ目は，当該ファンクションの突然の中断による影響度の分析（影響度分析）である。これは，当該ファンクションが仮に機能しなくなった場合に，金融システムや金融市場，顧客，あるいは実体経済などに対しどの程度深刻な影響を与えうるのかについて評価することで，クリティカリティを判断するものである。

　2つ目は，当該ファンクションが提供される業界（競争市場）自体の評価

図表Ⅰ－4－3　クリティカルファンクション判定のための分析

	種類	概要
ステップ1	影響度分析	ファンクションの性質および提供範囲，当該ファンクションの提供に関わる関係者の特徴，当該ファンクションの途絶による当該市場や顧客，その他の関係者，他の市場などに及ぼす影響，リカバリーオプションの有効性などを分析する。
ステップ2	サプライサイド分析	ファンクションが提供される競争市場について，当該市場の集中度やトレンド，市場参加者のシェアや類似性，支配的参加者の存在や影響度の分析，参入障壁や移行容易性を含む代替可能性などを分析する。
ステップ3	個別ファンクションテスト	金融機関のシェア、事業規模、他のファンクションとの関係、システミックシグナルの有無などを評価する。

（サプライサイド分析）である。ここでは，かかる市場について，他の市場参加者が当該ファンクションをすみやかに代替できるような市場の構造や特性になっているかについて評価を行うものである。例えば，金融機関がサービスを提供している市場において，自社グループのみがサービスを提供しているのか，あるいは他にも多数のサービス提供者がいるのかによって，自社グループが危機に陥った場合における，他の金融機関による代替可能性の有無や程度が異なってくる。市場構造に照らして代替可能性が高いのであれば，自社グループが提供するサービスが停止したとしても，実体経済や金融システムに深刻な影響を与えることなく，他の金融機関によってサービス提供が継続される可能性が高いことから，当該サービスを提供している機能は，必ずしもクリティカルファンクションではないと評価されることになるわけである。

　3つ目は，個別金融機関の提供するファンクション自体の重要性評価（個別ファンクションテスト）である。2つ目のサプライサイド分析では，あるファンクションに係るサービスが提供される市場自体について評価するものであったのに対し，個別ファンクションテストは，自社グループが提供するファンクションの市場における重要性などを中心とした分析である。例えば，サプライサイド分析においては市場における代替可能性があると判断されたとしても，仮に当該市場における自社グループによるサービス提供の占める割合が大きく，自社グループが当該市場でサービス提供を停止した場合にはシステム上の警告効果（システミックシグナル）が生じ，結果として，当該市場の混乱をもたらすとともに，これが金融システム全体へ伝播するおそれがあるケースがある。このような場合，当該サービスを提供している自社グループのファンクションは，クリティカルファンクションと判断されうる。

④ クリティカルシェアードサービス

(1) クリティカルシェアードサービスの特定

　上記のように，クリティカルファンクションは，実体経済や金融システムの安定に重大な影響を及ぼしうる金融機関のエコノミックファンクションの一部であるが，かかるクリティカルファンクションが危機時においても継続的に機能するためには，これを支える活動やサービス，すなわち，クリティカルファンクションの継続に必要な金融機関内外のさまざまな活動やサービスが不可欠となる。

　仮に，このようなクリティカルファンクションにとって不可欠な活動やサービスが提供されなくなった場合，クリティカルファンクションの提供自体に大きな影響が生じ，結果として実体経済や金融システムに深刻な影響をもたらすおそれがある。このような活動やサービスをクリティカルシェアードサービスといい，端的には，金融機関によるクリティカルファンクションの提供のために共有される必要なサービスを意味する。主に，業務関連のものと財務関連のものから構成される。

　クリティカルシェアードサービスについても，クリティカルファンクションと同様に，金融機関の危機時においてこれが維持され，またはすみやかにかつ適切に代替されることが，実体経済や金融システムに負の影響が及ぶことを回避するために必要となる。例えば，中小企業に対する融資機能をクリティカルファンクションと定義している金融機関に関して，当該融資機能を維持するために必要となるクラウドサービスが外部ベンダーから提供されている場合を考えてみると，当該クラウドサービスの供給が停止されることで中小企業融資の機能が果たせなくなるような場合においては，当該クラウドサービスがクリティカルシェアードサービスに該当することとなる。

　クリティカルシェアードサービスとしては，金融機関グループの内部の機能

により提供されるもの，例えばシステム子会社や人材派遣を行うグループ内の派遣会社などから提供されるものに加え，金融機関グループ外の第三者から提供されているもの，例えば前述の例におけるクラウドサービスの提供者を含む，ITやシステム関係のサービスなどがある。

⑵　クリティカルシェアードサービスの特定方法

クリティカルシェアードサービスは，あくまで金融機関の危機時にこれが提供されなくなった場合にクリティカルファンクションの提供自体に大きな影響を及ぼすものであるため，金融機関が危機に陥った場合に，他のサービス提供者が提供する代替サービスによってクリティカルファンクションを維持することが可能なのであれば，必ずしも当該サービスはクリティカルシェアードサービスとはならない。

そのため，クリティカルシェアードサービスの特定についても，クリティカルファンクションの特定と同様に，その代替可能性を分析および評価することが重要となる。

5　セパラビリティ

⑴　セパラビリティ

金融機関がそのビジネスモデルを持続可能なものとするためには，ビジネスモデルの中心として，顧客中心のビジネス戦略モデルのもと，継続的に金融機関の収益性を支え，結果としてその健全性の向上に資するコアビジネスラインを特定し，これを中心とした最適なビジネスポートフォリオを構築していくことが求められる。また，第1章で説明したように，景気変動は，その大きさや周期に多少の差異はあるものの常に発生するものであるところ，できる限り景気動向に左右されないコアビジネスラインをビジネスポートフォリオの中心に据えるとともに，景気の底割れが生じるような金融危機が発生した場合には，

66　第Ⅰ部　持続可能なビジネスモデルの構築

その影響を抑制し自助努力により健全性を回復するための手段として，前述のとおり，売却可能なノンコアビジネスラインを一定程度維持および確保しておくことも重要となる。

　こうしたノンコアビジネスラインを含め，ビジネスラインやグループ内のエンティティ（法人）を，危機時に自社グループから売却し，切り離すことができるかどうか，その程度や度合いを表すものがセパラビリティ，すなわち分離可能性である。仮に危機時に売却することを想定したノンコアビジネスラインを複数有していたとしても，実際にこれらを売却しようとした際にさまざまな障害があることから，結果として危機時に円滑かつすみやかな売却が困難となれば，危機時の危機対応のオプションとしての有効性に欠けることとなり機能しない。したがって，金融機関は，危機時におけるオプションとして売却や処分などが想定されるビジネスラインや法人については，平時よりセパラビリティを的確に分析したうえで，売却や処分などの障害を除去し，セパラビリティを可能な限り高めておくことが重要となる。

⑵　セパラビリティの分析方法

　金融機関のビジネスラインは，大規模で国際的にさまざまな業務を営む金融機関であるほど多岐にわたるほか，そのグループ内には商業銀行に加え，証券会社や資産運用会社，信託銀行，海外業務を行う海外現地法人など，金融業務を行う複数の法人を有するケースがある。また，ビジネスラインと法人が営む業務は必ずしも1対1対応しているわけではなく，例えばリテール向けビジネスラインについては，商業銀行，信託銀行，証券会社などがそれぞれ個別にまたは共同で提供しているようなケースもある。そのため，グループ内のセパラビリティの分析においては，**図表Ⅰ-4-4**に示すように，ビジネスラインごとのコア度の分析，すなわち各ビジネスラインの収益面や資産面の重要性を踏まえた分析に加えて，グループを構成する法人ごとの重要度も考慮して，法人およびビジネスラインの2つの側面からセパラビリティを評価することが必要となる。

第4章 持続可能性を高めるためのビジネスポートフォリオ

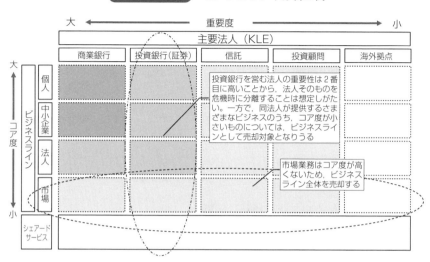

図表Ⅰ-4-4　セパラビリティ分析の例

　なお，非常に複雑かつ多様な業務を営み多数の法人からなる金融グループにおいては，全ての法人についてこのような分析を行うことは実際的ではないし，また，危機時における売却などの有効なオプションの対象となりうるものは，グループにおいて一定の規模を占める法人などに限られるのが通常であることから，上記セパラビリティの分析を行うにあたっては，主要法人（KLE: Key Legal Entity）についてのみ行うことが実務的な対応となる。

　同図に示すように，セパラビリティを判断する際には，ビジネスラインのコア度と主要法人の重要度に応じてマッピングを行うことで，主要法人の視点とビジネスラインの視点を一覧にすることが可能となる。同図で左上に位置するものほど，持続可能性の観点から危機が生じた場合にもグループの中心的なビジネスポートフォリオとして最後まで保持されるべきであることを意味する。逆に，右下に位置するものほど，金融機関にとって重要性が低く，売却や処分といった危機時のオプションの対象として適切なものとなる。例えば，この図におけるグループ内の投資銀行（証券）については，当該法人のグループにおける重要性は2番目に高いことから，法人そのものを危機時に真っ先に分離す

68　第Ⅰ部　持続可能なビジネスモデルの構築

ることは想定しがたい。一方で，同法人が提供するさまざまなビジネスのうち，コア度が小さいものがあれば，それはビジネスラインとして売却対象となりうることから，当該ビジネスラインのセパラビリティを分析することが必要となる。また，ビジネスラインの視点から，例えばこの図における市場業務については，コア度が低いという判断から，ビジネスラインとして売却対象となりうる。もっとも，当該ビジネスラインを担う法人が複数あり，その一部は重要度の高い法人であることから，ビジネスライン全てを売却するのか，あるいは重要度の高い法人のみ当該ビジネスラインを残し，残りを売却するのかといった視点から，セパラビリティを分析していくこととなる。

(3)　ビジネスラインごとの相互連関性

　なお，セパラビリティの分析においては，ビジネスラインごとの相互連関性を分析し把握することも重要である。例えば，ビジネスラインごとに見れば売却可能なようであっても，実際には別のビジネスラインとの間の強固な連関があり，一方のビジネスラインのみを切り離すことが困難なケースもある。相互連関性の分析では，例えば，ビジネスライン，法人および国別で見たコアビジネスとの間の相互連関性や，グループ内の保証や貸付けを通じたグループ内のエクスポージャーの連関性，デリバティブ業務に代表されるビジネスライン間の反対取引（バック・トゥ・バック）の有無，および流動性，自己資本，その他オペレーションなどの支援を目的としたグループ内の他の法人に対する依存関係などを分析することとなる。

(4)　セパラビリティの向上

　このようなビジネスライン間や法人間の相互連関性も踏まえながら，こうした分析を総合的に評価することによって，ビジネスラインごとおよび法人ごとのセパラビリティを分析および評価する。そのうえで，セパラビリティが低いと判断されたビジネスラインや法人については，その障害を除去しセパラビリティを向上させるための方策を，平時より検討していくことによって，危機に

対するビジネスポートフォリオの強靭性と柔軟性を高めることが可能となるわけである。

⑥ レゾルバビリティ

(1) レゾルバビリティ

　金融機関に危機が生じ，自助努力による健全性の回復のためのさまざまなオプションを実行したもののその存続が困難となった場合には，一般的には，いわゆるベイルインなども経たうえで，監督当局または処理当局による破綻処理（レゾリューション）が行われることとなる。かかる破綻処理は，他の金融機関や金融システムおよび実体経済に可能な限り悪影響が生じないように，秩序立った方法で行われることが求められるが，金融機関がクリティカルファンクションを提供している場合においては，当該処理に伴い当該クリティカルファンクションの提供の継続が困難となることで，実体経済や金融システムの安定に大きな悪影響が生じるおそれがある。そのため，処理当局にとっては，金融機関が破綻するような場合においても，そのクリティカルファンクションが継続かつ安定して提供される形で処理が円滑に実施されることが重要となる。かかる観点から，グループの破綻処理を行うに際して，クリティカルファンクションの継続の問題などがあるか否かといった，いわゆるレゾルバビリティ（処理可能性）の分析を行うことが重要である。

(2) レゾルバビリティの分析方法

　クリティカルファンクションは，グループ内の複数の法人によって提供されていることも想定される。そのため，**図表Ⅰ－4－5**に示すように，レゾルバビリティの分析にあたっては，金融機関グループについて，ファンクションごとの重要度に加え，セパラビリティの分析と同様，主要法人ごとの重要度に応じてそれを評価し，どのファンクションや法人のレゾルバビリティが高く，逆

第Ⅰ部　持続可能なビジネスモデルの構築

図表Ⅰ-4-5　レゾルバビリティ分析の例

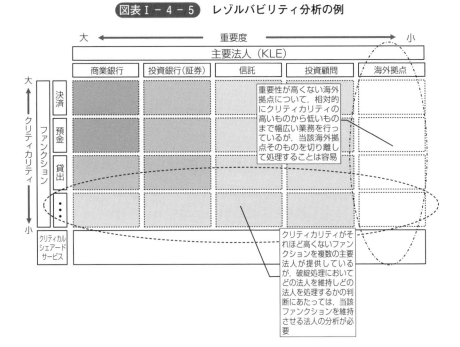

にどれが高くないのかについて分析することが必要となる。

　同図の左上に位置するものほど，ファンクションとしてのクリティカリティが高いため，破綻処理にあたってもその維持が不可欠であることに加え，主要法人としての重要性も高いことから，エンティティそのものの維持も求められることとなる。すなわち，破綻処理を行うにあたってのレゾルバビリティが相対的に低く，破綻処理時に保護される必要性が高いことを意味する。一方，図の右下に位置するものほど，提供されるファンクションのクリティカリティが低く，かつエンティティとしての重要度も低いことから，早期に処分や縮小清算などが行われたとしても実体経済や金融システムの安定などの観点からの問題が少ないこと，すなわちレゾルバビリティが高いことを意味することとなる。

　また，セパラビリティの分析と同様に，クリティカルファンクションの視点の分析と主要法人の視点の分析を，複合的に実施する必要がある。例えば，ク

リティカリティがそれほど高くないファンクションを複数の主要法人が提供し
ているケースを想定すると，破綻処理の観点からは，レゾルバビリティそのも
のは高いといえるものの，一方で，どの法人を維持しどの法人を処理するかと
いった判断にあたっては，当該ファンクションをどの法人に帰属および維持さ
せるのかといった視点を合わせて分析することが求められる。また，例えば海
外拠点について法人としての重要性が高くないと判断されている場合において，
当該海外拠点が，相対的にクリティカリティの高いものから低いものまで幅広
い業務を行っている場合，当該海外拠点そのものを切り離して処理することは
容易であると見込まれる一方で，仮に海外当局によって海外市場や海外金融シ
ステムにおいては当該海外拠点が提供しているサービスのクリティカリティが
高いと判断される場合には，結果としてレゾルバビリティが相対的に低いと評
価されることもありうるわけである。

(3)　レゾルバビリティ分析とセパラビリティ分析の差異

　なお，レゾルバビリティ分析とセパラビリティ分析の差異について述べると，
前述のとおりセパラビリティは金融機関の自助努力で健全性を回復し，危機か
ら脱することが可能か否かの評価である。そのため，自社グループのビジネス
ポートフォリオとして重要性の高いコアビジネスラインか否かという縦軸の視
点，すなわち自助努力による健全性回復を行った後にビジネス運営による収益
活動を継続できるか否かという視点と，法人のグループにおける重要度という
横軸の視点を踏まえ，セパラビリティが評価されることとなる。
　一方で，レゾルバビリティの分析においては，処理当局が，実体経済や金融
システムの安定への深刻な影響を防ぐためにこれを円滑に処理する必要がある
ことから，横軸に法人のグループにおける重要度の視点を置くことは変わらな
いものの，縦軸にはそうした影響度の大きさに応じたファンクションのクリ
ティカリティの視点を置いたうえで，その分析を行うこととなる。

72　第Ⅰ部　持続可能なビジネスモデルの構築

7　ビジネスポートフォリオの最適化

(1)　ビジネスポートフォリオの最適化の重要性

　これまで，持続可能なビジネスモデルを構築していくという観点から，ビジネス戦略モデルの実施を通じて形成されるビジネスポートフォリオを最適なものとするため，ビジネスラインのコア度や，実体経済や金融システムの安定を支える観点からのファンクションのクリティカリティを分析すること，さらにはそれらと法人の重要度の視点を加える形でセパラビリティやレゾルバビリティの分析が必要となることについて述べてきた。このような分析は，マクロプルーデンスおよび危機管理の観点から世界金融危機後に新たに導入された，システム上重要な金融機関に係るリカバリープランやレゾリューションプランにおいて分析が必要とされるものであり，これらシステム上重要な金融機関においてはすでにビジネスポートフォリオの最適化のために実際に用いられているものである。かかる分析は，大規模金融機関から地域金融機関まであらゆる金融機関にとって，その緊急時対応策の策定や自らのビジネスモデルの持続可能性を高めるために有益な手法であることはもちろんである。加えて，金融機関がその金融仲介機能を通じて日本経済や地域経済，個々の企業を支える重要な役割を果たしていることに鑑みると，本邦経済や地域経済の持続可能性を確保するためにも重要であるといえる。

(2)　ビジネスポートフォリオ最適化のための分析

　金融機関が，このような分析を踏まえ，そのビジネスポートフォリオを最適なものとするためには，**図表Ⅰ-4-6**のように，各ビジネスラインのコア度とファンクションのクリティカリティを組み合わせた分析を行うことが有益となる。繰り返しになるが，金融機関のビジネスモデルの持続可能性を高めていくためには，顧客中心のビジネスモデル構築に向けた最適なビジネス戦略モデ

ルの策定および実施のみならず，可能な限り景気動向に大きく左右されないようにビジネスポートフォリオを最適化していくことが求められるが，これと同時に，ビジネスポートフォリオのセパラビリティを高め，危機に対処するためのさまざまなオプションを備えることによって，その強靱性を高めることが重要となる。

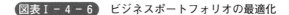

図表Ⅰ－４－６　ビジネスポートフォリオの最適化

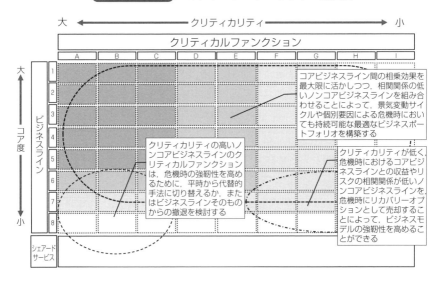

例えば，収益性の観点からは，コアビジネスライン間の相乗効果を最大限に活かすことが重要となるが，他方で，ビジネスポートフォリオにおいてあえてコアビジネスラインと相関関係の低いノンコアビジネスラインを組み合わせることで，景気変動サイクルや個別要因による危機時においても，例えばノンコアビジネスラインがコアビジネスラインの損失を補うかたちで収益の振れ幅が大きくなることを防ぐことにつながり，結果として持続可能なビジネスポートフォリオを構築することにもなりうる。また，クリティカリティの高いノンコアビジネスラインのクリティカルファンクションについては，セパラビリティやレゾルバビリティを高めることを通じて危機に対する強靱性を高めるために，

平時から代替的手法に切り替えるか，あるいはビジネスラインそのものからの撤退をあらかじめ検討しておくことも考えられる。さらに，クリティカリティが低く，危機時におけるコアビジネスラインとの収益やリスクの相関関係が低いノンコアビジネスラインについては，セパラビリティが高く，危機時に有効なリカバリーオプションとなりうることから，あえてこうしたビジネスラインをビジネスポートフォリオの一部として維持しておくことによって，危機時のビジネスモデルの強靭性を高めることもできる。

このように，ビジネスラインのコア度とファンクションとしてのクリティカリティをあわせて評価および分析することにより，景気動向に左右されにくく，かつ危機に対する強靭性の高いビジネスポートフォリオのベストミックスを模索し，持続可能なビジネスポートフォリオを構築していくことが，金融機関には求められているといえる。

8 金融機関におけるビジネスポートフォリオ分析の全体像

これまで説明した金融機関のビジネスポートフォリオを構成するコアビジネスライン・ノンコアビジネスライン，主要法人，クリティカルファンクションおよびクリティカルシェアードサービスについて，さまざまな業務を営む大規模金融機関グループを例として一般化・抽象化すると，例えば**図表Ⅰ－4－7**のようになる。

グループの頂点に位置する持株会社の傘下に複数の法人を有する金融機関グループにおいては，まずはどの法人が主要法人であるかを分析および特定する。次に，各法人が提供しているビジネスラインのうち，例えばこの図では，銀行の法人融資業務や証券会社の引受業務などが，自社グループにとって重要性の高いビジネスラインであるコアビジネスラインとして特定されている。さらに，実体経済や金融システムの安定の視点から，クリティカルファンクションやクリティカルシェアードサービスを特定する必要がある。例えば，銀行における

第 4 章 持続可能性を高めるためのビジネスポートフォリオ 75

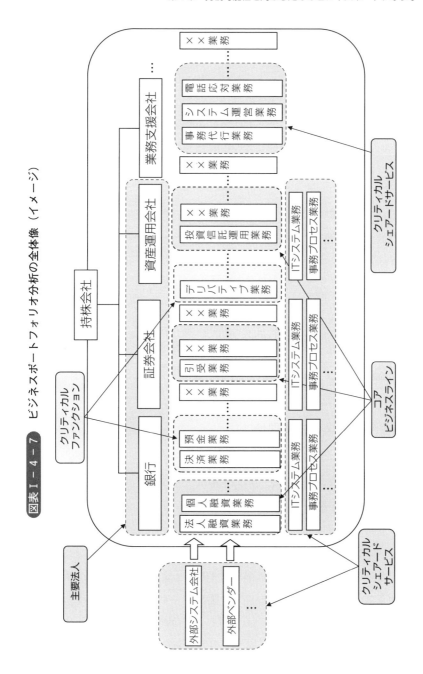

図表 I-4-7 ビジネスポートフォリオ分析の全体像（イメージ）

76　第Ⅰ部　持続可能なビジネスモデルの構築

決済業務や預金業務が滞った場合に，それが経済や金融システムに及ぼす影響が大きい場合，こうした業務はクリティカルファンクションとなる。また，各法人がビジネスを行うにあたり，IT関連のサービスや事務関連のサービスは，仮にこれが停止した場合にビジネスの継続に大きな悪影響を与えるおそれがあることから，クリティカルシェアードサービスとなりうる。こうしたクリティカルシェアードサービスは，銀行などの金融業務を行う法人内部の部署が提供しているケースもあれば，グループ内の後方支援に特化した法人あるいはグループ外の第三者に当たるベンダーが提供しているケースもありうる。

　なお，ここで示している図は，あくまでこれまで述べてきたビジネスポートフォリオの最適化についての全体的かつ抽象的なイメージであり，実際にどの法人が主要法人となるか，どのビジネスラインがコアビジネスラインとなるか，さらにはどのファンクションがクリティカルファンクションとなるかなどは，当然のことではあるが，それぞれの金融機関の規模，特性およびリスクプロファイルなどによって異なることに留意する必要がある。

⑨　金融システムおよび経済システムとの連関性

(1)　金融機関のシステム連関性

　以上に述べたように，金融機関が持続可能なビジネスポートフォリオを構築していくためには，ビジネスラインのコア度のほか，実体経済や金融システムの安定への影響という観点から，クリティカルファンクションやクリティカルシェアードサービスの特定や分析を行う必要がある。その際，金融機関は，さまざまなビジネスや機能（ファンクション）の提供を通じて，経済システムや金融システムとの間でさまざまな連関を有することになる。こうした経済システムや金融システムとの連関性について，**図表Ⅰ－4－8**に示すような全体像を把握することは，コア度やクリティカリティを判断する際に重要となる。

　この図は上半分と下半分の大きく2つに分類され，上半分が経済システムと

第4章 持続可能性を高めるためのビジネスポートフォリオ

図表Ⅰ-4-8 金融システムおよび経済システムとの連関性

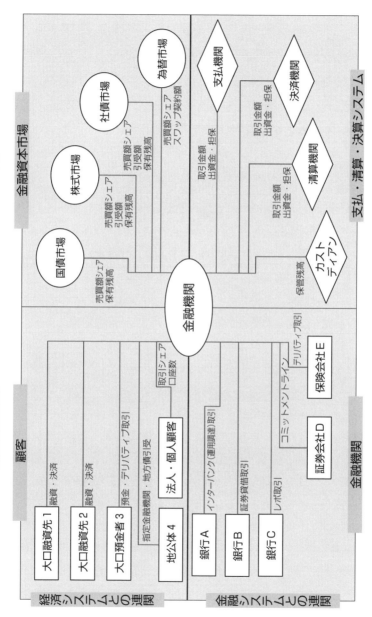

78 第Ⅰ部 持続可能なビジネスモデルの構築

の連関，下半分が金融システムとの連関となる。これらは，金融機関の提供するファンクションのクリティカリティを分析する際に勘案すべき事項であるとともに，金融機関の提供する業務との連関性も有することから，危機時において金融機関自身の収益性や健全性などに大きな影響を及ぼす要因となりうるものである。

(2) 経済システムとの連関性

　経済システムとの連関については，顧客との連関と市場との連関の2つに大きく分類することができる。

　このうち，顧客との連関については，金融機関は，法人および個人の顧客から多額の預金を受け入れるとともに，融資，決済，デリバティブといった金融サービスを提供することで，国民経済活動を金融の側面から支えている。これらのサービスの継続が困難となった場合，すみやかに他の金融機関による代替などが行われなければ，サービスが提供されている地域やわが国の実体経済全体に大きな影響を与えるおそれがある。したがって，金融機関によって顧客に提供されているサービスが仮に提供できなくなるような事態に陥った場合，それが顧客に及ぶ影響が大きいのか否か，また大きい場合に他の金融機関によりただちに代替可能か否かといった分析が必要となる。

　次に，金融資本市場との関係では，金融機関は，例えば為替市場においては外国為替取引を行ったり，あるいは国債市場，株式市場，社債市場などの証券市場においては，発行市場や流通市場の担い手として，企業の資金調達や個人・法人の資産形成を支えたりするほか，自らが有価証券運用などを通じて投資家として関わることもある。これら市場において仮に大きなシェアを占める金融機関が破綻などによりその業務を継続できなくなった場合，これらの市場が適切に機能しなくなり，ひいては企業の経済活動に重大な影響を及ぼすおそれもある。したがって，こうした各種金融市場において自社グループがどの程度のシェアを有しているのか，また仮に大きなシェアを占めている場合には代替可能性があるのか否かといった点についての分析も必要となる。

(3) 金融システムとの連関性

　同図の下半分の金融システムとの連関性のうち，他の金融機関との関係では，インターバンク取引や証券貸借取引，レポ取引，コミットメントラインなどで相互に資金の融通を行うほか，デリバティブの提供などを行うこととなる。仮に金融機関が破綻した場合，これら取引のデフォルトを通じて1つの金融機関における危機が他の金融機関に連鎖し，その結果として金融システム全体が混乱に陥る可能性があることから，金融システムの安定の観点からは，金融機関同士の相互連関性を分析することも重要なポイントとなる。特に，世界金融危機においては，デリバティブ取引などの複雑かつテイラーメイドな取引の全体像が十分に把握されていなかったことが，危機を増幅させる大きな要因の1つとなったことから，各金融機関との間のさまざまな取引の全体像を平時より把握しておくことが求められる。

　金融機関はまた，金融機関同士の相対取引や金融資本市場での市場取引に際し，支払，決済および清算に関して金融市場インフラ（Financial Market Infrastructure）が提供するシステムを利用している。したがって，自社グループがどのような金融市場インフラを利用し取引規模がどの程度あるのか，また他にどのような金融機関が参加しているのかといった点や，金融市場インフラが危機にさらされた場合にどのような影響が生じるおそれがあるのか，またそのような場合に代替サービスを自社グループが利用可能であるのか否かといった視点から分析を行うことが必要である。

　金融機関は，このように経済システムや金融システムにおける参加者とさまざまな経路を通じて相互に連関しているため，コアビジネスラインやクリティカルファンクションおよびクリティカルシェアードサービスの分析や，金融危機時におけるシステミックリスクの自社への伝播経路の分析などを行う場合においては，このような経済システムや金融システムとの相互連関性についても十分に考慮する必要がある。

(4) 金融市場インフラ

なお,金融市場インフラについては,世界金融危機の後,特に清算機関に関し,金融機関相互のリスクの連鎖を抑制し,金融システムの安定を確保するため,単純な取引を中心に取引清算集中が図られている。こうした取り組みは,金融システムの安定に資すると考えられるが,一方で,その結果として,仮にこうした金融市場インフラの業務提供そのものが途絶した場合における,金融システム全体に与える影響は極めて大きなものとなるともいえる。

そのため,金融機関は,万が一のこのような場合に備えて,金融市場インフラへのクリティカルファンクションの依存度を分析するとともに,このような場合に備えてコンティンジェンシープランを策定する必要性が高まってきており,グローバルにシステム上重要な金融機関については,国際的なガイダンスによりその策定が既に求められている。

第5章
持続可能性を高めるための
フレームワーク

1 リスク文化とビジネス戦略コントロールの フレームワーク

(1) 持続可能なビジネスモデルを支えるためのガバナンス態勢

　ビジネスモデルの持続可能性を高めるためには，持続可能性を高めるためのビジネス戦略を策定するのみならず，それを支える強固なガバナンス態勢（プロセスとガバナンス体制）が必要となることは，これまで説明してきたとおりである。第Ⅲ部で述べるように，策定されたビジネス戦略の執行にあたっては，ビジネス戦略に係るリスクを適切にコントロールすることが重要となる。そのため，持続可能なビジネスモデルを支えるガバナンス態勢として，第Ⅱ部で説明するようにリスクテイクに当たるビジネス戦略策定とガバナンス体制を一体的に管理する枠組みであるリスクアペタイトフレームワークのもと，実効的なビジネス戦略管理プロセスと統合的リスク管理プロセスを整備することが重要となる。また，ガバナンス体制として，リスクアペタイトと整合的な実績評価・報酬体系およびリスクガバナンスを整備し，金融機関グループ全体における共通のリスクテイクやリスク管理に関する基本的考え方ともいえるリスク文化を組織全体に醸成および浸透させていくことが重要となる。

(2) リスク文化の醸成および浸透

　第Ⅳ部第2章で説明するように，リスク文化の醸成と浸透のためには，リスク文化について文化の構造による分類として，**図表Ⅰ-5-1**に示すように，知覚や認識が容易なものの外部環境や時代の変化とともに適合・修正されていく表層文化と，このような表層文化の基礎として長期にわたり持続し，一定程度普遍性を有する基層文化に分類して，それぞれについて健全なリスク文化の醸成に向けた取組みを行うという分析的なアプローチが有用と考えられる。また，一般に，文化とは構成要素の観点からの分類も可能であり，主に道徳や価値観といった概念的なものから構成される基準・規範／価値・言語と，制度面や日常的交際（コミュニケーション）などから構成される伝統・慣習／社会・技術の大きく2つに分類することができる。そこで，リスク文化についても，これらの構成要素の観点からの分類を上記の表層文化と基層文化という分類にかけあわせることで，大きく4つの分類に区分し，それぞれを支える適切なフ

図表Ⅰ-5-1　リスク文化とビジネス戦略コントロールのフレームワーク

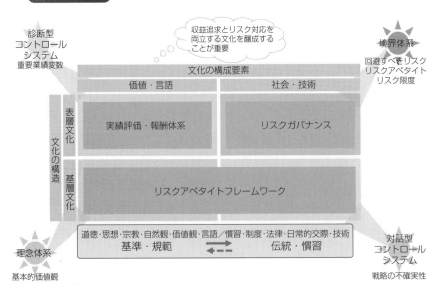

レームワークを整備していくことで，健全なリスク文化を組織内で醸成および浸透させることが重要と考えられる。

　そのためには，基層文化を醸成するための実効的なリスクアペタイトフレームワークを土台とし，全社的に共通の価値観を醸成していくためリスク文化を踏まえた実績評価・報酬体系を整備するとともに，制度面の支えとなる適切なリスクガバナンスを実効的に機能させることが必要となる。

(3)　4つのコントロールレバー

　こうしたリスク文化を支えるさまざまなフレームワークの整備にあたっては，これを実効的なものとするために，経営戦略管理論における事業戦略のコントロール（統制）のための4つのコントロールレバーを踏まえることが有用と考えられる。かかる事業戦略のコントロールは，**図表Ⅰ-5-2**に示す理念体系，境界体系，診断型コントロールシステムおよび対話型コントロールシステムの4つのレバー[6]を統合することによって実現されると考えられる。これら4つのコントロールレバーは，意図した戦略を実行し，創発的戦略[7]を取り込むた

図表Ⅰ-5-2　4つのコントロールレバー

理念体系	組織の基本的価値観や目的，理念，方向性であり，経営陣が明確に定めたうえで，公に伝え，強化するもの
境界体系	避けるべき特定のリスクの範囲を明確に示して伝達するもの
診断型コントロールシステム	業績をモニタリングし，あらかじめ設定した目標水準との差異に関して是正するために利用されるもの
対話型コントロールシステム	トップダウン・ボトムアップのコミュニケーションを可能とすべく使用するために制度化されたもの

6　ロバート・サイモンズ著，伊藤邦雄監訳『戦略評価の経営学』（ダイヤモンド社）を参考にしている。
7　予想もしない脅威や機会に従業員が対応する中で，試行錯誤を繰り返しながら，企業に自然に創出される戦略をいう。

84　第Ⅰ部　持続可能なビジネスモデルの構築

めに活用される。

①　境界体系と診断型コントロールシステム

　境界体系と診断型コントロールシステムは，収益追求に向けた機会追求の活動をコントロールし，経営陣の策定する戦略および計画を社内において実効的かつ適切に実施していくために使用される。これらのレバーに関しては，具体的目標，一定の方式に基づく報酬，機会追求の範囲といった明示的目標が利用される。

　このうち診断型コントロールシステムは，収益追求のための重要なレバーとして機能することとになり，具体的な重要業績変数に当たる目標値を設定し，その目標値の達成度合いなどに応じた実績評価・報酬体系を整備していくことが重要となる。また，境界体系は，収益追求に際して生じるリスクへの対応を強化するために重要なレバーとして機能することとなり，自社グループとしてどのようなリスクを取り，どのようなリスクを取らないかを明確化するとともに，リスクのコントロールのために適切なリスクキャパシティやリスクアペタイト，リスク限度を設定することを通じて適切なリスクガバナンス態勢を構築していくことが重要となる。

　それぞれのシステムは，戦略の実行による収益追求とこれに伴うリスクの管理を実効的にコントロールすることによって，収益を持続的に稼ぐ力を高め，フランチャイズバリュー（企業価値）を最大化するために，さまざまな方法を通じて用いられる。

②　理念体系と対話型コントロールシステム

　一方，理念体系と対話型コントロールシステムは，組織内における価値観や業績目標の共有，環境の変化に対する実効的な戦略執行と全社的対話を促進させるものである。これらは，価値観や経営情報の共有と組織的な学習を促進することによって，全社的に企業文化を醸成し，健全な業績目標を設定することとなる。こうした理念体系と対話型コントロールシステムを通じて，基層文化の基準・規範／価値・言語に当たる基本的価値観をグループ内で共有するとともに，戦略に関わる不確実性に関して実効的でオープンなコミュニケーション

が行われることとなる。また，その結果として，組織内で創発的戦力が形成されていくこととなる。

　前述のとおり，基層文化を支えるものとして，実効的なリスクアペタイトフレームワークを組織内に浸透させることが必要となるが，その中でも，理念体系として金融機関のトップによりリスクアペタイトフレームワークの実践に係る強い姿勢が示されるとともに，対話型コントロールとして，かかるリスクアペタイトフレームワークを通じた実効的なコミュニケーションやチャレンジが行われることが重要となる。

③　4つのコントロールレバーを機能させるための態勢整備

　このように，戦略のコントロール（統制）は，健全な稼ぐ力の源泉として収益追求およびリスク対応強化を同時に達成する企業文化を醸成することを目的に，4つのコントロールレバーが相互に機能し，意図した戦略の実行と環境の変化に応じた創発的戦略の形成の両方をコントロールすることで達成される。そのためには，リスク文化を支えるリスクアペタイトフレームワーク，リスクガバナンス，および実績評価・報酬体系についても，かかる考え方を踏まえた整備を行うことが重要となる。

　以上のように，取り巻く環境の変化に合わせて持続的に収益性や成長性を高めて持続可能なビジネスモデルを構築していくためには，ビジネス戦略を支えるガバナンス態勢として，実効的なリスクアペタイトフレームワーク，当該フレームワークに基づく適切な実績評価・報酬体系およびリスクガバナンスを整備し，それぞれ相互に実効的に機能させることで，ビジネス戦略の執行に関して，健全なリスク文化に基づく適切なリスクテイクが組織内において行われることを確保することが必要となる。

　リスク文化については，第Ⅳ部においてより詳細な説明を行うが，本章では，かかる4つのコントロールレバーの考えを踏まえ，持続可能なビジネスモデルの構築のためのビジネス戦略を支えるガバナンス態勢として，健全なリスク文化を支える実効的なリスクアペタイトフレームワーク，リスクガバナンスおよび実績評価・報酬体系がそれぞれ果たすべき具体的な役割について説明する。

86　第Ⅰ部　持続可能なビジネスモデルの構築

2　リスクアペタイトフレームワークの役割

(1)　リスクアペタイトフレームワーク

　リスクアペタイトフレームワークについては第Ⅲ部第6章で詳しく説明するが，自社のビジネスモデルの特性を踏まえたうえで，事業計画達成のために進んで受け入れるべきリスクの種類と総量を「リスクアペタイト」とし，これを資本配賦や収益最大化を含むリスクテイク方針全般に関する金融機関内の共通言語として用いる経営管理の枠組みをいう。かかる経営陣が設定し，取締役会による承認を経たリスクアペタイトを通じて，金融機関がビジネス戦略の執行に関して取るリスクと取らないリスクおよびリスク限度などが示され，経営陣のリスクガバナンスに関する方針およびプロセスが事業遂行にあたり全社的に共有されることとなる。

(2)　基層文化の醸成における役割

　こうした実効的なリスクアペタイトフレームワークの構築は，健全なリスク文化の醸成における基層文化を醸成していくために不可欠な要素となる。基層文化の醸成にあたってのリスクアペタイトフレームワークの役割は，**図表Ⅰ－5－3**に示すように，大きく分けて，文化の規範養成のためのトップの姿勢と，文化における社会・技術を作っていくための実効的なコミュニケーションおよびチャレンジという2つの役割からなるといえる。

①　トップの姿勢

　4つのコントロールレバーの中で概念的な基礎をなすのが，理念体系の構築であり，より具体的には基本的価値観の共有である。基本的価値観の共有に向けた取り組みは一朝一夕には成り立たないことから，トップによる強い姿勢が示されるとともに，経営陣自らが実際の行動で示していく，すなわち健全なリスク文化の醸成を率先垂範していくことが求められる。また，制度設計として，

図表Ⅰ-5-3　リスクアペタイトフレームワークの役割

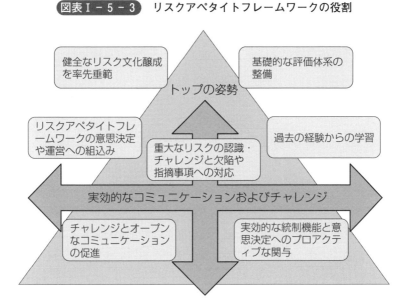

　実績評価・報酬体系そのものは表層文化を形成し，役職員へのインセンティブ付けとなるものであるが，その基礎的な評価体系，すなわちリスク文化やリスクアペタイトに沿ったリスクテイクを促すような基礎的な評価体系を整備することが重要となる。その他，リスク文化をリスクアペタイトフレームワークにおけるさまざまな意思決定の中へ具体的に組み込んでいくことも求められる。さらには，PDCAサイクルのチェック（Check）およびアクト（Act）として，金融機関のトップ自らが過去の教訓から学ぶ姿勢を見せるとともに，具体的な欠陥や指摘事項について改善に向けた対応をリードすることも，トップの姿勢として求められる重要な役割であるということができる。

　② 実効的なコミュニケーションおよびチャレンジ

　一方，トップの姿勢のみでは，健全な基層文化を醸成していくことは困難である。そこで，自社グループ内の全ての階層において，かつグループ横断的に，実効的なコミュニケーションおよびチャレンジ（指摘，議論，意見具申など）が行われることが合わせて求められる。そのために，こうしたチャレンジや

オープンなコミュニケーションが可能な環境を整備し，これを促進するとともに，グループのガバナンスとしての実効的な統制機能の整備，さらには，意思決定に対して統制機能が受け身ではなくプロアクティブに関与していくことが求められる。

③ 小　括

このように，リスクアペタイトフレームワークの整備を通じてビジネス戦略に係るリスクアペタイトがトップにより明確に示され，トップが健全なリスク文化醸成を率先垂範し，自ら行動で体現するとともに，意思決定の中にリスク文化を組み込んでいくこと，さらにはビジネス戦略の執行において組織内でトップダウンとボトムアップによる双方向のオープンかつ組織横断的なコミュニケーションが実施され，対話を通じた実効的な統制が行われることが，自社グループにおける健全な基層文化をリスク文化において構築していくために不可欠となるわけである。

③ リスクガバナンスの役割

健全なリスク文化の醸成のうち，表層文化の社会・技術的側面の構築に向けた役割を果たすのが，リスクガバナンスである。リスクガバナンスについては第Ⅳ部第2章で説明するが，4つのコントロールレバーとの関係においては，境界体系として，適切なリスクガバナンスを発揮するために取るリスク・取らないリスクの境界であるリスクアペタイトを明確にするとともに，リスクキャパシティや，リスク管理のためのさまざまなリスク限度を定めることが求められる。経営陣は，これらを含むグループ全体のリスクガバナンスを構築する役割を担うともに，取締役会に対してそのアカウンタビリティ（説明責任）を負う。また，かかる境界体系の中で，リスクの特定，評価，モニタリングおよびコントロールといった一連のリスク管理プロセスが実践され，戦略・収益・資本・コンプライアンスの一体的管理が行われるように，適切なリスク管理プロセスを整備することが求められる。それぞれのビジネスラインにおいては，グ

ループの経営陣により設定されたリスクアペタイトおよびリスク限度に従ったリスク管理を行う役割・責任を負うことが明確にされ，そのための組織体制が整備される。また，リスク管理の過程で課題や問題が認められた場合には，上申プロセスや内部通報手続を通じてリスク管理責任者やマネジメントに対して適切な報告がなされる仕組みを設けることも，リスクガバナンスの観点からは重要となる。さらには，こうした仕組みの実効性を確保する観点から，役職員のうちリスクガバナンスに反する行動を行った者に対しては，社内の懲戒処分を含むペナルティを与える制度とすることで，その遵守を促していくことも必要となる。

このようなリスクガバナンスの役割を示したものが**図表Ⅰ－5－4**である。

図表Ⅰ－5－4　リスクガバナンスの役割

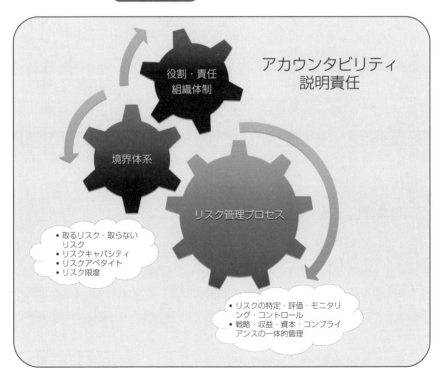

90　第Ⅰ部　持続可能なビジネスモデルの構築

ここでは，経営陣の説明責任をいわば梃（てこ）として，リスクキャパシティ，リスクアペタイトおよびリスク限度による境界体系を明確にし，実効的にリスクガバナンスを機能させることで，金融機関内における不適切または許容されないリスクテイクが抑止され，経営陣の定めるリスクアペタイトおよびリスク管理プロセスに従った役職員の適切な行動が促されることとなる。リスクガバナンスが実効的に機能することは，健全なリスクテイクに向けて策定されたビジネス戦略を適切に執行し，ビジネス戦略に係るリスクを適切に管理する観点から，非常に重要なコントロールレバーの1つであるといえる。

4　実績評価・報酬体系の役割

(1)　実績評価・報酬体系の重要性

　リスク文化やリスクアペタイトを踏まえたグループの役職員による経営戦略の適切な執行を確保するためには，役職員の適切なリスクテイク行動を促すインセンティブとしての実績評価・報酬体系も欠かせない。こうした実績評価・報酬体系は，価値観や道徳観といったリスク文化の規範部分に当たる表層文化を形成していくために必要となる。かかる評価・報酬体系は，重要な業績変数をもとに，診断型コントロールシステムとしてのコントロールレバーの役割を果たすこととなる。

(2)　実績評価・報酬体系の役割

　健全なリスク文化を醸成し，ビジネスモデルを持続可能なものとするための実績評価・報酬体系に求められる要素としては，**図表Ⅰ-5-5**に示すとおり，さまざまなものがあるが，その整備においては，リスク文化を踏まえ，過剰なリスクテイクを抑制し健全なリスクテイクを促す報酬体系とすることが重要となる。特に，短期的な業績に連動する報酬体系や，個人のパフォーマンスに大きく連動する報酬体系は，役職員が過剰なリスクテイクに走るインセンティブ

第 5 章　持続可能性を高めるためのフレームワーク　　91

図表Ⅰ−5−5　実績評価・報酬体系の役割

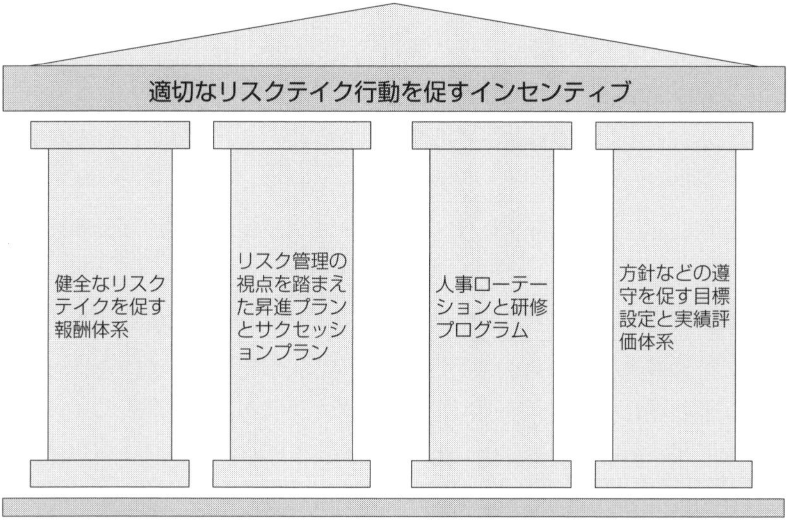

適切なリスクテイク行動を促すインセンティブ

健全なリスク
テイクを促す
報酬体系

リスク管理の
視点を踏まえ
た昇進プラン
とサクセッ
ションプラン

人事ローテー
ションと研修
プログラム

方針などの遵
守を促す目標
設定と実績評
価体系

を与えるおそれがあることから，そうしたリスクテイク活動を抑制するような報酬体系の整備が必要となる。

　また，報酬体系に限らず，金融機関内における昇進などの人事評価における視点として，昇進プランおよび経営陣のサクセッションプランに関し，リスク管理の観点を踏まえた内容とすることも重要である。すなわち，フロント業務において業績を上げた者のみが高く評価されるのではなく，経営やビジネス戦略におけるリスク管理の重要性を踏まえ，リスク管理などに関する経験も十分に考慮した昇進プランやサクセッションプランを作成することが重要となるわけである。

　さらに，こうした評価体系と整合的となるよう，ビジネスラインにおけるリスク管理の重要性の理解を促すため，リスク管理部門などを必ず経験するような人事ローテーションと研修プログラムを整備することも重要となる。重要なリスク，リスク管理に不可欠な要素，および金融機関の文化に関する理解は，シニアな従業員にとっての重要なスキルセットとして，キャリアアッププラン

の中に反映することが効果的であるほか，毎年の業績評価にあたり，方針など
の遵守を促す目標設定と実績評価体系を構築していくことが健全なリスク文化
の醸成には不可欠といえる。

　このような実績評価・報酬体系が整備され，これが役職員に対してあらかじ
め示されることで，役職員が，その業務執行に関し高い評価または報酬を受け
るために，過剰なリスクテイクに走ることなく，リスク文化およびリスクアペ
タイトを踏まえた戦略執行を行うインセンティブが提供され，ビジネスモデル
の持続可能性を高めることにつながるというわけである。

　経営陣が策定するビジネス戦略は，かかるビジネス戦略に係るリスクが適切
に特定，評価およびコントロールされ，リスク文化やリスクアペタイトを踏ま
え適切に執行されるよう，以上に述べたリスクアペタイトフレームワーク，リ
スクガバナンスおよび実績評価・報酬体系のコントロールレバーがそれぞれ相
互に機能し合い適切なコントロールが行われることを通じ，ビジネスモデルを
持続可能なものとしていくことが必要となる。

⑤　持続可能なビジネスモデルの構築プロセス

⑴　持続可能なビジネスモデルの構築プロセスの概要

　金融機関に持続可能なビジネスモデルの構築が求められていることはこれま
で説明してきたとおりであるが，金融機関における持続可能なビジネスモデル
のあり方は，そのビジネス特性やリスクプロファイルなどに応じて異なること
となる。また，ビジネスモデルのあり方は，金融機関を取り巻く環境によって
も変化しうるものであり，常にその環境を踏まえた最適なビジネスモデルの構
築を目指していく必要がある。そのため，刻々と変わる金融機関を取り巻く状
況に対応し，危機に対する強靱性を高めるとともに，中長期的にビジネスモデ
ルを持続可能なものとしていくためのPDCAサイクルを，金融機関において確
立・機能させることが重要である。

第5章 持続可能性を高めるためのフレームワーク

図表 I-5-6 ビジネスモデルの持続可能性を高めるためのビジネス戦略管理プロセス

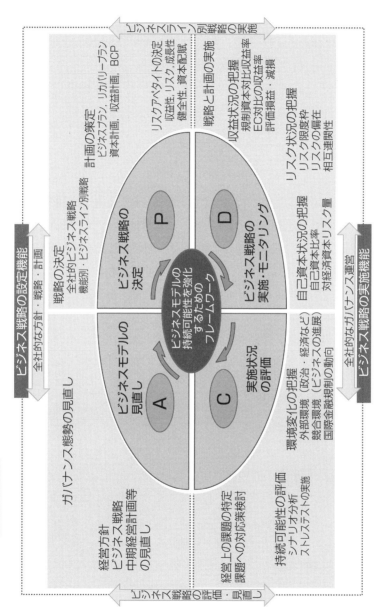

出所：『金融規制・監督と経営管理』（日本経済新聞出版社）を参考に作成

94　第Ⅰ部　持続可能なビジネスモデルの構築

　図表Ⅰ-5-6は，このように持続可能なビジネスモデルを構築していくための，ビジネス戦略の策定・執行およびそれを支えるガバナンス運営を一体的に実施するためのプロセスの概要を示したものである。

　ビジネスモデルの持続可能性を強化するためには，金融機関を取り巻く内外の環境や要因に応じた最適なビジネス戦略を策定および実施するのみならず，それを支える適切なガバナンス態勢を実効的に機能させるとともに，当該ビジネス戦略の実施状況についてのモニタリングや評価を行い，必要に応じ当該戦略を最適なものに見直していくことが求められる。そのため，金融機関は，自らを取り巻く環境変化に応じて，経営方針やビジネス戦略，中期経営計画などのビジネスプランを定期的またはアドホックに見直していくことが重要となる。

　こうしたプロセスの最初のステップとなるのが，PDCAサイクルのプラン（Plan）に当たる全社的な方針・戦略・計画の策定である。ここでは，金融機関は，全社的なビジネス戦略をはじめとする各種戦略を策定し，これを具体化するためのビジネスプランなどの各種計画を策定し，あわせて全社的なビジネス戦略と整合的なリスクアペタイトを決定する。次に，こうして策定されたビジネス戦略とビジネスプランなどを実施し，その収益状況やリスク状況，自己資本の状況などを把握し，これらのモニタリングを行うのが実行（Do）のステップとなる。そのうえで，かかるビジネス戦略の実施状況について，社会経済システムの不確実性や金融ビジネスの進展の状況など，自らを取り巻く環境変化を把握し，シナリオ分析やストレステストを行うことで，ビジネス戦略やビジネスプランの持続可能性の評価を行う。かかる評価において経営上の課題が特定された場合には，当該課題への対応策を検討する。以上の実施状況の評価および経営上の課題の特定が，チェック（Check）のステップとなる。そして，このようにして認識された課題や問題点などを踏まえ，経営方針やビジネス戦略，中期経営計画などの見直しを行い，また課題解決のために必要な場合にはガバナンス態勢を見直すアクト（Act）のステップを通じて，ビジネスモデルを絶えず見直していくことが重要となる。

⑵　構築プロセスの具体的な流れ

　かかるビジネス戦略の設定・実施機能とガバナンス運営機能のPDCAサイクルについてより具体的に説明すると，まず，金融機関は，第1章で説明したような社会経済システムの不確実性，金融規制の見直し，ビジネスの進展，業務を営む地域における経済・人口動態といった，金融機関を取り巻く個別の環境の変化などを十分に把握し，これを踏まえたうえで，全社的ビジネス戦略と，これに基づく機能別またはビジネスライン別の戦略を策定する。そのうえで，ビジネスプランや資本計画，収益計画，またリカバリープランまたは緊急時対応策などの各種計画の策定を行う。このようなビジネス戦略やビジネスプランなどの策定に際しては，これと整合的なかたちで収益性，リスク，成長性，健全性などに関するリスクアペタイトが決定される必要がある（プラン（Plan））。

　このようにして策定されたビジネス戦略（全社的のみならず，機能別およびビジネスライン別のものを含む）とこれを具体化するための計画は，それぞれのエンティティやビジネスラインにおいて実施されることとなる。これらの実施状況については，規制資本対比営業収益率や経済資本対比収益率などを用いた収益状況の把握，リスク限度枠やリスクの偏在の有無などの確認を通じたリスク状況の把握，また，自己資本比率や対経済資本リスク量などの確認を通じた自己資本状況の把握などを通じて，リスク管理および収益管理のために，恒常的なモニタリングが実施される（実行（Do））。

　そのうえで，このようにして把握したビジネス戦略の執行状況に基づき社会経済システムの不確実性や金融ビジネスの進展，国際金融規制の動向などの環境変化を踏まえ，フォワードルッキングなシナリオ分析やストレステストの実施を通じて，ビジネス戦略やビジネスプランの持続可能性の評価を行う。かかる評価において特定された経営上の課題については，マネジメントアクションの検討およびその有効性・実行可能性の検証，マネジメントアクションによる対応の可否の検討などを通じて，ビジネスモデルの脆弱性に対処するためのアクションプランを策定する（チェック（Check））。

96 第Ⅰ部 持続可能なビジネスモデルの構築

　そのうえで，以上のプロセスを通じて把握された経営上の課題や環境変化を
踏まえて，経営方針やビジネス戦略，中期経営計画などの見直しを行うととも
に，必要な場合には，緊急時のガバナンス態勢などの見直しを行う（アクト
（Act））。

　以上の一連の取り組みを通じてPDCAサイクルを恒常的に機能させることと
なるが，かかるPDCAサイクルを全社的な取り組みとするためには，同図の上
下左右の矢印のように，全社的な方針・戦略・計画に基づいて，機能ごとやビ
ジネスラインごとの戦略や計画に具体化（カスケード・ダウン）し，全社的な
ガバナンス運営のもと，個別のビジネス戦略・ビジネスプランを実行し，それ
ぞれのパフォーマンスを総体的に評価することによって，金融機関全体のビジ
ネスモデルの強靭性を強化する流れとしていくことが重要である。

6　ビジネス戦略に係るリスク

(1)　ビジネス戦略に係るリスクの管理の必要性

　このようなプロセスを経て策定および執行し，見直されるビジネス戦略につ
いては，金融機関がそのビジネスモデルの持続可能性を高めるために，当該戦
略に見合う実効的なガバナンス態勢を通じて，当該ビジネス戦略に関して金融
機関がさらされるおそれのあるリスクをフォワードルッキングに特定し，その
戦略執行におけるこれらリスクの顕在化を適切にコントロールするとともに，
必要に応じてビジネス戦略を見直すことが重要となる。そのため，金融機関は，
自らが策定および執行するビジネス戦略に関し，社会経済システムの不確実性
に関わる外部環境リスクや競争環境に関わる競合リスクなどの外部要因や，戦
略に固有のリスクや戦略執行に伴うリスクなど自社の内部要因に伴うリスクに
よって，どのような影響を受けて，取引量や収益性が変化し，バランスシート
の数字が増減するのかといった点について分析および評価するための，動態的
な方法論によるリスク管理が必要となる。

(2) ビジネス戦略に係るリスクの範囲

図表Ⅰ−5−7は，このようなビジネス戦略に係るリスクである内部要因と外部要因について表したものである。

ビジネス戦略に係るリスクについては第Ⅲ部第1章で詳細に説明するが，ビジネス戦略に影響を及ぼす主な外部要因（リスクドライバー）としては，第1章で説明した政治・地政学の動向や経済状況・景気変動などの社会経済システムの不確実性に関わる外部環境リスクと，新規参入者や代替的商品・サービスといった競争環境に影響する業界や市場の構造に関わる競合リスクが存在する。なお，競合リスクの特定においては，このような業界や市場の構造は，外部環境による影響を受けて変化しうることにも留意が必要となる。

他方，ビジネス戦略に影響を及ぼす主な内部要因としては，まず，ビジネス戦略に固有のリスクファクター（戦略固有リスク）として，第Ⅱ部第2章で説明するビジネス戦略の競争優位性を支えるバリューチェーンについて，その競

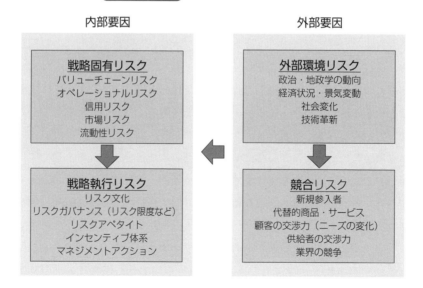

図表Ⅰ−5−7　ビジネス戦略に係るリスク

98 第Ⅰ部 持続可能なビジネスモデルの構築

争優位性が損なわれるバリューチェーンリスク，戦略執行に際して生じるオペレーショナルリスク，ならびに金融機関のバランスシートを通じた信用リスク，市場リスクおよび流動性リスクが挙げられる。また，戦略執行段階のリスクとして，金融機関のリスク文化，リスクガバナンス（リスク限度など），インセンティブ体系，リスクアペタイトまたはマネジメントアクションの脆弱性や欠陥などに起因して，想定した戦略執行や適切な戦略執行を行うことができないことによるリスク，すなわち戦略執行リスクが生じうる。

　金融機関は，上記外部要因のリスクドライバーの影響を受けて，これらの戦略固有リスクや戦略執行リスクがどのように顕在化し，金融機関の収益性や健全性にどのような影響を及ぼし，さらには最終的に企業価値にどのような影響を及ぼすかについての分析を行うとともに，これを適切に管理することが必要となる。

7 ビジネス戦略管理の流れ

　金融機関は，持続可能なビジネスモデルの構築に向けて，このようなビジネス戦略に係るリスクを適切に管理するため，ビジネス戦略を支える実効的なガバナンス態勢のプロセスの一環として，ビジネス戦略管理プロセスの整備が求められることは，第3章において説明したとおりである。

　詳細については第Ⅲ部で説明を行うが，具体的なプロセスにおいては，**図表Ⅰ-5-8**に示すとおり，まず，金融機関を取り巻く環境の分析として，外部要因を外部環境リスクと競合リスクのリスクドライバーに分け，前者については外部環境分析，後者については競合分析および競争優位性分析を通じて，自社のビジネス戦略に影響を及ぼすリスクドライバーを特定する。そのうえで，特定された外部要因のリスクドライバーに対し，自社のビジネス戦略に固有のリスクとして，収益性のリスクファクター（バリューチェーンリスクとオペレーショナルリスク）と資産負債のリスクファクター（信用，市場および流動性リスク）をそれぞれ特定する。さらには，かかる戦略固有リスクのリスク

図表Ⅰ-5-8 ビジネス戦略管理の流れ

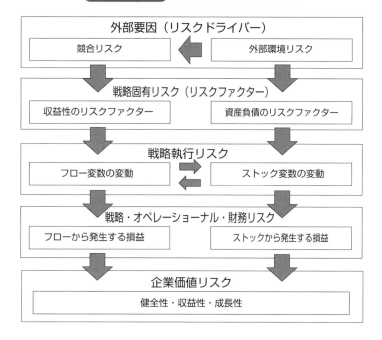

ファクターについて，実際にビジネス戦略を執行した際に，さまざまなストレスシナリオ下における戦略執行リスクの影響を踏まえたうえで，金融機関の取引量や収益性といったフロー面およびバランスシート上の資産・負債や預り資産などのストック面のそれぞれに生じる影響や，こうしたシナリオ下においてリスクの顕在化の回避または抑制のために取りうるマネジメントアクションの有効性および実行可能性の分析を行う。そのうえで，取引手数料や売買損益といったフローから発生する損益と，純金利収入，管理手数料および評価損益といったストックから発生する損益への影響を評価し，これを戦略リスク，オペレーショナルリスクまたは財務リスクとして定量化することで，収益性および健全性の分析を行う。これらの分析結果を全て踏まえたうえで，最終的に自社が取るビジネス戦略の収益性や成長性を含めたグループ全体のビジネスモデルの持続可能性を検証する観点から，健全性，収益性と成長性に基づく企業価値

100　第Ⅰ部　持続可能なビジネスモデルの構築

分析を通じて企業価値リスクの評価を行うこととなる。

　このような企業価値リスクに対しては，かかる一連のプロセスの中で，リカバリープランの策定や包括的シナリオ分析を通じた適切なマネジメントアクションの整備と，必要に応じたビジネス戦略の見直しが行われることとなる。このような取り組みを経て，収益性の改善や，成長性や安定性が向上し，企業価値を高め，経営体力を向上させることができることとなり，さらには，これらにより競争優位性が高まり，資本や資金の調達力も向上することで，新たなビジネス戦略のためのリソースの拡充につながり，ビジネスモデルの持続可能性向上に向けたビジネス上の競争力が向上することになる。

8　ビジネス戦略に見合った資本計画策定

(1)　資本計画策定の重要性

　金融機関がビジネス戦略を策定し，これを遂行するに際しては，必要なリスクテイクを行うための経営資源としての十分な資本が必要となる。そのため，ビジネス戦略を意図したとおりに実施する観点から，必要な自己資本を維持または調達することが求められる。また，危機時においてもビジネスモデルを持続可能なものとする観点からは，外部環境が想定外に変化し，金融機関にストレスがかかるような状況において生じる想定外の損失や資産価値の変動を吸収するためのバッファーとして，十分な資本が確保されていることも必要となる。

　そのため，金融機関は，ストレス時に金融機関がさらされるリスクが顕在化した場合においてもビジネスの継続を可能とするため，平時の段階から，経営体力の重要な要素である自己資本を十分な水準に保持しておくことが求められる。そのため，金融機関が策定する資本計画においては，ビジネス戦略遂行のために必要となる自己資本が確保されるのみならず，仮に金融機関にストレスがかかったとしても損失を吸収できる十分な水準の自己資本が確保されることが求められる。具体的には，危機が顕在化する前の懸念時の備えとして，自助

努力により自己資本を回復するためのさまざまな資本に係るアクション（代替的キャピタルアクション）をあらかじめ用意しておくことが求められる。

(2)　資本計画策定プロセスの概要

かかる資本計画の策定については第Ⅱ部第4章で詳細な説明を行うが，資本計画の策定プロセスの概要については**図表Ⅰ-5-9**に示すとおりである。

資本計画については，ビジネス戦略とこれを具体化するビジネスプランおよび資本戦略を踏まえて原案が策定されることとなるが，かかる資本計画について，包括的シナリオ分析を通じた妥当性評価が行われる。資本計画については，かかる妥当性検証の結果を踏まえて必要な修正が行われることとなるが，あわせて，ビジネスプランの変化やリスク顕在化時を想定した代替的キャピタルアクションの検討を行い，その有効性・実行可能性の検証や実施時の障害の特定・除去を行ったうえで，これらをまとめた代替的キャピタルアクションプランを資本計画に組み込む。また，戦略の運用とその結果を踏まえて資本計画やビジネス戦略の見直しが必要と判断される場合には，その見直しを実施することとなる。

なお，経営陣は，このような資本計画策定プロセスを整備するとともに，ビジネス戦略や資本計画の適切な執行およびガバナンスの発揮に責任を負うこと

図表Ⅰ-5-9　ビジネス戦略に見合った資本計画策定プロセス

策定	シナリオ分析による検証	修正	運用・コントロール
●ビジネス戦略とビジネスプランの原案を策定 ●上記戦略・プランおよび資本戦略を踏まえた資本計画の原案を策定	●包括的シナリオ分析を実施 ●資本計画の妥当性評価	●シナリオ分析の結果を踏まえた資本計画の修正	●戦略の運用とその結果を踏まえた見直し ●ビジネスプランの変化やリスク顕在化時を想定した代替的キャピタルアクションの検討 ●場合によっては資本計画やビジネスプランの変更を検討

102 第Ⅰ部 持続可能なビジネスモデルの構築

となるほか，取締役会は，ビジネス戦略や資本計画の承認と，経営陣による執行状況のモニタリングの役割を果たすことが必要となる。実効的なシナリオ分析を実施するにあたっては，必要な情報やデータが適時適切に集計され，かつシナリオ分析を通じて評価されることが求められることから，そのための経営情報システム（MIS）の整備が必要となるほか，かかる一連のプロセスの実効性を内部監査によって検証する内部統制機能を整備していくこともあわせて求められる。

⑨ ビジネスモデルの持続可能性の検証

(1) ビジネスモデルの持続可能性の検証の必要性

　以上，本章で述べてきたとおり，ビジネスモデルの持続可能性を高めるためには，ビジネス戦略の策定とそれを支えるガバナンス体制および経営管理・リスク管理のプロセスを，実効的なリスクアペタイトフレームワークを通じて一体的に運営・管理していくことが必要となる。その中で，包括的シナリオ分析やリバースストレステストを通じたシナリオ分析を実施し，リスク顕在化に備えたマネジメントアクションおよびアクションプランの策定が求められると同時に，ビジネス戦略についても必要に応じ見直していくプロセスを整備することが肝要となる。

　このような一連のプロセスの実効性については，取締役会がビジネスモデルの持続可能性を高めることにつながっているかどうかという観点から，**図表Ⅰ－5－10**に示すような視点を踏まえつつ，ビジネス戦略に見合った実効的なガバナンス態勢が整備されているかについて検証を行う必要がある。

　ビジネスモデルは，大きく分けてビジネス戦略とそれを支えるガバナンス態勢（プロセスとガバナンス体制）の2つの柱により構成されることは，すでに説明したとおりである。

　したがって，詳細については第Ⅳ部第5章で説明するが，ビジネスモデルの

第5章 持続可能性を高めるためのフレームワーク　103

図表Ⅰ-5-10 ビジネスモデルの持続可能性の検証

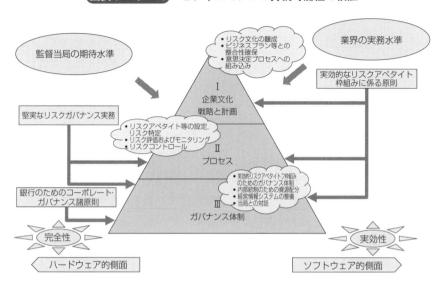

持続可能性の検証においては，ビジネス戦略に見合った実効的なガバナンス態勢のうち，プロセスとしてのビジネス戦略管理プロセスおよび統合的リスク管理プロセスならびにこれらの実効性を支えるリスクアペタイトフレームワークについての検証を行い，また，ガバナンス体制として，リスク文化，リスクガバナンスおよび実績評価・報酬体系の整備について検証を行うこととなる。

(2) 持続可能性の検証の視点

　かかる検証にあたっては，2つの視点に基づきこれを行うことが重要となる。1つ目は形式的な側面，すなわち，必要な方針・規程などが文書化されているか否かや，必要な体制が構築されているかといった，いわば完全性の側面からの検証である。もっとも，仮にこのような文書化が行われていたとしても，それが実効的に機能しているか否かはそれのみでは判断できないことから，このような実効性の側面について検証する視点も必要となる。こちらは，関連する会議体における議論の状況の検証や，ビジネス戦略やリスク管理を執行する部

門に対するヒアリングなどを通じて，実質的な側面に当たる実効性を検証していくこととなる。

　また，ビジネスモデルの持続可能性の検証にあたっては，各金融機関のビジネス特性やリスクプロファイルを踏まえ，業界における実務の水準を参考にしつつ自社グループが目指すべき水準感を設定し，自社グループに対する監督当局からの期待水準も勘案しながら，目標とする水準感を達成しているか否かを検証していくことが重要となる。実際の検証にあたっては，客観的なメルクマールとして，金融安定理事会やバーゼル銀行監督委員会が公表している実効的なリスクアペタイト枠組みに係る原則なども参照しながら，持続可能なビジネスモデル構築に向け必要なビジネス戦略策定プロセスと，それを支えるガバナンス態勢の完全性と実効性をそれぞれ評価していくこととなる。こうした検証の結果として特定された課題や脆弱性については，取締役会による評価を受けたうえで，経営陣が関係部署に改善を図ることを指示するとともに，取締役会がその改善状況をフォローアップすることが必要となる。このようなPDCAサイクルを通じて，ビジネスモデルの持続可能性を継続的に高めていくこととなる。

第 **II** 部

ビジネス戦略と
経営計画の策定

106　第Ⅱ部　ビジネス戦略と経営計画の策定

　第Ⅱ部では，金融以外のプラットフォーマーやフィンテック企業などが金融プラットフォームの領域に参入し，金融機関を取り巻く競争環境が厳しくなっていることを踏まえて，顧客中心のビジネスモデルの観点からのビジネス戦略やビジネスプランの策定手法と，ビジネスモデルの強靱性を確保するための危機時や懸念時を想定した対応計画の策定手法について，広く説明を行う。

　まず，金融機関の全社的なビジネス戦略に関して，顧客中心のビジネスモデルの観点から，持続可能なビジネスモデルを構築していくうえで参考となりうるさまざまなビジネス戦略モデルとその策定の考え方について説明を行う（第1章）。

　このようなビジネス戦略モデルを活用してビジネス戦略を策定するに際しては，さまざまな競合相手に対していかに競争優位性のあるビジネス，商品やサービスを確立していくかが重要となる。そこで，顧客中心のビジネスモデルを確立していくうえでのバリューチェーン分析を通じた競争優位性の確保とビジネスプランの策定プロセスについて説明を行う（第2章）。

　また，ビジネスモデルの持続可能性を確保するという観点からは，危機が生じた場合においても金融仲介機能を発揮し，金融システムの安定を支えることが求められる。そこで，危機に対する強靱性を高めるためのリカバリープランの策定とマネジメントアクションの検討を通じた能動的なリスク管理の手法について説明を行う（第3章）。

　金融機関は，リスクテイクを通じた成長のためにビジネス戦略を遂行し，また，ストレスがかかる状況においても業務継続を確保することができるよう，十分な自己資本の確保と十分性の検証が求められる。そのため，第Ⅱ部の最後として，危機が顕在化する前の懸念時における自助努力による自己資本回復のためのアクションの整備を含む，金融機関に求められる資本計画の策定手法について説明を行う（第4章）。

$$\left(\text{第 } 1 \text{ 章}\right.$$

ビジネス戦略策定手法

1 金融機関を取り巻くビジネスの状況

　金融機関は，銀行法などの適用法令における免許制のもと，預金の受入れおよび貸付けならびに為替取引という固有業務から，証券仲介や保険代理といった資産運用関連業務や経営支援・財務支援業務まで自ら行うほか，グループの証券会社や資産運用会社などを通じて証券業務や資産運用業務を行うなど，個人顧客や法人顧客に対する幅広い金融業務を提供している。とりわけ，金融機関の固有業務を行うためには法律上免許が必要とされることから，その参入障壁は高く，限られた数の免許を受けた金融機関のみにより，また，地域金融機関については地域的な棲み分けがなされたうえで，これらの業務は提供されてきた。金融機関は，顧客が開設した預貯金口座を通じて，不特定多数の顧客の間の送金や決済に関するサービスを提供し，また，かかる送金・決済サービスを基礎として，当該顧客に貸出しや資産運用，財務アドバイスといったさまざまな金融商品・サービスを提供していることから，金融というプラットフォームビジネスを営んでいると捉えることもできる。

　金融機関はこれまで，免許制による厳しい規制監督を受けつつも，その反面としての高い参入障壁に守られることで，金融のプラットフォームをいわば独占してきた。しかしながら，昨今，金融機関以外の企業であっても，いわゆるフィンテックに代表されるような最新のテクノロジーを用いることで，金融業務の一部について高い利便性をもって金融商品やサービスを提供することが可

108　第Ⅱ部　ビジネス戦略と経営計画の策定

能となっており，このような新たなテクノロジーを活用した企業との競争が生じている。さらに，情報系や物の流通（商品流通）系などの金融以外のプラットフォームを確立している企業が，自らのプラットフォームにおいて取得または収集する情報を活用するかたちで，金融のプラットフォームにまで業務領域を拡大してくるといった状況も生じている。

　このような状況の中，金融機関は，他の金融機関や新規参入してくる企業との厳しい競争を勝ち抜き，そのビジネスモデルを持続可能なものとするために，自らが提供するさまざまな金融商品・サービスに係るプラットフォームを維持・発展させることを通じて，金融ビジネスモデルの持続可能性を強固なものとすることが求められている。また，自らのビジネスモデルを持続可能なものとするためには，顧客ニーズを反映した商品やサービスを，顧客に適したチャネルを通じて効率的なかたちで提供していくことや，顧客中心の商品やサービスを提供することを通じて社会経済の活性化に寄与するための取り組みを行っていくことも必要となる。本章では，金融のプラットフォームにおいて，金融機関がビジネスモデルの持続可能性を確保するためのさまざまな戦略モデルとその策定の考え方について紹介する。

② ビジネス戦略モデル

(1) 経営に関する戦略および計画

　金融機関は，**図表Ⅱ－1－1**に示すように，全社的なビジネス戦略に基づき，企業戦略，ビジネスライン別戦略および機能別戦略などを策定し，これらをビジネスプラン，収益計画，資本計画，リカバリープランおよび事業継続計画（BCP）といった具体的な計画に落とし込んだうえで，実施していくこととなる。このように金融機関が策定する戦略や計画にはさまざまなものがあるが，本書においては，金融機関のビジネスの方向性を決定付ける全社的なビジネス戦略について，一般的には企業戦略の一部と考えられているものの，社会経済

第1章　ビジネス戦略策定手法　109

図表Ⅱ-1-1　金融機関の経営に関する戦略と計画の分類例

```
┌─────────────────────────────────────────────┐
│                    戦略                      │
│  ┌───────────────────────────────────────┐  │
│  │          全社的なビジネス戦略              │  │
│  │ • コア戦略（ビジネスポートフォリオ，品揃え，方法論）│  │
│  │ • ポジショニング戦略（競争優位性，生産性，ブランド　など）│  │
│  │ • 成長戦略（基盤，起業，新商品開発　など）    │  │
│  └───────────────────────────────────────┘  │
│  ┌───────────────────────────────────────┐  │
│  │              企業戦略                   │  │
│  │ • 合併買収戦略（コングロマリット，市場拡大　など）│  │
│  │ • 提携戦略（共同事業，ネットワーク　など）    │  │
│  └───────────────────────────────────────┘  │
│  ┌──────────────────┐ ┌──────────────────┐ │
│  │  ビジネスライン別戦略  │ │    機能別戦略     │ │
│  │ • マーケティング戦略  │ │ • 資本戦略        │ │
│  │ • チャネル戦略      │ │ • 資産負債(ALM)戦略 │ │
│  │ • 海外戦略         │ │ • 投資戦略        │ │
│  │ • 商品戦略　など    │ │ • 流動性戦略      │ │
│  │                  │ │ • 人事戦略        │ │
│  │                  │ │ • IT戦略　など    │ │
│  └──────────────────┘ └──────────────────┘ │
└─────────────────────────────────────────────┘
```

```
┌─────────────────────────────────────────────┐
│                    計画                      │
│  • ビジネスプラン         • リカバリープラン(RCP) │
│  • 収益計画              • 事業継続計画(BCP)　など│
│  • 資本計画                                   │
└─────────────────────────────────────────────┘
```

システムの不確実性，技術革新およびビジネスの進展など，金融機関を取り巻く環境が急速に大きく変化する中で持続可能なビジネスモデルを構築していくことの重要性に鑑み，あえて独立させて焦点を当てた説明を行い，その他の戦略については適宜必要に応じた言及のみを行うものとする。

110　第Ⅱ部　ビジネス戦略と経営計画の策定

(2)　ビジネス戦略モデルの類型例

　金融機関の全社的なビジネス戦略としては多種多様なものが考えられるが，金融機関の持続可能なビジネスモデルの構築のためには，一般的に，その企業価値評価における3つの主要な要素である健全性，収益性および成長性に鑑み，その策定するビジネス戦略について，①コア・ノンコアといったビジネスポートフォリオの最適化（ビジネスラインや主要法人などの観点については，第Ⅰ部第4章で詳説）の観点，②他社との競争環境における収益性向上のためのポジショニングの最適化の観点，および③将来の収益性獲得に向けた成長性という3つの観点から検討を行うことが重要となる。

　代表的なビジネス戦略モデルのうち，金融機関がビジネス戦略を策定するにあたり参考となりうるものについて，上記のビジネスポートフォリオ，収益性および成長性という3つの視点に照らし，コア戦略，ポジショニング戦略および成長戦略という大きく3つの類型に分類したうえで，それぞれの分類における代表的な戦略モデルについて，その特徴と該当するビジネス戦略の具体例を示したのが，**図表Ⅱ－1－2**である。これらのビジネス戦略モデルは，実際に国内外のさまざまな企業においてこれまで取られてきたビジネス戦略について一定程度類型化・モデル化し，整理したものである。なお，ビジネス戦略モデルはここで紹介されるものにとどまらないことはもちろんであるが，それぞれ共通点や類似性を有するビジネス戦略も存在する中で，これらの類型化またはモデル化に関してもさまざまな整理の方法があることには留意する必要がある。

(3)　コア戦略

　金融機関は，自らを取り巻く外部要因や内部要因を踏まえたうえで，最適なビジネス戦略を策定し，その策定後もこれら外部要因や内部要因の変化に応じて柔軟にビジネス戦略を適合させながら，持続可能なビジネスモデルを構築および維持していくことが必要となる。本章の冒頭で述べたように，金融機関の提供する金融業務は，一般的に金融というプラットフォームビジネスと捉える

第1章　ビジネス戦略策定手法　**111**

図表Ⅱ-1-2　ビジネス戦略モデルの例

戦略モデルの類型		戦略の特徴	ビジネス戦略※
コア戦略（ビジネスポートフォリオ）	プラットフォーム戦略	・さまざまな商品やサービスのプラットフォームの業界標準を開発し，業界や地域をリード ・川上から川下にわたる多数の事業者の参加を促し，顧客の利便性の高いプラットフォームにすることで，顧客と参加事業者間でWin-Winの関係を構築する	・<u>プラットフォームビジネス</u> ・地域トップ型ビジネス ・取引市場型ビジネス ・景気変動適応型ビジネス ・デジタル活用型ビジネス
	商品ポートフォリオ戦略	・個人のライフステージ，企業のライフサイクルに見合ったサービス・商品ポートフォリオを構築するなどさまざまな顧客ニーズを満たす商品・サービスの品揃えを充実 ・利益率の低いドアオープナー用の商品・サービスを提供している顧客との取引を深耕し，高付加価値で利益率の高い商品・サービス群の顧客を開拓	・<u>ピラミッド型ビジネスポートフォリオ</u> ・継続取引型サービス（ライフステージ型） ・利益派生型ビジネス ・収入要素の多様化 ・大規模取引型ビジネス
	ソリューション提供戦略	・顧客の課題へのソリューションの提供や，将来を見据えた提案 ・顧客ニーズやライフステージ・ライフサイクルの変化に対応した商品・サービスをワンストップで提供する	・<u>ソリューション型サービス</u> ・継続取引型サービス（ライフステージ型） ・川下ビジネス
	市場特性活用戦略	・多種多様な金融商品と投資家，サービス供給者と利用者，資金提供者と資金需要者などをつなぐ市場を提供 ・取引の種類や取扱量を増やし，他の競合取引市場に勝る規模やシェアを確保することで，取引成功確率を高め，一定以上の規模・シェアを確保し，相対的魅力度を高める	・<u>取引市場型ビジネス</u> ・シェア確保型ビジネス ・ニッチビジネス
ポジショニング戦略（シェア・収益性）	競争優位性向上戦略	・バリューチェーンの各要素である，顧客ニーズの把握，顧客チャネル，商品・サービスなどの競争優位性を高めることによって独自性を磨き，模倣困難な商品やサービスを提供 ・競争力を高めることによって，商品・サービスの価値を高め，顧客を誘引	・<u>トレード・オフ</u> ・ダブルベット ・バリューチェーン支配型ビジネス ・先行者的ビジネス ・アントレプレナー的ビジネス ・ブランド確立型ビジネス
	技術力活用戦略	・デジタル技術の活用などにより，顧客ニーズを先取りし，これに合った最新の商品・サービスを開発し，顧客利便性，生産性を大幅アップ ・イノベーションの進展に合わせ，顧客のニーズに合わせ細かくカスタマイズした商品・サービスを提供	・<u>デジタル活用型ビジネス</u> ・最新商品開発型ビジネス ・高度専門家的サービス ・経験効果活用ビジネス ・アントレプレナー的ビジネス
	価格競争力向上戦略	・イノベーションの進展に合わせてビジネスプロセスを革新し，既存のビジネスモデルとコスト構造が大きく異なるバリューチェーンを確立し，生産性や価格競争力を向上	・<u>低コスト型ビジネス</u> ・デジタル活用型ビジネス ・シェア確保型ビジネス ・経験効果活用ビジネス
成長戦略	ブレークスルー戦略	・収益の柱となり大きなシェアを獲得できる新商品・新サービスの開発によって，新しいコアビジネスを確立 ・地域密着型の商品サービスを開発し，顧客のアクセスポイントの利便性・効率性を改善して地域循環型経済を支援し，収益基盤とする	・<u>地域トップ型ビジネス</u> ・超ベストセラー開発型ビジネス ・最新商品開発型ビジネス ・先行者的ビジネス ・アントレプレナー的ビジネス ・デジタル活用型ビジネス

※本書では下線太字の戦略を紹介

ことができる。さらに，このプラットフォームにおいて提供される個々のビジネスに着目すると，当該プラットフォームにおいてはさまざまなビジネスがいわばピラミッドを構成するように形成されているといえる。ピラミッドの底辺には不特定多数の顧客を対象としたビジネスが位置し，その上により収益性の高いビジネスが積み重なるかたちで，頂点には，高付加価値サービスの提供を求める顧客へのテイラーメイドなソリューションを提供する高い収益性が見込まれるビジネスを擁する構造になっていると理解することができる。そのため，プラットフォーム戦略および商品ポートフォリオ戦略の一環として，顧客中心のビジネスモデルの観点から，自らのビジネスポートフォリオを，このようなピラミッド構造を踏まえて見直していくことは，金融機関にとって有益な視点となる。また，顧客中心のビジネスモデルの観点からも，顧客のニーズや課題を中心に据えて適切なソリューションを提供するソリューション型サービスが重要であり，これにより顧客との継続的な信頼関係を構築していくことにもつながることから，ソリューション提供戦略の一環として，ピラミッド型ビジネスポートフォリオの頂点にあるソリューション型サービスを拡大させていくことは重要となる。以上のほか，ビジネスポートフォリオ戦略としては，市場特性活用戦略の一環として，顧客ニーズを踏まえたサービス提供にあたり，IT技術の活用を含めた取引市場におけるマッチング・仲介サービスを提供していく取引市場型ビジネスを指向していくことも考えられる。

⑷　ポジショニング戦略

　ポジショニング戦略については，金融機関は，他の金融機関との競争のみならず，他業態からの新規参入やフィンテックを活用する企業の台頭などに伴う新たな競争にもさらされていることから，競争相手や新規参入者に対する競争優位性をいかに確保していくかが重要となる。そのため，競争優位性向上戦略の一環として，トレード・オフに関する分析を行い，競争相手や新規参入者が模倣困難な商品やサービスを顧客に提供していくことが重要となる。また，これらの競争を勝ち抜くためには，技術力活用戦略の一環として，デジタル技術

やIT技術を活用して顧客ニーズに即した最適なサービスや商品を提供するデジタル活用型ビジネスを提供したり，あるいは，価格競争力向上戦略の一環として，デジタル技術などを活用したりすることで，顧客の利便性を維持しつつコストを抑制する低コスト型ビジネスを提供することも考えられる。

(5) 成長戦略

　成長戦略としては，技術革新による経済成長の波に乗るために，ブレークスルー戦略が重要である。例えば地域金融機関については，地域における支配的な地位を確保しつつ地域循環型の経済成長のためにどのような役割を果たすべきかといった地域トップ型ビジネスの視点に基づくものが考えられる。

　なお，これらのビジネス戦略モデルについては容易に模倣可能なものもあるが，さらに複数のものを組み合わせることで独自性の強化と差別化をそれぞれ図ることができ，これにより，競争相手や新規参入者による模倣可能性を減少させ，提供するサービスや商品の価値や希少性を高めることで，さらに競争優位性を強固なものとしていくことができる。

　以下では，このようなビジネス戦略モデルの概要を紹介するとともに，金融業においてそれを持続可能なビジネスモデルの構築の観点からどのように活用していくことが考えられるかについて紹介する。

③　プラットフォームビジネス

(1) 金融のプラットフォーム

　前述のとおり，金融機関は，金融のプラットフォームを用いたプラットフォームビジネスの提供主体であると捉えることができる。金融機関は，預金の受入れ，資金の貸付けおよび決済サービスその他の為替取引を，その固有業務として一般に広く提供している。免許制による参入障壁のもとで，金融機関は，主に預金や市場により調達した資金を元手に，顧客への貸付けや有価証券

114　第Ⅱ部　ビジネス戦略と経営計画の策定

の運用などを行うことで収益を上げるとともに，商取引や為替取引などに関わる決済業務を営むことでその手数料による収入をほぼ独占的に享受してきた。また，金融機関は，融資取引などを通じて構築される貸付先との継続的関係を通じて，貸付先の非公開情報を含む財務情報や経営情報を継続的に取得し，それらの情報を活用して取引先への経営サポートや事業再編の支援を提供したり，産業界の調整役としての機能を果たしてきた。このような金融機関の伝統的な金融業のビジネス戦略モデルは，免許制のもと限られた競争相手の中で，自らが築いた金融のプラットフォームにおいて，多様な金融サービスをフルラインアップで顧客に提供することで収益を上げるものであったということができる。その一方で，金融機関は，自らのプラットフォームを支えるために巨額の費用をかけて自社の支店網やシステムを構築するとともに，さまざまな厳しい規制に対応するための規制コストを負担することが求められてきた。

⑵　金融以外のプラットフォーマーとの競争

　しかしながら，今日，ITや人工知能をはじめとするテクノロジーの発達により，一部の金融業務への参入に対する実際上の障壁は下がってきている。そのため，情報や商品流通サービスを提供する金融以外のプラットフォーマーが，金融のプラットフォームへの進出を始めており，**図表Ⅱ-1-3**に示すように，金融機関の金融プラットフォームにおける従来の支配的な地位が脅かされつつある。

　例えば，いわゆるSNS（ソーシャルネットワーキングサービス）関連企業は，情報のプラットフォームにおいて，国内外の広範な地域にわたって極めて多くの利用者を抱えているとともに，個人の日々のSNS利用を通じて，個人の生活や嗜好などに関する膨大な情報を収集および蓄積できる立場にある。SNS関連企業は，これらの強みを活かし，デジタル技術を活用することで，SNS参加者同士のネットワークを通じたより簡易な送金サービスの提供を行ったり，あるいは，このように収集および蓄積した莫大な情報から個人の金融ニーズに関連する情報を抽出し，顧客ニーズをタイムリーに把握したうえで，これを後述の

第1章　ビジネス戦略策定手法　115

図表Ⅱ-1-3　プラットフォームビジネス

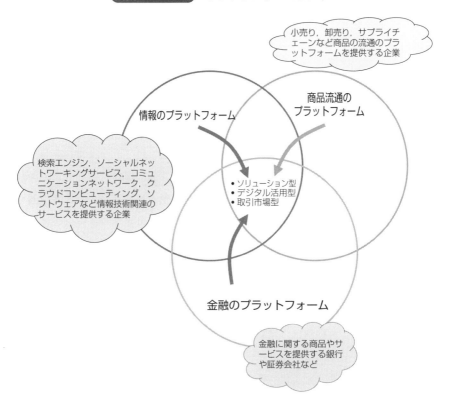

デジタル活用型，ソリューション型および取引市場型の金融サービスの提供に活用することが可能となっている。同様に，コミュニケーションネットワークやクラウドコンピューティングを営む企業も，そのサービス提供プラットフォームや事業を営む過程で取得および保有することとなった情報を効果的に活用する形で，顧客の金融に対するニーズを踏まえたサービスの提供を行うことで，金融のプラットフォームに進出してきているといえる。

　また，商品流通のプラットフォームを提供する企業は，これを利用する顧客や商品提供企業の日々の商取引に伴うデータを取得および蓄積している。そのため，例えば，これらの情報を与信判断に利用し，または隠れた資金ニーズの

掘り起こしに利用することも可能であり，これまで金融機関が有していなかったリアルタイムの情報を用いた独自の金融サービスの提供が可能となっている。

このように，情報のプラットフォームや商品流通のプラットフォームを提供する企業は，金融機関がこれまで必ずしも十分に取得できていない動的かつリアルタイムなデータを用いて顧客ニーズを適時的確に把握したうえで，かかる顧客ニーズに即した金融サービスを提供することで，これまで金融機関が独占的に提供してきた金融のプラットフォームを脅かそうとしている。

加えて，金融以外のプラットフォーマーは，足元では，デジタル技術を用いて特定少数の金融サービスのみをいわばモノライン的に提供しようとしており，既存の金融機関のようにフルラインアップの金融サービス提供のための店舗や多数の人員を擁していない。そのため，金融以外のプラットフォーマーは，金融機関に対してコスト面でのアドバンテージを活かすことも可能な状況であるといえる。

(3) 競争優位性を高めるための取り組み

このように，金融機関は，情報面やコスト面などで劣位な状況に置かれつつあることから，金融機関が現在十分に活用できていない保有データを有効利用する方法を模索するとともに，金融以外のプラットフォーマーに対する情報のディスアドバンテージを解消するための方法について検討することや，低コスト型のビジネスモデルを構築していくことが，金融以外のプラットフォーマーとの間の金融のプラットフォームをめぐる競争を勝ち抜くために重要となっているといえる。また，プラットフォーム戦略においては，川上から川下にわたって多数の顧客の参加を促し，顧客利便性の高いプラットフォームにすることで，参加事業者間でWin-Winの関係を構築するとともに，顧客をロックイン（囲い込み）することが重要となる。そのため，後述のトレード・オフの考えなどを用いて，模倣可能性を抑えて競争優位性を高めることによって，コスト以外の点においても顧客に魅力的な商品やサービスの提供を行うプラットフォームを構築していくという発想も重要となる。以上のような取り組みを通

じて，顧客から支持され，金融以外のプラットフォーマーや他の金融機関に対する競争優位性のある金融プラットフォームを構築していくことが重要となる。

4 ピラミッド型ビジネスポートフォリオ

(1) サービスピラミッド構造

　金融機関が営む金融業が，いわゆるプラットフォームを提供するビジネス戦略モデルであることは前述のとおりであるが，こうしたプラットフォームにおいては，プラットフォーマーが提供するさまざまなビジネスがバラバラに提供されているわけではなく，それらの基礎となるビジネスがあり，その上に収益性の高いビジネスを組み立てていく，いわゆるピラミッド構造が形成されている。具体的には，支払・清算・決済ビジネスという社会経済における資金の流通，証券決済，送金および支払を支えるインフラ型ビジネスを基礎として，そのうえに，預金・貸出ビジネス，証券取引・資産運用ビジネスおよびソリューションを提供する財務アドバイスビジネスといったより収益性の高いビジネスを複層的に営むサービスピラミッド構造として把握することができる。

　図表Ⅱ－1－4に示すように，情報のプラットフォームや商品流通のプラットフォームについても，SNS，検索サイト，通信や，商品販売といったマス型ビジネスを土台として，その上により利益率の高いさまざまなビジネスを積み重ねるピラミッド構造を形成することで，全体として収益を獲得するプラットフォームが構築されていると捉えることができる。金融機関が目指すべき顧客中心ビジネスモデルにおいてこのようなビジネスのピラミッドを構築していくためには，顧客ニーズに合わせてピラミッド階層ごとの商品やサービスの選択肢を充実させるとともに，それらが単独でもあるいはパッケージでも利用または購入できるようにするなど，顧客ニーズに照らした柔軟性を持たせることが重要となる。

118　第Ⅱ部　ビジネス戦略と経営計画の策定

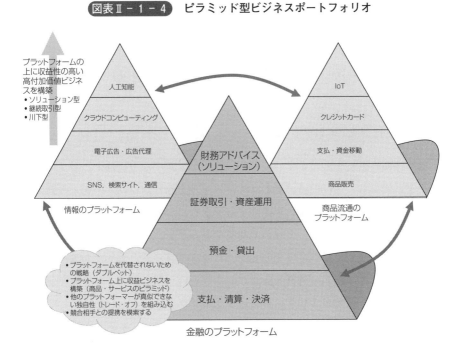

図表Ⅱ－1－4　ピラミッド型ビジネスポートフォリオ

(2) サービスピラミッドをめぐる競争

　これら各業態のピラミッドは，プラットフォームの上に行くほど，よりテイラーメイドで，顧客へのソリューション，すなわち付加価値の高いサービスを提供するビジネスとなることから，収益性がより高いビジネスとなる傾向にある。他方，これらピラミッドの基礎となるビジネスは，いわゆるマス型（大衆向け）のビジネスであり，取引量やサービス量は多い反面，サービスの個別性が乏しいため，個別の取引やサービスの収益性は必ずしも高くない場合が多い。しかしながら，これらビジネスは，その上に積み重なるビジネスの基礎・土台としての役割も果たすことから，この基礎部分が失われた場合には，その上に積み重なるビジネスまでも喪失するおそれがあり，ビジネスモデルの持続可能性の観点からは大変重要な意味を有しているといえる。

例えば，金融のプラットフォームにおいては，支払・清算・決済サービスがピラミッドの基礎をなすが，当該サービス分野について，前述のとおり情報や商品流通のプラットフォーム提供者や，あるいはデジタル通貨を用いる事業者が，極めて安価でかつ取引スピードの速い送金サービスを提供し始めている。仮に顧客が金融機関の提供する既存の支払・清算・決済サービスの代わりに，こうした金融機関以外のものが提供する送金サービスを利用することになれば，金融業がこれまで提供してきた貸出業務や財務アドバイスといったピラミッドの上部にあるサービスについても，当該サービス提供者が提供し，またはその提携業者が提供する同様の代替サービスなどによって，取って代わられる可能性があることは，想像に難くない。また，デジタルなプラットフォームビジネスにおいては，プラットフォームの利用者の規模の拡大に伴い個々のユーザーの受けるメリットも拡大するというネットワーク効果が生じるうえ，個々の利用者がプラットフォームを変更する場合にさまざまな乗換（スイッチング）の手間やコストが生じることから，顧客の囲い込みが生じやすく，独占的なプラットフォーマーとしての地位が維持されやすいという傾向にある。ゆえに，一度金融のプラットフォームが奪われると，そのプラットフォームをあらためて取り戻すことは一層難しくなる可能性があることに留意する必要がある。

(3) 競争優位性を高めるための取り組み

金融機関としては，このように金融以外のプラットフォーマーやフィンテックを活用する企業との競争の激しい支払・清算・決済という金融のプラットフォームの土台を守ることが重要となるわけであるが，今後このような代替サービスが広く普及していくのか，あるいは金融機関による既存のサービスの利便性を高めたサービスが引き続き顧客から広く利用され続けるのか，その方向性は必ずしも明らかではない。それゆえ，金融機関としては，いずれの可能性をも見据えたダブルベット戦略を取らざるを得ないと思われる。また，収益性の高い高付加価値なビジネスを営むためには，金融以外のプラットフォーマーが容易に模倣できない独自的価値を発揮することが重要となることから，

顧客ニーズを踏まえた創造性の高いビジネスモデルを構築していく必要があるほか，必要に応じて競合相手との提携を行うことで，自らのプラットフォームの維持・発展を模索していくことも重要となってくる。とりわけ，図表Ⅱ−1−4に示すようにそれぞれのプラットフォームの頂点に位置する財務アドバイス，人工知能（AI）およびIoT（Internet of Things）は，いずれも個々の顧客の細かいニーズに応じたテイラーメイドなソリューション・サービスを提供する性質のものであり，デジタル技術が活用されることからそれぞれの親和性が比較的高いため，競争を勝ち抜くためには模倣困難な独自的な価値を提供する商品やサービスの中に示していくことが重要となる。

　そのためには，金融以外のプラットフォーマーとの連携や，あるいは独自開発などにより，AIやIoTを金融ビジネスに活用できるかたちとしたうえで，金融機関が今まで培ってきた金融技術などのコンピテンスや，これまで築き上げてきた顧客ネットワークなどの，金融以外のプラットフォーマーが有しない経営資源を，AIやIoTに取り込む形で活用することで，新規参入者との差別化を図っていくことが重要となると考えられる。以上のような取組みを通じて，自らの金融のプラットフォームにおいて，顧客ニーズを満たし競争優位性のある金融ビジネスのピラミッドを構築することができる。

⑤　ソリューション型サービス

(1)　ソリューション型サービス

　前述のように，プラットフォームビジネスのピラミッドの頂点部分は，それぞれの顧客のニーズに即した高付加価値サービスを提供するテイラーメイドのソリューション型サービスからなるといえる。このようなソリューション型サービスにおいては，顧客が足元において抱える課題やニーズへの最適なソリューションを提供することはもちろん，将来を見据えたフォワードルッキングなサービスの提案を含む，顧客のライフサイクルやライフステージの各ス

テージに対応した商品やサービスを，顧客との継続的関係を通じてワンストップで提供していくことが重要となる。このようなソリューション型サービスは，顧客の個別のニーズが反映されたテイラーメイドなサービスが提供されることから，一般的に収益性が高くなる傾向にあるといえる。

図表Ⅱ－1－5は，個人および法人の一般的なライフステージやライフサイクルを示したものである。それぞれのステージにおいて，個人および法人の顧客が求める金融サービスのニーズは異なってくる。

個人については，例えば，子供の進学時における入学金や授業料，教育費などの資金ニーズ，就職時や新生活開始時におけるクレジットカードその他の与信ニーズ，結婚・出産時における資金ニーズや保険ニーズ，自宅購入時の住宅ローンニーズ，退職時の退職金運用ニーズや年金管理ニーズ，相続時の円滑な財産相続ニーズなど，ライフステージの各節目でさまざまな金融ニーズが発生し，また，資金が必要な時に備えて余資を貯蓄し，それを増やすために資産運用を行うニーズも生じる。金融機関としては，このようなニーズに対しその

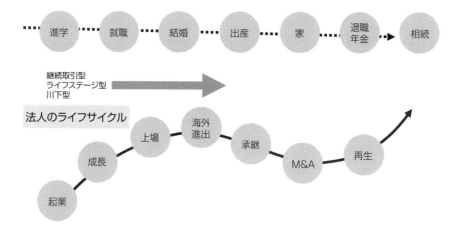

図表Ⅱ－1－5　ソリューション型サービス

時々に単発で商品やサービスを提供するのではなく，顧客のライフパートナーとして，このような顧客の現在または将来の金融ニーズを，プロアクティブなかたちで可能な限り早期にかつ的確に把握したうえで，ライフステージにわたるさまざまな金融ニーズに対するソリューション型サービスを顧客に提案および提供して，息の長い付き合いを続けていくことが重要となる。

　また，法人においても，起業の後にデスヴァレー（死の谷）と呼ばれる厳しいフェーズを乗り越えて成長し，その後の株式上場，さらには海外進出というようにライフサイクルが進む中で，起業段階ではスタートアップのための資金調達ニーズがあり，一定程度成長が軌道に乗れば新たな事業拡大投資のための資金ニーズが生じる。また，その後株式上場となれば，あるいは海外進出を狙うにあたっては，そのためのアドバイザリーサービスニーズ，外貨貸出または海外進出支援など，こちらもステージごとにさまざまな金融サービスのニーズが生じる。そのため，法人についても，このように起業段階から事業継承，合併・買収などに至るライフサイクルにおいて，それぞれの節目における具体的な顧客ニーズが発生することを踏まえ，それらに対応して単発的に提案を繰り返すのではなく，それぞれの法人顧客の現在および将来の具体的な金融ニーズをプロアクティブに把握したうえで，法人顧客の頼れる事業パートナーとして，これらニーズを満たすソリューション型サービスを提案および提供していくことで，長期的関係を構築していくことが重要となる。

　なお，このようなライフステージやライフサイクルに対応したソリューション型サービスの提供においては，いわゆる川下型の発想から，足元で提供する商品やサービスから派生しうる顧客の将来にわたる潜在的ニーズを把握することも重要である。例えば，住宅の建築や購入のための住宅ローンを貸し付ける場合においては，死亡または高度障害時のローン完済型生命保険や火災保険・地震保険のほか，金融取引可能なAIやIoTの住宅設置なども考えられる。また，退職に係るビジネスについては，生存保険，リバースモーゲージもしくは住み替えのための不動産売買が，また，相続に係るビジネスについては，相続税対策としての新たな不動産購入や相続発生時の不動産売却や相続財産の資産運用

など，足元で提供する商品やサービスから川の流れのように将来に生じる可能性のある顧客ニーズを想定し，その機会を捉えていくという発想も重要となる。

(2) 金融ニーズの把握の必要性

　以上のようなソリューション型サービスを成功に導くためには，それぞれの顧客についての具体的な金融ニーズを，プロアクティブに可能な限り早く正確かつ的確に把握可能なことが肝要となる。また，顧客において足元では必ずしも顕在化していない将来の金融ニーズについても，例えば同じような年齢，職業や所得水準といったさまざまな要素で分類される同じカテゴリーの他の顧客群で実際に見られた金融ニーズのデータを用いることで，将来必要となるニーズを推定することなどもできる。この点，情報のプラットフォームや商品流通のプラットフォームにおいては，インターネットでの検索履歴やSNSを通じたやりとり，あるいは販売商品の売上情報などを通じて，リアルタイムな顧客の金融ニーズをタイムリーに把握することが可能となっている。特定の顧客がどのような事柄に関心を持っているのかをタイムリーに把握するためには，デジタル技術の活用が不可欠であることから，金融機関についても，こうしたデジタル技術への投資が必要となる。金融機関，特に地域金融機関については，長年培ってきた地元の顧客とのリレーションがある一方，従来，プロダクトアウト中心のサービスが提供され，必ずしも十分に顧客の金融ニーズを適時的確に把握できていなかった点も否定できないことから，デジタル技術を活用しつつ，顧客が望むチャネルを通じて，個人と法人それぞれのライフステージやライフサイクルに応じた顧客ニーズをタイムリーに捉える体制を整備していくことが，ソリューション型サービスの提供のために必要になるといえる。

　以上のような取り組みを通じて，金融機関は，自らの金融のプラットフォームを活かして，顧客ニーズを満たし付加価値の高いソリューション型サービスを提供することができる。

6 取引市場型ビジネス

(1) 金融仲介機能の発揮と取引市場型ビジネス

　金融機関が伝統的に行ってきたビジネスは，預金などを通じて受け入れたバランスシート上の資金を貸付債権や有価証券などを通じて運用することで収益を稼ぐバランスシートに依拠するアセット型ビジネスであった。しかし，低金利・低成長の現代において，従来のバランスシートを活用したビジネス戦略モデルが大きな試練を迎えていることは，第Ⅰ部第２章で述べたとおりである。

　一方で，金融機関の大きな使命の１つは，金融仲介機能をいかに発揮するかという点にある。金融機関が金融仲介機能を果たすためには，必ずしもそのバランスシートに依拠した間接型金融を提供する必要はなく，例えば資金需要ニーズのある顧客と資金提供ニーズのある顧客の間で行われる直接型金融取引を促進させるといった方法により，金融仲介機能を果たしていくことも考えられる。そのため，金融仲介機能を発揮するという観点からは，従来の伝統的バンキング業務による間接型金融の提供のみならず，直接型金融取引を促進させるために，デジタル技術を活用して，さまざまな需要と供給のマッチングのためのプラットフォームを構築していくこと，すなわち取引市場型ビジネスを構築していくことも重要である。

　これは，**図表Ⅱ－１－６**に示すように，投資商品提供者と投資家，フィンテック企業などの金融サービス提供者と利用者，また，資金提供者と資金需要者など，金融サービスに関してさまざまな需要と供給のニーズのある主体間の取引の橋渡しを行う取引プラットフォームを，金融機関が自ら構築および運営することで，そのバランスシートに依拠することなく，仲介手数料などの収益を稼ぎ出すビジネス戦略モデルである。これにより，金融機関自身はアセット保有に伴う信用リスクや市場リスクなどを圧縮することが可能となり，自己資本の余力が増すことはもちろん，景気変動に対して耐性のあるビジネスモデル

図表Ⅱ-1-6 取引市場型ビジネス

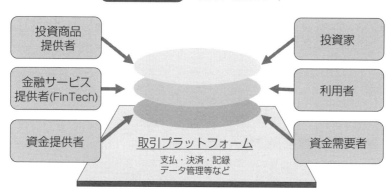

を確立し，ビジネスモデルの持続可能性を高めることが可能となる。

　このような取引市場型ビジネスは，例えば，デジタル技術を使った自動車や住居のシェアリングビジネスのほか中古品の仲介ビジネスなどですでに見られるものであり，こうした分野でトップシェアを誇る企業はこの仕組みを通じて大きな利益を上げているところである。また，金融分野においても，資金需要者に対し広く一般から資金供給者を募集するプラットフォームを提供するクラウドファンディングは，このような取引市場型ビジネスの1つの例であるし，金融機関を介することなく資金需要者に対し広く一般の人が融資を行う直接型間接金融といわれるソーシャルレンディングも同様の事例といえる。

　金融機関はこれまで，資金需要と供給をマッチさせる重要な金融仲介機能を果たしてきたものの，一方で，創業間もない企業やビジネスの将来性を評価することが難しいベンチャー企業など，金融機関の与信判断基準などに照らし融資や出資が困難な資金需要者のニーズに対しては，必ずしも十分に応えられてこなかったという指摘もなされている。このような資金需要のニーズについても，資金を供給することが可能な資金提供者とのマッチングが可能な取引プラットフォームを構築することで，金融仲介機能を果たすことができる。取引プラットフォームの構築においては，このような資金の需要と供給のニーズがリアルタイムに取引プラットフォームに現れてくることが顧客利便性の観点か

126　第Ⅱ部　ビジネス戦略と経営計画の策定

ら重要であり，そのためには，前述のように情報優位性を有する情報または商品流通のプラットフォーマーと同様に，金融機関においてもデジタル技術を最大限活用することが重要となる。

　このようなさまざまな取引のためのプラットフォームを構築できれば，従来型の金融ビジネスに捉われない，新しいビジネスモデルを金融の世界においても構築していくことが可能になる。

(2)　取引市場の競争優位性の確保

　取引市場型ビジネスについて，デジタル技術を用いて物理的な取引市場を設けることなく提供する場合には，一般的に模倣が比較的容易な傾向にあるといえることから，利便性やコストなどの点に関して取引市場間で競争が生じることとなるが，顧客が集中する取引市場にはさらに顧客が集中することとなるという前述のネットワーク効果が働くため，取引市場型ビジネスにおいては先行者利益が生じるといえる。このようにしていったんロックイン（囲い込み）した顧客には，スイッチング（乗り換え）の手間やコストが生じることから，他社に先駆けて優位性のある取引市場を確立し，独占的なシェアを確保することが，競争を勝ち抜くためには重要なポイントとなる。したがって，金融のプラットフォームにおいて，このような取引市場型ビジネスを提供する場合には，金融以外のプラットフォームや他の金融機関に先駆けて，このような顧客ニーズを満たす需要と供給をマッチさせる仕組みを整えていくことが急務となる。

　また，他の取引市場との競争においては，顧客にとって魅力の高い取引市場とすることが重要となるが，そのためには，利用手数料などのコストの優位性も重要な点ではあるが，取引の種類や取扱量を増やし，他の競合取引市場に勝る規模やシェアを確保することで，取引成立確率を高め，一定以上の規模・シェアを確保することなどが重要となる。そのため，サービス需要者のニーズはもちろんサービス供給者のニーズを適時的確に把握することが必要となり，またそのためにデジタル技術を効果的に活用していくことも重要なポイントになる。

これらによって，金融機関は，フィンテック技術などを活用した新たな金融サービスの提供を行うことができ，顧客の新しい資金ニーズを発掘するとともに，資金提供者にはその資金提供ニーズを満たす新たな提供先を紹介することができる。さらには，取引プラットフォームにさまざまな投資商品提供者を呼び込むことで，投資家に対して世界中のさまざまな優れた投資アドバイスに基づく商品を提供することも可能となる。このような取り組みを通じ，金融機関はその金融仲介機能を向上することができることとなる。

7 トレード・オフ

(1) トレード・オフの考え方

ビジネス戦略の策定にあたり，金融以外のプラットフォーマーなどの新規参入者との競争戦略を考えるにあたっては，これらの者が容易に模倣できないサービスを提供すること，すなわち，これまでの金融業務における蓄積や経験も反映された金融のプラットフォームとしての独自性を確保することで，競争優位性を向上させることが重要となる。そのためには，これらの金融以外のプラットフォーマーなどの新規参入者が提供する商品やサービスおよびその提供チャネルや提供方法などについて，金融機関が従来提供してきたものとの異同を分析および把握し，トレード・オフの観点から，新規参入者に優位性があるサービスを自らのサービスに取り入れるだけでなく，金融機関に優位性があると思われるものについては，さらに参入障壁を高くして新規参入者による模倣を困難なものとしていくことが重要である。

金融以外のプラットフォーマーなどの新規参入者は，デジタル技術などを活用するかたちで，急速に金融ビジネスへの参入を行っているが，行っているビジネスは，相対的に模倣されやすく，また，金融ビジネスに関する過去のノウハウや技術の蓄積に欠けるというビジネスモデルの脆弱性を有する傾向にあるといえる。他方で，金融機関は，店舗やシステムといった有形無形の資産や，

128　第Ⅱ部　ビジネス戦略と経営計画の策定

これまで培ってきた金融技術の蓄積を有しており，固定的なコストなどが生じ高コスト体質になりやすいといったデメリットもあるものの，これらは新規参入者が容易にまたは短期間で模倣することは相対的に困難といえ，これらの独自性をどのようにビジネス戦略において有効に活用する方法を考えるかが重要となる。しかしながら，新規参入者である金融以外のプラットフォーマーも，ビジネス環境や技術の進展に応じて，上記のトレード・オフの解消による参入障壁の解消に積極的に取り組んでくることも考えられる。

(2)　トレード・オフの考え方に基づく分析例

　上記の一例として，金融商品やサービスについてのチャネルを中心に，既存の金融機関と新規参入企業の競争の進展を考察してみる。従来，金融のプラットフォームの基礎・土台をなす支払・清算・決済サービスは，金融機関により，店舗窓口やATM，インターネットチャネルなどを通じ，決済・為替の手段としての国家通貨および法定通貨を用いることで行われてきた。もっとも，仮想通貨などのデジタル通貨の出現および普及に伴い，将来的にこれらの支払・清算・決済の手段としての強靱性，安全性や有用性がさらに十分に高まった場合には，支払・清算・決済サービスが一挙に金融以外のプラットフォーマーに取って代わられる可能性も指摘されている。この場合，金融以外のプラットフォーマーなどの新規参入者は，**図表Ⅱ－1－7**に示すように，かかる支払・清算・決済といったマス型のビジネスを土台として，金融のプラットフォームのそれ以外のビジネスについてもシェアを伸ばしてくることも考えられる。かかる新規参入者は，そのサービス提供のあり方として，従来の金融機関の商品やサービスに比較して，顧客利便性および価格優位性のある商品やサービスをリアルタイムに提供するために，物理的拠点ではなくインターネットやスマートフォンを通じて，顧客によるセルフサービス的な方法により商品やサービスを提供してくることが想定される。このようなもっぱらデジタル技術を活用したサービス提供は，営業や商品・サービス提供のための物理的拠点や人員を必要とせず，多くの物理的拠点と人員を抱える金融機関に比べてコスト面での優

第 1 章 ビジネス戦略策定手法

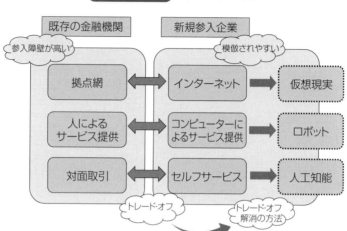

図表Ⅱ－1－7　トレード・オフ

位性は大きいうえ，デジタル技術を用いて正確かつ迅速な処理を行うことが可能となるため，迅速性や正確性といった点からも顧客訴求力は高いといえる。

　これに対し，金融機関は，幅広い支店網などの物理的拠点を有し，伝統的には対面取引を通じてサービスを提供してきた。これら物理的拠点を通じた対面取引は，人手とコストはかかるものの，例えば高齢者を顧客とする場合や，金額が大きいといった理由で取引の慎重性が求められる場合など，対面での取引を行うニーズのあるサービス提供については，引き続き比較優位性を有しているといえる。今後，金融取引の全てがデジタル技術を用いたインターネット取引などによって代替されるかというと，高齢者や富裕層といった顧客層や，顧客が自身にとって重要性の高い商品やサービスを受ける場合など，インターネットを通じた簡素化された取引を必ずしも望まない顧客ニーズも引き続き一定程度存在することも予想される。そのため，金融のプラットフォーマーが金融以外のプラットフォーマーなどの新規参入者との競争に勝ち抜くためには，彼らの競争優位性を模倣すべくデジタル技術を活用したコスト削減や新たな販売チャネルの提供にも投資する必要があることはもちろんであるが，そうしたチャネルとトレード・オフの関係にあり，これら新規参入者が容易には模倣す

ることができない伝統的・物理的なチャネルの特性を活かすかたちで差別化を検討していくことも，重要なポイントになるといえる。

さらに新規参入者は，かかる金融機関のトレード・オフの考え方による競争優位性を活かした施策に対して，例えばインターネット上に仮想現実を作り上げることでデジタルな拠点を設けたり，顧客に接する従業員の代替としてロボットを活用したり，ロボットなどを通じた対面取引を模倣するためAIを活用したりするなどして，金融機関がトレード・オフにおいて有する競争優位性に対抗してくることが考えられる。金融機関としては，このような新規参入者によるトレード・オフ解消に向けた動きが将来的に出てくることも想定しつつ，自らの強みをいかに模倣困難なものとし，競争優位性を確保していくかを検討していくことが重要となる。

以上のように，新規参入者や競争相手におけるトレード・オフの関係にあるサービス提供の形態を認識しつつ，多様な顧客のさまざまなニーズに応えていくために，より顧客に受け入れられるサービス提供の方法を検討し，顧客中心のビジネスモデルを構築していくことが，金融機関が金融のプラットフォームを維持・発展させていくうえで重要といえる。このような取り組みを通じて，金融機関は，さまざまな相手との競争においても，自らの競争優位性を活かして顧客ニーズに合う商品やサービスを提供できることとなる。

8 デジタル活用型ビジネス

(1) デジタル活用型ビジネス

金融機関は，顧客中心のビジネスモデルを構築し，ビジネスモデルの持続可能性を高めていく観点から，顧客に商品やサービスを提供するプラットフォームについて，第Ⅰ部第2章で説明したように，イノベーションの実現により顧客ニーズを把握し，かかる顧客ニーズに応じた顧客にとって付加価値の高いサービスや商品を開発し，最適なチャネルを整備するために，活用またはさら

第1章 ビジネス戦略策定手法 131

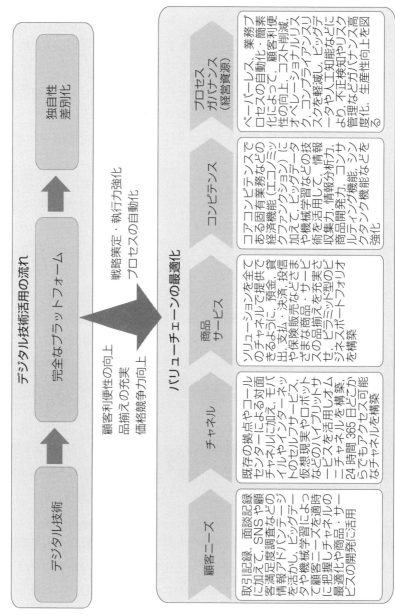

図表Ⅱ−1−8 デジタル活用型ビジネス

132　第Ⅱ部　ビジネス戦略と経営計画の策定

に強化すべき自らのコンピテンスを特定し，コンピテンスを十分に発揮可能な実効的で効率的な業務プロセスやガバナンスを構築していく必要がある。このように，顧客ニーズを起点としたバリューチェーンを最適化するうえで，顧客起点で考えたバリューチェーンの各要素を全て備えたいわば「完全なプラットフォーム」を構築し，金融機関の独自性を打ち出し，競合相手や他のプラットフォーマーを含む新規参入者に対する圧倒的な差別化を図ることにより競争優位性を確保するためには，**図表Ⅱ－1－8**に示すように，金融機関においてデジタル技術を活用することが不可欠となる。

⑵　バリューチェーンの最適化

　もっとも，前述のとおり，金融以外のプラットフォーマーは，デジタル技術を最大限活用することで顧客ニーズをタイムリーに把握し，これに応じた商品やサービスを低コストな方法で提供してきており，金融機関の伝統的な方法による商品・サービス提供に対して情報優位性やコスト優位性があるといえる。このようなデジタル技術は，一般に模倣されやすい傾向にあることから，商品やサービスの完全なプラットフォームの独自性や差別化を確保するためには，金融機関において，競合相手や金融以外のプラットフォーマーが容易に模倣できない顧客にとっての価値を，いかに加えていくかが重要となる。

　バリューチェーンについては，その分析方法も含め，第2章で詳しく説明するが，ここで重要なことは，自らの商品やサービスを競合相手および金融以外のプラットフォーマーなどによる模倣が困難なものとすることで，その独自性や差別化を確保することである。そのため，金融機関において，デジタル技術の活用により商品やサービスの完全なプラットフォームを構築する際には，模倣が困難なコンピテンス上の強みを活かし，またこれを組み合わせることで，顧客にとっても新たな独自性のある価値を創造し，さらには創意工夫を促すデジタル化により競合他社との圧倒的な差別化を行うことで，希少性が高く模倣可能性の低い競争優位性を確保することが求められる。

(3) デジタル技術を活用した最適化の方法

　デジタル技術をこうした一連のプロセスにおいて活用する方法として，顧客ニーズの把握においては，これまでのように顧客類型などに基づきニーズを予測するだけではなく，取引記録，面談記録に加えて，SNSや顧客満足度調査などの情報アドバンテージを活かし，ビッグデータや機械学習によって具体的な顧客ニーズを適時に把握しチャネルの最適化や商品・サービスの開発に活用するといったことが可能となる。これによって得られた情報に基づき，金融機関は顧客に最適な商品・サービスの開発と販売チャネルの整備を行うこととなるが，販売チャネルにおいては，既存店舗を通じた対面チャネルやコールセンターを通じたチャネルに加え，モバイルやインターネットのセルフサービス，仮想現実やロボットなどのハイブリッドサービスを活用することで，複数のオムニチャネルを構築し，24時間365日どこからでもアクセス可能なチャネルを提供することができる。

　また，ソリューションを全てのチャネルで提供できるように，預金，貸出，支払・決済，投信や保険販売などさまざまな商品・サービスの品揃えを充実させ，ピラミッド型のビジネスポートフォリオを構築していく。これらのチャネルや商品・サービスの開発に関しては，金融以外のプラットフォーマーによる模倣が困難という点では対面取引を挙げることができるが，かかる対面取引において，顧客の課題に対してソリューションを創意工夫して提供することが可能となるように，デジタル技術やセルフサービスが可能なAIの導入を行うことも重要となる。

　コンピテンスについては，金融機関のコアコンピテンスである固有業務などの経済機能（エコノミックファンクション）に加えて，ビッグデータや機械学習などの技術を活用して，情報収集力，情報分析力，商品開発力，コンサルティング機能，シンクタンク機能などを強化することが重要となる。さらに，ペーパーレス化，業務プロセスの自動化・簡素化などによって，顧客利便性の向上やコスト削減のほか，オペレーショナルリスクやコンプライアンスリスク，

134 第Ⅱ部 ビジネス戦略と経営計画の策定

コンダクトリスクを軽減し，ビッグデータや人工知能などにより，不正検知や
リスク管理などを行いガバナンスの高度化を行うことも重要となる。これらの
デジタル技術を活用したバリューチェーンの最適化や自動化によって，顧客利
便性や生産性が向上し，商品・サービスの価値を高め，競争優位性が向上する
こととなるほか，低コストでのサービス提供も可能となり収益性の向上にも寄
与することとなる。

9 低コスト型ビジネス

(1) 低コスト型ビジネス

　他の金融機関や金融以外のプラットフォーマーとの競争に生き残り，金融機
関として持続可能なビジネスモデルを構築していくためのさまざまなビジネス
戦略モデルについてこれまで紹介してきたが，これらの競争においては，自ら
の商品やサービスのコストを低く抑えることで，その価格競争力を高め，また
はその収益性を高めることも，ビジネスモデルの持続可能性を高めるうえでの
重要なポイントの1つとなるといえる。具体的には，**図表Ⅱ－1－9**に示すよ
うに，例えば，金融商品の販売チャネルやサービス提供プロセスの簡素化によ
るコストの低減，一定以上のシェアを獲得・確保することによる金融商品・
サービス当たりのコストの低減，また，商品やサービスの提供に関し蓄積した
経験を活用した効率化によるコストの低減などが考えられる。

(2) 完全なプラットフォームの構築

　このようなコストの低減を行うためには，顧客中心のビジネスモデルの観点
から前述の「完全なプラットフォーム」を構築していく中においても，販売
チャネルを顧客ニーズに照らし最適化させていくこと，すなわちオムニチャネ
ルの整備において，セルフサービス型チャネルを含む顧客ニーズに即したメリ
ハリのあるチャネルの整備を行っていくことや，商品サービスや業務プロセス

の自動化・効率化，ガバナンスの効率化による商品・サービスのコスト全体における人件費相当分の削減を行っていくことなどが重要である。そのためには，テクノロジー，人材，データ分析およびツールの活用や，ガバナンスの高度化が求められる。

プラットフォームをめぐる厳しい競争の中，金融機関が金融のプラットフォームを維持・発展させるためには，収益面のみならず，こうしたコスト面においても競争優位性を高めるためのビジネス戦略モデルを活用していくことが重要となる。

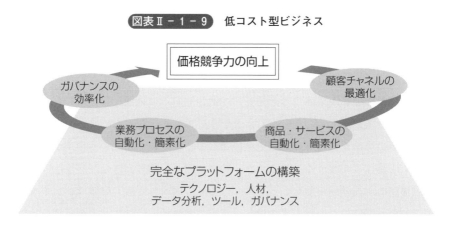

図表Ⅱ－1－9　低コスト型ビジネス

10　地域トップ型ビジネス

(1)　地域トップ型ビジネス

金融機関の中でもとりわけ地域金融機関は，地域経済の持続的成長につながるビジネスを推進することで，自らも成長させていくことが期待されている。そのためその地盤となる地域経済を支え，活性化させていくとともに，地域の顧客のニーズを満たす商品やサービスを提供することで，地域経済および地域の顧客との共通価値の実現を目指していくことが重要となる。そのためには，

136　第Ⅱ部　ビジネス戦略と経営計画の策定

地域の顧客にとって希少性が高く，他社による模倣が困難な，付加価値の高い
サービスや商品を提供していくことが重要となる。このようなサービスや商品
を提供することで，地域顧客からの信任を得て，当該地域において顧客に最も
支持される金融機関となることが，持続可能なビジネスモデルの構築のために
重要となる[1]。具体的には，地域の顧客のニーズを踏まえ，地域の産業や観光資
源の振興や，地域の規模といった地域特性に応じた地域で求められる商品・
サービスを開発し，そのための販売チャネルとして顧客とのアクセスポイント
の利便性・効率性を改善することを通じて地域循環型経済を支援し，これを金
融機関の収益基盤としていくこと，すなわち特定の地域において顧客に最も支
持される金融機関となる地域トップ型ビジネスを確立することが重要となる。

　このように地域金融機関が地域トップ型ビジネスを模索するためには，地域
における顧客ニーズを踏まえたサービスの提供を行うこと，すなわち，持続可
能な地域経済を実現することを通して，顧客である地域住民の活動に貢献し結
果的にニーズに応えることになることが重要である。そのためには，いかに地
域経済そのものを循環させ，持続可能なものとしていくかという視点が欠かせ
ない。なお，このような地域トップ，地域密着という考え方は，必ずしも地域
金融機関のみに適用可能というものではなく，国内外で広く金融サービスを提
供する金融機関においても，各地域や拠点ごとのサービスや商品の提供を検討
するにあたっても有益な視点となりうる。

(2)　地域通貨の取り組みの例

　かかる地域循環型経済を確立させていくためには，例えば，その1つの効果
的な方法として，その地域においてのみ利用可能な地域通貨を創設・普及させ，
これを活用したサービスを提供することが考えられる。**図表Ⅱ-1-10**に示す

1　ここでは，一定の範囲における顧客から最も支持されることが重要であり，そのため，
　このビジネス戦略モデルの考え方は必ずしも地域に限定されるものではなく，例えば職域
　といった金融機関の強みとして捉えることのできる他の顧客基盤や顧客層について同様に
　考えることができる。

ように，デジタル化されたプラットフォームにおいては，取引の決済手段として，法定通貨である国家通貨に加えて，特定の国家の財政などの影響を受けないグローバル通貨，仮想通貨のほか，より限定されたエリアや地域でしか利用できない決済手段として，特定の企業で利用可能なロイヤルティ・プログラムおよびポイント・マイレージや，特定の地域においてのみ有効な地域通貨などが利用されうる。かかるデジタル化されたプラットフォームにおいては，流通性や利用可能性によって価値が高まることとなるため，これらのさまざまな通貨が相互にしのぎを削る状態が生じることとなる。

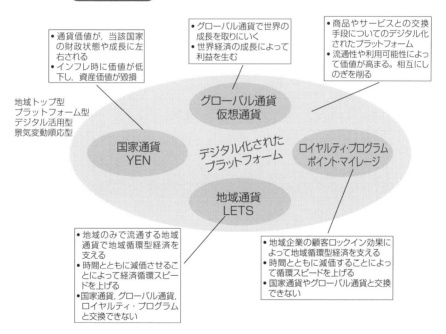

図表Ⅱ-1-10　デジタル化された通貨のプラットフォーム

これらのうち地域通貨は，一般的に，当該地域における時間単位の労働などを行うことで付与されるものであり，特定の地域においてのみ利用可能であり，法定通貨を含む国家通貨などと交換することができないといった特徴を有している。これまでも海外や本邦の特定の地域において地域通貨が活用されてきた

138　第Ⅱ部　ビジネス戦略と経営計画の策定

事例が見られたが，デジタル技術の発展により，このような地域通貨の枠組み
の構築や普及は，従来に比べてより容易になってきているといえる。地域通貨
は，国家通貨などと交換することができず，当該地域においてのみ費消できる
という性質を有することで，当該地域における通貨利用が促進されることとな
り，結果として当該地域の経済循環に貢献することとなる。また，地域通貨が
当該地域における時間単位の労働などの対価として付与されることで，地域コ
ミュニティの活性化などにもつながる。さらに，こうした地域通貨について利
用可能な地域を限定することに加えて，例えば一般的なマイレージ制度に期限
が設けられているのと同様に，地域通貨にも一定の使用期限を設けることが，
地域循環型経済を実現するうえで重要なポイントとなる。すなわち，マイレー
ジなどに有効期限が設定されることから，消費者に期限内に積極利用するイン
センティブが働き，結果として販売促進効果が生じると考えられるが，地域通
貨についても，その利用を積極的に促し，地域経済の循環スピードを加速させ
る観点から，同様に使用期限を設けることや，あるいは時間とともにその価値
が低減していく仕組みとすることが重要となるわけである。そうした中，金融
機関が，その地域における地域通貨の創設や普及に積極的に関わり，地域通貨
を利用した決済サービスの担い手となることができれば，金融機関のビジネス
モデルの持続可能性を高めると同時に，地域経済の持続可能性を高めることも
可能となっていくであろう。

　このように，地域通貨は，これが当該地域で広く用いられることで，地域コ
ミュニティの活性化を促し，当該地域の経済を地域循環型なものとし，**図表Ⅱ
－1－11**に示すような地域経済を支えるさまざまな関係者の輪の中で，必要な
サービスや商品の提供を促進する働きを担うことになる。当該地域において生
活をする人々が日常的なサービス，教育・介護の関連サービスや公共サービス
に対する支払のために活用することはもちろん，例えば昨今問題意識がさらに
高まってきている環境問題を考えるにあたり，地域における独自性発揮の観点
から，地域通貨を活用した取り組みとして，例えば環境問題に関する具体的な
取り組みに対する地域通貨の給付といった活用を行うことで，当該地域におけ

る環境問題の解決に利用していくことなども考えられる。また，地域外との関わりにおいては，例えば観光客にも当該地域への貢献活動状況によって地域通貨を付与するとともに，付与された地域通貨を積極的に利用してもらうことや，有効期限や減価する性質とすることによるリピーターの呼び込み効果なども期待できる。このように地域における人々の生活，経済，産業，公共サービス，地域外からの人の流入といったさまざまな側面において，地域の活動を促進させることとなる地域通貨を発行し，それが実際に普及し利用されることで，循環的に地域経済活動が営まれるようになると，地域社会そのものの持続可能性が高まることにもつながっていく。

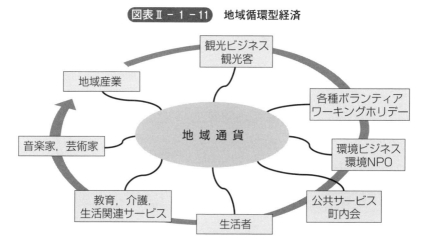

図表Ⅱ-1-11　地域循環型経済

　今日，ITをはじめとするデジタル技術の発達により，消費者の立場としては，その所在地域を問わずどこからでも同じように商品やサービスの購入が可能となっている。このような状況において，地域循環型経済を構築していくためには，地域独自の取り組みを実施し，地域の生活者を含めた地域関係者にとっての地域経済の利便性を高めるような仕組みを整えていくことが重要となる。そうした中，地域経済において重要な役割を担う地域金融機関が，地域社会の持続可能性を高めるために，このような地域通貨の創設や普及に積極的に関わっていくことも，これからのビジネス戦略の1つとして考えられるであろう。

第2章

ビジネスプランの策定

1 バリューチェーン分析

(1) バリューチェーン分析

　前章ではさまざまなビジネス戦略モデルについて説明したが，金融機関は，このようなビジネス戦略モデルを活用してビジネス戦略を具体的に策定するにあたり，いかに他の金融機関や金融以外のプラットフォーマーに対して競争力のあるビジネスを確立し，展開していくかについて考える必要がある。とりわけ，前章で説明したように，金融機関が持続可能なビジネスモデルを構築するためには，顧客中心のビジネスモデルの開発が不可欠であり，ビジネス戦略の策定において顧客中心の視点は欠かすことができない。そのため，ビジネス戦略の策定においては，顧客ニーズを的確に把握したうえで，個別の金融機関としての強みや保有資源を活かしながら，顧客ニーズに応えた付加価値の高い商品やサービスを，顧客が望むチャネルを通じて提供することが重要となる。

　このような顧客中心のビジネスモデルの構築のためには，金融機関が適切なガバナンスを整えたうえで意思決定プロセスを構築するとともに，こうしたプロセスを通じて商品やサービスを開発し，販売チャネルを通じて顧客に提供するという，金融機関による金融サービス提供に係る一連の活動について，これをバリューチェーンとして捉え，各プロセスにおいて顧客中心のビジネスモデルの観点からどのような価値を提供できるか検討することが重要となる。

⑵　バリューチェーン分析の方法

　かかるバリューチェーンの分析にあたっては，第Ⅰ部第2章で説明したように，デジタル技術をはじめとするイノベーションの活用により顧客ニーズの把握が容易となり，顧客中心のビジネスモデルが求められる今日においては，従来のような自らの経営資源やコンピテンスに合わせた商品を作るといったプロダクトアウト的な考え方ではなく，顧客のニーズを踏まえ，顧客が望む商品・サービスを提供するというマーケットインの観点からの分析を行うことが重要となる。

　そのため，顧客中心のビジネスモデルのためのバリューチェーン分析を行うに際しては，顧客ニーズを始点とした分析を行うべきである。具体的には，顧客ニーズの把握，顧客ニーズを踏まえた提供チャネルの整備，顧客ニーズに適した商品・サービスの開発，そのための金融機関の強みとしてのコンピテンスの活用，および金融機関の経営資源の配分という，従来の一般的なバリューチェーンとは逆の順番による分析を行うことが重要となる。以上のバリューチェーンにおける各プロセスのうち，顧客のニーズに関わるもの（顧客ニーズ，提供チャネルおよび商品・サービス）については，顧客中心主義の観点からどのように顧客ニーズを把握し，それを踏まえたチャネルの整備，商品・サービスの開発を行えば，顧客にとって付加価値の高いサービスを提供することができるかについて検討する。他方，金融機関自身の資質や能力，資源に関わるもの（コンピテンスや経営資源）については，顧客に対する高付加価値サービスの提供のためにどのようなコンピテンスを確立し，経営資源を活用していくかを分析することとなる。

⑶　バリューチェーン分析の具体例

　図表Ⅱ-2-1は，前章で説明したさまざまなビジネス戦略モデルのうち，金融機関が持続可能なビジネスモデルを構築していくにあたって特に参考になると考えられる3つのビジネス戦略モデルについて，バリューチェーンの評価

図表Ⅱ-2-1　バリューチェーンの評価視点の例

	顧客ニーズ	チャネル	商品・サービス	コンピテンス	プロセス・ガバナンス	経営資源
プラットフォーム型ビジネス	・一般に広く利用される利便性の高いプラットフォーム ・いち早く次世代のサービスを提供するプラットフォームを安定的に提供 ・プラットフォームの安全性や安定性	・デジタル技術を活用したインターネットを含む24時間365日アクセス可能なオムニチャネル	・デジタル通販、新市場創出、FinTechを活用した新しいサービスのプラットフォーム	・新しいプラットフォームを見据えたフォワードルッキング性 ・新しいものを開発し取り込もうとする企業文化 ・イノベーションの進展。ニーズの変化などに合わせたプラットフォームの変更・開発力	・プラットフォーム構築に向けたサービス提供やそのためのプロセス・ガバナンス整備に必要な人材・ITシステム ・川上・川下にわたる多数の金融周辺ビジネス提供者との連携	・顧客基盤 ・バリューシステム全体の参加者間でのWin-Win関係の構築
デジタル活用型ビジネス	・セルフサービスでオーダーメード可能な商品・サービス ・商品取引、サービス提供、情報提供などやお金にまつわることを１つのところで解決	・コンタクトセンターにおけるAIロボットを用いたハイブリッド ・インターネットやモバイルなどによるセルフサービス	・PBやAIを活用した顧客ニーズの正確な把握ととらえた商品・サービスの開発 ・商品やサービス・情報の比較検討、購入、ファイナンスまで含めた支援 ・顧客のライフスタイルに合わせた商品	・顧客目線に立つ企業文化 ・上記文化を踏まえた商品やチャネルの開発力 ・顧客ニーズに対する理解力、商品開発力 ・イノベーションの進展に合わせてビジネスプロセスを革新する力	・プロセスとガバナンスのデジタル化に必要な資本力・人材・ITシステム ・商品やサービス・情報を提供する業界との幅広い連携	
低コスト型ビジネス	・ITなどの最先端の技術を用い、かつ低い手数料で効率的なサービス	・ネット、モバイル、フェーストゥフェースなどマルチチャネルで提供	・AIを活用した窓口サービスの自動化 ・デジタル技術を活用したセルフサービスの充実 ・AIや顧客口座入出金情報を利用して自動化した与信審査による貸出	・最先端のものを積極的に受け入れる企業文化 ・イノベーションを積極的に活用する能力 ・データ分析力 ・プロセスを効率化する能力	・サービス効率化のためのプロセス・ガバナンス整備に必要なIT投資	

視点の例をまとめたものである。同図に例示するように，それぞれの項目について，競合環境や競争優位性を分析することになる。

　例えば，プラットフォームビジネスについて例を挙げると，顧客としては，プラットフォームとして安心，安全かつ安定的に提供されることを前提に，一般により広く利用されている利便性の高いプラットフォームや，あるいはいち早く次世代のサービスを提供しているプラットフォームを利用したいといったニーズがあることが想定される。次に，かかるプラットフォームを提供するチャネルとしては，多数の利用者や顧客にとってアクセスや利便性の高いデジタル技術を活用したインターネットを中心としたチャネルを含む，24時間365日アクセス可能なオムニチャネルの提供が期待されるであろう。また，当該サービスプラットフォームで提供する商品やサービスに関しては，新たなデジタル通貨を利用した支払・決済サービスの提供，さまざまな需要と供給をマッチングさせる新しい取引市場の創出，フィンテックを活用したロボアドバイザーやAIを活用した投資アドバイスなどの新サービスの提供などが考えられる。このように，金融機関がプラットフォームビジネスを構築するにあたっては，顧客ニーズ，チャネルおよび商品・サービスというそれぞれの視点から，顧客にとっての付加価値の高いサービスプラットフォームの検討を行っていくこととなる。

　他方，このような顧客ニーズを満たすサービスプラットフォームを提供するために必要となるコンピテンスとしては，例えば，新しいプラットフォームの構築を見据えたフォワードルッキングなビジネス上の判断力，常に新しいものを開発し取り込もうとする創造性を重んじる企業文化，新たなプラットフォーム構築のための金融以外のプラットフォーマーとの連携，新しいプラットフォームの参加者間でのWin-Win関係の構築，およびイノベーションの進展やニーズの変化などに合わせて機動的にプラットフォームの変更や開発を行う能力などが挙げられる。また，このために必要となる金融機関の経営資源としては，プラットフォーム構築に向けたサービス提供とそのためのプロセスやガバナンスの整備に必要な人材・資本力・ITシステムのほか，プラットフォーム

144　第Ⅱ部　ビジネス戦略と経営計画の策定

の川上および川下にわたる多数の事業者の参加，商品やサービスの継続的な利用により築き上げられた顧客基盤などが挙げられよう。

　このように，金融機関としては，顧客ニーズ，提供チャネルおよび商品・サービスのそれぞれの観点から分析を行い策定するビジネス戦略について，そのために必要となるコンピテンスやプロセス・ガバナンス，経営資源を備えており，当該ビジネス戦略の実施においてこれらを十分に活用することができるか否か，もし十分でないとすればそれをどのように確保していくべきかについても検証を行うことが重要となる。また，これらの各要素については，第Ⅲ部第1章で説明するビジネス戦略管理プロセスを通じて，それぞれの競争優位性を高めていくことも重要である。

　以下では，顧客中心主義の観点を踏まえ，顧客に対して付加価値の高いソリューション型サービスを提供していくことを通じ，他の金融機関や金融以外のプラットフォーマーとの競争を勝ち抜き，持続可能なビジネスモデルを構築していくために重要となる，金融機関のバリューチェーンを構成する各要素について説明する。

2 顧客ニーズ

(1) 情報アドバンテージの活用

　顧客中心の商品やサービスを提供するためには，個々の顧客に関する実際かつ具体的なニーズを適時的確に収集するとともに，これを販売チャネルの整備や商品・サービスの開発のために活用できるよう解析可能な態勢を整備することが重要となる。とりわけ，前章で説明したピラミッド型ビジネスポートフォリオの上部に位置する財務アドバイスや証券取引・資産運用といったソリューション型あるいは継続取引型のビジネス，すなわち顧客の細かいニーズに応じたテイラーメイドなサービスを提供していくためには，個々の顧客のニーズをリアルタイムに把握し，また将来の潜在的ニーズを的確に把握することが重要

であり，そのために情報アドバンテージを活用していくことが必要となる。

(2)　顧客ニーズの把握

　そのためには，顧客にまつわるさまざまな情報を収集する必要がある。具体的には，**図表Ⅱ－2－2**に示すように，金融機関が従来から有する取引を通じて取得および保有している顧客情報や取引情報などの構造化されたデータを活用することはもちろん，金融機関が従来から保有しているものの十分に商品やサービスの提供に利活用されてこなかった顧客満足度や営業記録，問い合わせ情報などの必ずしも構造化されていないデータについて，これらを顧客ニーズ把握のために有効活用していくことも重要となる。さらには，情報のプラットフォームを営む企業に優位性のあるインターネットにおけるさまざまなサイトへのアクセス情報やSNS関連情報，人やモノの動きを捉えるGPSを通じて取得できる情報など，顧客の日々の生活や嗜好などに関わる顧客理解のために有益な情報を，リアルタイムに，積極的かつ広く収集することも重要となる。そして，これらの多種多様な情報について，デジタル技術を活用することで，例えばビッグデータ・アプリケーションなどを用いて顧客に関する意味ある情報として統計的に解析し，顧客ニーズの予測を高度化したり，あるいは，人工知能や機械学習を用いることで，隠れたニーズも含めてより正確かつ精緻な顧客ニーズを多数の顧客に関して高精度，高速かつ自動的に把握し，マーケティング，オートメーションや顧客生涯価値の向上などを実現できるようにすることも重要と考えられる。

　金融機関が顧客中心のビジネスモデルを構築していくためには，このように現在または将来の顧客ニーズを把握する段階において，顧客ニーズにまつわる膨大かつ広範な情報をリアルタイムに収集し，これをビッグデータとして人工知能などを活用する形で高速かつ的確な分析を行っていくこと，さらには，そのためのシステム投資を含めた体制整備を行っていくことが，重要なポイントになるといえる。

146 第Ⅱ部 ビジネス戦略と経営計画の策定

図表Ⅱ-2-2 顧客ニーズ

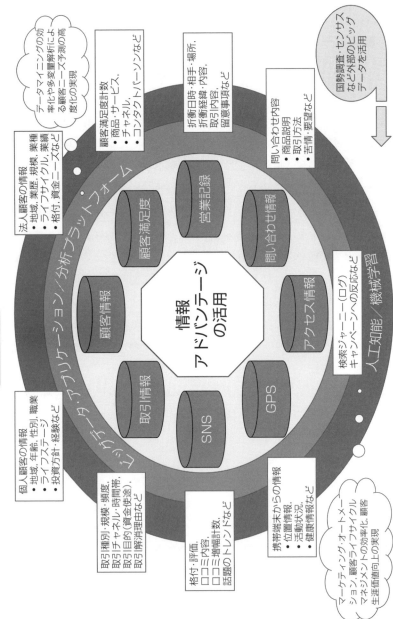

③ 顧客チャネル

(1) 顧客チャネルのあり方

　顧客中心の業務運営を行うためには，すでに述べたように，収集・分析された顧客ニーズを踏まえ，顧客に最適なチャネルで商品やサービスを提供することが重要となる。

　金融機関は従来，平日の限られた営業時間における店頭を通じたサービス提供を中心に行ってきたが，ネット銀行やネット証券，スマートフォンなどの普及に伴い，顧客は高い利便性や簡便性を求めており，インターネットを通じて場所や時間を問わずに利用できる，簡便かつ直観的なサービスに対するニーズが高まっている。こうした顧客ニーズを受け，金融機関としても，24時間365日，あらゆる時間にあらゆる場所から，顧客の望むサービスや商品にアクセスできる体制を整備していくことが，顧客中心のビジネスモデルを構築していくために必要となっている。

(2) オムニチャネル

　図表Ⅱ-2-3は，こうした顧客ニーズを踏まえ，金融機関が顧客に商品やサービスを提供するオムニチャネルのあり方について示したものである。

　商品・サービスの販売チャネルに関する顧客のニーズは，例えば煩雑な手続を経ることなく短時間でセルフサービス的に行いたいのか，それとも対面サービスを通じて専門的知識を有する職員に相談しながら慎重に検討を進めたいのか，あるいは，セルフサービスを基本としつつも必要に応じて説明や専門的助言を受けるハイブリッド型が望ましいのかなど，金融機関が提供するサービス・商品の種類や内容，金額の大小，および顧客自身の嗜好などによって，千差万別である。そのため，金融機関としては，このようなセルフサービス型，対面サービス型およびハイブリッドサービス型のチャネルについて，その特性

148 第Ⅱ部 ビジネス戦略と経営計画の策定

図表Ⅱ－2－3 顧客チャネル

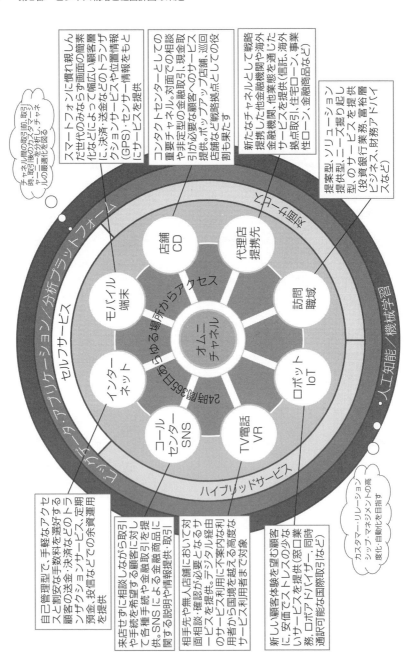

や適した商品・サービスを踏まえ複数のものを提供することで，顧客が好きな時に好きな場所から適当なチャネルを通じて商品・サービスにアクセスできる環境を整えることが，顧客ニーズを踏まえた顧客中心のビジネスモデルを構築していくために必要であるといえる。また，かかるオムニチャネルの整備にあたっては，チャネルの最適化を図るためにビッグデータ・アプリケーション／分析プラットフォームを活用することや，カスタマー・リレーションシップ・マネジメントの高度化に向けて人工知能や機械学習を活用することも重要となる。

　このように顧客利便性の高いオムニチャネルを整備することは，もっぱらインターネットを通じたサービス提供を行う金融以外のプラットフォーマーと差別化を図るためにも重要であると考えられる。前章で説明したとおり，販売チャネルにもトレード・オフの関係があり，新規参入企業にとって，金融機関が店舗を通じて従来提供してきた対面型のチャネルと同様のチャネルを提供することは，コスト面や金融機関がすでに構築している店舗網との競争に鑑みると困難といえる。したがって，金融機関は，デジタル技術を活用することで販売チャネルの利便性や簡便性を高め，コストの削減を図りつつ，対面型のサービス提供を嗜好する顧客ニーズにも引き続き応えられる体制を整備していくことが，金融以外のプラットフォームとの競争に勝ち残るためには重要になるといえる。そのような観点から，さらに進んで，既存の支店網を通じた対面型の販売チャネルについて，これまでと変わらない商品・サービスの提供を行うのではなく，例えば当該チャネルの利用者のニーズを踏まえ，他のチャネルでは提供することのできない商品やサービスの提供に特化し，対象となる顧客の来店を誘引するような魅力ある店舗に設計し直すといった試みも，今後重要になるものと考えられる。

　以上のとおり，顧客ニーズを踏まえた最適な販売チャネルの整備にあたっては，顧客がいつでも，どこからでもアクセスが可能なオムニチャネルを整備することが望ましいといえる。そうした中で，それぞれの顧客について具体的なニーズに応じた最適なチャネルはどのようなチャネルであるか，このような

チャネルをすでに整備しているか，また，仮に整備できていない場合には経営資源を割いてすみやかに整備できるのかといった点の分析を行うことを通じて，顧客ニーズを踏まえたチャネルの整備につなげていくこととなる。

4 提供する商品・サービス

(1) 提供する商品・サービスのあり方

　金融機関，特に銀行が顧客に提供する商品やサービスは，一般的に，**図表Ⅱ－2－4**に示すように，預金や貸出，支払に関する金融機関の法律上の固有業務に関わるものから，投資顧問や資産管理，引受け，証券取引およびソリューションとしての財務アドバイス提供に至るまで，さまざまなものがある。これら商品やサービスについては，それぞれを個別の商品・サービスとして切り離して提供するだけではなく，第1章で説明したように，顧客の現在および将来のニーズを把握または予想したうえで，顧客にとってのソリューションは何かを踏まえ，これら商品・サービスをテイラーメイドに組み合わせる形で付加価値を加え提供することも重要である。また，顧客にとっては，商品やサービスのみならず，それがどのようなチャネルを通じて利用可能であるかという点も，商品・サービス選択の重要な視点となることから，提供チャネルと商品・サービスを組み合わせて分析することも重要となる。

　金融機関が多様な顧客ニーズに応えるためには，多様な商品やサービスのラインナップを用意および提供することも重要ではあるが，第Ⅰ部第4章で説明したように，ビジネスポートフォリオの最適化の観点から，単にフルラインアップで金融サービスを提供するのではなく，収益性と持続可能性の観点から，どのようにビジネスを組み合わせ，コアビジネスラインとノンコアビジネスラインに分類し，また，どの地域においてどのようなビジネスの展開を行っていくべきかについて検討することも重要である。

　また，顧客中心のビジネスモデルを構築していくためには，前述のとおり具

第2章 ビジネスプランの策定

図表Ⅱ－2－4 提供する商品・サービス

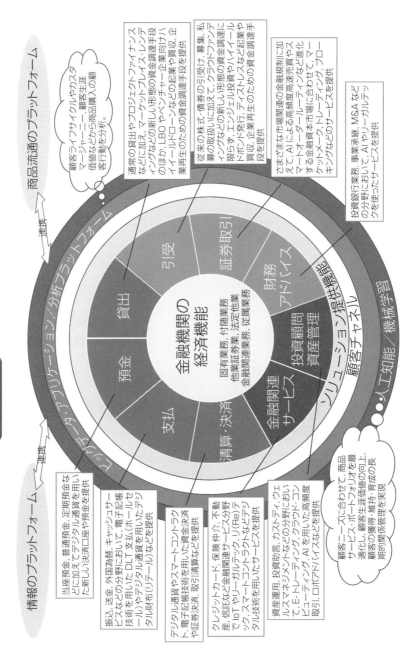

152　第Ⅱ部　ビジネス戦略と経営計画の策定

体的な顧客ニーズを踏まえ，財務アドバイスや投資顧問・資産管理，あるいは個々の商品やサービスを，ソリューションの提供を通じた付加価値を加えるなど，収益性が高く高付加価値型のソリューション型提供サービスを強化していくことが重要となる。一方で，金融のプラットフォームのピラミッドの基礎・土台には支払，清算・決済といったマス型の定型ビジネスがあり，当該ビジネスが金融以外のプラットフォーマーに奪われてしまった場合，ピラミッドの上部にあるソリューション型ビジネスも奪われてしまう可能性があることから，このようなプラットフォームピラミッドの基礎・土台となるビジネスについては，仮に収益性が低かったとしても，これを維持していくことも必要となる。

(2)　イノベーションの活用

　こうした中，それぞれのビジネスについて，今後，フィンテックなどを活用する形で，さまざまなイノベーションが起こり，提供されるサービスのありようが大きく変化していくことが予想される。したがって，金融機関としては，ソリューション型サービスによる収益の確保とともに，基礎・土台となる支払・決済サービスの維持を図っていくためには，それぞれの分野におけるデジタル技術の活用について，フォワードルッキングな観点から，必要な投資はもちろん，場合によっては情報サービスや商品流通サービスなどの他のプラットフォーマーとの提携を図り，顧客にとってより付加価値の高いサービスとしていくことも重要となる。その中では，例えば，ビッグデータ・アプリケーション／分析プラットフォームを用いて，顧客ライフサイクルやカスタマージャーニー，顧客生産価値などから商品やサービスの顧客行動を分析したり，人工知能／機械学習を用いて，顧客ニーズに合わせて，商品サービス・ポートフォリオを最適化し，顧客生産価値の向上や顧客の維持・獲得・育成の長期的関係管理の実現を図ることなどが考えられる。このようにデジタル技術を活用することで収集・分析された顧客ニーズを踏まえ，具体的にどのような商品・サービスを提供していくべきなのか，例えば支払・決済サービスについて既存の金融機関の間で提供されるサービスを改善したうえで継続提供するのか，デジタル

通貨を用いた支払・決済サービスをフィンテックを活用する企業とともに提供するのか，あるいはその両方に対して必要な経営資源を割くのかといった判断を行っていく必要があるといえる。

　以上のとおり，ビジネスモデルを持続可能なものとしていくためには，顧客中心のビジネスモデルを構築していく必要があり，そのためには顧客のニーズを適時的確に把握・分析し，それを踏まえ，顧客がいつでも，どこからでもアクセス可能なオムニチャネルを整備するとともに，金融のプラットフォームを維持・発展させていくために必要なサービス・商品を開発・提供していくという一連のプロセスを構築・運営していくことが，金融ビジネスにおけるバリューチェーン分析を踏まえてビジネス戦略を策定していくうえで重要となる。

5 コンピテンス

(1) コンピテンスの確立

　金融機関が当局からの免許取得や登録を行うことで営むことを法令で認められた業務，すなわち固有業務，付随業務，他業証券業，法定他業，金融関連業務，従属業務といった金融機関の経済機能は，金融機関にとってのこれまで高い参入障壁で守られていたコアコンピテンスと位置付けることができる。第Ⅰ部第1章で説明したイノベーションを含む外部環境の変化や競争環境の激化に適切に対応するためには，これらコアコンピテンスの競争優位性を高めていくことが必要といえる。したがって，これまで述べてきた顧客ニーズの把握と最適な販売チャネルの整備，顧客ニーズを踏まえた商品・サービスの開発に際し，そのための金融機関自身の能力や機能，すなわちコンピテンスを磨き，これを発揮することが重要となる。

　顧客中心のビジネスモデルの構築においては，顧客に対し，そのニーズに応える付加価値の高いソリューションを提供していくことが重要となるが，そのためには，金融以外のプラットフォーマーとの厳しい競争にさらされる環境に

おいて，コアコンピテンスについて，競合他社による模倣が困難であり，独自性を発揮できるものとするためのコンピテンスを確立することが重要となる。

(2)　金融機関に求められるコンピテンス

　図表Ⅱ－2－5は，顧客中心の持続可能なビジネスモデル構築のため，このように金融機関に求められることとなる一般的なコンピテンスについてまとめたものである。具体的には，従来から指摘されているコンサルティング機能のみならず，ビッグデータ・アプリケーションや人工知能・機械学習などの最新のデジタル技術を活用した，情報収集力，情報分析力，商品・サービス開発力，シンクタンク機能および戦略策定・執行力がますます重要となってきている。

　すでに述べたとおり，持続可能なビジネスモデル構築のためのバリューチェーンにおける最初のステップは，顧客ニーズを適時的確に把握および分析することである。そのためにはまず，情報収集力の強化が重要であり，例えば取引記録やホームページアクセス履歴のほか，さまざまな取引を仲介する取引プラットフォームを通じて得られた情報やSNS・GPSを通じた情報など，現在または将来の顧客ニーズを把握するために必要となるさまざまな情報を収集する情報収集力を磨くとともに，非構造化データについてデータベースを構築する必要がある。また，こうして収集された情報を分析する能力として，例えばビッグデータ・アプリケーションを通じた分析や機械学習などの最新のデジタル技術の活用など，収集する情報から顧客ニーズや外部環境，競合環境の変化を的確に分析し，それを最適な販売チャネルの整備や商品・サービスの開発に活かしていくための情報分析力を有することも重要となる。こうして分析および把握された顧客ニーズをもとに，当該顧客ニーズを満たす商品，特に競合他社が提供できない独自性の高い商品を開発するための商品開発力を高めることも重要といえる。

　一方，顧客に対してさまざまなソリューションを提供していくために重要となるコンピテンスについては，コンサルティング機能として，顧客のさまざまな課題にソリューションを提供するための専門性や解決能力を整備し，これを

第 2 章　ビジネスプランの策定　155

図表 Ⅱ-2-5　金融機関のコンピテンス

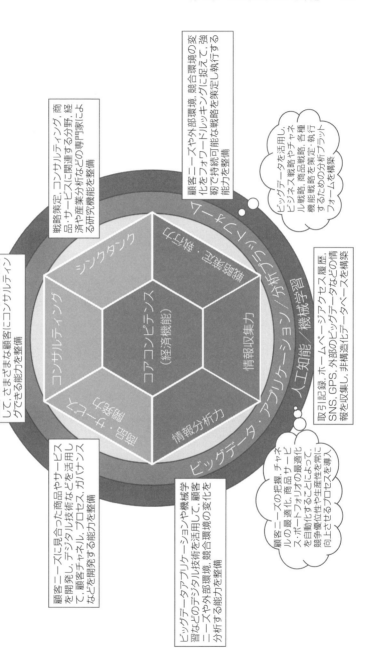

戦略策定、コンサルティング、商品サービスに関連する分野、経済や産業分析などの専門家による研究機能を整備

顧客ニーズや外部環境、競合環境の変化をフォワードルッキングに捉えて、強靭で持続可能な戦略を策定し執行する能力を整備

顧客のさまざまな課題にソリューションを提供できる専門性や解決する能力を整備し、AIなどのデジタル技術を活用して、さまざまな顧客にコンサルティングできる能力を整備

顧客ニーズを活用し、ビジネス戦略や商品サービス戦略、商品戦略、各種機能戦略を策定・執行するための分析プラットフォームを構築

顧客ニーズに見合った商品やサービスを開発し、デジタル技術などを活用して、顧客チャネル、プロセス、ガバナンスなどを開発する能力を整備

取引記録、ホームページアクセス履歴、SNS、GPS、外部のビッグデータなどの情報を収集し、非構造データベースを構築

ビッグデータアプリケーションや機械学習などのデジタル技術を活用して、顧客ニーズや外部環境、競合環境の変化を分析する能力を整備

顧客ニーズの把握、チャネルの最適化、商品サービスの最適化、ポートフォリオの最適化を自動化することによって、競争優位性や生産性を常に向上させるプロセスを導入

高めていくとともに，AIなどのテクノロジーを活用して，さまざまな顧客に
コンサルティング可能な能力を整備することが重要となる。加えて，このよう
に収集および分析した顧客ニーズに見合ったテイラーメイドな商品やサービス
を開発し，デジタル技術などを活用して，顧客チャネル，業務運営体制，ガバ
ナンス態勢を構築する能力を備えることも重要となる。また，シンクタンク機
能として，戦略策定，コンサルティング，商品・サービスに関連する分野に加
え，経済や産業分析などの専門家による研究機能を整備するとともに，戦略策
定・執行力として，顧客ニーズや外部環境，競合環境の変化をフォワードルッ
キングに捉えて，強靱で持続可能な戦略を策定し執行する能力を備えることも
重要となる。

　そのうえで，ビッグデータを活用し，ビジネス戦略やチャネル戦略，商品戦
略，各種機能戦略を策定・執行するための分析プラットフォームを構築すると
ともに，人工知能／機械学習を活用することで，顧客ニーズの把握，チャネル
の最適化，商品サービス・ポートフォリオの最適化を自動化し，競争優位性や
生産性を常に向上させるプロセスを導入する。

　なお，金融以外のプラットフォーマーにとっても，顧客に対して付加価値の
高いソリューションを提供していくことが収益性確保のために重要となるが，
金融機関としては，これに対抗するために，専門人材の配置やその育成など，
ソリューション提供に必要な上記コンピテンスを高め，競合他社との差別化を
図っていくことが，ビジネスモデルを持続可能なものとするために必要となる。
例えば，金融機関により提供されるソリューション型サービスとしてさまざま
なものが考えられるところ，顧客が投資を行う際の投資アドバイスを例に挙げ
ると，対面型のサービスを望む顧客に対して的確なアドバイスを提供すること
のできる人材を育成する必要があることはもちろんであるが，金融機関として
蓄積してきたノウハウを深層学習などによりAIに学習させることで他のプ
ラットフォーマーが模倣困難な独自性を発揮し，差別化を図ることが重要とな
る。かかる観点からは，こうしたAIを活用した自動アドバイスの能力をあわ
せて高めていくことなども考えられる。

このように，金融機関としては，顧客中心主義の観点から，これまで提供してきコアコンピテンスをより一層発揮していくために必要なコンピテンスを磨き，その中で他の金融機関やプラットフォーマーとの差別化を図っていくことで，顧客に独自のソリューションが提供できるビジネスモデルを確立していくことが重要となる。

以上のとおり，持続可能なビジネスモデルの構築に向けたバリューチェーン分析において，その前提としての顧客ニーズの把握・分析のためのコンピテンスやソリューション型サービス提供のためのコンピテンスを磨くことに加え，顧客ニーズを踏まえたソリューションをいかに提供していくか，またそのために不可欠なコンピテンスをいかに確立していくかが重要になるといえる。

6 経営資源

(1) 経営資源の効率的・効果的活用

顧客中心の業務運営を行うにあたっては，先に述べたコンピテンスの確立に加え，資本や人材，システムといった経営資源を，持続可能なビジネスモデルの構築に向けたプロセスやガバナンスの高度化に効率的に活用するととともに，これらの経営資源を育成・発展させていくための視点も重要となる。

図表Ⅱ－2－6は，ビジネス戦略の策定および執行において考慮すべき経営資源のうち代表的なものを挙げたものである。金融機関の経営資源にも限りがある中で，顧客ニーズを踏まえたサービスの提供にあたり，これに必要な経営資源を効率的・効果的に活用していくための方策を検討することは，重要なポイントとなる。

経営資源には，資本や予算といった財務的資源，資産や人材といった有形的な人的・物的資源，ITインフラやブランド，知的財産といった無形的資源，組織やグループ会社，提携先，拠点網チャネルといった組織的資源，および顧客基盤による顧客資源など，さまざまなものが存在する。これらは，この図に

図表Ⅱ-2-6　経営資源

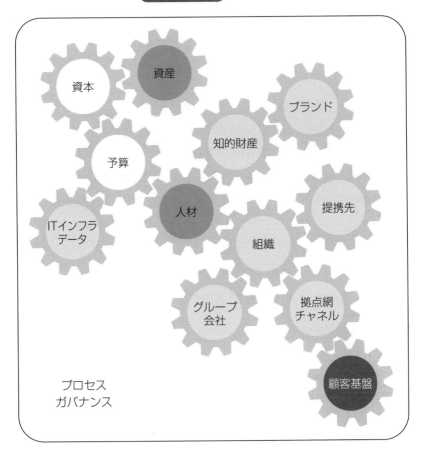

示すように，それぞれが相互に連動しており，ある資源を活用・育成することが，他の資源の活用や育成につながっていくが，これら経営資源の中でも，その基礎としての役割を果たすものが資本と人材である。新たなビジネス戦略を展開していくためには，必要な投資や出資を行うのに十分な資本力があることが前提となることから，十分な資本基盤があることを前提に，投資のための予算を組み，それに従い必要なITインフラや人材への投資が行われることとなる。また，ビジネス戦略の遂行のためには適切かつ十分な人材の確保が不可欠であ

り，必要な予算に裏付けられた人材の育成や採用は，グループ独自の知的財産の開発や，それを通じた自社ブランドの確立につながっていくほか，グループの組織全体の発展を促し，グループ会社をどのように活用するか，あるいはグループ外の他社とどのように提携していくかといった経営資源の活用の検討につながっていく。また，組織を確立していく中で，さまざまな拠点網チャネルを整備し，顧客基盤を拡大していくことも，経営資源配分の観点からは重要なポイントとなる。

以上のように，金融機関としては，自らの経営資源の状況を的確に把握したうえで，顧客中心のサービスを提供していくために，限られた経営資源をどのように活用し，そしてそれぞれの経営資源の連動も踏まえ，これらをどのように育成していくべきかについて検討していくことが必要となる。

(2) 金融以外のプラットフォーマーとの競争における視点

繰り返しになるが，金融以外のプラットフォーマーがデジタル技術を活用するかたちで金融ビジネスに参入してきている中，金融機関についても，顧客ニーズの把握・分析や，顧客へのソリューション型サービスの提供にあたって，このようなデジタル技術を活用したITシステムを構築していくことは重要なポイントとなる。また，このようなプラットフォームをめぐる競争を勝ち抜くためには，顧客ニーズを踏まえ，顧客それぞれに対してテイラーメイドなサービスをどのように提供していくか，そのための創造性や独自性を有する人材をどのように育成していくかという点も，経営資源の配分・育成における重要な課題といえる。

以上のように，金融機関は，持続可能なビジネスモデルの構築に向け，顧客中心のビジネスモデルに向けた業務運営を行うために必要な経営資源を検討したうえで，必要な経営資源を配分するための方法や，その配分の結果として生じる他の経営資源への影響や育成効果も考慮しつつ，最適な経営資源の配分を行っていくことが重要となる。

160　第Ⅱ部　ビジネス戦略と経営計画の策定

7　収益計画の策定プロセス

(1)　収益計画の策定プロセスの概要

　本章の最後に，以上のようなバリューチェーンの競争優位性分析を踏まえた収益計画の策定プロセスについて説明を行う。

　これまで説明してきたように，金融機関は，ビジネス戦略を他の金融機関や金融以外のプラットフォーマーに対して競争力のあるものとするため，顧客ニーズの把握，ニーズを踏まえたチャネルの最適化と商品・サービスの開発，これらに必要なコンピテンスおよび経営資源の確立・確保といった金融ビジネスのバリューチェーン分析を行ったうえで，適切なビジネス戦略を策定することが重要となる。かかるビジネス戦略は，これを実施するための計画として，ビジネスプラン，収益計画および資本計画などにおいて具体化されることとなるが，このうちビジネスプランでは，当該ビジネス戦略を実施するための経営資源の配分，ベースラインシナリオのもとでビジネス戦略の実施により想定される取引量や収益性（フロー変数）およびバランスシートの各計数（ストック変数）の変動などを推計し，その結果を踏まえ将来の収益計画を策定することになる。その際，リスクアペタイトや配賦資本に関して，ビジネスモデルの実施に必要となるリスク量や自己資本を勘案する必要があり，あわせて資本計画が策定されることとなる。

　かかる収益計画においては，ビジネス戦略に基づく具体的なビジネスプランを実施した場合に生じる損益として，大きく分けて，取引手数料や販売手数料，各種役務費用などの取引量や収益性などのフローの変数から生じる損益と，資産，負債および預り資産といったストックの変数から生じる損益が計画されることとなる。そのため，収益計画の策定に際し，ビジネス戦略および具体的なビジネスプランがこれらフロー変数およびストック変数にどのような影響を及ぼし，結果としてどのように損益を発生させることになるかについての分析を

行う必要がある。大まかなイメージとしては，ビジネス戦略および具体的なビジネスプランを実施した場合に生じる取引量や収益性といったフロー変数については，バリューチェーンの競争優位性分析を踏まえ今後の動向の推計を行い，これに基づき将来の成長性や収益性を分析する。また，ストック変数については，ビジネス戦略およびこれに基づくビジネスプランを実施したと仮定した場合に金融機関のバランスシートを構成することとなる資産および負債や預り資産について，上記フロー変数の変化による影響も考慮に入れたうえで，これらストック変数の変化と自己資本比率の推計を行う。そのうえで，かかるフロー変数から発生する損益と，ストック変数から発生する損益を計算し，これを合算することで，全体としてのビジネス戦略を執行したと仮定した場合の損益を推計することとなる。

(2) 収益計画策定の方法

　図表Ⅱ－2－7は，以上のような収益計画策定の方法について示したものである。すなわち，収益計画の策定にあたっては，第Ⅲ部5章で説明する包括的シナリオ分析を通じ，さまざまなシナリオ下における損益の動きをあわせて分析することが必要となる。すなわち，巡航速度を前提としたベースラインシナリオ下における損益見通しに加え，金融機関の脆弱性を踏まえたさまざまなリスクシナリオおよびストレスシナリオ下における損益見通しをあわせて比較分析することにより，自己資本の十分性や戦略の妥当性を検証し，必要に応じビジネスプランや収益計画の見直しにつなげることが，持続可能なビジネスモデルを構築していくうえで必要となる。

図表Ⅱ-2-7 収益計画の策定プロセス

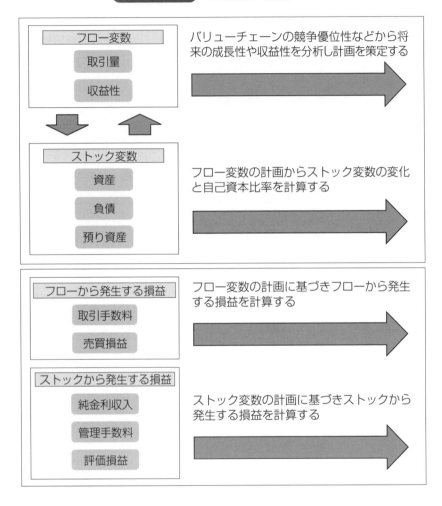

第3章

リカバリープラン策定

1 ビジネスモデルの持続可能性を高めるための
リカバリープラン

　第1章および第2章では，金融以外のプラットフォーマーとの競争が激化する中で，持続可能なビジネスモデル構築に向け，金融機関が検討を行うべきビジネス戦略について，いくつかのビジネス戦略モデルおよびビジネス戦略のバリューチェーン分析について説明した。こうしたビジネス戦略は，いわば金融機関の通常の業務運営における基礎となる戦略である。金融機関は，そうした基礎となるビジネス戦略に基づき，ビジネスプラン，収益計画および資本計画といったさまざまな計画を策定し，これらを実施することを通じて収益を稼ぎ，資本を積み上げることで，自らの健全性を高め，持続可能なビジネスモデルを構築していくこととなる。

　持続可能なビジネスモデルを構築していくため，金融機関は，平時はもちろん実体経済が悪化した場合においても，金融仲介機能を発揮し，金融システムの安定を支えることが求められる。そのため，すでに述べたように，金融機関のビジネスモデルは，危機に対する強靱性として，危機が生じた場合でもそれに柔軟かつ強固に対応可能な能力を有していることが求められる。金融機関にこうした危機に対する強靱性が求められることとなったのは，リーマンショックに端を発する世界金融危機の反省からである。すなわち，世界金融危機においては，グローバルに活動する海外の大手金融機関を中心として，自力でのビ

164 第Ⅱ部　ビジネス戦略と経営計画の策定

ジネスの継続が困難となり，その一部は破綻に追い込まれる一方で，他の多く
は公的な支援を受けることで金融危機を乗り切り，現在に至っている。

　このように公的な支援によって金融機関が救済されることとなった反省から，
金融機関においては，平時から常に危機が生じた場合を想定し，仮に危機が生
じたとしても金融機関が自助努力により健全性を回復できるように準備してお
くことが重要となっている。そのため，金融機関には，その規模やリスク特性
にかかわらず，全ての重大なリスクを適時に特定，計測，評価，監視，報告お
よび管理または軽減（コントロール）し，そのリスク特性および市場やマクロ
経済情勢に照らした自己資本および流動性の適切性を評価するための包括的な
リスク管理プロセスが必要とされている。その一環として，当該金融機関の固
有の状況を考慮した危機時の対応戦略として，自助努力により危機から健全性
を回復するための手段であるリカバリーオプションをもとに戦略や計画にまと
めた緊急時対応策の策定と検証が求められている。とりわけ，SIFIsと呼ばれ
るシステム上重要な金融機関については，破綻した場合に金融システムや経済
システムへ及ぼす影響が極めて大きいことから，より高度化された緊急時対応
策の1つとして，ビジネスモデルの分析やリスク管理態勢，リカバリーオプ
ションの発動態勢を含む危機管理態勢などの詳細を文書化したリカバリープラ
ン（再建計画）の策定が求められている。

　具体的なリカバリープランの策定にあたっては，その前提となる危機時を想
定したシナリオとして，自社のみに影響を与えうるものから市場全体に影響を
与えうるものまでさまざまなストレスシナリオを作成のうえ，これらを用いた
シナリオ分析を行い，その結果を踏まえて第Ⅰ部第4章で述べたビジネスポー
トフォリオの最適化を行うことが重要となる。実際，金融危機後にリカバリー
プランの整備が各国当局から求められてきたSIFIsにおいては，リカバリープ
ランの整備や更新の取り組みを通じて，ビジネスモデルの強靭性が高まってき
ている。また，金融危機が生じた場合には，金融システム全体において流動性
リスクが顕在化し，金融システムの混乱とともにこれが深刻化していくことか
ら，金融機関において対応が遅れた場合にはより深刻な損失を受けることにつ

ながっていくおそれがある。そのため，システム上重要な金融機関に該当しない金融機関においても，金融危機が生じた場合にすみやかに適切な対応を行うためのアクションプランを含む緊急時対応策を策定することは，危機に対する強靱性を高め，ビジネスモデルの持続可能性を高めるうえで重要といえる。

そこで，本章では，不確実性の高まる社会経済システムのもとで，ビジネスモデルの強靱性を高める観点から，危機時の対応能力を向上させるためのビジネスポートフォリオの考え方や，さまざまな危機対応アクションであるリカバリーオプションの特定方法や評価手法などについて説明する。

② リカバリープランの必要性

リカバリープランの整備に向けた取り組みは，世界金融危機後，システム上重要な金融機関を中心として進められてきた。かかる世界金融危機においては，金融システム内の相互連関性を通じて欧米を中心に連鎖的に危機が伝播する事態が生じた。とりわけシステム上重要な金融機関は，破綻した場合に金融システムや経済システムへ及ぼす影響が極めて大きいことから，「大きすぎて潰せない（Too big to fail）」存在であり，結果としてその多くが公的資金を用いて救済されることとなった。この反省から，**図表Ⅱ-3-1**のとおりシステミックリスクの顕在化を抑制するためのマクロプルーデンスの視点に基づく新たな国際金融規制の一環として，自助努力によっては健全性を回復できないような状況に陥った金融機関の処理のための当局によるレゾリューションプランの策定に加えて，これら金融機関には金融危機が生じた際に公的救済に頼ることなく自力で健全性を回復するためのリカバリープランの策定が求められることとなった[2]。具体的には，システム上重要な金融機関については，平時の段階から，健全性や流動性に関する規制上の最低比率を上回るものの最低比率に近い危機

2　銀行法および銀行法施行規則によって，グローバルにシステム上重要な金融機関（G-SIFIs）または国内のシステム上重要な金融機関（D-SIFIs）はリカバリープランの作成および当局への提出が義務付けられる。

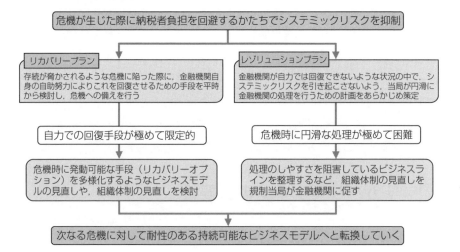

図表Ⅱ－3－1　リカバリープランとレゾリューションプラン

的な状態に陥った場合に，金融機関自身の自助努力によりこれを十分な水準まで回復させるための手段を検討するとともに，これら手段をまとめたリカバリープランを作成し，その発動態勢を整備することが求められることになったものである。

リカバリープランの策定過程においては，例えば増資やポートフォリオ売却によるリスクアセット削減，ノンコアと位置付けられるビジネスラインや子会社の売却といった，危機時に発動可能な自力回復のための手段（リカバリーオプション）の網羅的な洗い出しと，その有効性や実行可能性などの検討が行われる。かかる検討の結果，リカバリーオプションが限られていることが判明した場合や，リカバリーオプションについて第Ⅰ部第4章で説明したセパラビリティに欠けるといった実施上の障害などが認められる場合には，リカバリーオプションを多様化するようなビジネスモデルの見直しや，その発動のための組織体制の見直し，実施上の障害の除去などの検討が行われる。

このような検討や見直しを経て，次なる危機に対して耐性のある持続可能なビジネスモデルへと転換していくことが金融機関には期待されている。

持続可能なビジネスモデルの策定は，システム上重要な金融機関のみならず全ての金融機関において求められるものであるところ，上記のようにリカバリープランにおいて求められる取り組みを行うことは，危機に対する強靭性を高めるために不可欠である。そのため，システム上重要な金融機関のみならず全ての金融機関につき，こうした考え方に基づきリカバリー戦略を含む緊急時対応策やアクションプランを策定する必要があるといえる。

③ リカバリープラン・プロジェクトの流れ

リカバリープランは，危機が生じた場合を想定して，金融機関が自助努力によって健全性や流動性などを回復するための方策を検討するものであり，金融機関は，その策定や定期的な更新を通じて，いわば実際に危機が生じた場合の具体的な対応についての机上訓練を行うものといえる。そのため，リカバリープランの策定は，**図表Ⅱ－3－2**でその具体的なプロセスを示すように，経営陣の関与のもとで行われる全社的なプロジェクトとして実施される必要がある。

リカバリープランの策定は，後述するように，グループ全体にわたり，企業構造分析や財務分析，相互依存性分析や相互連関性分析を含むビジネスモデルの分析を行うこととなる。SIFIs以外の金融機関は必ずしも大部にわたる本格的なリカバリープランを策定することは必要ないものの，各金融機関の規模・特性などに応じて懸念時や危機時を想定した机上訓練のため，プロジェクトの範囲を決定したうえで，内部の関連部署の関与を含むプロジェクトプランニングを行うことが重要となる。ここでは，リカバリープランに盛り込むべき内容，必要な人員確保と効率的な作業の観点からの既存組織の有効活用法やプロジェクト推進のための資源配分，グループの法人や関係部署から情報を効率的に収集する方法およびビジネスモデル分析に用いる手法などについて検討する。

続く第2ステップは，リカバリープランの検討にあたりビジネスモデル分析のために必要となる情報収集を行うことである。ここでは，企業構造分析，相互連関性分析，相互依存性分析，ビジネスライン分析，主要法人分析，脆弱性

168 第Ⅱ部　ビジネス戦略と経営計画の策定

図表Ⅱ-3-2 リカバリープラン・プロジェクト

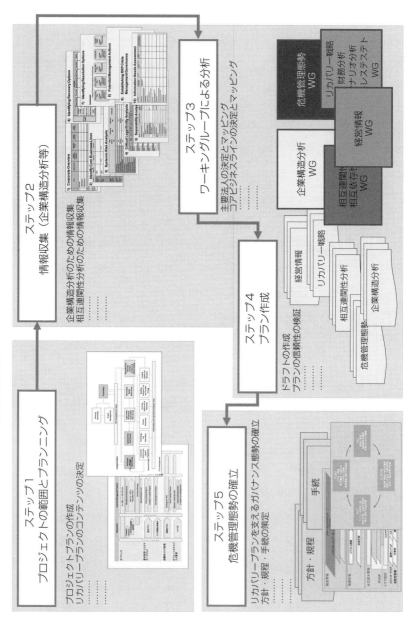

特定，オプション検討および経営情報システム検証などのビジネスモデル分析や検討の対象事項を全て特定したうえで，これに必要な情報を特定し，全社的に情報収集を行うためのツールの作成と実施態勢の整備を行う。かかる態勢整備においては，危機時においてもこれら必要な情報が円滑かつすみやかに収集できる態勢とすることが重要となる。

　第3ステップは，こうして取得した情報の分析である。上記のとおり，ビジネスモデルの分析のために行われる分析対象は多岐にわたることから，金融機関の規模やプロジェクトの対象範囲などにもよるが，危機対応についての全社的な理解を深め，実践力を養う観点から，それぞれの分析対象や検討事項ごとにワーキンググループを社内に設置することが望ましい。これらワーキンググループにおいては，企業構造分析，財務分析，相互依存性分析や相互連関性分析のほか，主要法人やコアビジネスライン，クリティカルファンクションの特定およびマッピングなどを行う。また，このようなビジネスモデル分析の結果を踏まえて，同様に各ワーキンググループにより，ビジネスモデルの持続可能性向上のために，脆弱性の特定や自助努力による健全性回復が困難となる存続不能ポイントの特定，リカバリーオプションのトリガーポイントの決定，ストレステストの実施，リカバリー戦略分析，経営情報システムの課題や後続プロジェクトの特定などが行われる。

　そのうえで，こうした特定や分析をもとに，リカバリープランを作成するのが第4ステップである。これまでに行ったビジネスモデルの分析とビジネスモデルの持続可能性向上のための施策を，文書化されたリカバリープランとしてまとめることとなるが，その過程においては，当該プランの信頼性の客観的検証や，関連する規制要件の調査，必要となる経営行動の特定などが行われる。このように具体的な危機管理態勢を文書化することにより，金融機関の危機時の対応方針や対応行動があらかじめ明確化されることとなるため，危機時においてこれに従った迅速かつ適切な行動が確保されることはもちろん，文書化を進めていく過程の中で，組織横断的コミュニケーションやトップダウン・ボトムアップのコミュニケーションが促進されることにもつながる。

170   第Ⅱ部　ビジネス戦略と経営計画の策定

　そして，最後に，リカバリープラン発動のための危機管理態勢の確立として，必要なガバナンス態勢の整備や，方針，規程類および手続の整備などを行うこととなる。

4　リカバリープラン（ビジネスモデルの分析，リカバリー戦略・経営戦略策定）の流れ

(1)　ビジネスモデルの分析

　図表Ⅱ-3-3は，リカバリープランの具体的な検討の流れの概要を示したものである。

図表Ⅱ-3-3　リカバリープランの流れ

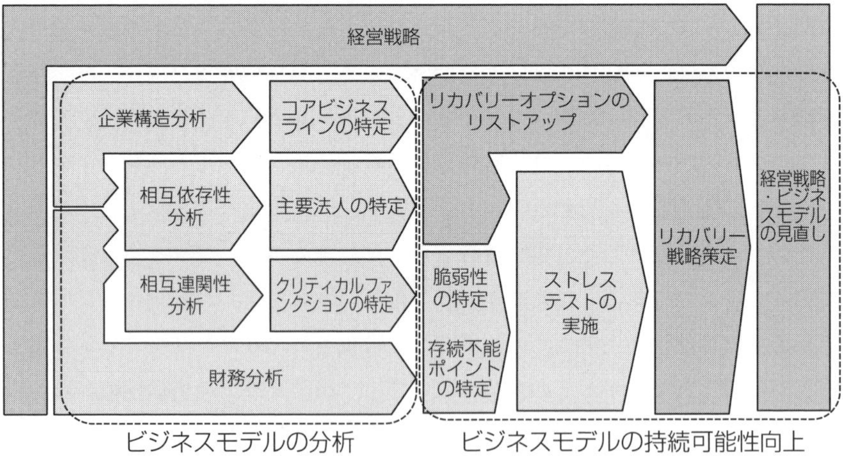

　リカバリープランの具体的な検討は，まず，金融機関のビジネスモデルの分析を行うことから始まる。第Ⅰ部第4章において，ビジネスポートフォリオ構築のための重要な考慮要素として，コアビジネスライン，クリティカルファンクション，クリティカルシェアードサービス，主要法人およびセパラビリティ

などの説明を行ったが，リカバリープランの検討においては，危機に対する強靱性を高めるために，これら要素についての深度ある分析・特定を行ったうえで，必要に応じビジネスポートフォリオの見直しなどにつなげていくこととなる。そのため，リカバリープランの検討の第一歩として，金融機関自身の企業構造分析や財務分析を行うとともに，グループ内のビジネスライン間またはエンティティ間の相互依存性や，他の金融機関を含む金融システムとの相互連関性についての分析を行うこととなる。そのうえで，これらの分析を踏まえ，コアビジネスラインや主要法人，クリティカルファンクションの特定を行うことを通じてビジネスモデルの分析を行うわけである。

⑵　ビジネスモデルの持続可能性の向上

　このようなビジネスモデルの分析を踏まえて，ビジネスモデルの持続可能性向上のための取り組みを行うことになる。

　まず，ビジネスモデルの分析結果を踏まえ，金融機関の脆弱性を特定する。これは，脆弱性をつくようなシナリオが顕在化した際に自力で回復できる態勢を整える観点から実施する。あわせて，自己資本比率などの規制上の最低水準を下回るような，金融機関が自力で回復できなくなるポイントである存続不能ポイントを特定する。これは，そうしたポイントに抵触しないよう自力で回復するためのオプションを準備するために行うものである。また，危機が生じた際に，自助努力で健全性や流動性，収益性を回復するための手段であるリカバリーオプションを網羅的に洗い出す。以上を踏まえ，存続不能ポイントに抵触するような，深刻なストレス状態における危機的事態を想定するリバースストレステストを実施し，このようなストレス状態における金融機関の財務状態および事業活動に及ぼす影響やリカバリーオプションの有効性や実行可能性を検証するとともに，リカバリーオプションの実行上の障害の特定を行う。そのうえで，これらの結果を踏まえ，リカバリーオプションの有効性や実行可能性を高めるための施策や，実行上の障害を除去するための施策を講じるとともに，リカバリー戦略を策定する。このような危機に対するビジネスモデルの強靱性

172　第Ⅱ部　ビジネス戦略と経営計画の策定

の検証プロセスの結果，ビジネスモデルに強靱性が欠けるあるいは小さいと判断された場合には，それを高めるべく経営戦略やビジネスモデルについて，必要な見直しを行う。

　このようなリカバリープラン策定プロセスを通じて，金融機関は，平時において，危機時を想定したリカバリー戦略を磨き，ビジネスモデルを持続可能なものとすることができる。また，リカバリープランの策定におけるリカバリーオプションの検討は，第Ⅲ部で説明する包括的シナリオ分析におけるマネジメントアクションの検討に効果的に活用することができる。そのため，金融機関は，以上のような取り組みを行うことで，世界金融危機以前のリアクティブなリスク管理から，想定外の事象や危機にも対応できるプロアクティブなリスク管理へと自らを改善させることとなる。つまり，さまざまなシナリオ下における危機時の具体的なリカバリー方法をあらかじめ検証し，整備することで，シナリオの蓋然性に依拠する静態的なリスク管理から，金融機関を取り巻くさまざまな不確実性に備え，健全性や流動性，収益性を回復させるための具体的な手段をフォワードルッキングに磨く，動態的かつ能動的なリスク管理へと，その管理態勢を改善・高度化させることとなる。さらには，社会経済システムの不確実性の中で，このような分析・検証を実施することを通じて，金融機関が金融システムや経済システムとの連関性をより明確に意識することとなり，経済動向に大きく左右されず安定的に収益を稼ぐ持続可能なビジネスモデルを構築していくための有用な手段にもなる。

　なお，フォワードルッキングなストレステストは，リカバリープラン策定のみならず，平時のリスク管理においても重要なリスク管理手法であることから，全社的またはリスクカテゴリー別のリスク管理におけるその有用性が否定されるものではないことには留意が必要である。

5 ビジネスモデルの分析

(1) ビジネスモデルの分析の全体像

リカバリープランの策定においては，前述のとおり，金融機関のグループ全体のビジネスモデルの分析として，企業構造分析や財務分析に加えて，コアビジネスラインや主要法人，クリティカルシェアードサービス，およびクリティカルファンクションの特定，ならびに相互依存性や相互連関性の分析を行う必要がある。これらの特定や分析を経ることで，金融機関は，自社のビジネス特性やリスクプロファイル，グループ内の相互依存やグループ外との相互連関を的確に把握できることとなり，ビジネスモデルの持続可能性の向上や，必要に応じ，ビジネスポートフォリオやビジネスモデルそのものの見直しにつなげていくことが可能となる。

図表Ⅱ-3-4は，金融機関グループ全体で行うビジネスモデルの分析対象について俯瞰的に示したものである。

(2) ビジネスモデルの分析の流れ

まず，自社が展開するビジネス全体の中から，企業構造分析や財務分析を踏まえ，金融機関のビジネスと収益の柱であり，危機時においても将来のビジネスの柱として保持し続ける必要のあるコアビジネスラインを特定し，これを，早期に売却が可能なノンコアビジネスラインと区別する。なお，金融機関が多様かつ複雑な業務を営み多数の法人からなる金融グループを構成している場合は，グループ内の全ての法人に関してこのような分析を行うことは実際的ではない場合があるが，このような場合には，グループ全体のビジネスや財務活動において重要な法人である主要法人を特定し，かかる主要法人を中心に上記分析を行うこととなる。なお，金融機関のグループ構造は，メガバンクから地域金融機関まで，その提供するビジネスや資産規模，ビジネスを展開する地域な

図表Ⅱ-3-4　ビジネスモデルの分析

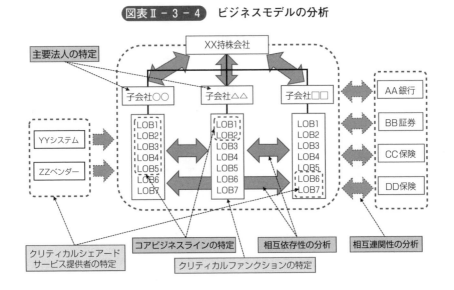

　どによってその複雑性はさまざまであることから，そうした金融機関のグループ構造の特性を十分に踏まえたうえで必要な分析を行う必要がある。

　危機時におけるシステミックリスクの金融セクター横断的な発現，すなわち危機が金融機関と取引関係のある市場参加者（カウンターパーティー）や顧客を通じて金融システム全体に伝播することを防ぐという，リカバリープランのマクロプルーデンスの趣旨に照らすと，金融機関と金融システムにおける市場参加者などとの間の相互連関性を適切に把握することも重要となる。ここでは，資金貸付のほか，相対のデリバティブ取引や保証提供といった金融機関が関わるさまざまな取引を通じて，市場参加者などとの間にどのような相互連関性があるのかについて，詳細に分析することになる。

　また，グループ外の市場参加者などとの取引だけでなく，グループ内の取引内容，すなわち相互依存性についても，正確に把握しておく必要がある。かかる相互依存性の分析は，グループ内の構造が複雑であればあるほど重要となる。グループ内の取引内容や相互依存関係を把握することで，危機が生じた場合にグループ内の取引に具体的にどのような影響が生じ，これが金融機関のビジネ

スモデルにどのような影響を及ぼすこととなるのかといった点について，あらかじめ分析を行うことが可能となる。

　ビジネスモデルの分析においては，クリティカルファンクションの特定も欠かせない。前述のとおり，クリティカルファンクションは，その提供の途絶が金融システムや実体経済に重大な影響を及ぼす金融機関の機能や業務をいい，その該当性の判断においては他の金融機関などによる代替可能性の有無や程度が重要な判断要素となる。クリティカルファンクションは，このように代替可能性が乏しいものを指すことから，金融機関が危機に陥った場合には，実体経済や金融システムの安定を確保し，システミックリスクの発現を防ぐとともに，顧客および取引先の信頼や自らのブランド価値を保持し，風評リスクの顕在化や，その影響が自らの業務へフィードバックしてくる2次的影響（セカンド・ラウンド・エフェクト）を防ぐために，自らが提供するクリティカルファンクションを維持することが必要となる。

　最後に，クリティカルシェアードサービスとその提供者の特定も重要となる。かかるクリティカルシェアードサービスは，金融機関が危機に陥った場合にクリティカルファンクションを維持するために必要とされるものであり，これが提供されない場合には，その結果としてクリティカルファンクションの提供が途絶することで，実体経済や金融システムに重大な悪影響が生じることとなる。そのため，金融機関が危機に陥った場合においてもそのクリティカルファンクションの提供の継続を確保し，金融システムや実体経済の安定を図るために，クリティカルシェアードサービスとその提供者をあらかじめ特定し，これを危機時にも維持し，または適切に代替されるための方策を検討しておくことが必要となるわけである。

　金融機関は，このようなビジネスモデルの分析を行うことで，自らの収益源や強み，市場におけるポジションを理解するとともに，自らの脆弱性や存続不能ポイントの特定を行うことが可能となり，ここで行った分析を前提に，次に説明するビジネスモデルの持続可能性向上のための施策を検討することとなる。

176　第Ⅱ部　ビジネス戦略と経営計画の策定

6　ビジネスモデルの持続可能性向上

(1)　ビジネスモデルの持続可能性向上のためのプロセス

　金融機関は，以上のようなビジネスモデル分析を踏まえ，リバースストレステストを実施し，その結果を踏まえビジネスモデルの持続可能性向上を図っていくこととなる。具体的なプロセスとしては，**図表Ⅱ-3-5**に示すように，リカバリーオプションの網羅的なリストアップを行った後，リバースストレステストの実施を通じて複数のストレスシナリオ下でのこれらオプションの有効性と実行可能性の検証を行い，この検証結果をもとに，リカバリー戦略を策定することとなる。このうちストレステストの実施については第Ⅲ部第5章で詳しく説明することから，ここでは，リカバリーオプションの網羅的なリストアップとリカバリー戦略の策定の方法について説明する。

(2)　リカバリーオプションのリストアップ

　まず，リカバリーオプションとして考えられるものを，実際の発動には困難が伴うと予想されるものも含めて，網羅的に全てリストアップすることから始まる。典型的なものとしては，図表Ⅱ-3-5に挙げているように，例えば，流動性改善のためのオプションとして，質の高い流動資産およびその他の担保に供されていない有価証券を売却することや，長期債を発行することでホールセール資金調達の調達構造の長期化を図ること，事前に設定されている他の金融機関からの借入枠・制度を利用することなどが考えられる。他にも，資本増強や資本の保全を図るためのオプションとして，普通株式の公募増資や第三者割当増資を通じた資本調達，優先株式や劣後債といった規制資本調達手段の公募または私募による調達，株式への配当を行わないことまたは減額することによる資本保全などが例として挙げられる。なお，ここではその有効性および実行可能性を考慮せず，想定可能なあらゆるオプションを網羅的に洗い出すこと

第3章 リカバリープラン策定　177

図表Ⅱ-3-5　ビジネスモデルの持続可能性向上

リカバリーオプション（例）

- 流動性改善
  質の高い流動資産およびその他の担保を設定していない有価証券を売却する
  長期債を発行し、ホールセール資金調達の満期構造の長期化を図る
  他の金融機関からの借入枠・制度を利用する、など

- 資本増強・資本保全
  普通株式の公募増資、第三者割当増資
  無配または減配
  優先株式や劣後債の公募または私募、など

- リスクアセット削減
  ポートフォリオ売却によるバランスシートとリスクの縮小（商品政策や引受実務の変更）
  取引ポジションの縮小、ヘッジ取引、など

リカバリー戦略策定

リカバリーオプションのストアップ

ストレステストを通じたオプション実施時の影響度評価
- 自己資本充実度の向上に貢献するオプション（分子、分母）
- 資金繰りの向上につながるオプション（資産、負債）、など

オプション実施時の障害特定
- リカバリー効果
- 金融システムへの影響（支払・決済システム、カウンターパーティー）
- ビジネスに対する影響（ビジネスライン、主要法人）、など

オプション実施上の障害への対応策検討
- オプション実行に必要な時間
- 組織構造上の制約（ITシステム、人事、事務）
- 法務・税務など
- 法規制上の制約など

ビジネスモデルの見直し
- ビジネス戦略・ガバナンス態勢の見直し

178　第Ⅱ部　ビジネス戦略と経営計画の策定

が，最初のステップとして重要となる。

(3)　リカバリー戦略の策定

　そのうえで，当社グループの脆弱性を踏まえ，その脆弱性をつくような短期的に極めて深刻なショックをもたらす複数のリバースストレスシナリオを用いてストレステストを実施し，リストアップしたリカバリーオプションについて，これらストレス状況下における影響度や有効性，実行可能性などの評価を行い，リカバリー戦略を策定する。ここでは，それぞれのオプションが，これを実施することで，自己資本充実度や資金繰り（流動性），収益性といった金融機関の財務状況や経営成績に及ぼすさまざまな影響について，多面的に評価することとなる。例えば，普通株式の公募増資については，自己資本充実につながるとともに流動性を増加させ，さらには債券格付の格上げなどを通じて将来の負債調達コストが減少する一方，将来の配当負担の増加のほか株式の希薄化による既存株主や株価への影響があるといった点について，定量的および定性的な観点からの評価を行う。

　また，リカバリーオプションの実行可能性を検証するため，その実行時の障害の有無や，その性質および程度の特定を行う。ここでは，オプション実施に必要な手続（機関決定に係る手続，必要な法定手続の履践，取引相手方の同意取得など）や所要期間といった実施プロセス上の障害となりうるものはもちろん，社内のITシステムや事務手続による組織構造上の障害や，リカバリー効果の発現を阻害する要因，オプション実施により金融システムや金融機関のビジネスに大きな影響を与える要因など，リカバリーオプションの実行に悪影響を及ぼすものを広く網羅的に特定する必要がある。

　そのうえで，特定されたオプション実施上の障害を除去または緩和するための対応策を検討する。例えば，オプション実施に必要な期間については，法令や諸規則で求められるものはともかく，事前準備を行っておくことによる短縮化や，社内のITシステムの整備や事務フローの明確化などによる組織構造上の障害の緩和，また，譲渡禁止特約のある債権についての契約変更による特約

撤廃といった法務上の制約の除去など，リカバリーオプションの実行可能性と有効性を高める観点からあらかじめ対応を行うことが可能な施策については，これを講じておくことが重要となる。

　以上の分析を踏まえてもなお，深刻なストレス時に自助努力により健全性を回復するためのリカバリーオプションを含むリカバリー戦略を策定することが困難である場合には，これは，現在のビジネスモデルの危機に対する強靱性が十分ではないことを示すといえる。したがって，この場合には，ビジネスポートフォリオの見直しを含めたビジネス戦略の見直しを行うことが必要となる。例えば，危機時にリカバリーオプションとなりうるノンコアビジネスラインをより広く展開することの検討や，それを支えるガバナンス態勢の見直しなどを行うことで，ビジネスモデルの強靱性と持続可能性の改善につなげていくこととなる。

7 リカバリーオプション

(1) リカバリーオプションのリストアップの方法

　リカバリーオプションは，大きく分けると，自己資本である健全性の回復に資するものと，流動性の回復に資するもの，およびその両方に資するものがある。**図表Ⅱ-3-6**のうち，資本増強から右回りにコスト削減までが基本的に自己資本の回復にもっぱら資するものであり，流動性改善と負債再構築が基本的に流動性の回復にもっぱら資するもので，リスクアセット削減からビジネス売却まではそのいずれにも資するものとなる。

　流動性については，資金流動性の確保が主なオプションとなるが，例えば無担保証券の金銭化やローンポートフォリオの売却などにより，資金流動性を回復することができることとなる。一方で，自己資本比率を回復させる手段としては，同比率の分母に当たるリスクアセットを削減する方法と，分子に当たる自己資本を回復させる方法がある。自己資本の回復手段は，自己資本を直接増

第Ⅱ部 ビジネス戦略と経営計画の策定

図表Ⅱ-3-6　リカバリーオプションの類型例

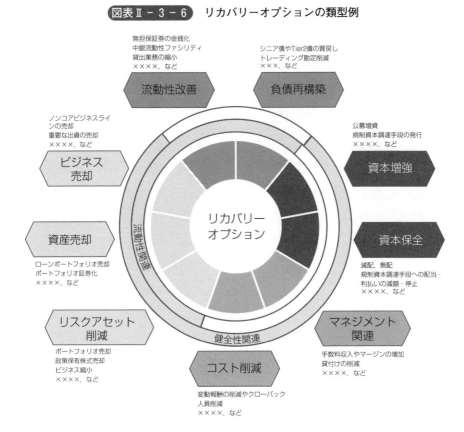

加させるオプションと，損益の改善により結果として自己資本を回復させるものがある。同図の下部のマネジメント関連やコスト削減に係るリカバリーオプションは，収益を向上させ，あるいはコストを削減することにより損益状況を改善し，自己資本を増加させる手段である。他方，資本増強や減配・無配を含む資本保全に係るリカバリーオプションが，自己資本を直接的に回復させる手段となる。なお，資本増強や資本保全は直接的に自己資本を回復させる手段であるため有効性は高いといえる一方で，自らの経営状態やこれを実施する際の市場環境などによって，その実行可能性は大きく変わることとなる。

リスクアセットを削減する手段としては，ビジネス売却，資産売却およびリ

スクアセット削減に係るリカバリーオプションなどが挙げられる。これらのうち，ノンコアビジネスラインの売却や子会社の売却は，有効性は高いものの，実行に時間を要するとともに，売却先の選定や売却条件がその時々の危機の状況や市場環境などによって異なることから，一般的に実行可能性は低い傾向にある。一方で，ローンポートフォリオの売却は，リスクの高い相手先に対する債権であり，その規模が大きければ大きいほど，リカバリーオプションとしての有効性は高くなり，また，債権譲渡に係る債務者の事前同意などの譲渡実施の障害となりうるものが契約に定められておらず，かつ一般的に売却相手方が存在する場合には，当該売却を容易に行うことができるといえるため，その実行可能性は高いと考えられる。

　以上のように，金融機関が危機に陥った際に健全性および流動性を回復させる手段としてはさまざまなものが考えられるが，それぞれの金融機関のビジネスポートフォリオ，グループ構造，リスクプロファイル，バランスシートの構造などによって，リカバリーオプションとしてリストアップされるものの種類や数は大きく異なってくる。また，仮にリストアップされたリカバリーオプションが多数であったとしても，それらの有効性や実行可能性を評価した結果，危機時に実際に発動可能なオプションの数は少ないといったケースもありうる。

　いずれにしても，金融機関においては，さまざまな類型のリカバリーオプションを網羅的にリストアップしたうえで，それぞれのオプションにつき，複数のストレスシナリオが顕在化した際の有効性や実行可能性を評価するとともに，評価を行った結果として有効性は高いものの実行可能性の低いオプションがある場合には，実行にあたっての障害を取り除くための取り組みを行うことが必要となる。

(2)　トップダウンシミュレーションを通じたリカバリー戦略の構築

　これらのプロセスを経て有効性および実行可能性が相応に高いと判断されるオプションについては，リカバリープラン策定に用いられたストレスシナリオが発生したと仮定した場合に，これらオプションを全て実行することで，自ら

182 第Ⅱ部 ビジネス戦略と経営計画の策定

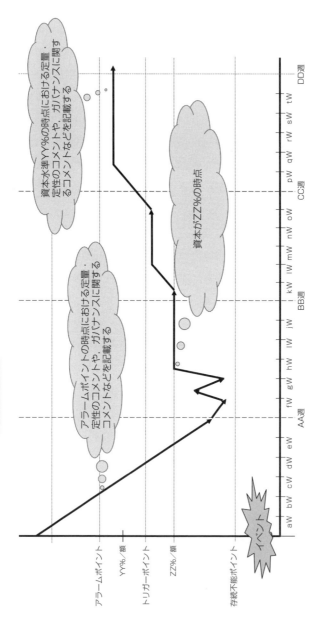

図表Ⅱ－3－7 トップダウンシミュレーション

の健全性や流動性が健全な水準まで回復することができるか否かのトップダウンシミュレーションを行う。かかるトップダウンシミュレーションにおいては，**図表Ⅱ－3－7**にイメージを示すように，金融機関が存続不能ポイントに至る前の段階において，自己資本比率や流動性に関する水準が低下する過程でアラームポイントを設定し，その時点において必要となる対応を検討するとともに，比率や水準がさらに低下しトリガーポイントに至った場合には，オプションの実行の順番による有効性の違いなども考慮したうえで，発動可能な全てのリカバリーオプションを最も効果的な順番で実施した場合における，金融機関の健全性や流動性の回復の状況を検証する。仮にリカバリーオプションを全て実行しても健全な水準まで回復することが困難である場合には，危機に対する強靱性の低いビジネスポートフォリオとなっていることの証左といえるため，リカバリーオプションの絶対数を増やすためのビジネスポートフォリオの組替えを検討するとともに，トリガーポイントのカリブレーション（水準調整），すなわち，より早い段階でリカバリーオプションを実行する水準にトリガーポイントを設定し直すことで，その強靱性を高めるようなリカバリー戦略を構築していく必要がある。あわせて，平時の経営戦略やガバナンス態勢を含めたビジネスモデルそのものの見直しを継続的に実施していくことが，ビジネスモデルの持続可能性を高めていくことになるわけである。

8 マネジメントアクションの検討を通じた 能動的なリスク管理

(1) 能動的なリスク管理の重要性

　本章の最後に，このようなリカバリープランにおけるリバースストレステストの取組みを一般化した，マネジメントアクションの検討を通じた能動的なリスク管理のためのステップについて説明したい。

　世界金融危機より前のストレステストは，リスク管理のプロセスでいうリス

クの特定および評価に主に焦点を当てており，そうしたリスクが顕在化した際のコントロールには必ずしも重点が置かれていなかった。世界金融危機後，さまざまなストレスシナリオが顕在化した場合にそれをいかにコントロールするかというマネジメントアクションの事前評価が重要視されることとなったが，その直接のきっかけとなったのが，本章でこれまで述べてきたシステム上重要な金融機関に策定が求められるリカバリープランである。リカバリープランにおいては，自社の存続が脅かされるような閾値，例えば自己資本比率や流動性に係る比率などを設定し，そうした水準に自社が陥るようなシナリオを逆算的に策定するためのリバースストレステストを実施することは，すでに説明したとおりである。

　本章で説明してきたとおり，リバースストレステストを通じて，自助努力によりそうした危機から回復するためのリカバリーオプションを特定・評価するとともに，その実行に際して障害があればそれを除去することによって，リカバリー政策を策定し，危機に対する備えを万全なものとし，ビジネスモデルの強靭性を高めていくこととなる。その際，リカバリーオプションの評価に加えて，例えば，ストレスに対して脆弱なビジネスの縮小・撤退・売却，自社のポートフォリオの偏りを踏まえたビジネスラインの拡張や買収検討など，ストレステストの結果を踏まえビジネスモデルそのものの見直しを検討することにより，ビジネスモデルの持続可能性を高めることにもつながる。

　このように，マネジメントアクションの検討を通じた能動的なリスク管理を行うことが，金融機関のビジネスモデルの持続可能性を高めるうえで重要となっている。

(2)　マネジメントアクションの検討を通じた能動的なリスク管理のプロセス

　こうしたリカバリープランにおけるリバースストレステストの取組みを一般化し，マネジメントアクションの検討を通じた能動的なリスク管理のためのステップを表したものが**図表Ⅱ-3-8**である。

第3章　リカバリープラン策定

図表Ⅱ-3-8　マネジメントアクションの検討を通じた能動的なリスク管理

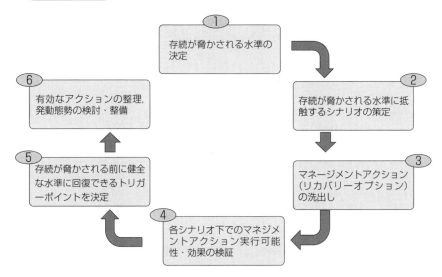

　ここでは，まず，金融機関の存続が脅かされることとなる自己資本や流動性に関する水準の決定を行う。具体的には，この水準に抵触した場合に公的な介入が想定される水準（存続不能ポイント），すなわち自助努力による健全性の回復が不可能になると想定される水準を検討する（同図の①）。

　次に，当該水準に抵触するほどの深刻なストレスシナリオを，自社の脆弱性やリスクプロファイルを踏まえ策定する。ここでは，イディオシンクラティック（固有）シナリオおよびシステミックシナリオに加え，これらを複合させた複合シナリオを含む，複数のシナリオを策定することが一般的である（同図の②）。複数のシナリオを検討する趣旨は，前述のとおり，シナリオによってマネジメントアクションの有効性や実行可能性が異なることから，将来の想定外の事象や不確実性に適切に対処するために，それをさまざまなシナリオを想定して評価することで，より不確実性に対応可能なマネジメントアクションの洗出しと評価を行っておく必要があるためである。

　そのうえで，資本政策，リスクアセット削減または子会社売却などの，これらのシナリオが顕在化した場合に講じることのできるマネジメントアクション

の網羅的な洗出しを行い（同図の③），リスクカテゴリー横断的に，これらアクションの収益への影響も評価しつつ，それぞれのシナリオを前提とした場合の各アクションの実行可能性と有効性の検証を行う。ここでは，シナリオごとに異なるマネジメントアクションの有効性の定量・定性評価や，特定されたアクション実施上の障害の特定などが行われる（同図の④）。

　そして，かかるマネジメントアクションのシナリオごとの有効性および実行可能性評価の結果を踏まえて，複合シナリオなどによるトップダウンシミュレーションを実施する。トップダウンシミュレーションでは，時間を追ってストレスシナリオが顕在化していく際に，同図の④のステップにおいて評価を行ったさまざまなマネジメントアクションをどのタイミングでどの程度実施すれば，結果として自社が存続不能と考えられる水準に到達することなく自助努力で健全性や流動性を回復できるかについて，具体的にシミュレーションを行う。こうしたシミュレーションの結果を踏まえ，当該金融機関の存続が脅かされる状態に至る前に健全な水準に回復できるトリガーポイント，すなわち当該ポイントにおいてさまざまなマネジメントアクションを実行すれば，自助努力で健全な水準に回復できるであろう水準を決定するわけである。ここでは，規制上の自己資本比率や流動性比率のほかにも，内部管理上の流動性や収益性に関するものなど，さまざまな指標によるトリガーを検討することが重要となる（同図の⑤）。

　以上のシミュレーションを踏まえ，最後に，各ストレス時において有効なマネジメントアクションを整理し，マネジメントアクションの優先順位付けや実施手順といったアクション発動態勢の検討や整備を行う。マネジメントアクションの発動に関して障害が認められる場合には，それを除去するための施策についても検討を行う（同図の⑥）。

　以上のプロセスを通じて，さまざまなストレス事象に対して実効的なマネジメントアクションを準備するとともに，自社にとってのストレス対応ステージに入るトリガーポイントやアラームポイントなどの閾値をあらかじめ定めることによって，当該水準抵触時のマネジメントアクションの発動を含む危機管理

態勢の整備を行うことが可能となる。こうした態勢整備を行うことによって，実際に危機が起きた後に受動的に危機に対応を行う態勢ではなく，能動的なリスク管理態勢が実現され，平時の間から，危機に対する強靭性を高め，ビジネスモデルの持続可能性を高めることとなるわけである。

第4章
資本計画策定
（キャピタルプランニング）

1 ビジネス戦略遂行のための自己資本の十分性

　これまで説明してきたように，金融機関は，社会経済システムなどの自らを取り巻く環境の変化に応じて，ビジネスモデルの持続可能性を高めるべく，ビジネス戦略やビジネスプランの策定および見直しを行うことが求められる。金融機関がビジネス戦略を策定し，これを遂行するに際しては，必要なリスクテイクを行うための経営資源としての十分な資本が必要となる。そのため，ビジネス戦略を意図したとおりに実施する観点から，必要な自己資本を維持または調達することが求められる。

　自己資本は，リスクテイクを行う際の経済資本の配賦原資，すなわちリスクキャパシティの基準となる。他の金融機関と比較して自己資本の十分性が高い金融機関であればあるほど，積極的にリスクテイクを行う原資を備えていることとなり，ビジネス戦略の選択肢が広がるとともに，高収益を上げる余地を広げ，得られた収益によりさらに自己資本が蓄積していくこととなる。このようにして積み立てられた資本は，さらに新たなリスクテイクの余地を広げることとなることから，持続可能なビジネスモデルの構築に向けて，こうした好循環を作り出していくためにも，十分な自己資本を確保することは重要といえる。

　また，危機時においてもビジネスモデルを持続可能なものとする観点からは，外部環境が想定外に変化し，金融機関にストレスがかかるような状況において生じる想定外の損失や資産価値の変動を吸収するためのバッファーとして，十

分な資本が確保されていることが必要となる。そのため，金融機関は，ストレス時に金融機関がさらされるリスクが顕在化した場合においてもビジネスの継続を可能とするため，平時の段階から，経営体力の重要な要素である自己資本を十分な水準に保持しておくことが求められる。

② 資本計画策定の全体像

⑴ 金融機関に求められる自己資本管理

　このように，金融機関は，リスクテイクを通じた成長のためのビジネス戦略を計画どおりに遂行するという観点と，ストレス時の業務継続を確保するという観点の主に２つの観点から，自己資本の十分性を確保および検証することが求められる。そのため，金融機関が策定する資本計画においては，ビジネス戦略遂行のために必要となる自己資本が確保されるともに，仮に金融機関にストレスが生じたとしても損失を吸収できる十分な水準の自己資本が確保されることが求められる。

　この点，従来の自己資本管理においては，自己資本充実度評価の手法，すなわち，金融機関がさらされるリスクに関し，資本配賦の手法を通じてリスクを総体的に捉え，これを自らの自己資本と比較および対照し，自己資本の十分性を検証することで，リスクの総量を金融機関の体力の範囲内にコントロールすることが，金融機関によるリスク管理の主眼とされていた。

　しかしながら，先般の世界金融危機においては，それまで想定されていたストレスイベントを超える金融システムの機能不全が生じ，金融危機が急速に波及していったため，従来のリスク管理の枠組みでは十分とされていた自己資本の水準を超える損失が顕在化する結果となり，欧米においては多くの金融機関に公的資金を投入することが余儀なくされた。これを機に，危機時のリスク管理の手法としてリカバリープランの策定がシステム上重要な金融機関に求められることとなったことは第３章で説明したとおりである。一方で，平時におけ

る自己資本管理に関しては，巡航速度で外部環境が推移し，計画が円滑に遂行
されたと仮定した場合の収益見通しを踏まえ，利益の積立てを通じた自己資本
強化と，株主に対する配当などの社外流出のバランスを踏まえた資本計画の策
定が求められる。加えて，平時と危機時の間のステージである懸念時において，
一定のストレスが生じたとしても十分な自己資本が確保できるかといった観点
から，必要に応じ自己資本の保全や増強に向けて必要となるアクション（キャ
ピタルアクション）を講じることで，ビジネスに深刻な影響が生じる事態に発
展することを防ぐことも重要といえる。そのため，深刻な危機時を想定したリ
カバリーオプションの有効性や実効性の検証結果を踏まえ，危機が顕在化する
前の懸念時の備えとして，自助努力により自己資本の健全性を回復するための
さまざまな資本に係るアクションをあらかじめ用意しておくことが求められる。
このような自己資本管理は，懸念時および危機時を含む金融機関の強靱性を強
化することにつながり，結果としてビジネスモデルの持続可能性を高めること
にもなるわけである。

　こうした懸念時および危機時を想定した資本に係るアクションは，一般に代
替的キャピタルアクションと呼ばれる。リカバリープランにおけるリカバリー
オプションは，代替的キャピタルアクションの検討の参考となるが，金融機関
は，配当や自社株買い，規制資本の償還といった平時の資本計画に加え，代替
的キャピタルアクションなどについて文書化したプランをあらかじめ策定して
おくことが重要となる。

　具体的には，今後一定のストレスが生じた場合に備えて，中長期的なマクロ
および市場におけるストレス事象の発生を想定したシナリオ分析を行い，リス
クカテゴリー横断的かつ損益に与える影響も含め金融機関に生じる影響を評価
したうえで，リカバリープランの策定において検証されたものを含むさまざま
なキャピタルアクションについて，こうしたシナリオ下で発動した場合の有効
性および実行可能性を補完的に検証することとなる。そのうえで，一定のスト
レス下においてもこうした代替的キャピタルアクションの発動により，十分な
自己資本が維持されることを確認するとともに，その発動基準や発動体制をま

とめた代替的キャピタルアクションプランの策定・見直しなどを行うことになる。

なお，このようなリスクカテゴリー横断的に損益への影響をも加味した中長期的なストレスシナリオに基づく金融機関の包括的ストレステストは，世界金融危機後にアメリカや英国，欧州といった国・地域において広く実施されてきている。包括的ストレステストの詳細については第Ⅲ部第5章で詳しく述べるが，例えば米国においては，大規模金融機関に対して当局が定める共通シナリオのもとで，CCAR（包括的資本分析レビュー）と呼ばれる包括的ストレステストが実施されており，中長期的なストレスがかかったとしても事業を継続できるだけの十分な資本を維持することが求められている。ここでは，当局による検証の結果，ストレスに対する自己資本が十分でないとみなされた金融機関は，配当計画などを含む資本計画そのものの見直しを迫られることとなる。

(2) 資本計画策定の全体像

このように，中長期的なストレスシナリオを用いたシナリオ分析を活用し，一定のストレス事象が生じた場合においても収益性，成長性および健全性を維持できるように資本計画を策定することは，ビジネスモデルの持続可能性を高めるための有効な方法となり，企業価値を高めることにもつながると考えられる。図表Ⅱ-4-1は，このようなシナリオ分析による妥当性検証を通じた資本計画策定の全体像について示したものである。

① 資本計画

金融機関の経営陣は，ビジネス戦略とその遂行において金融機関がさらされるリスクを踏まえたうえで，ベースラインとストレス時のそれぞれのシナリオにつき計画期間にわたる損益や自己資本比率の水準などの合理的推計やビジネスプランの変化をもとに，取締役会により承認されたリスクアペタイトや資本政策に基づき，配当や自社株買いなどの当該計画期間において計画するキャピタルアクションを策定する。加えて，以下に説明する中長期的なストレスが生じた場合に実施するアクションとして，資本増強や配当の減額といった代替的

192　第Ⅱ部　ビジネス戦略と経営計画の策定

図表Ⅱ－4－1　資本計画策定の全体像

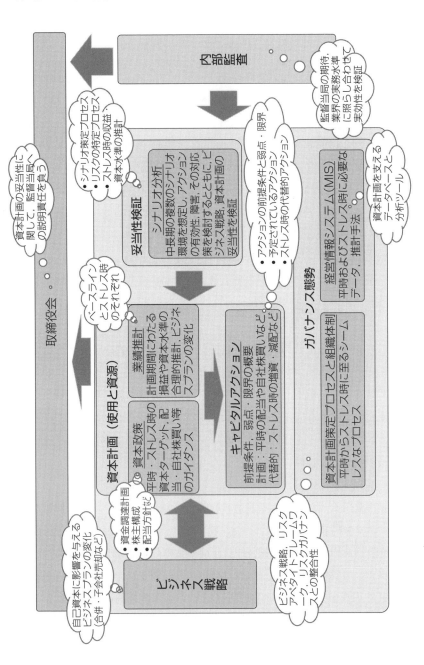

キャピタルアクションを策定する。これらキャピタルアクションの基礎となる資本政策は，資金調達計画，株主構成および配当方針などを踏まえたものであり，平時およびストレス時の資本ターゲットや，配当または自社株買いなどの実施に関するガイダンスなどが含まれる。このように，資本計画は資本政策，業績推計および代替的アクションを含むキャピタルアクションにより構成されることとなる。

　かかる資本計画においては，平時のみならずストレス時においても必要な自己資本を確保することを前提に，計画期間に合理的に推計される業績およびストレスシナリオ下における影響も踏まえたうえで，配当や自社株買いといった自己資本の使用（社外流出）に関するアクションと，足元の資本に内部留保の蓄積や資本増強も加味した自己資本の資源（リソース）に関するアクションの大きく2つの種類のキャピタルアクションについて評価を行う。かかるキャピタルアクションについては，平時に計画されるものと代替的アクションのいずれについても，以下に説明する妥当性検証を通じて，その前提条件や弱点・限界を適切に把握および分析したうえで，これを資本計画において明らかにしておく必要がある。

② 妥当性検証

　かかる資本計画では，平時に計画されているアクションとストレス時の代替的アクションの双方の妥当性検証を行う必要があるが，その具体的な方法としては，中長期的なマクロ・市場変数のさまざまな動きを想定した複数の包括的ストレスシナリオを想定した包括的シナリオ分析を行うこととなる。

　すなわち，まず，平時に計画されているアクションについては，当該アクションを実施したとしても，いずれのストレスシナリオにおいてもそのストレス期間にわたり十分な自己資本をなお維持できるか否かについての検証を行い，かかる平時に計画するアクションを行うための前提条件やその制約・限界などを定める。また，ストレス時の代替的アクションに関しては，リカバリープランにおけるアクションの有効性および実行可能性の評価結果を踏まえつつ，これらアクションの有効性や実行可能性はもちろん，その前提条件とストレス時

の弱点や限界，当該アクションに対する障害，当該障害への対応策を検討する。このシナリオ分析は，第Ⅲ部第5章で説明するように，リスク管理プロセスと有機的に関連付けて実施され，具体的には，特定されたリスクを踏まえストレスシナリオを想定したシナリオ分析を用いてリスクの評価を行い，ストレス時の損益への影響や自己資本の十分性の検証などが行われることになる。そして，かかるリスクのコントロールの手段に関して，さまざまな代替的キャピタルアクションの妥当性検証を通じて，その有効性と実行可能性が評価されるわけである。

　なお，このような資本計画の妥当性検証を行った結果として，現在のビジネス戦略を前提として当該資本計画に問題があると認められる場合には，予定していた配当や自社株買いなどの中止や，増資や規制資本調達などのキャピタルアクションの見直しを行う必要がある。そのうえで，仮にこのような見直しを行ったとしてもなお適切な資本計画を維持できないと判断される場合には，ビジネス戦略の遂行を支える資本基盤が十分でないとして，ビジネス戦略自体の見直しを行う必要性が生じるケースもある。

　以上のような資本計画の妥当性検証は，ビジネス戦略策定時はもちろん，ビジネス戦略の運用結果や外部環境の変化などを踏まえて適切な頻度で行うことが求められる。こうしたプロセスを通じて，ビジネス戦略や資本計画の見直しにつなげるPDCAサイクルを回していくこととなるが，合併や子会社売却といった自己資本に大きな影響を与えうるビジネスプランの変化が生じたような場合にもアドホックに行われる必要がある。

　③　ガバナンス

　経営陣は，以上のような資本計画策定と妥当性検証に係る一連のプロセスを整備し，運営することが求められ，ビジネス戦略や資本計画の適切な執行およびガバナンスの発揮について責任を負うこととなる。取締役会は，経営陣によるかかる一連のプロセスの整備を監視し，当該プロセスに従い経営陣が策定するビジネス戦略や資本計画について承認するとともに，経営陣によるこれら戦略や計画の執行状況をモニタリングし，適切に執行が行われていることを監督

する役割を果たすことが求められる。自己資本は，ROEなどの外部のステークホルダーに対する説明などの際に使用される収益性指標の分母として使用されるほか，策定された計画の執行にあたり，リスクテイクの基礎となる配賦原資としても活用される重要な指標であることから，平時のみならず，懸念時や危機時を想定したさまざまなシナリオ下における影響度も含めて，その見通しを取締役会として的確に把握することが，持続可能なビジネスモデルを構築していくうえで不可欠といえる。そのためには，取締役会としてかかる一連のプロセスの実効性を内部監査によって検証する内部統制機能を整備していくこともあわせて求められる。

　なお，資本計画の策定プロセスにおいて実効的なシナリオ分析を実施するにあたっては，必要な情報やデータが適時適切に集計され，かつシナリオ分析を通じて評価されることが求められることから，そのための経営情報システム（MIS）の整備が必要となる。

③ 資本計画策定プロセス

⑴ リスク管理プロセスとの一体的運営の重要性

　金融機関の資本計画は，**図表Ⅱ－4－2**に示すように，資本計画策定プロセスを，シナリオ分析を用いたリスク管理プロセスと一体的に運営することが重要となる。これは，第Ⅰ部第5章で説明したビジネス戦略策定プロセスとリスク管理プロセスを一体的に運営することが求められるのと同様に，それぞれのプロセスを有機的に関連付けることで，ビジネスモデルの持続可能性を高めていく狙いがある。一連のプロセスにおいてポイントとなるのは，特定されたリスクをもとにさまざまなシナリオを想定し，そうしたシナリオが生じた場合における平時のキャピタルアクションを含む資本計画の妥当性を検証するシナリオ分析と，その結果を踏まえ，ストレスが顕在化した際の代替的キャピタルアクションをまとめた代替的キャピタルアクションプランの策定である。

196　第Ⅱ部　ビジネス戦略と経営計画の策定

図表Ⅱ-4-2　資本計画策定プロセス

資本計画策定プロセス

起案	修正	運用
ビジネスプランや資本戦略を踏まえた資本計画を起案	リスクの評価結果を踏まえ，資本戦略・資本計画を必要に応じ修正	資本計画の運用を行い，あらかじめ検討された平時またはストレス時のアクションを実施

リスク管理プロセス

特定	評価	コントロール
資本計画に影響を及ぼすリスクを特定し，それらを組み込んだベースシナリオ，リスクシナリオ，ストレスシナリオを策定	シナリオ分析の活用により，ビジネスプランの変化やリスクが顕在化する際の影響を評価し，資本計画の妥当性を評価	ビジネスプランの変化やリスク顕在化時を想定した個々の代替的キャピタルアクションを検討

妥当性検証

シナリオ分析（持続可能性）	代替的アクションプラン
中期的なマクロ・市場変数のさまざまな動き，ビジネスプランの変化を想定し，リスクカテゴリー横断的な健全性への影響および収益への影響をあわせて評価	経済資本配賦制度，リスク限度枠管理の閾値などを活用し，さまざまなシナリオごとのアクションプランを策定・評価し，実施にあたっての障害を特定・除去　場合によっては，資本計画やビジネスプランの変更を検討

(2)　資本計画策定プロセスの概要

　資本計画策定プロセスにおいては，まず，ビジネスプランや資本戦略を踏まえて，当該計画において予定される配当や自社株買いといった平時のキャピタルアクションを含む資本計画が策定されることとなる。かかる資本計画策定プロセスと一体的なリスク管理プロセスを運営していくにあたっては，当該資本計画に関連するリスクを特定するため，資本計画に影響を及ぼすさまざまなリスクを把握するとともに，それらを組み込んだベースラインシナリオおよびリスクシナリオのほか，リスクシナリオよりも深度の深いストレスシナリオを策定することとなる。これらのシナリオは，リスクの評価の段階において，資本計画の持続可能性を検証することを目的として，中期的なマクロ・市場変数のさまざまな動きや，ビジネスプランの変化を想定し，リスクカテゴリー横断的

第4章　資本計画策定（キャピタルプランニング）　　197

な健全性への影響および収益への影響をあわせて評価するために用いられる。

　そのうえで，リスクのコントロールのために，当該シナリオが現実化したときに備えて，経済資本配賦制度やリスク限度枠管理の閾値などを活用することで代替的キャピタルアクション発動のタイミングを検討することも含め，それぞれのシナリオに対応するための代替的キャピタルアクションプランを策定することが必要となる。代替的キャピタルアクションプランにおいては，ストレス環境に対する対応力を向上させる観点から，さまざまな代替的キャピタルアクションの有効性や実行可能性の評価や，実際にこうしたアクションを実施する際に障害となりうるものについては，リスク顕在化が懸念される場合やストレス時のアクションの実効性を高めるため，その障害の除去の検討が行われる。

　資本増強のための代替的キャピタルアクションを例にとると，一般的に，配当などの社外流出を抑制するアクションのほうが，公募増資と比較して実行可能性は高い。一方で，有効性に関しては，まとまった規模の増資が可能な場合には公募増資のほうが高くなる。したがって，それぞれのアクションの有効性および実行可能性を評価したうえで，どのアクションをどのタイミングで実施することが望ましいのかについて，シナリオごとに評価を行うことで，危機に対する強靱性を改善していくことが求められる。

　以上のように，資本計画策定プロセスについても，ビジネス戦略策定プロセスと同様に，シナリオ分析を中心としたリスク管理プロセスと一体的に運営することにより，ストレス時に発生する想定外の損失に対する損失吸収バッファーとして機能する十分な自己資本を確保し，さらにはストレスによるさまざまなリスク顕在化時の対応力を向上させるとともに，資本計画の必要な見直し・改善を図ることを通じて，金融機関の持続可能なビジネスモデルを支える健全性を向上させていくこととなるわけである。

4 自己資本充実度評価

(1) 自己資本充実度評価の概要

本章の冒頭に述べたように，金融機関は，自己資本比率規制における「第2の柱」において，自己資本充実度評価を実施し，自らがさらされているリスクを統合的に把握し，そのリスクに照らして自己資本の十分性を評価することも，自己資本の管理の一環として引き続き求められる。ここでも，足元の経済環境のみならず，将来において金融機関に対して悪影響を与えるような社会経済システムにおける事象や市場環境などの変化を踏まえ，フォワードルッキングなシナリオ分析を通じてリスクおよび自己資本の状況を評価することが求められる。金融機関は，直面するリスクをカテゴリーごとに網羅的に洗い出し，洗い出したリスクの規模や特性を踏まえて管理対象とするリスクを特定するとともに，与信集中リスクや銀行勘定の金利リスクといった，自己資本比率規制の「第1の柱」の対象とされていないリスクについても，かかるリスク管理の対象とすることが求められる。

本章でこれまで説明してきたとおり，資本計画の策定においては，資本計画をビジネス戦略に見合ったものとし，かつ，包括的シナリオ分析を実施することで，ビジネスモデルの持続可能性を支える資本計画を策定，見直ししていく必要がある。これに加えて，実際にリスクアペタイトおよびビジネス戦略を踏まえた各種計画を実施していく中で，適切な頻度で自己資本充実度評価を実施し，自己資本充実のモニタリングとコントロールを行うことが重要となる。

(2) 自己資本充実度評価に用いられる指標

自己資本充実度評価は，リスクアペタイトフレームワークのもと，**図表Ⅱ-4-3**のリスクキャパシティ，リスクアペタイトおよびリスク限度の3つの指標を用いて実施される。リスクアペタイトフレームワークは，第Ⅲ部第6章に

第4章　資本計画策定（キャピタルプランニング）　**199**

おいて説明するように，リスクキャパシティとの関係で金融機関が取ることのできるリスクについて決定するものであり，ビジネス戦略を遂行するうえで経営陣が守るべきリスクに関する境界・限度を明確に示す。

図表Ⅱ-4-3　リスクキャパシティ，リスクアペタイト，リスク限度

リスクキャパシティ	自己資本比率規制や流動性規制，預金者や株主などに対する責務などに基づき決定されるさまざまな制約の範囲内で，金融機関が最大限引き受けることができるリスクの水準
リスクアペタイト	金融機関が戦略的目標と事業計画を達成するために，そのリスクキャパシティの範囲内で進んで受け入れるリスクの水準と種類
リスク限度	フォワードルッキングな前提に基づく定量的な測定基準であり，金融機関全体のリスクアペタイトを各ビジネスライン，各グループ法人，特定のリスクカテゴリー，リスク集中および必要に応じて他のレベルに配分した限度枠

　具体的には，リスクプロファイルの変化や個別のリスク限度枠の使用状況などの内部環境を分析する一方で，社会経済システムの不確実性，金融業界のビジネスの進展，景気変動サイクル，金融資本市場の状況などの外部環境の状況に照らし合わせて，自己資本の充実度を評価し，モニタリングを行う。その結果，自己資本の充実度に問題があると判断された場合，すみやかに，資本計画においてあらかじめ定められる自己資本増強などの実行可能なキャピタルアクションの実施の検討が行われ，今後の具体的対応について意思決定するために必要な情報が経営陣や取締役会などに報告されることとなる。

　図表Ⅱ-4-4は，このようなリスクキャパシティ，リスクアペタイトおよびリスク限度を用いた自己資本充実度評価の例を示したものである。

　最初に，金融機関の経営体力であるリスクキャパシティの範囲内で，定量的なリスクアペタイトが設定される。そのうえで，実際に取るリスクの総リスク量がリスクアペタイトの範囲内に収まるようリスク限度枠が設定され，さらに取るリスクが当該限度枠の範囲内に収まるよう，リスクカテゴリーごとの個別のリスク限度枠が設定される。こうして設定されたリスクアペタイトについて

200 第Ⅱ部 ビジネス戦略と経営計画の策定

図表Ⅱ-4-4 自己資本充実度評価の例

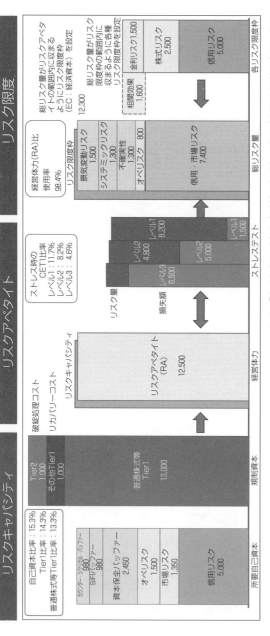

出所:『金融規制・監督と金融機関経営』日本経済新聞出版社を参考に作成

は，複数の包括的ストレスシナリオを用いたシナリオ分析を実施し，ストレス時の損失額の合計と対比することで，これがリスクアペタイトの範囲内に収まっているか否かが検証される。そのうえで，資本配賦したビジネスラインや法人，リスクカテゴリーごとに継続的にリスク量を計測し，設定されたリスク限度枠の範囲内にそれぞれ収まっていることと，総リスク量がリスクキャパシティ，リスクアペタイトおよびリスク限度枠の範囲内に収まっていることを確認することを通じて，外部環境や内部環境の変化に照らし合わせて自己資本充実度をモニタリングし，評価していくことになる。

　自己資本充実度評価は従前から行われてきたものであるが，世界金融危機後，リスクアペタイトフレームワークのもと，リスクキャパシティやリスク限度といった指標の考え方が明確化されたことを受け，各金融機関のビジネス戦略を踏まえた収益目標や資本ターゲット，これらを踏まえて取ることとなるリスク量を計画の中で定めることが求められている。また，包括的シナリオ分析において，定められた各種指標の妥当性が検証されるとともに，実際に計画を実施していく中で戦略やアペタイトに沿ったリスクテイクが行われているか，また結果として取られたリスクがリスクアペタイトやリスク限度枠の範囲内に収まっているかについて，自己資本充実度評価のプロセスの中で継続的にモニタリングしていくことがあわせて必要となる。

⑤　キャピタルアクション分析

⑴　キャピタルアクション分析の重要性

　資本計画策定プロセスに関して説明したように，さまざまなストレスが顕在化し，自己資本の健全性に問題が生じる可能性がある場合には，適時適切に代替的キャピタルアクションを実施することで，自らその健全性を回復させることが，危機に対する強靭性を高めるために必要となる。そのため，資本計画策定プロセスと一体的に実施されるリスク管理プロセスにおけるリスクのコント

202　第Ⅱ部　ビジネス戦略と経営計画の策定

ロールとして，平時に予定するキャピタルアクションとは別に，ストレス時を想定した代替的キャピタルアクションを網羅的に洗い出すとともに，ストレスシナリオごとにその有効性や実行可能性などについてあらかじめ分析を行い，代替的キャピタルアクションプランとしてまとめておくことが重要となる。

(2)　キャピタルアクション分析の流れ

　図表Ⅱ－4－5は，このようなキャピタルアクション分析における主な検証事項の一部と，その具体例として公募増資による資本増強について記載したも

図表Ⅱ－4－5　代替的キャピタルアクションの分析

大項目	小項目	具体例
概要	● アクションの類型 ● アクションの内容 ● 過去における実例 　　　　　⋮	● 資本増強アクション ● 公募増資 ● 先般の金融危機における実例
有効性・実行可能性検証	● タイミング別有効性 ● シナリオ別有効性 ● 実行の障害 ● 障害を除去するための施策 ● 将来損益への影響 ● 風評や市場影響 　　　　　⋮	● 各ストレスシナリオごとに平時やストレス時の普通株式等Tier1比率の押し上げ効果の試算 ● 定款の授権資本枠と定款変更による拡大 ● 将来の配当負担の増加見積り ● 株式希薄化に伴う株価への影響など
ガバナンスや意思決定プロセス	● 機関決定を行う主体 ● 決定に係る事務プロセス ● 当局や第三者とのコミュニケーション ● 適用法令や規則 　　　　　⋮	● 取締役会もしくは執行役または株主総会 ● 社内事務プロセスの確認 ● 当局や取引所への届出や事前相談など ● 銀行法や金融商品取引法などの適用法令（海外の法令も含む）

のである。

　ここに掲げるように，最初のステップとして，採りうる代替的キャピタルア
クションを網羅的に洗い出すことが必要となる。ここでは，リカバリープラン
の策定の際に洗い出されたリカバリーオプションを参考に洗出しを行うことと
なる。こうしたアクションは，増資や配当の抑制のように自己資本を直接増加
させる効果があるものから，子会社の売却や上場を通じた資本増強といったも
のまで，さまざまな手段が考えられる。こうしたアクションについて，その類
型，具体的アクションの内容，こうしたアクションを過去に採ったことがある
か否かといった点を，網羅的に洗い出すことが必要となる。例えば，資本増強
アクションのうち，普通株式等Tier1資本やコア資本を増強するためのオプ
ションとしては，普通株式の公募増資，第三者割当増資あるいはライツオファ
リングなどが考えられるが，このようなキャピタルアクションを過去事例や他
社事例を含めてリストアップすることになる。

　そのうえで，自社グループの脆弱性を踏まえ想定される複数のストレスシナ
リオに対し，洗い出された代替的キャピタルアクションの有効性と実行可能性
を検証することが必要となる。有効性については，シナリオごと，あるいは同
じシナリオの中でも実施のタイミングによって効果が異なるほか，アクション
実施により将来の損益に与える影響もさまざまであることから，アクションの
実効性を高めるため，どのアクションをどのタイミングで実行することが望ま
しいのかといった視点から分析を行うこととなる。とりわけ，金融システム全
体にストレスがかかったような場合においては，他の金融機関も資本増強や資
産・ポートフォリオ売却といったアクションを同じように講じようとすること
が考えられるうえ，危機が進むにつれて株価や資産価値のさらなる下落が予想
されることから，他の金融機関に先駆けて早期にアクションを実施することが
肝要となる。

　もう一方の実行可能性については，例えばアクションの意思決定から実施，
実施後の効果発現に時間を要するものや，市場環境あるいは同業他社の財務状
況によっては実施が困難なものなどもあるため，実行にあたっての障害を特定

し，それを取り除くための手段を検討するために分析が行われる。例えば，公募増資による資本増強を例にすると，一般的な効果として，普通株式等Tier1資本やコア資本の増強効果が見込まれ，資金流動性の観点からは安定調達手段の拡充につながる一方で，中長期的には配当負担が増加し財務に影響が生じてくることや，希薄化懸念による株式市場における株価への影響などにも留意する必要がある。

　また，例えば想定されるストレスシナリオが，本邦金融システム全体にストレスがかかるものか，あるいは自社の業務の中心的な地域においてのみストレスがかかるものなのかなど，想定するシナリオによって効果は異なりうる。実行のタイミングとしては，市場の吸収余力に鑑みると可能な限り早期に他社に先駆けて行うことが望ましいと考えられるが，実行の障害としては，例えば定款における授権資本枠が不足している場合には，あらかじめ株主総会において授権資本枠を拡大する定款変更案について決議を得る必要がある。

　以上のシナリオ別の代替的キャピタルアクションの有効性および実行可能性の評価結果を踏まえ，実際にこうしたアクションを発動するための態勢，すなわち意思決定の主体およびそのプロセス，当局や株主などとどのようにコミュニケーションを行う必要があるか，あるいはアクション実施にあたり遵守または勘案する必要のある法令の整理などが求められる。公募増資について例にとると，一般的には取締役会または経営会議（場合によっては，証券取引所の規則などにより株主総会の決議も）の機関決定が必要となると考えられ，また，銀行法や金融商品取引法などの適用法令に基づき，当局や取引所への届出や事前相談など国内外の手続や遵守事項が存在することから，危機が生じた場合にすみやかに実施可能とするために，これらをあらかじめ把握および整理しておく必要がある。

　これらの代替的キャピタルアクションの分析および検証は，金融機関において一元的に管理し，資本計画における代替的キャピタルアクションプランとして策定しておくことで，代替的キャピタルアクションの発動が必要となる場合にはすぐに対応できる態勢を整えておくことが重要となる。**図表Ⅱ－4－6**は，

第4章 資本計画策定（キャピタルプランニング）

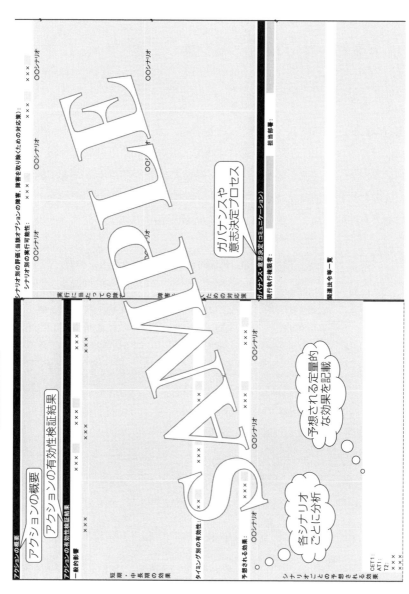

図表Ⅱ-4-6 キャピタルアクション分析シート

このような一元的管理のためのキャピタルアクション分析シートの簡易版の一例を示したものである。

(3) 代替的キャピタルアクション例

　以上のステップを踏んで分析される代替的キャピタルアクションの主要なものは，**図表Ⅱ－4－7**に掲げるとおりである。代替的キャピタルアクションの実行は，一定のストレスを想定した場合に，自力でいかに迅速かつ有効な方法で回復するかに主眼が置かれることから，短期間のうちに実行可能で効果の高いアクションの実施が望ましい。一方で，こうしたアクションを実施することによって，短期的に自己資本比率の回復が図られるものの，その後のビジネス運営を想定した場合，例えば大きな収益源が失われるようなこととなれば，ビ

図表Ⅱ－4－7　代替的キャピタルアクションの例

分　　類	アクション例	効　　果	留意事項
資本増強	公募増資	CET1増加	希薄化，株価への影響
	規制資本調達	AT1，Tier1資本増加	将来の配当や利払いの負担
	ライツオファリング	CET1の増加	本邦同規例の乏しさ 予定した調達を達成できない可能性
	⋮	⋮	⋮
資本保全	減配，無配	CET1の留保	株価への影響
	規制資本への配当・利払いの停止	CET1の留保	セカンダリーマーケットや今後の調達・リファイナンスへの影響
	⋮	⋮	⋮
ライアビリティマネジメント	シニア債やTier2債の買戻し	CET1増加	Tier2資本やTLACの減少
	⋮	⋮	⋮
売却リカバリー	ビジネスライン売却	RWA削減，CET1増加 （売却益生じる場合）	今後のグループ収益への影響
	子会社売却	RWA削減，CET1増加 （売却益生じる場合）	今後のグループ収益への影響
	⋮	⋮	⋮

ジネスモデルの持続可能性が低下することとなる。したがって，代替的キャピタルアクションの評価にあたっては，それが金融機関にもたらすプラスの効果としての有効性および実行可能性を評価するだけでなく，その反面として，アクションを実行することによるマイナスの効果について，同図の留意事項に記載するような影響などもあわせて検討することが求められる。代替的キャピタルアクションプランを策定するにあたっては，シナリオ別およびタイミング別のキャピタルアクションの有効性と実行可能性に加え，それに伴う短期的および中長期的な影響の双方を勘案したうえで，キャピタルアクション実行の優先順位を決定し，こうしたアクションを適時適切に実行するために必要な態勢を整備していくことが重要となる。

　なお，同図においては，このような代替的キャピタルアクションが資本計画に定められることを前提に，資本の増強や保全などに資するアクションのみを記載しているが，これらのほかにも，自己資本比率の分母にあたるリスクアセットを減少させることによっても自己資本比率の改善を図ることが可能である。したがって，懸念時を想定した代替的キャピタルアクションの検討にあたっては，第3章において説明したリカバリーオプションのうちリスクアセットの削減につながるものについてもその候補となりうることを踏まえたうえで，アクションの有効性および実行可能性を検証することが求められる。

　また，リカバリープランにおけるリカバリーオプションの発動トリガーは，例えば自己資本比率が存続不能となる水準を下回ることのないよう，自力で一定期間内に回復することが可能な水準に設定されることとなるが，懸念時を想定した代替的キャピタルアクションについては，その実施が検討される水準として，かかるリカバリーオプションのトリガーよりもさらに早いタイミングが設定されることとなる。このような資本計画における平時のキャピタルアクションと懸念時の代替的キャピタルアクション，さらにはリカバリープランにおけるリカバリーアクションの整備をあわせて整合的に行うことで，平時，懸念時および危機時にわたるシームレスなリスク管理態勢を構築し，危機時の強靭性を強化するのみならず，中長期的な持続可能性を高めることが可能となる。

第 **III** 部

ビジネス戦略の
意思決定・管理プロセス

第Ⅲ部では，持続可能なビジネスモデルの構築および推進に向けて，金融機関がビジネス戦略を策定・執行し，これと一体的にリスク管理を行うための方法論とプロセスの整備について，広く説明を行う。

まず，ビジネス戦略の策定および執行にあたり，当該ビジネス戦略に関してさらされるおそれのあるリスクを適切かつ実効的に管理することが重要であることを踏まえ，金融機関として整備すべきビジネス戦略管理プロセスについて説明を行う（第1章）。

また，金融機関は，ビジネスモデルの持続可能性を高めるため，ビジネス戦略に係るリスクについてプロアクティブに管理することが求められてきている。そのため，かかる観点を踏まえた金融機関としてあるべき統合的リスク管理プロセスについて説明を行う（第2章）。

超低金利や貸出需要の減退といった厳しい外部環境のもと，有価証券運用業務が，融資業務などを補完しまたはビジネスモデルの持続可能性を支える1つの手段として重要性を増している。そこで，金融機関が有価証券運用業務を行うにあたり整備すべきリスク管理プロセスについて説明を行う（第3章）。

顧客中心のビジネスモデルに基づく商品やサービスを提供するため，金融機関によるコンダクトにまつわるリスクを適切に管理する必要性が高まっている。そこで，このようなコンダクトリスクを適切かつ実効的に管理するためのリスク管理プロセスについて説明を行う（第4章）。

金融機関がビジネスモデルを持続可能なものとし，危機に対する強靭性を高めるためには，さまざまなストレス時を想定したシナリオ分析を踏まえたリスク管理を行うことが重要となる。そこで，ストレステストを含めたかかるシナリオ分析の手法について説明を行う（第5章）。

最後に，以上のような戦略の策定・執行とリスク管理を一体的に運営していくための包括的な枠組みであるリスクアペタイトフレームワークについて説明を行う（第6章）。

第 1 章

ビジネス戦略管理プロセス

① ビジネス戦略に係るリスク

(1) ビジネス戦略に係るリスクの適切な管理の必要性

　ビジネスモデルの持続可能性を高めるためには，これまで説明してきたように，ビジネス戦略の策定および執行にあたり，当該戦略に見合う実効的なガバナンス態勢を通じて，当該ビジネス戦略に関して金融機関がさらされるおそれのあるリスクをフォワードルッキングに特定し，その戦略執行におけるこれらリスクの顕在化を適切にコントロールするとともに，必要に応じてビジネス戦略を見直すことが重要となる。

　従来のリスク管理では，ビジネス戦略の執行の結果として構築されたバランスシートに内在する信用リスクや市場リスクなどを起点として主にリスクの特定および評価を行っており，ビジネス戦略とバランスシートとの関係や戦略執行に伴うリスクについては必ずしも焦点を当ててこなかったといえる。このようなリスク管理では，リスク管理の結果をビジネス戦略に直接結び付けて活用することはできない。そのため，金融機関は，自らが策定および執行するビジネス戦略に関し，社会経済の不確実性に関わる外部環境リスクや競争環境に関わる競合リスクなどの外部要因や，戦略に固有のリスクや戦略執行に伴うリスクなど自社の内部要因に伴うリスクによって，どのような影響を受けて，取引量や収益性が変化し，バランスシートの数字が増減するのかといった点につい

212 第Ⅲ部 ビジネス戦略の意思決定・管理プロセス

て分析および評価するための，動態的な方法論によるリスク管理を行う必要性が高まってきている。このようなビジネス戦略管理プロセスを構築し，ビジネス戦略に係るリスクを適切に管理することが，持続可能なビジネスモデルを構築していくうえで重要となるわけである。

(2) ビジネス戦略に係るリスクの管理の全体像

図表Ⅲ−1−1は，このようなビジネス戦略に係るリスクを，ビジネス戦略の策定や執行の結果に影響を及ぼす要因ごとに分類および整理し，これら要因

図表Ⅲ−1−1 ビジネス戦略に係るリスク

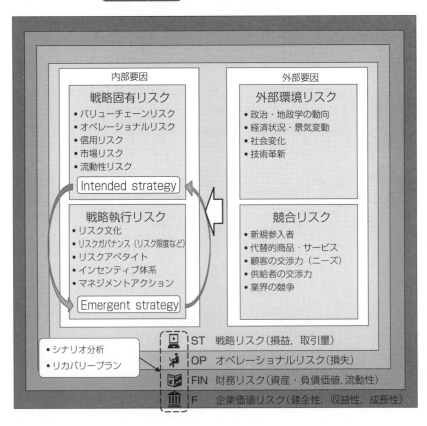

の相互の関係を示したうえで，これらが，以下で説明するように戦略リスク，オペレーショナルリスクおよび財務リスクの増加につながり，最終的に企業価値を毀損させるリスクである企業価値リスクを生じさせることと，これらリスクを金融機関としてシナリオ分析やリカバリープランなどの手法を用いて管理すべきこととあわせて，その全体像を表したものである。

① 外部要因

ビジネス戦略に係るリスクの主な外部要因（リスクドライバー）としては，金融機関やビジネスを取り巻くマクロ経済などの変化に伴う外部環境リスクと，金融機関がビジネスを行う業界や市場の構造による競合リスクが挙げられる。外部環境リスクのドライバーとしては，第Ⅰ部第1章で説明した社会経済システムの不確実性の諸要因やそれらの変化が具体的には該当する。例えば，国内外の政治・地政学リスクの動向，経済状況や景気変動，社会の変化および技術革新などが挙げられる。また，業界や市場の構造に係る競合リスクのドライバーとしては，足元の競争市場の需給を含む業界における競争の状況，新規参入者，代替的商品やサービス，顧客の交渉力（ニーズ），商品やサービスの供給者の交渉力，および業界の競争などが挙げられる。このような業界や市場の構造は，外部環境による影響を受けて変化する可能性があることから，競合リスクの分析においては，外部環境による影響もあわせて十分考慮する必要がある。

② 内部要因

他方，ビジネス戦略に係るリスクの主な内部要因としては，金融機関の取る戦略に固有のリスクである戦略固有リスク（リスクファクター）と，戦略執行において生じる戦略執行リスクに分類することができる。

(i) 戦略固有リスク

第Ⅱ部第2章で説明したように，金融機関は，ビジネス戦略を他の金融機関や金融以外のプラットフォーマーに対して競争力のあるものとするため，顧客ニーズの把握，チャネルの最適化，商品・サービスの価値，コアコンピテンスおよび経営資源といった金融ビジネスのバリューチェーンの分析を行い，ビジ

214　第Ⅲ部　ビジネス戦略の意思決定・管理プロセス

ネス戦略を策定することが重要となる。このようなバリューチェーン分析を通じて策定されるビジネス戦略について，外部要因であるリスクドライバーの影響を受けて，かかるバリューチェーンを構成する各要素の競争優位性が損なわれ，例えば希少性や模倣可能性などにおける優位性が失われる結果として，ビジネス戦略自体の競争優位性が低下するおそれ（以下「バリューチェーンリスク」という）が生じると考えることができる。かかるバリューチェーンリスクは，ビジネス戦略自体の競争優位性を低下させる結果として，金融機関がビジネス戦略の策定に際し想定していた収益性や取引量を達成できないおそれを生じさせることとなる。加えて，ビジネス戦略に基づきビジネスプランを策定し，これを実施するにあたっては，当該実施に関して金融機関における事務手続やシステムなどが必要となり，また当該ビジネスに適用ある法律や規制上の要請などを遵守する必要があるが，これらに関わるいわゆるオペレーショナルリスクも生じるといえる。

　さらに，このようなバリューチェーンリスクやオペレーショナルリスクといったフローのリスクファクターに加えて，政治，経済，社会および技術革新の諸側面からみた外部環境リスクのドライバーが，信用創造活動や金融資本市場に影響を与え，ビジネス戦略の中でバランスシートを活用して預金・貸出業務や市場での有価証券運用，資金調達などを行う金融機関が引き受ける信用リスク，市場リスクおよび流動性リスクといった，金融機関のストック（すなわち，フローの結果として構成される資産負債）のリスクファクターにも影響が生じる。以上のバリューチェーンリスクから流動性リスクに至るビジネス戦略に固有のリスク要因である戦略固有リスクを，ビジネス戦略に係るリスクファクターとして特定する必要がある。

　このようなリスクファクターとしての戦略固有リスクは，同図の内部要因および外部要因の外周にあるように，ビジネス戦略の執行の過程を通じて，バリューチェーンリスクの顕在化によりビジネス戦略およびビジネスプランにおいて計画した期待収益を得られないリスクや，かかるビジネスプランにおいて計画した金融機関の資産・負債などのストック変数から生じる収益や損失（例

えば，純金利収入や管理手数料など）が変動することによるリスク（以下これ
らのリスクを「戦略リスク」という），または，かかるストック変数を構成す
る資産または負債のバランスシート上の評価損益が変動することによるリスク
（以下「財務リスク」という）として，顕在化することとなる。

(ii) 戦略執行リスク

　さらに，かかるビジネス戦略の執行段階において顕在化しうる戦略執行リス
クを適切に管理することも重要となる。同リスクは，ビジネス戦略をビジネス
プランとして策定する際に，戦略目標の設定や外部要因に関する仮定を適切に
立てることができないリスク（これは，リスクの特定・評価またはリスクアペ
タイトの設定などに起因する）や，ビジネス戦略に従いビジネスプランを策定
したもののこれを適切に実施できないリスク（これは，リスク文化やリスクガ
バナンス（リスク限度など），実績・報酬体系などに起因する），および外部要
因の変化にあわせて実効的に後述の創発的戦略を策定または実施できないリス
ク（これはマネジメントアクションやリカバリーオプションなどに起因する）
などから構成される。これらの戦略執行リスクの顕在化によって，戦略リスク，
オペレーショナルリスクおよび財務リスクは，さらに拡大または悪化するおそ
れがある。

　例えば，経営陣が外部要因に関する判断の誤りにより不適切なリスクアペタ
イトの水準を設定することで，ビジネスポートフォリオが想定と異なったもの
となる結果として，想定した収益が得られず，または想定以上の損失が発生す
る場合や，リスク文化の醸成の不十分性からファーストラインにおいてコンダ
クトリスクの早期管理を徹底することができず，想定外の損失が発生するよう
な場合が，戦略執行リスクの顕在化を通じた損失の発生および拡大の事例とな
る。そのため，このようなリスク文化，リスクガバナンス（リスク限度など），
インセンティブ体系，リスクアペタイトまたはマネジメントアクションに起因
して，戦略執行の過程を通じて顕在化する戦略リスク，オペレーショナルリス
クまたは財務リスクが拡大または悪化することとなるリスクを戦略執行リスク
として特定したうえで，シナリオ分析の中でその影響を検討することが，ビジ

216 第Ⅲ部 ビジネス戦略の意思決定・管理プロセス

ネス戦略に係るリスクを適切に管理するために重要となる。

(iii) 意図した戦略と創発的戦略

なお，ここでは，外部環境などを踏まえて策定するビジネス戦略を意図した戦略（intended strategy）といい，他方で，ビジネス戦略の執行過程において，外部環境の変化などを踏まえ，これに適応させるために当初の意図した戦略を変更させるものを創発的戦略（emergent strategy）としている。ビジネス戦略の策定においては，経営陣によるトップダウンのビジネス戦略立案と現場・事業部門によるボトムアップのフィードバックをバランスよく組み合わせることが重要になるが，平時を想定した意図した戦略を策定するための適切なPDCAサイクルのプロセスの整備はもちろん，あらかじめ懸念時や危機時を想定し，環境の変化に柔軟に対応可能なマネジメントアクションを検討する創発的戦略をあわせて策定するプロセスを整備することが，ビジネスモデルの持続可能性を高めるためには肝要といえる。

(iv) ビジネス戦略に係るリスクの管理プロセス

以上のとおり，ビジネス戦略に係るリスクは，大きく分けて，外部要因としてのリスクドライバーのほか，内部要因としての戦略固有リスクおよび戦略執行リスクで構成される。金融機関としては，それぞれの関連性を十分に踏まえつつ，かかるビジネス戦略に係るリスクを適切に管理していくことが，ビジネスモデルの持続可能性を高めるために重要となる。

そのためには，このようなビジネス戦略に係るリスクを構成する外部要因と内部要因を特定したうえで適切に評価し，その結果を踏まえてコントロールを行うプロセスを整備していくことが必要となる。

具体的には，上記のとおり戦略固有リスクのうちフローのリスクファクターであるバリューチェーンリスクとオペレーショナルリスクならびにストックのリスクファクターである信用，市場および流動性のリスクについて，それぞれ特定を行ったうえで，さまざまなシナリオにおいてこれらリスクファクターに関して生じるフロー変数とストック変数の変動を，戦略執行リスクによる影響も考慮したうえで，戦略リスク，オペレーショナルリスクおよび財務リスクが

顕在化した場合の影響を定量的に計測する。そのうえで，これらリスクが金融機関の収益性や健全性に与える影響を評価するとともに，収益性と成長性から導き出される金融機関の企業価値に最終的にどのような影響を与えるのかを評価すること，すなわち金融機関の自己資本や時価総額の低下を招く企業価値リスクの評価を行うことが重要となる。これらの戦略リスク，オペレーショナルリスク，財務リスクおよび企業価値リスクの評価およびコントロールにおいては，第5章で述べるシナリオ分析や第Ⅱ部第3章で述べた緊急時対応策やリカバリープランなどの手法によって適切に管理していくこととなる。

② 外部環境リスクのドライバー

(1) 外部環境リスクの分析

第Ⅰ部第1章で説明したように，金融機関は，自らを取り巻く社会経済システムの不確実性が増加する中においても持続可能なビジネスモデルを構築することが求められている。そのため，ビジネス戦略の策定や執行にあたり，これに影響を及ぼすおそれのある外部環境を的確に特定し評価することが，ビジネス戦略に係るリスクを実効的に管理するために重要となる。

このように社会経済システムの不確実性からリスクドライバーを特定する場合には，網羅性をもって包括的に分析することができるように，いわゆるPEST分析[1]を活用して外部環境分析を行うことが有用である。具体的には，まず，さまざまな社会経済の不確実性を4つのマクロ環境の要素ごとに抽出および分類を行い，それぞれの要素の足元における短期的動向だけではなく，今後の中長期的な変化やこれら要素の相互の連関性を分析する。そのうえで，これらが，自社のビジネスにとって喫緊に脅威となりうるトップリスクや，未だ顕

1　一般的に，外部環境について政治（Politics），経済（Economy），社会（Society）および技術革新（Technology）の4つのマクロ環境の要素に分類して抽出したうえで，その影響を分析する手法をいう。

218　第Ⅲ部　ビジネス戦略の意思決定・管理プロセス

図表Ⅲ-1-2 外部環境リスクのドライバー

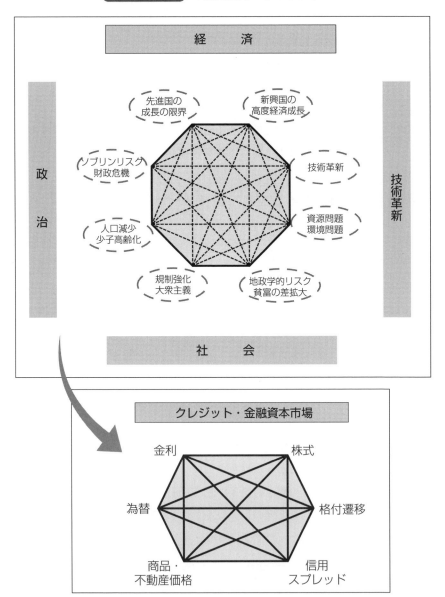

在化していないものの今後自社のビジネスに深刻な脅威となりうるエマージングリスクのリスクドライバーとなりうることも含め，金融機関やそのビジネスに対し短期的または中長期的にどのような影響を及ぼすのかについて分析することとなる。

　第Ⅰ部第1章で説明した社会経済システムの不確実性の諸要因をこのような分類を用いて整理すると，**図表Ⅲ−1−2**のように表すことができる。このうち，例えば資源問題や環境問題は，再生可能エネルギー技術の利活用が推進されるなど，技術革新の影響を受ける問題であるのみならず，経済成長や社会情勢に影響を与える問題といえる一方で，これを解決するためにはグローバルや各国の政治情勢や地政学リスクの影響を受けることから，政治にも関連する問題でもあるといえる。こうしたさまざまな事象に関し，それが政治，経済，社会および技術革新の間でどのように連関し合い，どのような影響を受けうるのかについて，総合的な視点から把握していく必要がある。

　そのうえで，これらの相互連関性も踏まえて金融機関に及ぼす影響を，第Ⅰ部第1章にて説明したように，システムダイナミクスの手法を活用しつつ分析することが重要となる。

⑵　財務リスクのリスクファクターに与える影響の分析

　前述のとおり，金融機関は，これら社会経済の不確実性による影響を踏まえて，自らのビジネスモデルの持続可能性を評価していくこととなるが，その中で社会経済システムの不確実性にまつわるリスクドライバーが，金融機関の信用創造活動や金融資本市場を通じて，財務リスクのリスクファクターでもある金利や為替，株式，商品・不動産，信用スプレッド，信用格付遷移などにもたらす影響を評価する必要がある。こうしたリスクドライバーが財務リスクのリスクファクターに与える影響の分析は，ビジネスモデルの持続可能性を検証するために実施するシナリオ分析やリカバリープランの策定の中で，シナリオを構築する際の重要なステップとなる。

③ 競合リスク

(1) 競合リスクの分析

　競合リスクのリスクドライバーの分析においては，自らがビジネスを行いまたは新たに手掛けようとする業務について，**図表Ⅲ－1－3**のように，5Forces分析[2]を活用して競合分析を行うことが有用である。

　銀行業を例にとると，これまでは銀行業を営むためには法律上免許が必要とされることから，新規参入の障壁は高かったといえる。しかし，デジタル技術の発展により銀行業を含む金融サービス業のアンバンドリングが進むことで，銀行業の固有業務の1つである決済や送金ビジネスについては，それが大口のものでなければ資金移動業者としての登録を行うことでサービスの提供が可能であり，実際に金融以外のプラットフォーマーがこうしたサービスを提供するようになってきている。したがって，決済や送金ビジネスについては，新規参入障壁がそれほど高くなく，従来型の銀行自らが提供する決済・送金ビジネスに対し，いわゆるP2P送金に代表される代替サービス・商品の脅威は大きくなってきているといえる。

　また，顧客ニーズについて，かつては資金需要のある顧客は，銀行から資金を調達するためにさまざまな取り組みや努力が求められることも多かったといえるが，経済成長の低迷とともに，融資需要が減退し，銀行側が金利競争に走る中，顧客やサービス・商品供給（提供）者との間の力関係は大きく変わってきている。また，これまで銀行が顧客から取得および活用してきた情報は財務関連情報が中心であり，顧客ニーズの適時適切な把握が必ずしもできていなかったといえる。このような状況において，デジタル技術の発展により，情報

2　一般的に，ビジネスを行う業界について，新規参入，代替的商品・サービス，商品・サービス供給者の交渉力，顧客ニーズ（需要）および業界の競争という5つの観点から，当該業界における競争環境や収益性の分析を行う手法をいう。

図表Ⅲ－1－3　競合リスクのドライバー

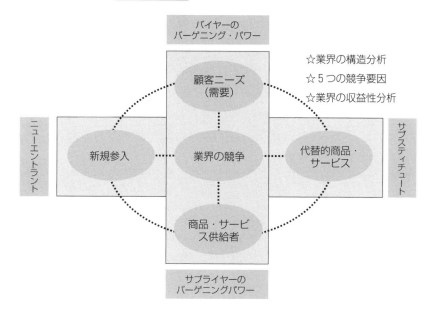

や商品流通のプラットフォーマーが，顧客属性や取引情報など，銀行が従来は取得できていなかった情報をタイムリーに入手することで，顧客ニーズを詳細かつ正確に把握できるようになってきており，これを踏まえた商品設計やサービスの提供が実際に行われてきている。そのほか，例えばソーシャルレンディングやクラウドファンディングに代表されるように，デジタル技術の発展により，今まで間接型金融として銀行が担ってきた役割の代替として，デジタルプラットフォームを通じて小口投資家が銀行を介さずに直接投資や融資を行うことが可能となっている。

　このように，競合関係においては，顧客情報を有する新規参入者の力が強くなり，また代替的な商品・サービスが台頭しつつあるといえる。他方で，顧客側から見れば，自らのニーズに合った商品やサービスが提供されるのであれば，特定の提供者や提供方法にこだわることなくこうした商品を購入するインセンティブがあると考えられることから，結果として供給側・需要側双方がWin-

Winの関係になっているとも分析できる。

(2) 競争優位性の分析

　ビジネス戦略の策定においては，このような分析を通じて自らを取り巻く競合環境を把握したうえで，自らのバリューチェーンの競争優位性を分析し，かかる競争優位性を活かしたビジネス戦略を策定することが重要となる。逆にいえば，策定したビジネス戦略については，外部環境の変化による直接の影響を受けうることはもちろん，外部環境の変化を受けて自らのバリューチェーンの競争優位性が損なわれる場合に，想定した取引量や収益性を実現できないおそれが生じることとなる。

　このような自らの競争優位性を分析するために有益となるのがVRIO分析[3]である。具体的には，**図表Ⅲ－1－4**に示すように，①ブランド力や独自性，地理的優位性といった，競合他社と比較して顧客の獲得および維持に資する価値があるかどうか，②新規参入の困難性や代替的手法の提供可能性が低い，あるいは競合相手の存在が少ないといった希少性があるかどうか，③参入コストが高かったり，高度なITシステムが必要であったり，あるいは自らの提供するサービスの質が高いといった模倣可能性が低いかどうか，および④拠点網や高度な管理態勢といった組織を有しているかどうかといった視点から，競合環境を優位に勝ち抜くための分析を行っていくこととなる。

　そのうえで，競争優位性分析を通じて弱点や脆弱性が認められる場合には，これを解消するためにバリューチェーンのどの要素を改善・強化していく必要があるのかについて分析し，適切な戦略の構築につなげていくこととなる。

3　一般的に，自らのバリューチェーンについて，価値（Value），希少性（Rareness），模倣可能性（Imitability）および組織（Organization）の4つの視点から分析する手法をいう。

図表Ⅲ－1－4　バリューチェーンの競争優位性分析の例

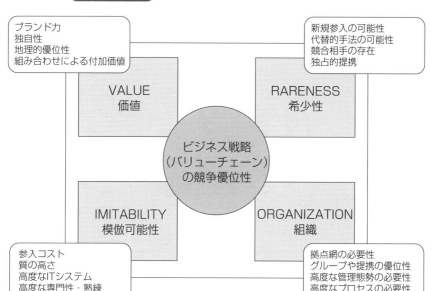

4　金融機関の戦略固有リスク

(1)　戦略固有リスクのリスクファクター

　ビジネス戦略の策定は，以上のような外部環境や競合リスクのリスクドライバーの分析を踏まえたうえで行われることとなるが，このような外部環境や競合リスクのリスクドライバーの構成要素が変化することで，金融機関のバランスシート上の資産や負債などはもちろん，金融機関のビジネス戦略における競争優位性を支える上記バリューチェーンにも影響を与え，**図表Ⅲ－1－5**に示すように，金融機関のさまざまな戦略固有リスクのリスクファクターに影響を及ぼすこととなる。

　すなわち，ビジネス戦略の競争優位性の源泉となるバリューチェーンが，外

224　第Ⅲ部　ビジネス戦略の意思決定・管理プロセス

図表Ⅲ-1-5 戦略固有リスク

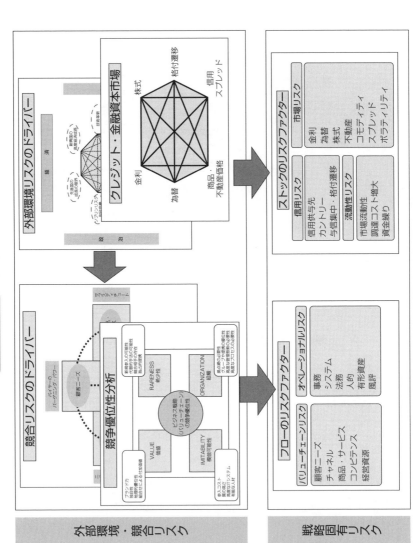

部要因であるリスクドライバーの影響を受けることにより，希少性や模倣可能性といったその構成要素の競争優位性が損なわれる結果として，ビジネス戦略自体の競争優位性が損なわれる場合がありうる。この場合，結果として，金融機関がビジネス戦略に関して想定していた収益性や取引量を達成できないバリューチェーンリスクが生じることとなる。また，ビジネス戦略の実行に際しては，金融機関における事務手続やシステム，法律上の要請などが必要となるが，これらに関わるオペレーショナルリスクも発生しうる。

　さらに，これらのフローのリスクファクターに加えて，政治，経済，社会および技術革新の諸側面からみた外部環境リスクのドライバーが，信用創造活動や金融資本市場に影響を与え，ビジネス戦略の中でバランスシートを活用して預金・貸出業務や市場での有価証券運用，資金調達などを行う金融機関が引き受ける信用リスク，市場リスクおよび流動性リスクといった金融機関のストック（すなわち，フローの結果として構成される資産負債）のリスクファクターである財務リスクにも影響を及ぼすこととなる。

(2)　外部要因および内部要因による影響の分析・評価

　以上の戦略固有リスクであるバリューチェーンリスク，オペレーショナルリスクおよび財務リスクについては，ビジネス戦略を執行する中で，さまざまな外部要因や内部要因によって当該戦略が想定どおりには成功しないことにより，金融機関の収益性や健全性，成長性などにどのような影響を及ぼすおそれがあるのかについて，具体的に分析・評価を行う必要がある。**図表Ⅲ－1－6**は，金融機関がさらされる主要なリスクカテゴリーについて，より細目的なリスクファクターの例を示している。このうち，財務リスクを構成する信用リスク，市場リスクおよび流動性リスクは，金融機関のオンバランスまたはオフバランスのストック状態への影響として顕在化するためストックのリスクファクターであるのに対し，バリューチェーンリスクおよびオペレーショナルリスクは，金融機関の一定期間の損益に影響を及ぼすものであるためフローのリスクファクターと整理できる。バリューチェーンリスクについては，これを計量可能な

リスクファクターとして表すために，例えば競争優位性を段階評価の手法を用いて評価することなどが考えられる。

図表Ⅲ－1－6 **金融機関のリスクファクターの分類例**

バリューチェーンリスク	信用リスク	市場リスク
• 以下に係る競争優位性が損なわれるリスク 　• 顧客ニーズ 　• チャネル 　• 商品・サービス 　• コンピテンス 　• 経営資源	• 個別与信リスク 　• 信用供与先リスク 　• 融資先種別（個人・法人等） 　• プロジェクト・ファイナンス 　• デリバティブ取引 　• カントリーリスク • 信用ポートフォリオリスク 　• 与信集中リスク 　　• 業種集中 　　• 地域集中 　　• 個社集中 　• 景気後退リスク 　　• デフォルト率 　　• デフォルト時損失率	• 一般市場リスク 　• 金利リスク 　• 為替リスク 　• 株式リスク 　• コモディティ・リスク 　• スプレッド・リスク 　• ベガ・リスク，ガンマ・リスク • 個別リスク 　• イベント・リスク 　• デフォルト・リスク 　• 残差リスク

オペレーショナルリスク
• 事務リスク • システムリスク • 法務リスク • 人的リスク • 有形資産リスク • 規制リスク • モデルリスク • 風評リスク

流動性リスク
• 市場流動性リスク • 調達コスト増大リスク • 資金繰りリスク

出所：『金融規制・監督と経営管理』（日本経済新聞出版社）を参考に作成

　以上のリスクファクターは前記②または③において分析した外部環境リスクや競合リスクのリスクドライバーによる影響を受けることとなるため，かかる影響についての適切な分析を行う必要がある。とりわけ，以下で説明するように，戦略執行の段階におけるリスクの評価に関してシナリオ分析を行う中で，シナリオ分析に用いるストレスシナリオを策定するためには，戦略固有リスクの各リスクファクターを前提に，外部要因のリスクドライバーのうちトップリスクやエマージングリスクを特定しておくことが重要となる。

　なお，金融機関のリスクプロファイルは，金融機関がこれまで築き上げてきたビジネス戦略や，これから新しく取ろうとするビジネス戦略などによって異なることとなる。一般的に，伝統的な商業銀行業務を行う金融機関は，貸付けに伴う信用リスクやALMの観点から保有する国債などに起因する市場リスク

が主なリスクファクターであった。もっとも，前述のようにデジタルテクノロジーを活用したプラットフォームをめぐる競争にさらされる足元の状況においては，第II部第1章で述べたとおり，従来型のバランスシートを用いた戦略よりも，むしろバランスシートを用いない戦略の重要性が高まっていくと想定されることから，ビジネス戦略に係るリスクの中でも，今後，バリューチェーンリスクやオペレーショナルリスク（コンダクトリスクを含む）が，金融機関にとっての大きなリスクとなりうることに留意する必要がある。

5 戦略執行リスク

(1) フロー変数およびストック変数の変動の見積り

　金融機関が策定したビジネス戦略に係る戦略固有リスクは，ビジネス戦略を執行する過程において，さまざまなフロー変数やストック変数の変動を生じさせることから，さまざまなシナリオのもとでのこれらフロー変数やストック変数の変動を見積もる必要がある。具体的には，フローのリスクファクター（バリューチェーンリスク，オペレーショナルリスク）は，取引量や収益性といったフロー変数の変動として生じることとなる。また，ストックのリスクファクター（財務リスク）は，資産・負債および預り資産といったストック変数の価値変動によりキャピタルゲイン・ロスやインカムゲイン・ロスとして生じるとともに，例えばあるビジネスの収益性減少を補うためにキャピタルゲインのある有価証券を売却する場合のように，フロー変数の変動が結果としてストック変数そのものの水準に影響を及ぼすことによっても顕在化しうる。加えて，後述のとおり戦略執行リスクに対してはマネジメントアクションによる対応が想定されるが，このようなマネジメントアクションの実施によっても，当該アクションの対象となるビジネスの取引量や収益性の変化が生じ，あるいは資産・負債および預り資産の変動が生じ，フロー変数やストック変数が変化することとなるため，これらの影響まで含めて考慮する必要がある。

228　第Ⅲ部　ビジネス戦略の意思決定・管理プロセス

　例えば，適合性の欠ける顧客への金融商品販売が発覚したような場合を例にとると，オペレーショナルリスクが顕在化するだけではなく，手数料収入源となる金融商品販売量の減少が生じることでフロー変数である収益性にマイナスの影響が生じうるが，さらにかかる販売量減少は預り資産の減少にもつながり，ストック変数にも影響を与えることになる。また，バランスシートを用いた有価証券運用を行っている場合を例にとると，市場リスクの顕在化に伴う評価損益の変動はストック変数の変動といえるが，かかる事態に対処するためのマネジメントアクションとして売却が行われた場合には，フロー変数の変動として，取引量は増大するものの，当該有価証券による将来のインカムゲインは失われ収益性にはマイナスの影響が生じることとなる。これらのフローまたはストックの変数の変動による金融機関への影響を把握および評価するためには，第5章で説明するシナリオ分析の手法を通じて，さまざまなストレスシナリオにおける具体的な計数として測定および評価することが必要となる。

(2)　戦略執行リスクによる影響の分析

　さらに，このようなフロー変数およびストック変数の変動は，戦略執行リスクによる影響を受けることを考慮する必要がある。すなわち，ビジネス戦略を踏まえビジネスプランを策定する際に，戦略執行リスクとして，戦略目標の設定や外部要因に関する仮定を適切に立てることができないリスクや，ビジネス戦略に従いビジネスプランを策定したもののこれを適切に実施できないリスク，および外部要因の変化にあわせて実効的に創発的戦略を策定または実施できないリスクが生じ，前述のフロー変数およびストック変数の変動がさらに影響を受けるおそれがあるため，これを十分に考慮する必要がある。かかる戦略執行リスクは，前述のとおりリスク文化，リスクガバナンス（リスク限度など），インセンティブ体系，リスクアペタイトまたはマネジメントアクションに起因することから，これら要因についても，シナリオ分析を通じたフロー変数やストック変数の変動の定量的把握において考慮される必要がある。なお，かかるシナリオ分析に用いるストレスシナリオの作成においては，戦略固有リスクの

特定においてあわせて行うトップリスクやエマージングリスクを十分に踏まえたものとする必要があり，これらリスクの顕在化を含む複数のストレスシナリオを作成することが重要となる。

(3) マネジメントアクションの検討

このようなストレスシナリオを用いたシナリオ分析を通じて具体的な計数として把握されるフロー変数とストック変数については，後述のように戦略リスク，オペレーショナルリスクまたは財務リスクとして顕在化することで金融機関の持続可能性に重大な影響を及ぼすことを回避し，あるいは仮にこれが顕在化した場合でも，その悪影響を一定の水準内に抑制可能とすることが重要となる。したがって，このようにリスクの顕在化の回避や抑制を行うために，シナリオ分析で用いるさまざまなストレスシナリオのもとで，戦略，バリューチェーン，資産，負債および資本に関するアクションとその有効性を網羅的に分析したうえで，実効的なマネジメントアクションをリカバリープランや緊急時対応策の中であらかじめ定めておくことが必要となる。また，戦略執行リスクに対処するため，以上のようなシナリオ分析とリカバリープランの取組みに加えて，リスク文化，リスクガバナンス（リスク限度など），インセンティブ体系またはリスクアペタイトについて，実効的なガバナンス態勢の整備に向けた取組みを行うことも重要となる。

マネジメントアクションの検討においては，**図表Ⅲ－1－7**のとおりSWOT分析[4]を利用して戦略環境分析を行うことが有用となる。かかる分析においては，金融機関にとって強みでありかつ機会である部分を伸ばしていくことはもちろん，その逆として，弱みであり脅威となる部分についていかにその顕在化を回避し，またはその影響を抑制していくかを検討することや，強みや機会による金融機関の優位性を損なわせるさまざまなストレス事象にいかに対応して

4　一般的に，企業の強み（Strength），弱点（Weakness），機会（Opportunities）および脅威（Threats）の4つの視点から，当該企業の外部および内部の要因について分析する手法をいう。

図表Ⅲ-1-7　戦略執行リスク

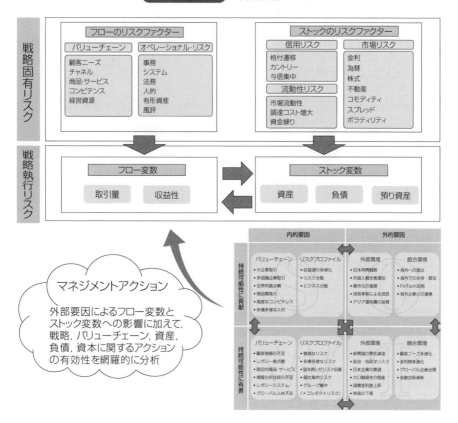

いくかを検討することが重要となる。これにより，さまざまなシナリオにおけるビジネス戦略の強靭性を高め，戦略固有リスクが戦略執行リスクとして顕在化することの回避や抑制につながり，結果としてビジネスモデルの持続可能性を高めることとなる。そのため，戦略執行リスクの管理においては，戦略固有リスクの戦略執行リスクとしての顕在化の回避や抑制の観点から，その弱点や脅威を抑制し，または強みや機会に変えるためのマネジメントアクションを実施し，あるいは，強みや機会による優位性を維持するための戦略を策定・執行していくことが必要となる。

第1章　ビジネス戦略管理プロセス　231

　こうした分析を通じて，戦略固有リスクが戦略執行リスクとして顕在化した際の影響を抑制・軽減するためのマネジメントアクションの候補を洗い出したうえで，それぞれのマネジメントアクションの有効性や実行可能性を，シナリオ分析やリカバリープランの策定の中で評価することが必要となる。また，こうした分析を通じ，マネジメントアクションの実行にあたっての障害を特定したうえで，特定された障害を取り除くための方策を検討するとともに，必要に応じ中長期のビジネス戦略の見直しを図っていくことが，ビジネスモデルの持続可能性を高めるために必要となる。

(4)　戦略執行リスクの管理のためのSWOT分析例

　図表Ⅲ－1－8および図表Ⅲ－1－9は，グローバルに活動する金融機関と国内中心に活動する金融機関における戦略執行リスクの管理のためのSWOT分析の例を示したものである。外部要因は，前記[1]で述べたとおり外部環境と競合環境に分けて，また，内部要因は，上記[4]と同様にフローの観点からのバリューチェーンに係る要因と，ストックの観点からのリスクプロファイルに係る要因に分けて分析している。実施するビジネス戦略については，金融機関の経営資源やビジネスポートフォリオなどによって，その具体的な分析内容が変わってくるものであるが，持続可能性に有害となる内部要因（弱点）として，例えば，図表Ⅲ－1－8にあるように，これまで財務関連情報に依拠してきたことによる顧客情報の不足や情報分析技術の不足が認められる場合には，これを補うために，適当な機会を捉えて，SNSを通じて把握する情報や商品流通のプラットフォーマーが把握している商流情報を活用できる仕組みを作る（フィンテックの活用・技術革新による成長）という方策（図表の対角線の関係）を講じることで，弱みを克服していくことが考えられる。また，持続可能性に有害となる外部要因（脅威）である顧客ニーズの多様化や金融技術革新といった競争環境の変化に対しては，グローバルな拠点網を背景としたサービスや顧客ニーズに合わせた適時の商品提供（世界的拠点網，商品開発力）により，競合との差別化を図っていくことが考えられる。

図表Ⅲ-1-8　持続可能性に関する分析例（グローバルに活動する金融機関）

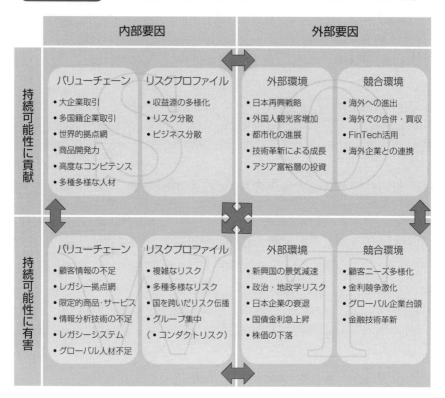

　また，国内を中心に活動する金融機関においては，例えば，図表Ⅲ-1-9にあるように，弱点として地域集中リスクや限定的な地域外情報などがありうるが，これが脅威として地域産業の衰退や人口減少・高齢化と重なって顕在化することを回避する必要があるため，地方創生の推進や広域連携による地元経済の活性化などの機会を捉えることにより，これに対応するための方策を講じることが考えられるであろう。そのほか，弱点を補うために強みを活用したり，脅威に対応するために機会を活用したり（図表の縦の関係），強みを活かして機会を捉える（図表の横の関係）ことも考えられる。

第1章 ビジネス戦略管理プロセス 233

図表Ⅲ-1-9 持続可能性に関する分析例（国内を中心に活動する金融機関）

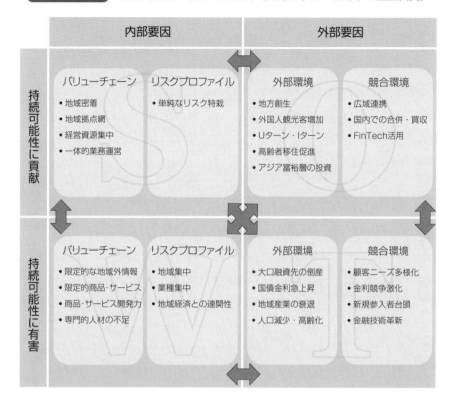

6 戦略・オペレーショナル・財務リスク

　これまで述べたとおり，戦略固有リスクのフローとストックのリスクファクターは，戦略執行段階において，戦略執行リスクによる影響も受けつつ，収益性や取引量といったフロー変数と，資産・負債および預り資産といったストック変数に影響を及ぼす。また，フローによる取引量や損益の変化はさらにストックであるバランスシートや預り資産の水準そのものに影響を与えるほか，バランスシートに関するマネジメントアクションはフロー変数である取引量や

収益性に影響を与えることとなる。これらの各変数の変動は，取引手数料や売買損益といったフローから発生する損益と，純金利収入や管理手数料，評価損益といったストックから発生する損益を増減させる。

一連の過程を通じた損益の増減は，戦略固有リスクのリスクファクターが，戦略執行の過程を通じて，戦略執行リスクによる影響を受けつつ，戦略リスク，オペレーショナルリスクおよび財務リスクとして顕在化することを意味しており，金融機関は，これにより収益性や健全性に影響を受けることとなる。

これに対し，金融機関は，前述のとおりマネジメントアクションの有効性分析などを通じてその回避や低減を図ることになるが，かかるマネジメントアクションを講じた後においてもなおビジネス戦略の執行過程で発生することとなる戦略リスク，オペレーショナルリスクおよび財務リスクについては，別途その影響を分析することが必要となる。

7 企業価値リスク

以上のようなシナリオ分析およびマネジメントアクションの有効性分析などを通じて，各ストレスシナリオにおいて金融機関に生じると想定される戦略リスク，オペレーショナルリスクおよび各種の財務リスクを計測することにより，最終的に金融機関の企業価値に生じる影響を把握・分析することが可能となる。

金融機関の企業価値は，収益性，成長性および健全性の観点から計算することができる。例えば，**図表Ⅲ−1−10**（236・237頁）は，金融機関のビジネスラインの収益性や健全性，成長性，企業価値を一体的に分析する事例を示しているが，このうち収益性，成長性および健全性（一般的には自己資本比率で評価されるが，ここでは経営体力（リスク資本）対比のリスク量で評価する）に関してそれぞれのビジネスラインをマッピングすることにより，各ビジネスラインの企業価値の高低について，相対比較することが可能となる。そして，上記のシナリオ分析により計算される戦略リスク，オペレーショナルリスクおよび財務リスクに基づき企業価値リスク（EVE（Economic Value of Equity）な

ど）を計測することで，ビジネス戦略の執行に際し，その企業価値がどのように毀損する可能性があるかについて，把握分析することができる。こうして計測される企業価値リスクを前提に，マネジメントアクションの整備による企業価値リスクへの対処や，あるいはビジネス戦略自体を変更することで企業価値リスクを減少させることとなる。

　以上のような，ビジネス戦略に係る一連のリスクの特定から，最終的に企業価値リスクの評価に至るプロセスを経て，危機対応としてのマネジメントアクションの整備を進めることで，収益性の改善や，成長性や安定性を向上させ，企業価値を高め，資本体力を向上することができる。さらには，これらにより競争優位性が高まり，資本や資金の調達力も向上することで，新たなビジネス戦略のためのリソースの拡充につながり，ビジネス上の競争力が向上することで，持続可能なビジネスモデルの構築が可能となるわけである。

8 ビジネス戦略管理プロセス

　最後に，上記の一連のビジネス戦略管理プロセスをまとめたものが**図表Ⅲ－1－11**（238頁）である。まず，金融機関を取り巻く環境の分析として，外部要因を外部環境リスクと競合リスクのリスクドライバーに分け，前者については外部環境分析，後者については競合分析および競争優位性分析を通じて，自社のビジネス戦略に影響を及ぼすリスクドライバーを特定する。このようにして特定される外部要因のリスクドライバーに対し，戦略固有リスクである収益性のリスクファクター（バリューチェーンリスクとオペレーショナルリスク）と資産負債のリスクファクター（信用，市場および流動性リスク）を特定することとなる。かかる戦略固有リスクについては，シナリオ分析に用いるストレスシナリオを策定するために，トップリスクおよびエマージングリスクを特定する。そのうえで，洗い出された戦略固有リスクのリスクファクターについて，実際にビジネス戦略を執行した際に，さまざまなストレスシナリオ下において，戦略執行リスクの影響を踏まえたうえでフロー面およびストック面それぞれに

図表Ⅲ-1-10　企業価値の分析例

ビジネスライン	収益			配賦リスク資本	配賦割合	リスク(VaR)				配賦枠使用率	収益性		EVE	対リスク倍率
	粗利益	費用	利益			総リスク量	信用リスク量	市場リスク量	オペレーショナル・リスク量		ROC	成長率		
住宅ローン	1,000	600	400	1,200	10%	1,000	800	0	200	83%	40%	5%	2,583	2.15
事業性ローン	1,800	800	1,000	3,500	28%	3,200	3,050	20	130	91%	31%	5%	6,457	1.84
アパートローン	500	300	200	1,300	10%	1,000	750	100	150	77%	20%	10%	2,013	1.55
個人ローン	100	50	50	200	2%	100	50	30	20	50%	50%	15%	990	4.95
市場・ALM部門	500	100	400	2,600	21%	1,500	100	1,350	50	58%	27%	3%	2,246	0.86
本部	100	250	−150	3,200	26%	3,000	250	2,500	250	94%	−5%	1%	−743	−0.23
全体	4,000	2,100	1,900	12,000	96%	9,800	5,000	4,000	800	82%	19%	6%	13,547	1.13
相関効果				2,000	16%	1,600				80%				
相関効果考慮後				10,000	80%	8,200				82%	19%			
経営体力				12,500	100%	8,200				66%	15%			

出所:『金融規制・監督と経営管理』(日本経済新聞出版社) を参考に作成

第1章 ビジネス戦略管理プロセス 237

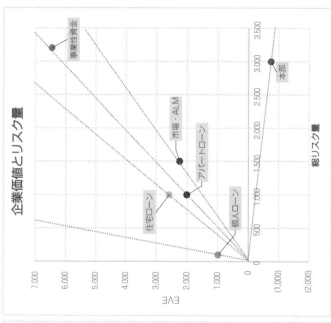

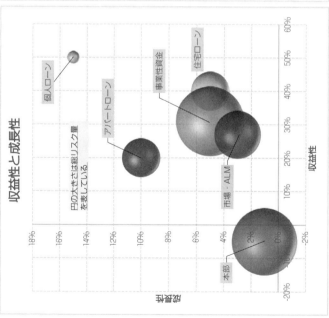

図表Ⅲ-1-11 ビジネス戦略管理プロセス

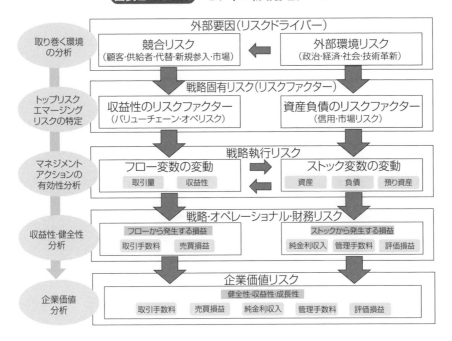

おいて受ける影響や、こうしたシナリオ下においてリスクの顕在化の回避または抑制のために取りうるマネジメントアクションの有効性および実行可能性の分析を行う。以上の分析を踏まえ、その結果としてフローから発生する損益とストックから発生する損益の影響を評価し、戦略リスク、オペレーショナルリスクまたは財務リスクとして定量化することで、収益性および健全性の分析を行う。これらの分析結果を全て踏まえたうえで、最終的に自社が取るビジネス戦略の収益性や成長性、健全性を含めたグループ全体のビジネスモデルの持続可能性を検証する観点から、収益性、成長性および健全性に基づく企業価値分析を通じて企業価値リスクの評価を行うこととなる。

　金融機関は、かかる企業価値リスクを低減すべく、このようなビジネス戦略に係るリスクの特定から企業価値リスクの評価の一連のプロセスの中で、リカバリープランの策定やシナリオ分析を通じた適切なマネジメントアクションの

整備と，必要に応じたビジネス戦略の見直しを図っていくことが必要となる。金融機関においては，このような取り組みを経て，収益性の改善や，成長性や安定性，企業価値，および資本的体力の向上につながり，さらには，競争優位性を高め，資本や資金の調達力も向上することで，ビジネスモデルの持続可能性確保に向けたビジネス上の競争力が向上することになる。

　このようなビジネス戦略に係るリスクの特定，評価およびコントロールに至る一連のビジネス戦略管理プロセスは，次章に説明するように，全社的な統合的リスク管理の枠組みの一環として整備され，実行されるとともに，定期的に，また必要な場合は適時に，取締役会に報告のうえ，その実行状況が適切にモニタリングされる必要がある。

240　第Ⅲ部　ビジネス戦略の意思決定・管理プロセス

第2章

統合的リスク管理

1　統合的リスク管理プロセス

(1)　統合的リスク管理態勢の整備の必要性

　統合的リスク管理は，金融機関がさらされるさまざまなリスクを統合的に管理する枠組みであり，これまで，信用リスクや市場リスクを中心とした管理が実施されてきた。もっとも，第1章で説明したように，金融機関においては，社会経済システムの不確実性が高まる中，これらの足元において抱えるリスクの管理のみならず，ビジネスモデルの持続可能性を高めるために，フォワードルッキングな観点から，ビジネス戦略に係るリスクについてプロアクティブに管理することが求められてきている。そのため，金融機関は，その統合的リスク管理プロセスにおいて，ビジネスモデルの持続可能性を高めるため，ビジネス戦略に係るリスクまで対象に含めたリスク管理プロセスを整備すべきであり，その際，自らの戦略目標，業務の規模・特性およびリスクプロファイルならびに資本力に見合った統合的リスク管理態勢を整備する必要がある。

(2)　統合的リスク管理プロセス

①　プロセスの全体像

　図表Ⅲ-2-1は，このようなビジネス戦略に係るリスクまでを対象に含む統合的リスク管理プロセスの全体像を示したものである。金融機関は，外部環

第2章　統合的リスク管理　241

図表Ⅲ-2-1　統合的リスク管理プロセス

	特　定	評　価	コントロール	モニタリング
統合的リスク	・トップリスク・エマージングリスク ・ビジネス上の脆弱性 ・財務上の脆弱性 ・金融システムとの連関性 ・取るリスク，取らないリスクの特定 ・戦略とリスクアペタイトの不整合の特定	・シナリオ分析 ・ストレステスト実施 ・景気後退リスク ・リスクの伝播メカニズム ・収益変動リスク ・リカバリーオプション（マネジメントアクション）の実効性評価	・リスクキャパシティ，リスクアペタイト，リスク限度の設定・管理 ・ポジション限度枠・損失限度額の設定・管理 ・リカバリーオプション（マネジメントアクション）の実施 ・ビジネス戦略の見直し ・資本計画の見直し	・外部環境（政治・経済・社会・技術革新） ・競合環境 ・主要リスクの状況 ・自行の財務状況・株価・格付 ・金融規制環境 ・ビジネス戦略，ビジネスプラン，資本計画と関連付けたリスクプロファイル
信用リスク	・信用供与先リスク ・カントリー・リスク ・カウンターパーティリスク ・与信集中リスク ・景気変動リスク	・信用ポートフォリオの評価 ・与信先の評価 ・自己査定 ・ストレステスト実施	・クレジット・リミット管理 ・保全強化・リスク削減 ・ポートフォリオの最適化 ・問題債権の管理（再生支援活動） ・事業承継支援 ・M&A・財務アドバイス ・廃業支援	・経済（クレジット）サイクル ・業種別景気動向 ・与信先の経営・財務状況 ・信用ポートフォリオの構成 ・取引先の株価　等
市場リスク	・一般市場リスク ・スプレッドリスク ・オプションリスク ・個別リスク ・市場流動性リスク	・感応度の計算 ・リスク量の計測 ・ストレステストの実施 ・シナリオ分析 ・銀行勘定の金利リスク（IRRBB）	・ポジション限度枠の設定 ・リスク限度枠の設定 ・損失限度枠の設定 ・ポジションの削減・手仕舞い ・ヘッジ取引，ポートフォリオの最適化	・市場環境 ・経済環境 ・限度枠の状況 ・リスク対比リターン
オペレーショナルリスク	・事務リスク ・システムリスク ・法務リスク ・有形資産リスク ・人的リスク ・資金繰りリスク ・風評，流動性，モデル等リスク ・利益相反リスク ・コンダクトリスク	・ストレステスト実施 ・シナリオ分析の実施 ・リスク量の計測 ・業務フロー分析 ・CSAスコアリング	・業務の縮小・撤退 ・業務プロセスの改善 ・業務プロセスのデジタル化 ・コンティンジェンシー・プラン ・取引権限の設定，牽制機能の構築 ・外部委託業者の管理 ・保険の活用	・主要リスク指標（KRI） ・内部損失事象 ・外部損失事象 ・苦情・トラブル件数 ・CSAスコアの変化

出所：『金融規制・監督と経営管理』（日本経済新聞出版社）を参考に作成

242　第Ⅲ部　ビジネス戦略の意思決定・管理プロセス

境および競合環境の分析を踏まえ，自らが取ろうとする戦略に関し生じるリスクを，信用リスク，市場リスクおよびオペレーショナルリスクなどに分類したうえで，リスクアペタイトフレームワークのもと，これらのリスクをどの程度取るのかを定めるとともに，それに見合ったリスク管理態勢，すなわちリスクを特定，評価，コントロールおよびモニタリングするための体制とプロセスを整備することが求められる。

　こうしたリスク管理プロセスにおいては，従来はリスクの特定および評価に重点が置かれていたが，前述のように，世界金融危機後，このような金融危機に対する強靭性を高める観点から，ストレス時を想定したマネジメントアクションの整備など，いかにリスクを適切にコントロールすべきかというリスクのコントロールに焦点が当てられている。具体的には，このようなリスクのコントロールを行うために，緊急時対応策やリカバリープランの策定を通じてさまざまなマネジメントアクションの発動のための各種トリガーを設定することで予兆管理を実施し，実際にリスクが顕在化する過程においては，第Ⅱ部第3章で説明したように，危機から自助努力で健全性を回復させるためのマネジメントアクションやリカバリーオプションを実施することで，その健全性を維持および確保していくこととなる。

　このような金融機関が直面するリスクについては，リスクカテゴリー横断的に，特定，評価，コントロールおよびモニタリングするための統合的なリスク管理のプロセスを整備する必要があるが，ビジネス戦略に係るリスクを適切に管理する観点から，当該統合的リスク管理プロセスの対象として，財務リスクやオペレーショナルリスクのみならず戦略リスクおよび企業価値リスクも含めることで，第1章で説明したビジネス戦略に係るリスクの特定，評価，コントロールおよびモニタリングのプロセスを実施する。

　②　統合的リスクの特定および評価

　かかるリスク管理のプロセスにおいては，戦略とリスクを一体的に管理するために，戦略策定とそれに伴うリスクの特定および評価をあわせて行うことが必要となる。そのため，リスクアペタイトフレームワークのもと，トップリス

クおよびエマージングリスクを含めて，策定されるビジネス戦略に関し生じる
リスクを特定したうえで，こうしたリスクを積極的に取るリスクと受動的に取
るリスクや，まったく取らないリスクなどに分類し，リスクアペタイトを定め
る。こうしたリスクの特定にあたっては，外部環境および競合環境のリスクド
ライバーの分析結果を踏まえ，金融機関のビジネス戦略上の脆弱性，財務上の
脆弱性および金融システム上の連関性などを勘案しながら，リスクファクター
である戦略固有リスクを特定することとなる。また，特定されたバリュー
チェーンリスク，オペレーショナルリスク，財務リスクといった戦略固有リス
クについては，それぞれさらに細かい単位でリスクファクターを特定していく
必要がある。こうして洗い出されたリスクファクターに対して，ビジネス戦略
策定プロセスにおいてリスクアペタイトの原案を定めることまでが，リスク管
理プロセスにおけるリスクの特定となる。

　次に，特定したリスクを，ストレステストを含むシナリオ分析などの決定論
的手法およびVaRなどの統計的手法によって総体的に評価する。このうちシナ
リオ分析は，シナリオ策定者が外部環境や競合環境を踏まえ，過去の事例など
も参考にしながら原則的にフォワードルッキングな手法を用いてシナリオを策
定し，リスクの伝播メカニズムを踏まえて当該シナリオが顕在化した場合の影
響を決定論的に評価するものである。こうしたシナリオ分析を通じ，洗い出さ
れたリスクが金融機関のフロー変数およびストック変数に与える影響を勘案し，
戦略リスク，オペレーショナルリスク，財務リスクおよび企業価値リスクを評
価することで，仮にこれらが顕在化した場合の健全性や収益性への影響や，企
業価値への影響を評価する。その際，適切なリスクコントロールにつなげる観
点から，緊急時対応策やリカバリープランの策定を通じて準備されたマネジメ
ントアクションやリカバリーオプションの有効性や実行可能性を，補足的にシ
ナリオごとに評価することが重要となる。また，洗い出されたリスクに対する
リスクアペタイト案の妥当性についてもシナリオ分析を通じて評価することと
なる。

③ 統合的リスクのコントロールおよびモニタリング

このようなリスクの評価結果に基づき，全社的なリスクキャパシティ，リスクアペタイトおよびリスク限度を最終的に設定するとともに，これらと整合的にポジション限度枠や損失限度額などを設定し，管理することによって，リスクを経営体力の範囲内にコントロールしていく。あわせて，必要に応じてビジネス戦略や資本計画の見直しも行われる。

また，外部環境や競合環境の動向を把握するために，さまざまな経済・市場関連指標のモニタリングを行うことも重要となる。こうしたモニタリングを通じて，実際に危機が生じるような場合には緊急時対応策やリカバリープランに基づきマネジメントアクションやリカバリーオプションの発動を検討することとなるが，一方で，このような事態に陥る可能性を低減させるための平時のアクションとしては，取り巻く環境の変化に応じて，フォワードルッキングに実施する資産・負債構造の調整，ヘッジ取引，ビジネスの拡大・縮小を通じたリスクコントロールなどが重要となる。

以上のようなプロセスを通して，金融機関を取り巻く外部環境や競合環境の変化を分析し，自己の健全性や収益に影響を与える主要なリスクを特定するとともに，シナリオ分析を通じて自己資本比率，期間収益，株価および格付などに与える影響などをフォワードルッキングに予測し，マネジメントアクション実施の効果を補完的に検証することで，リスクを適切にコントロールしていくことになる。コントロール手段の実効性を判断するため，以上のプロセスを経て特定・評価されるリスクについて，その動向をモニタリングすることも，重要なリスク管理プロセスの一部となる。特に，リスクアペタイトフレームワークのもと，ビジネス戦略に係るリスクの適切な管理の観点から，ビジネス戦略やリスクアペタイトを踏まえた適切なリスクテイクが行われているか否かを監視するために，戦略や計画と関連付けてリスクプロファイルをモニタリングすることが重要となる。

④ その他のリスクの管理プロセス

ビジネス戦略の執行の結果として表れるバランスシートに内在する信用リス

クや市場リスク，およびビジネス戦略執行に際し生じるオペレーショナルリスクは，自己資本比率の計算の分母（リスクアセット）に含まれるものである。これらリスクについては，自己資本の十分性の検証および評価の観点から，図表Ⅲ-2-1に記載するようなそれぞれのリスク特性に見合った方法で評価，コントロールおよびモニタリングを行うこととなる。

② 統計的手法と決定論的手法

(1) 各手法の概要

　このようなリスク管理プロセスに用いられるリスク評価方法は，統計的概念の違いによって，**図表Ⅲ-2-2**に示すように，統計的（スタティスティック）手法と決定論的（ディターミニスティック）手法に大きく分類することができる。

　統計的手法とは，統計的な手法で確率を考慮し，ある一定の確率で起こるリスクファクターの変動を仮定してリスクを評価する手法であり，代表的な手法としてVaR（Value-at-Risk）やEaR（Earnings-at-Risk），EVE（Economic Value of Equity）などを挙げることができる。VaRとは，過去のある期間のデータをもとに確率の概念を入れて価値変動リスクを算出してリスクを評価する手法であり，広く一般的に資本配賦運営，収益管理およびリスク限度枠管理に用いられている。また，EaRは，会計上の期間損益を対象として，将来の期間損益の変動リスクを算出してリスクを評価する手法であり，EVEはエクイティの経済価値の変動リスクを評価する手法である。

　他方で，決定論的手法は，確率の概念を必ずしも考慮することなく，リスクファクターの変動水準を決定してリスクを評価する手法であり，代表的な手法としてシナリオ分析やストレステストが挙げられる。

図表Ⅲ-2-2 統計的手法と決定論的手法

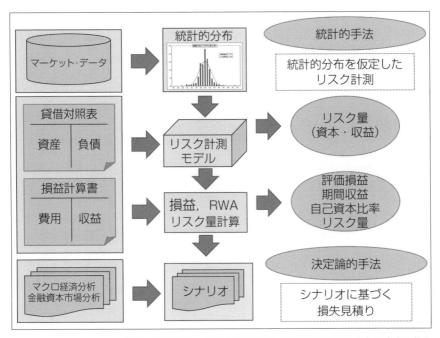

出所:『金融規制・監督と経営管理』(日本経済新聞出版社) を参考に作成

(2) 各手法のリスク管理における活用

　従来から一般的に行われてきたリスク管理は，統計的手法を用いて算出されたリスク量と経営体力に当たる自己資本の対比，すなわちリスクの評価に重点が置かれていたといえる。もっとも，統計的手法であるEaRやEVEは，金融機関の収益へのリスクを評価するうえでも有用な手法となる。一方で世界金融危機後は，前述のように，リスクの特定および評価に加えて，かかるリスクをいかにコントロールするかに重点が置かれてきており，その中心的手段であるマネジメントアクションの有効性や実行可能性を検証するためには，統計的手法ではなく，決定論的手法であるリバースストレステストやシナリオ分析を活用

第2章　統合的リスク管理　　247

図表Ⅲ-2-3　一般的に使用されているリスク計測手法

カテゴリー	リスク計測手法	統計的概念		媒介変数の有無		前提条件の変化		解析方法		
								解析	数値解析	
		統計的	決定論	経験分布	統計分布	静態的	動態的		過去データ	確率論
統合リスク	分散共分散法（VC法）	◎			◎	◎		◎		
	モンテカルロシミュレーション法（MC法）	◎		○	○	○	○		○	○
	コピュラ法	◎			◎	◎				◎
	シナリオ分析（損益, RWA）		◎			○	○			
	シナリオ分析（リスク量）	◎	◎	○	○	○	○	○	○	○
	経済価値（EVE）		◎			○				
	モンテカルロシミュレーション法（EaR）	◎		○	○	○	○		○	○
市場リスク	分散共分散法（VC法）	◎			◎	◎		◎		
	ヒストリカルシミュレーション法（HS法）	◎		◎		○	○		◎	
	モンテカルロシミュレーション法（MC法）	◎		○	○	○	○		○	○
	シナリオ分析（IRRBB）		◎			○	○			
	アウトライアー比率(200bp)		◎			◎				
	アウトライアー比率(99%タイル)	◎			◎	◎				
信用リスク	企業価値変動モデル(MC法)	◎		○	○	○	○		○	○
	標準的手法（SA）		◎							
	内部格付手法（IRB）	◎			◎	◎		◎		
オペリスク	基礎的指標手法（BIA）		◎			◎				
	標準的手法（TSA）		◎			◎				
	先進的計測手法（AMA）	◎		◎	◎	○	○		◎	◎

◎は「該当」, ○は「どちらかが該当」を意味する
出所：『金融規制・監督と経営管理』（日本経済新聞出版社）を参考に作成

248　第Ⅲ部　ビジネス戦略の意思決定・管理プロセス

することが必要となる。いずれにしても，それぞれの手法にメリット・デメリットがあることから，いずれかのみを用いてリスク管理態勢の整備を図るのではなく，これらメリット・デメリットを踏まえたうえで，統計的手法と決定論的手法をその目的に応じて使い分けることが，実効的なリスク管理態勢構築のために必要となるといえる。

　以上の統計的手法および決定論的手法を含め，**図表Ⅲ－2－3**は，一般的に金融機関に利用されているリスク評価方法を，方法論の違いによってマッピングしたものである。それぞれのリスク評価方法によって計測されるリスク量は，その理論（モデル）や前提条件の違いによって大きく異なることとなる。これらのリスク評価方法を用いて計測されたリスク量をもとに，金融機関として経営判断を行う場合は，その前提として，当該リスク評価方法の背景にある方法論を理解することが重要である。かかる理解を前提に，当該評価方法の弱点・限界を把握し，他の方法と比較することで，どのような場合に，どの程度，リスク量の過小評価や過大評価が生じることとなるのかについて勘案することとなる。

(3)　決定論的手法のシナリオ分析などへの活用

　統計的手法は，必要な前提を定めればリスク量が比較的容易に算出されることから，一般的に汎用性が高い手法といえる。一方で，統計的手法にはさまざまな前提条件が用いられることにより，算出されたリスク量の説明力には自ずと限界があるほか，基本的に過去のデータに依拠してリスク量の算出を行うこととなるため，フォワードルッキングな視点に欠けるという弱点もある。そのため，これまで生じたことのないようなストレス事象の顕在化を想定し，そうしたケースにおいてリスクをどうコントロールしていくべきかを検証するにあたっては，統計的手法では不十分であり，決定論的手法であるシナリオ分析やストレステストの活用が必要となる。

　こうした流れは，世界金融危機後の国際的な規制の見直しの中でも明確となっている。自己資本比率の計算において，バーゼルⅡ実施以降，信用リスク

やオペレーショナルリスクについては，統計的手法である内部モデルを活用することでリスクアセットを算出することが認められてきた。しかし，こうした内部モデルを用いたリスク量の算出は，算出過程が外部から見えにくいことや，金融機関ごとの内部モデルの差異によって算出されるリスクアセットの額に大きな差異が生じうることなどから，自己資本比率規制上，オペレーショナルリスクの計算にあたっては先進的計測手法（AMA）と呼ばれる内部モデルの使用が禁止されることとなり，また，信用リスクの内部格付手法（IRB）については，モデルの使用にあたっての制約が強化されている。

　一方で，こうした内部モデルによるリスク量の算出に基本的には依拠しないシナリオ分析やストレステストが，世界金融危機後，当局による新しい監督手法として，あるいは金融機関自身によるリスク管理手法として，広く利用されてきている。詳細は第5章で説明するが，例えば米国において実施されている当局が定めた共通シナリオに基づく包括的なストレステストであるCCAR（包括的資本分析レビュー）は，その代表例といえる。

③ 戦略・収益・資本・リスク・コンプライアンスの一体的プロセス

(1) 戦略・収益・資本・リスク・コンプライアンスの一体的プロセスの整備

　このような信用リスクおよび市場リスクなどの財務リスクとオペレーショナルリスクの管理にあたっては，**図表Ⅲ-2-4**に示すように，リスクアペタイトフレームワークのもと，平時から危機時に至る内外環境のさまざまなステージを通じて，グループ横断的に戦略，収益，資本，リスクおよびコンプライアンスの一体的かつ整合的な管理を行うガバナンスプロセスを整備し，その中で適切な管理を行うことが重要となる。

　具体的には，経営管理全般，ビジネス戦略管理，自己資本管理，リスク管理，

図表Ⅲ-2-4　戦略・収益・資本・リスク・コンプライアンス管理の一体的プロセス

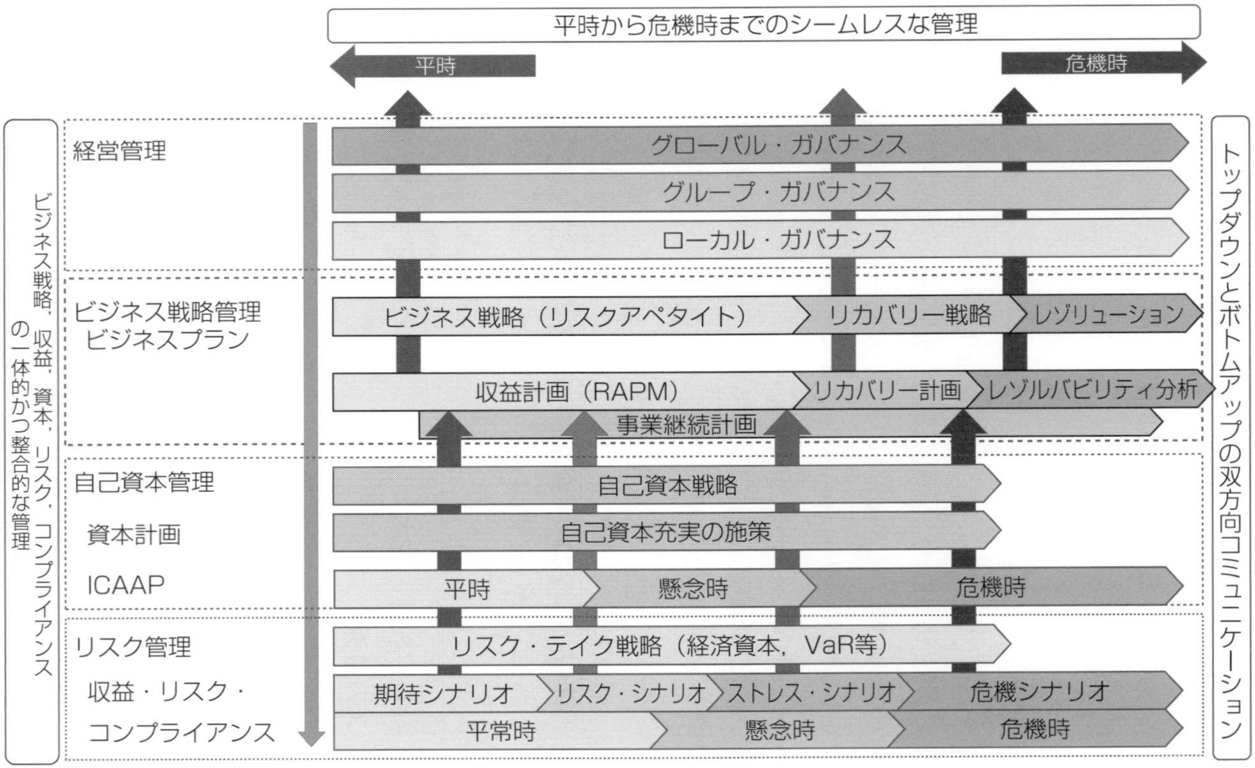

フロントとバックオフィスの双方向コミュニケーション

平時から危機時までのシームレスな管理

平時　　危機時

- グローバル・ガバナンス
- グループ・ガバナンス
- ローカル・ガバナンス
- ビジネス戦略（リスクアペタイト）
- 収益計画（RAPM）
- リカバリー戦略
- リカバリー計画
- レゾリューション
- レゾルバビリティ分析
- 事業継続計画

- 自己資本戦略
- 自己資本充実の施策
- 平時／懸念時／危機時

- リスク・テイク戦略
- 期待シナリオ
- リスク・シナリオ（経済資本、VaR等）
- ストレス・シナリオ
- 危機シナリオ
- 平常時／懸念時／危機時

経営管理

ビジネス戦略管理
ビジネスプラン

自己資本管理
資本計画
ICAAP

リスク管理

収益・リスク・コンプライアンス

ビジネス戦略の収益・資本・リスク・コンプライアンス管理の一体的な整合性がとれた統合管理

コンプライアンス管理，流動性管理，危機管理，BCP（事業継続管理）といったさまざまな管理を行うにあたり，平時，懸念時および危機時の各ステージにおいてそれぞれが緊密に連携して整合的かつ一体的に運営されることが必要となる。例えば，一定の自己資本比率の水準をトリガーとして設定し，自己資本比率が当該水準を割り込んだ場合を危機時とする自己資本管理は，そうした危機時を前提とした流動性管理やリカバリープランと一体的に運営されることが重要となる。

　持続可能なビジネスモデルの構築にあたり，リスクアペタイトを踏まえたビジネス戦略やビジネスプランの執行と，それに見合う適切な自己資本および流動性の管理態勢などの整備は，いわば車の両輪をなす。したがって，平時から危機時までのさまざまなステージにおいて，外部環境および競合環境の変化や，それを踏まえた戦略の見直しにあわせて，必要となるさまざまな管理態勢を整合的かつ一体的に運用・見直しを行っていくことが重要となる。そのためには，平時におけるビジネス戦略の策定および執行において，危機時を想定した緊急時対応策やリカバリープランの策定をあわせて行うとともに，危機時にはこれらが発動されることを想定したうえで平時と危機時の対応を整合的な内容とすることや，これら危機時の緊急時対応策やリカバリープランの発動のための態勢整備を平時から行っておくことが重要となる。このようなビジネス戦略を踏まえたビジネスプランは，平時にはリスクアペタイトフレームワークに基づき定められたリスクアペタイトや収益計画と整合的な形で執行されることとなるが，仮に危機が生じて自己資本や流動性に問題が生じた段階においては，平時のビジネス戦略と整合的となるように策定された緊急時対応策や，リカバリー戦略に基づくリカバリープランが実施される。また，リカバリープランの取り組みを通じて危機時にも回復可能な強靭なビジネス戦略を策定することで，持続可能なビジネスモデルを構築することができる。

　このような一体的管理プロセスを実効的なものとするためには，経営陣によるトップダウンの視点，すなわちハイレベルな戦略策定やリスクアペタイトの設定の視点と，現場における戦略執行の実績やリスクプロファイルのモニタリ

252　第Ⅲ部　ビジネス戦略の意思決定・管理プロセス

ングの結果を踏まえたボトムアップの視点を，リスクアペタイトフレームワークを通じた双方向のコミュニケーションにより反映していくことが重要となる。さらに，エンティティレベルやローカルレベルのみならず，グループレベルおよびグローバルレベルの管理がそれぞれ整合的かつ一体的に運営されることが，グループ全体にわたる適切な一体的管理態勢の構築にあたって不可欠となる。

(2)　シームレスなリスク管理態勢の構築

こうした平時から危機時にわたる継ぎ目のないシームレスなリスク管理態勢の構築について表したものが，**図表Ⅲ-2-5**である。

図表Ⅲ-2-5　平時・懸念時・危機時にわたるシームレスなリスク管理態勢

市場・投資環境

| 平時 | リスク限度（リスク枠，ポジション枠，損失限度枠等）の中で，通常のリスク管理を実施，マネジメントアクションの検討 |

・・・・・ ソフトトリガー ・・

| 懸念時
（早期警戒フェーズ） | マネジメントアクションの予防的な発動を検討 |

・・・・・ ハードトリガー ・・

| 危機時
（リカバリーフェーズ） | 深刻なストレス状況に対処するために
必要なマネジメントアクションの発動を検討 |

◆ マネジメントアクションの策定を通じて，平時だけでなく懸念時や危機時におけるリスク管理体制を整備することで，継ぎ目のないシームレスなリスク管理態勢を構築していくことが求められる。

平時におけるリスク管理，すなわちリスク限度の中で行う通常のリスク管理については，世界金融危機以前からそれぞれの金融機関において一般的に実施されてきたものである。もっとも，それまでのリスク管理においては，リスクの評価に重点が置かれていたため，危機を想定したストレステストは実施されていたものの，実際にそうした危機に陥った際の危機管理体制の整備はこれま

で必ずしも十分には行われてこなかった。その結果，世界金融危機において，いくつかの海外金融機関が破綻し，あるいは公的支援を受けることとなった。そのため，こうした教訓を踏まえ，持続可能なビジネスモデルを支えるために，平時から危機時に至るあらゆるステージに対応可能なリスク管理態勢を構築することが求められてきているわけである。

　こうした背景を踏まえ，金融機関は緊急時対応策やリカバリープランの策定を通じて危機時を想定したリバースストレステストを実施し，あらかじめ危機時を想定したマネジメントアクションやリカバリーオプションの検討およびハードトリガーに当たる危機のトリガーを定め，実際にこうしたトリガーを下回った際に対応可能な態勢を整備することが必要となる。そのうえで，従来の平時のリスク管理およびリカバリープランを踏まえた危機時のリスク管理の間に当たる懸念時のリスク管理態勢を整備することによって，持続可能なビジネスモデルを支えるシームレスなリスク管理態勢を整備することが重要となる。懸念時のリスク管理態勢の整備にあたっては，危機時のトリガーよりも早いタイミングで抵触する可能性のあるソフトトリガーを設定し，早期警戒を行うべき懸念時に至った場合にはマネジメントアクションの予防的発動を検討することとなる。

　以上のように，平時におけるリスク管理に加え，リカバリープランの策定を通じた危機時を想定したマネジメントアクションの策定・評価，さらには両者の間を埋める懸念時を想定したリスク管理態勢を整備していくことで，継ぎ目のないシームレスなリスク管理態勢を構築していくわけである。

④　グループ一体的内部管理プロセスの実践

⑴　グループ一体的内部管理プロセスの整備

　このような平時から危機時までにわたる戦略・収益・資本・リスク・コンプライアンスのプロセスをグループ一体的に実践するためには，**図表Ⅲ－2－6**

254　第Ⅲ部　ビジネス戦略の意思決定・管理プロセス

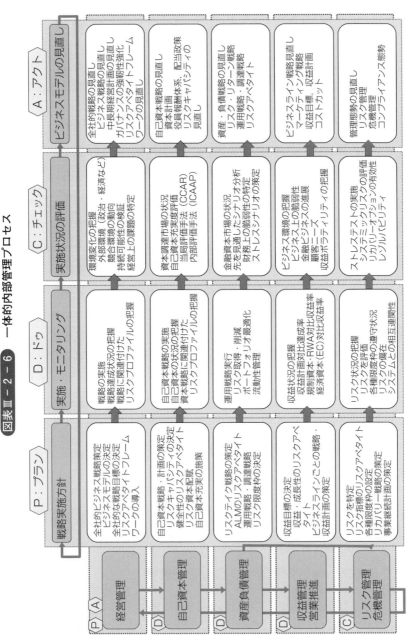

図表Ⅲ-2-6　一体的内部管理プロセス

出所：『金融規制・監督と経営管理』（日本経済新聞出版社）を参考に作成

のように，管理機能横断的プロセス（縦のループ）を整備し，それぞれの管理機能に業務運営プロセス（横のループ）を整備する必要がある。

このうち管理機能横断的プロセス（縦のループ）は，経営管理，自己資本管理，資産・負債管理，収益管理・営業推進およびリスク管理・危機管理の5つのガバナンス機能によって構成され，これらを一体的なものとして実施されることとなる。また，業務運営プロセス（横のループ）は，戦略実施方針の策定，戦略の実施・モニタリング，戦略実施状況の評価およびビジネスモデルの見直しの4つのステップによって構成される。かかる業務運営プロセスのループの流れは第1章において説明したものと同じ流れであるが，縦のループである管理機能横断的プロセスは，このような第1章で説明を行った流れの中で，それぞれの機能がどのように連携することとなるのかを具体的に表したものである。いずれのプロセスについても，取り巻く外部環境の変化に応じてプロセスそのものを改善するために，PDCAサイクルを継続的に機能させるフィードバック・ループを構築していくことが求められる。

(2) 管理機能横断的プロセス

全社的な管理機能横断的プロセスにおいては，まず，経営管理機能により，全社的なビジネス戦略および戦略目標が策定されるとともに，当該ビジネス戦略を支えるリスクガバナンス態勢を構築するためのリスクアペタイトフレームワークを導入し，トップダウンのリスクアペタイトが策定される。かかるビジネス戦略および全社的アペタイトに従って，自己資本管理機能においては自己資本戦略，資産・負債管理機能においてはリスクテイク戦略，収益管理・営業推進機能においてはビジネスラインごとのビジネス戦略および収益計画が，それぞれ策定される。また，リスク管理では，これらの策定された戦略に関わるさまざまなリスクを特定し，決定されたリスクキャパシティ，リスクアペタイトおよびリスク限度に基づきより詳細な各種限度枠の設定を行う。以上に加えて，危機管理機能では，リスクが顕在化した場合のリカバリー戦略や事業継続計画を策定することとなる。

256 第Ⅲ部 ビジネス戦略の意思決定・管理プロセス

このような全社的な管理機能横断的プロセスにおいて，ビジネス戦略やトップダウンのリスクアペタイトを踏まえた各戦略を策定していくにあたり，整合性に関する問題などが生じるような場合には，必要な調整が行われるとともに，実際にこうした戦略の実行結果を踏まえ，経営管理機能がビジネス戦略やトップダウンのリスクアペタイトの見直しを行うことで，トップダウンとボトムアップの間の調整が行われることとなる。

(3) 業務運営プロセス

他方，業務運営プロセスにおいては，このように管理機能ごとに策定される各種戦略や目標などについて，その実施およびモニタリングを行い，実施状況を評価し，必要に応じてビジネスモデルの見直しを行っていくこととなる。

具体的には，経営管理機能においては，策定された全社的なビジネス戦略について，コアビジネスライン，ビジネスラインのベストミックス，経営資源配分などが決定される。そして，全社的ビジネス戦略および戦略目標に基づき，各ビジネスラインや主要なグループ企業が実施すべき個別のビジネス戦略を策定のうえこれを実施させ，その活動および達成状況などをモニタリングする。また，取り巻く外部環境や競争環境の動向を把握し，持続可能性の検証を行い，ビジネスモデル上の脆弱性などの経営上の課題を特定する。そのうえで，これらを踏まえて全社的な戦略の見直しや，戦略を支えるガバナンスの強靱性の強化を行うとともに，必要なリスクアペタイトフレームワークの見直しを行う。

自己資本管理機能においては，戦略目標に基づき自己資本戦略・計画が策定され，経営体力の範囲内で，健全性と信用力に関するリスクアペタイトが決定される。さらに，その範囲内でビジネスラインおよび主要なグループ企業ごとにリスク資本（経済資本）が配賦され，収益率を評価する際の分母（資本）や個別のリスク限度枠を決定するための基礎として用いられる。また，ビジネスモデルにあわせて自己資本の充実の必要がある場合には，普通株や優先株による増資などの自己資本充実のための施策が策定および実施される。実施状況は，自己資本比率や自行の株価・格付など定量・定性両面からモニタリングされる

とともに，資本戦略に関連付けたリスクプロファイルが把握される。また実施状況は，自己資本充実度評価を通じた評価がなされるとともに，システム上重要な金融機関については当局が策定する共通シナリオに基づくストレステストの実施を通じた評価があわせて行われる。そのうえで，資本計画や役員報酬の体系・水準，資本政策などの自己資本戦略についての必要な見直しを実施することで，PDCAサイクルを回していくこととなる。

　資産負債管理機能において，戦略目標および自己資本戦略に基づきリスクテイク戦略が策定され，資産負債および流動性に関するリスクアペタイトが決定される。そして，戦略目標を達成するための運用戦略および調達戦略が策定され，リスクアペタイトの範囲内でリスクをモニタリングしコントロールするための個別のリスク限度枠が決定される。資産および負債の全体をポートフォリオと捉え，その最適化が行われ，リスクを当該リスク限度枠の範囲内にコントロールしながら，収益が安定的に増加するように資産および負債の運用が実施される。実施状況については，策定されるストレスシナリオによるシナリオ分析を通じて財務上の脆弱性が特定され，その影響と対応策が検討されるとともに，必要に応じて，リスク・リターン戦略を含む資産負債戦略の見直しが行われる。

　収益管理・営業推進機能では，ビジネス戦略目標を達成するために，戦略リスク（収益性）や成長性に関するリスクアペタイトが決定され，ビジネスラインごとの具体的なビジネス戦略と収益計画が策定され，実施される。これら戦略・計画は，資産負債管理において決定されたリスク限度枠の範囲内にコントロールされる必要がある。実施状況は，収益計画対比達成率，規制資本，リスクアセット対比収益率および経済資本対比収益率などを通じてモニタリングされる。これら実施状況の評価においては，金融業界全体の金融ビジネスの進展，競合他社の活動状況，顧客のニーズなどを勘案しつつ，自らのビジネス上の脆弱性や収益ボラティリティが特定および把握され，これらを踏まえたうえで必要に応じてビジネスラインの戦略の見直しが行われる。

　リスク管理・危機管理機能においては，ビジネス戦略の実施に関わるリスク

258　第Ⅲ部　ビジネス戦略の意思決定・管理プロセス

を特定し，当該リスクについてリスクアペタイトを設定するとともに，それぞれに見合った方法で定性および定量の両面から収益部門が設定したアペタイトにつきリスク評価が実施される。ここでは，ビジネスラインごと，およびリスクカテゴリーごとに，個別のリスク限度枠，ポジション限度枠または損失限度枠などを設定し，これら限度枠の遵守状況やリスクの偏在の状況などがモニタリングされる。また，リスクが顕在化した場合に自助努力により健全性を回復および維持しつつ収益を安定的に維持するためのリカバリー戦略を策定するとともに，懸念時，危機時においてリカバリー戦略を策定し，実際にこれらの状況に至った際には当該リカバリー戦略を実施できるように，ストレステストを活用したシナリオ分析を通じて平時からリカバリーオプションの有効性を評価し，実行時の障害や障害への対応策を検討する。その結果として，必要に応じて，ビジネス戦略およびガバナンス態勢の見直しが行われることとなる。

　なお，以上の各種機能については，それぞれが独立して機能するいわばサイロ型の管理ではなく，これら機能を一体的に運営することによって，戦略，収益，資本およびリスクをそれぞれのプロセスにおいて同時かつ一体的に検討することが重要となる。

$$\left(\text{第 3 章}\right)$$

有価証券運用戦略管理プロセス

1 有価証券運用戦略と管理プロセス

技術革新による新たな経済成長が期待されつつも，先進国における成長の限界，人口の減少など社会経済システムの変化によって，超低金利やマイナス金利，貸出需要の減退などが中長期的な方向性であると考えられる。金融機関による投融資環境が厳しい中，金融機関のビジネス戦略の1つとして，有価証券運用業務は，伝統的な金融業の本業である融資業務を補完しまたはビジネスモデルの持続可能性を支える1つの手段として重要性を増している。

金融機関の運用対象となりうる有価証券には，債券や上場株式といった伝統的資産である有価証券から，不動産投資信託（REIT）などのモゲージやローンといったオルタナティブ資産まで，収益期待やリスクプロファイルの異なる多様なものが含まれ，有価証券運用戦略もさまざまである。こうした多様な有価証券運用が，収益確保のビジネス戦略の1つとして選択される場合，その検討においては，具体的な投資スタイル（投資戦略）や投資対象有価証券の選択（投資戦術）に焦点が当てられる傾向にあると思われる。

しかしながら，有価証券運用を，融資業務を補完し，ビジネスモデルの持続可能性を支えるものとするためには，投資スタイルや投資対象有価証券の選択など実務的な戦略・戦術について検討を行うのみならず，金融機関のビジネスモデルにおける有価証券運用業務の位置付けやそれに基づく投資哲学を整理したうえで，それに見合う適切なリスク管理態勢を整備する必要がある。具体的

260 第Ⅲ部　ビジネス戦略の意思決定・管理プロセス

には，この章において詳しく説明するように，有価証券運用のビジネス戦略と整合的な投資哲学（方針）および投資戦略を策定・明確化するとともに，市場急変時のさまざまな財務リスクの顕在化の影響を軽減するためのマネジメントアクションの検討を含む，適切な有価証券運用管理プロセスの整備を行うことが重要となる。

② ビジネスモデルと投資モデルの関係

　金融機関が有価証券運用業務を行うに際しては，そのための投資戦略の策定が重要となる。有価証券運用業務も金融機関のビジネスモデルの一環をなすものであるため，ビジネスモデルの中で有価証券運用をどのように位置付けるかについて整理することが必要となる。したがって，有価証券運用業務にとどまらず，それ以外のビジネスと合わせた総合的な観点から，有価証券運用業務も含めたビジネスモデル全体の最適化を図る必要がある。そのためには，当該有価証券運用業務における投資戦略の基礎をなす投資哲学（投資方針）として，金融機関のビジネスモデル全体の中で，有価証券運用において何を目的とし，どのようなリスクテイク戦略のもとで有価証券運用を行うのかについてまず検討したうえで，これらを明確にすることが求められる。

　例えば，貸出残高が減少する中で安定的に純金利収入を稼ぐために有価証券運用業務を融資業務に次ぐ収益の柱として位置付ける場合には，景気変動や企業業績に関する信用リスクを取るという投資哲学の方向性が考えられるのに対し，自らの健全性は維持しつつ安定的に収益を最大化することを目的とする場合には，リスクキャパシティの範囲内で長期投資によりインカムゲインとキャピタルゲインをバランスよく獲得するという投資哲学となるなど，有価証券運用の目的の違いによって，その投資哲学は異なることとなる。また，有価証券運用業務を融資業務に次ぐ収益の柱と位置付ける場合であっても，ビジネスモデルの持続可能性向上のための収益源の多様化を目的とする場合には，例えば，貸付ポートフォリオと強い相関性を持たない異なる業種の社債や外貨建有価証

第3章 有価証券運用戦略管理プロセス 261

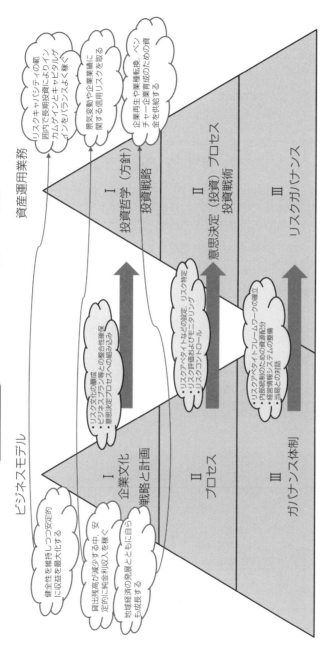

図表Ⅲ-3-1 ビジネスモデルと投資モデルの関係

券への投資などが検討されるのに対し，地域金融機関が，地域経済の発展とともに自らも成長することを目的とする場合には，企業再生や業種転換，またはベンチャー企業育成のための資金をファンドなどを通じて投資することが検討されるなど，投資哲学は大きく異なったものとなる。

このように，有価証券運用業務の実施にあたっては，そのビジネスモデル全体における位置付けを踏まえ，投資哲学を明確にすることが重要である。

すでに説明したように，ビジネスモデルは，企業文化およびこれを踏まえたビジネス戦略や事業計画と，これを支えるプロセスとガバナンス体制から構成され，これら全体の持続可能性を高めていく必要がある。そのため，**図表Ⅲ－3－1**に示したように，有価証券運用モデルをビジネスモデルの一環として位置付けるにあたっては，投資哲学や投資戦略を策定することに加え，これを支える適切な意思決定プロセスの中に投資戦術を組み込むとともに，有価証券運用に係るリスク管理のための適切なガバナンス態勢をあわせて整備することが必要となる。

③ 投資哲学・戦略・戦術

上記のとおり，有価証券運用業務を行う場合には，有価証券投資の投資哲学と投資戦略を定め，投資戦術を意思決定プロセスに組み込むとともに，適切な有価証券運用のためのリスク管理態勢を整備する必要がある。**図表Ⅲ－3－2**は，これら投資哲学，投資戦略および投資戦術の構成要素について例示したものである。

(1) 投資哲学

まず，有価証券運用における投資哲学とは，先に述べたとおり金融機関におけるビジネスモデルに照らした投資理念や投資方針を意味し，ビジネスモデルや経営方針に基づき実施する有価証券投資にあたっての基本的な考え方を定めるものとなる。具体的には，リスク・リターンの最適化や収益最大化，あるい

第3章　有価証券運用戦略管理プロセス　　263

図表Ⅲ-3-2　投資哲学・戦略・戦術

投資哲学（フィロソフィ）	戦略目標 最適化／収益最大化／リスク極小化	投資ホライゾン 長期投資／短期投資	基本的考え方・リスクアペタイト 取るリスク／取らないリスク
投資戦略（ストラテジー）　スタイル	パフォーマンス評価スタイル パッシブ／アクティブ	選定スタイル 成長／割安，クレジット／ソブリン	意思決定スタイル トップダウン／ボトムアップ
セグメント	地域 グローバル／地域限定／国内	資産クラス マルチ／債券／株式／不動産	市場成熟度 メインストリーム／代替的投資
アロケーション	アロケーション方法 コンスタント／タクティカル	リバランス 静態的／動態的	ヘッジ フル／オーバーレイ
情報戦術（タクティクス）	投資手法・商品選定 個別銘柄分析／統計モデル	投資タイミング 分散／順張り／逆張り	売却ルール 上限下限／リスク限度／損失限度

基本的考え方

ビジネス戦略と
投資哲学の整合性

個別戦略の
組み合わせ

戦略ごとに強み
弱みがある

はリスクの最小化といった有価証券運用における戦略目標のほか，長期投資を目指すのかまたは短期投資を目指すのかといった点に関する投資ホライゾン，取るリスクおよび取らないリスクの決定を含む有価証券運用に係るハイレベルなリスクアペタイトの明確化などが挙げられる。こうした投資哲学は，金融機関全体のビジネス戦略と整合的であることが求められる。

(2)　投資戦略

　次に，投資哲学を踏まえ策定される投資戦略は，投資スタイル，投資セグメントおよび投資アロケーションから主に構成される。投資スタイルとしては，パッシブ運用を行うのか，インデックス以上のリターンを追求するアクティブ運用を行うのか，投資対象の選定にあたり成長が見込まれるものを選択するのか，割安なものを選定するのか，意思決定はトップダウンあるいはボトムアップいずれのスタイルで行うのかといったものが挙げられる。また投資セグメントとしては，投資対象の地域や資産クラス，対象市場の成熟度などが検討の対

264　第Ⅲ部　ビジネス戦略の意思決定・管理プロセス

象となるほか，投資アロケーションとしては，リバランスやヘッジを積極的に行うのか否かといったことを決定することとなる。

(3)　投資戦術

　以上を踏まえた投資戦術は，市場において投資戦略を具体的に実施するための戦術であり，個別銘柄分析や統計的手法の活用などを通じた投資手法や商品選定方法，時間分散，順張り，逆張りといった投資のタイミング，投資金額の上限下限，リスクリミット，損失限度などの売却ルールの決定などがこの中に含まれる。

　以上のとおり，有価証券運用を行うにあたっては，金融機関におけるビジネスモデル全体におけるその位置付けを明確化したうえで，投資哲学および投資戦略，ならびにこれらを踏まえた投資戦術を決定していくことが必要となる。

④　投資ポートフォリオの運用（投資戦略）

　投資戦略は，投資スタイル，投資セグメントおよび投資アロケーションの3つから構成されることを説明したが，**図表Ⅲ-3-3**は，これらのそれぞれについて具体例を示したものである。

(1)　投資スタイル

　有価証券運用における投資戦略を検討するにあたっては，まず，投資を行う考え方や手法である投資スタイルとして，どのような運用成績の獲得を目標とするのか（パフォーマンス評価スタイル），どのような要因による収益の獲得が見込まれる有価証券を投資対象とするのか（選定スタイル），また，金融機関においてどのように投資有価証券の選定の意思決定を行うのか（意思決定スタイル）について検討する必要がある。

図表Ⅲ-3-3　投資ポートフォリオの運用

投資スタイル
- パフォーマンス評価スタイル
  パッシブ／アクティブ
- 選定スタイル
  グロース／バリュー
- 意思決定スタイル
  トップダウン／ボトムアップ

投資アロケーション
- アセットアロケーション
  コンスタント／タクティカル
- リバランス
  静態的／動態的
- ヘッジ有無
  フル／オーバーレイ　など

投資セグメント
- 投資地域
  グローバル／地域限定／国内
- 投資資産クラス
  債券／株式／不動産／マルチ　など
- 市場成熟度は
  メインストリーム／代替的投資　など

(2) 投資アロケーション

　かかる投資スタイルを踏まえたうえで，投資ポートフォリオを構築するための投資配分方法（投資アロケーション）を検討することとなる。その際，投資における有価証券の配分，すなわちどのような投資ポートフォリオを構築するのか（アセットアロケーション方法）といった点や，構築された投資ポートフォリオを見直す頻度をどのくらいにするのか（リバランス），またフルヘッジやオーバーレイなどのリスクヘッジを行うのか，行うとすればどのような手段を用いてどの程度行うのかといった点について，検討を行う。

(3) 投資セグメント

　投資スタイルおよび投資アロケーションを決めたうえで，最後に，投資対象とする有価証券の種別や属性，特性（投資セグメント）を決定する。投資セグ

メントとしては，投資地域（国内外）や投資資産のクラス（債券・株式・不動産など），投資対象（メインストリーム，オルタナティブなど）となる市場の成熟度などについても検討を行う必要がある。

ここでは，有価証券運用の目的に照らして，最適な投資スタイル，投資アロケーションおよび投資セグメントなどを検討し，具体的な投資戦略を策定することになる。

5 投資手段・投資商品

以上の有価証券運用における投資戦略を踏まえたうえで，具体的な投資対象となる商品を，投資戦術として決定していくこととなる。金融機関の投資対象となりうる有価証券にはさまざまなものがあるが，**図表Ⅲ−3−4**は，投資対象となりうる有価証券の種類のうち主なものの例を示したものである。

大きく分類すると，株式や債券といった伝統的資産に当たる有価証券（図の右側）と，ローンやモゲージなどに関するオルタナティブ資産に該当する有価証券（図の左側）に分かれる。ここでは，各市場において，一般に流動性が高く信用リスクが低いものを上部に，流動性が低く信用リスクが高いものを下部に配置するかたちで示しているが，それぞれの市場において，流動性リスクや信用リスク，市場リスクなどのリスクプロファイルが異なるさまざまな商品が存在している。金融機関が有価証券運用を行うにあたっては，有価証券運用にあたり必要となる情報を収集および分析したうえで投資戦略，投資戦術を検討するとともに，これに見合う適切なリスク管理態勢を整備するため，投資対象となる有価証券のリスクを適切に特定することが必要となる。特に，以下で述べるリスクのコントロール手段としてのマネジメントアクションの有効性や実行可能性を評価するにあたっては，対象商品のリスクの種類や大きさによってマネジメントアクションの実効性が大きく異なってくることから，リスク管理プロセスの最初のステップとして，投資手段・投資商品のリスクを的確に捕捉することが重要である。

第3章 有価証券運用戦略管理プロセス 267

図表Ⅲ-3-4 投資手法・投資商品の例

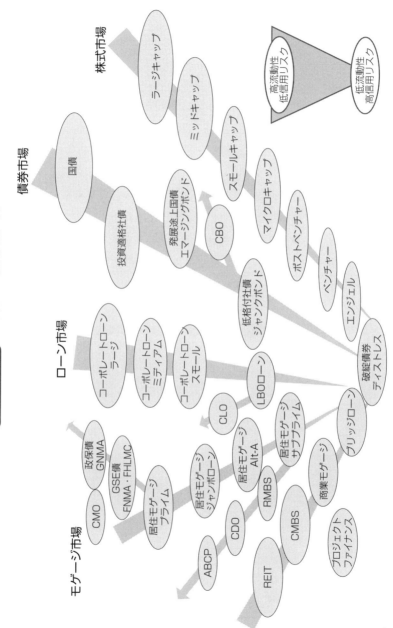

6 投資戦略検討プロセス

これまで述べてきたとおり，有価証券運用を行うにあたっては，各金融機関のビジネスモデルに照らし，投資哲学・投資戦略を定めたうえで，具体的な投資戦術を検討するとともに，投資戦略・戦術を実行するにあたってはそれを補完する適切なリスク管理態勢を整備していくことが重要である。こうした哲学・戦略・戦術の策定と，コントロールに重点を置いたリスク管理プロセスの一体的運用の概観を表したのが**図表Ⅲ－3－5**に示す投資戦略検討プロセスである。

まず，ビジネスモデルに照らして決定された投資哲学を踏まえ，有価証券投資に係る市場・資金・ALMなどのビジネスラインのビジネス戦略を具体化するかたちで，有価証券の投資戦略を検討するのが最初のステップとなる。検討

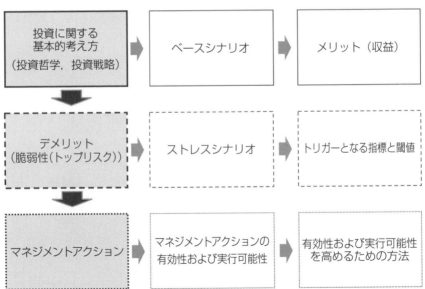

図表Ⅲ－3－5　投資戦略検討プロセス

された投資戦略案について，投資ホライズンを念頭に置きつつ，今後の一般的な経済環境や市場環境についての見通しとなるベースラインシナリオが実現した場合に戦略目標に沿った収益が生じるかどうか，すなわち当該投資戦略案にどのような収益面のメリットがあるのかについて評価する（同図の上部）。

　そのうえで，今後の経済環境や市場環境が見通しどおりには進展せず，金融機関に損失が発生するような場合，すなわちストレス事象が発生するシナリオとして，どのような場合に取ろうとしている投資戦略案の脆弱性（トップリスク）が顕在化し，結果として損失が発生することとなるかについて，投資哲学やリスクアペタイトに沿っているか否かも含めて検討を行う。その際，こうした損失の発生を回避し，または抑制するための方策（マネジメントアクション）の有効性および実行可能性を評価するため，どのような指標がどのような閾値に該当した場合（トリガー）に当該方策を実施するか，すなわちマネジメントアクションの実行のタイミングを計るためのモニタリング・トリガーのための指標と閾値をリスク限度として定めるのかが次のステップとなる（同図の中部）。

　そのうえで，さまざまなストレス事象の顕在化に対してマネジメントアクションを実行した場合のアクションの有効性と実行可能性を評価し，そのいずれかあるいは両方に障害があると認められた場合には，これを除去し，有効性と実行可能性を高めるための方法を検討することとなる（同図の下部）。そのうえで，障害を取り除くための施策を実施することを通じ，リスクのコントロール手段であるマネジメントアクションの改善を図ることで，危機に対する強靱性を高めていくこととなる。

　このように，投資戦略の検討においては，投資のメリット（収益）のみならず，マネジメントアクションの検討を通じリスクが顕在化するデメリットへの対処方法も含めて包括的な検討を行うことによって，ストレスイベントの顕在化に対する強靱性を高めることが重要である。このようなプロセスを通じて，金融機関のビジネスモデル全体の持続可能性を高めていくこととなる。ビジネスモデルにおいて有価証券運用をビジネス戦略上の収益の柱の1つとして位置

付ける場合には、このような投資戦略の検討を行い、実効的なリスクコントロールを行うことが重要である。

7 有価証券投資に係る能動的なリスク管理プロセス

図表Ⅲ－3－6は、このような投資戦略検討プロセスの中で検討されるマネジメントアクションに焦点を当てて、それを具体的に検討していくためのプロセスを表したものである。

まず、有価証券運用戦略の実施に際し、当該有価証券のリスク限度を決定する（同図の①）。リスク限度は、例えばリスク限度枠、ポジション枠、損失限度枠などの定量的指標によって表される。

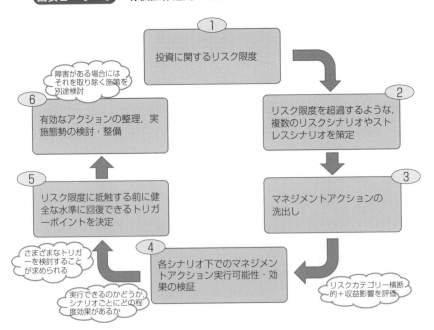

図表Ⅲ－3－6　有価証券運用におけるマネジメントアクションの検討

第3章 有価証券運用戦略管理プロセス　271

　そのうえで，投資戦略の脆弱性を踏まえ，どのようなイベントが市場や経済，当該金融機関に生じたときに，当該リスク限度を超過することとなるのかについて，複数のストレスシナリオを策定する（同図の②）。複数のシナリオを想定するのは，顕在化したシナリオごとに，マネジメントアクションの有効性や実行可能性が異なってくるためである。

　そして，このようなストレスシナリオが生じた場合に，当該有価証券運用における損失を回避し，または最小化するための対応策（マネジメントアクション）を網羅的に洗い出す（同図の③）。

　洗い出されたマネジメントアクションについては，上記ストレスシナリオが発生した場合の経済，市場，当該金融機関の状況などを前提に，その有効性と実行可能性を検証する（同図の④）。

　そのうえで，上記リスク限度に抵触する前に，金融機関が健全性を確保するためにかかるマネジメントアクションを実施するトリガーポイント（発動基準）を決定する。かかるトリガーは複数設定することが考えられ，例えば，収益目標対比の一定の実減損や評価損の発生額や，VaRなどを用いたリスク量などが考えられる（同図の⑤）。

　そして，上記マネジメントアクションの有効性および実行可能性の検証を踏まえ，実行の優先順位などについて整理を行い，その実施態勢（危機管理態勢）の整備を行う（同図の⑥）。その際，マネジメントアクション実施にあたっての障害が認められる場合には，これを除去するための方策を検討することで，危機に対する強靭性を高める。

　このような一連のプロセスを通じて，有価証券運用に関し，有効かつ実行可能なマネジメントアクションを準備することによって，金融機関がさまざまなストレス事象に対してリスクを適切にコントロールしていく観点から，能動的なリスク管理態勢を整備していくこととなる。

272　第Ⅲ部　ビジネス戦略の意思決定・管理プロセス

8　マネジメントアクションの洗出し

　次に，有価証券運用に係るマネジメントアクションの洗出しの方法について
説明する。かかる有価証券運用に係るマネジメントアクションの主なものとし
ては，投資実施にあたってのリスク分散，投資実施の際あるいは投資実行後の
リスクヘッジの実施，および投資実施後の有価証券の処分などが考えられる。
これらマネジメントアクションの洗出しにおいては，それぞれに内在する課題
や留意点を十分に認識しておく必要がある。

　まず，投資実施にあたってのリスク分散の方法としては，単一または限られ
た銘柄や有価証券に対する投資集中を抑制するための分散投資が考えられる。
分散投資の方法としては，自ら個々の有価証券を取得して分散ポートフォリオ
を構築するのみならず，分散投資を行う投資信託やETFなどに投資すること
も有効である。もっとも，かかる投資実施におけるリスク分散は，投資実施の
際に行う手法であり，リスクが顕在化していく過程においてはタイミングを逸
する可能性が高く，ストレス時のマネジメントアクションとしては必ずしも有
効な手段とはいえないことに留意が必要となる。

　次に，リスクヘッジについては，実行することにより有価証券に係る特定の
リスクによる損失を回避し，または限定化することができる。一方で，ヘッジ
をしようとしても有効なヘッジ手段が存在しない場合や，仮に存在したとして
も，かかる有価証券のリスクがヘッジ手段によって完全にヘッジ（フルヘッ
ジ）できるとは限らないことに留意が必要である。また，クロスヘッジ[5]を行っ
た場合に，ヘッジ手段がヘッジ対象と連動せず，かえってヘッジしない場合よ
りリスクが増大するおそれがあることや，ヘッジ会計の適用要件を満たさない
場合には損益認識のタイミングにずれが生じることにも留意が必要である。

　投資実施後の有価証券の処分は，リスクが顕在化した有価証券のポジション

5　ヘッジ対象の有価証券などと直接的相関関係はないものの，相関度の高い他の有価証券
　などを利用して行うリスクヘッジ手法。

を削減ないし解消するものであり，どのような有価証券に対する投資を行う場合であっても，最終手段として想定しておく必要のあるアクションである。もっとも，このような処分に際し，当該有価証券の市場流動性が低下した場合にはその売却が困難となったり，仮に売却が可能であっても当該有価証券の評価価格と実際の売却価格が大きく乖離し，想定以上に実現損が発生し，金融機関の損益に影響を与えたりする可能性がある。また，投資商品の処分により，保有していた場合に期待される期間収益が得られなくなること，また，それを補完するために再投資を行おうとしても，再投資先として適切な商品が存在しないリスクが存在することにも留意が必要である。なお，このように有価証券の処分により損失が実現する状況にある場合，概して，損失発生に対する責任の回避や，根拠のない価格回復への期待で，有価証券の処分の決定を先送りするケースが見受けられることから，トリガーポイント抵触時に適切な意思決定がなされるように，あらかじめ有価証券の売却ルール（意思決定プロセスや責任の所在）を明確化しておくことが重要となる。

9 マネジメントアクションの有効性・実行可能性の評価

　本章の最後に，マネジメントアクションの有効性と実行可能性の評価を行うための手法について説明する。まず，有効性評価においては，マネジメントアクションによって金融機関の損益，流動性，自己資本，リスクアセット，市場ポートフォリオの構成のほか，マーケットに生じるさまざまな影響などを評価する。かかる評価にあたっては，ストレスシナリオごとに，短期的影響のみならず，期間収益に与える影響など中長期的影響を評価するとともに，マネジメントアクションを実行するタイミングの違いによる有効性の違いについても検討する必要がある。一般に，有価証券運用に係るアクションは，市場の混乱がまだあまり生じていない段階で実施したほうが損失が限定されやすいといえるが，加えて，売却により予定されていた収益をどのように補完するのかといっ

た視点も含めて，アクションの有効性を評価することが必要となる。

　また，実行可能性評価においては，マネジメントアクションの実行の障害を特定するとともに，これを除去するための方法を検討する。例えば，商品設計上解約や処分に制限が課されていないかといった点や，ストレス時に処分が可能な市場流動性があるかといった点などについて検討を行い，アクションを実際に行うにあたっての障害を特定する。特定された障害に対しては，マネジメントアクション実施時の意思決定プロセスの明確化を含むガバナンス態勢の構築，リスク限度の設定を含む適切な運用プロセスの整備，障害の少ない投資商品への投資対象の変更など，かかるアクション実施上の障害を除去するための方法を検討していくこととなる。

　有価証券運用を行うにあたっては，このようなマネジメントアクションの有効性と実行可能性を，さまざまなストレスシナリオごとにあらかじめ評価したうえで，可能な限り特定された障害を取り除くとともに，適切な危機管理態勢を整備しておくことによって，ストレスシナリオが顕在化した場合のリスクコントロールの実効性を高め，結果としてビジネスモデルの持続可能性を高めることが重要となる。

第4章

コンダクトリスク管理

⬜1 顧客本位の業務運営

　第1部第2章で述べたとおり，金融機関がビジネスモデルを持続可能なものとするためには，顧客中心のビジネスモデルをいかに開発するかが重要となる。すなわち，顧客のニーズを的確に捉え，顧客ニーズに沿った顧客中心の商品・サービスを開発し，適切な販売チャネルを通じて販売する顧客本位の業務運営体制を確立することが求められるわけである。こうした運営体制が整備されると，顧客にとっては，自らのニーズに沿った商品・サービスが金融機関から提供されることとなるため，当該金融機関からのサービス提供を継続的に受けたいというインセンティブが生まれ，金融機関はこうした顧客向けの商品・サービス提供を通じて持続的に収益を上げることが可能となる。すなわち，金融機関と顧客が持続的なWin-Winの関係となり，金融機関自身のビジネスモデルの持続可能性も高まることとなる。

　このような顧客本位の業務運営を実行していくために重要な要素の1つとなるのが，**図表Ⅲ-4-1**に示すコンダクトリスクの管理である。顧客との取引にあたっては，法令等を遵守することはもちろん，顧客保護のための体制を整え，利益相反や事務的なミスなどを回避することがこれまでも求められてきた。顧客を中心に位置付け，顧客の最善の利益を図る商品やサービスを提供するためには，従前にも増してこうした顧客との取引に係るあらゆる業務執行，すなわちコンダクトにまつわるリスクを適切に管理する必要性が高まってきており，

金融機関には適切なコンダクトリスク管理態勢の整備が求められる。

図表Ⅲ-4-1　顧客本位の業務運営とビジネスモデルの持続可能性

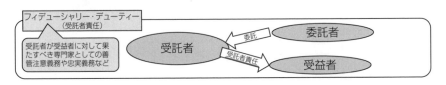

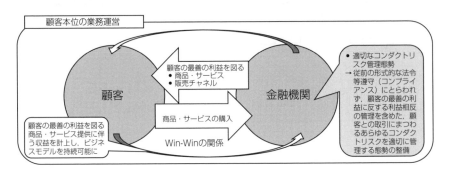

　一方で，昨今本邦においても金融機関を含む金融事業者に求められてきているフィデューシャリー・デューティー（受託者責任）の考え方は，元来，上図の上側に示すように信託契約などに基づく受託者が受益者に対して果たすべき専門家としての善管注意義務や忠実義務などを指すものである。そのため，顧客中心のビジネスモデルを構築するために顧客本位の業務運営体制を整えていく中で，金融機関が受託者となり，顧客が受益者となるケースについて，金融機関が専門家としてフィデューシャリー・デューティーを果たすべきことはもちろんであるが，そうした関係の有無にかかわらず，また専門家として果たすべき役割にとどまることなく，広く顧客の信任に応えるべく，本来的なフィデューシャリー・デューティーの背景にある趣旨を踏まえたうえで，顧客の最善の利益を図るための態勢を構築していくことが，ビジネスモデルの持続可能性を高めるために金融機関に求められている。

第4章 コンダクトリスク管理　277

2 コンダクトリスク

(1) コンダクトリスクとは

　コンダクトリスクとは，一般的に，金融機関による顧客との取引や顧客に対する金融サービスの提供または金融市場での取引における，顧客の利益や市場の完全性を脅かすような自社または役職員などの不適切な行動により，金融機関に損失が生じるリスクをいう。こうしたコンダクトリスクは必ずしも新しいリスクのカテゴリーではない。すでに述べたとおり，金融機関が顧客本位の業務運営を行うにあたり，法令等遵守やコンプライアンス，顧客保護および利益相反管理のための適切な態勢整備は従前から求められていた。こうした管理はこれまで，コンプライアンスリスクの管理やオペレーショナルリスクの管理としてそれぞれ求められてきたものであるが，さまざまなカウンターパーティや顧客との取引に係る業務執行にまつわる種々のリスクについて，1つのリスクカテゴリーとして捉え直したものが，コンダクトリスクといえる[6]。

　金融機関は，**図表Ⅲ−4−2**に示すように，金融資本市場での取引，インターバンク市場での取引，法人やリテール顧客との取引および外部委託先への業務委託など，さまざまな市場において，または相対取引のかたちで，多様な参加者や顧客との取引を行っている。これらのあらゆる取引に関して，金融機関は，顧客本位の業務運営を行うことが求められるわけであるが，これらの取引に係る業務執行にまつわる種々のリスクをコンダクトリスクとして捉えたうえで，これを適切に管理する重要性が，世界金融危機の後，大きく高まってきた。

　例えば，世界金融危機の後，複数のグローバルに活動する金融機関が金融資本市場におけるLIBORや外国為替などのマーケット指標（ベンチマーク）の

6　例えば，欧州において，コンダクトリスクは，オペレーショナルリスクの一部として位置付けられている。

278　第Ⅲ部　ビジネス戦略の意思決定・管理プロセス

図表Ⅲ-4-2　コンダクトリスク

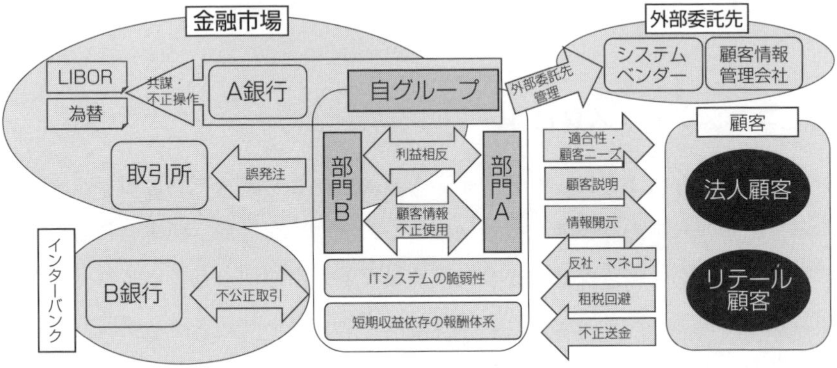

不正操作を行い顧客の利益を害していたというマーケットコンダクト，すなわち市場取引におけるコンダクトリスクに関する事例が明らかになった。また，サブプライムローンを裏付資産に含む証券化商品などの投資家や顧客に対する不当な販売や，顧客口座などの無断開設，不適切なクロスセル（抱き合わせ販売）といったさまざまなビジネスコンダクト，すなわち顧客との取引にまつわるコンダクトリスクが顕在化した事例などが生じている。

　とりわけ，顧客中心のビジネスモデルを構築していくうえでは，金融機関の従業員が自らの利益を優先させることで顧客の利益を害するといった，顧客の利益を害する利益相反行為を可及的に抑制することが重要となっている。その他にも，例えば法令等においても求められる顧客に対する適合性原則の遵守，適切な顧客説明または情報開示の実施や，マネーロンダリング，租税回避などに関する取引，および不正送金などの違法行為の回避を徹底するための態勢整備も，コンダクトリスク管理の重要な一環となる。さらに，金融機関グループの内部でも，部門やエンティティの間での利益相反や，顧客情報の不正授受などの不正行為が行われる可能性があるほか，フィンテックの台頭を受け今後ますます活用が進むと予想されるITシステムの脆弱性に起因して情報流出その他の顧客の利益を害する行為が行われる可能性もあるなど，金融機関の内外に

はさまざまな潜在的なコンダクトリスクの要因が存在している。

　他方，金融機関を取り巻く外部環境に目を移すと，人口減少や少子高齢化，長引く低金利と先進国の成長の限界，フィンテックをはじめとする技術革新といった社会経済システムの不確実性が高まる中で，金融機関が新たなビジネス戦略やプラットフォームの構築，商品・サービスの開発・提供を行うにあたり，金融犯罪やマネーロンダリング，サイバーセキュリティおよび不適切な目標設定や評価報酬体系の問題など，さまざまなコンダクトリスクの潜在的要因をあらかじめ特定し，これを適切に管理する重要性がますます高まってきているといえる。

⑵　コンダクトリスクが金融機関に及ぼす影響

　金融機関においてコンダクトリスクが顕在化した場合，市場や顧客からの金融機関のレピュテーション（評判）が毀損されることや，監督当局から行政処分が課されうる。これらの結果として，顧客中心のビジネスモデルに不可欠な顧客の信頼や顧客基盤を失うことにもつながりかねない。さらには，事案の内容によっては関連当局から巨額の制裁金や罰金などが科されることで，金融機関の財務に非常に大きな影響が生じる可能性もある。すなわち，コンダクトリスクの顕在化は，風評リスクや財務リスクの顕在化につながり，ひいては金融機関自身の存続を脅かす可能性も出てくるということも踏まえたうえで，適切なコンダクトリスクの管理態勢を整備していく必要がある。

　なお，第Ⅰ部で説明したように，金融機関は，顧客中心のビジネスモデル構築に向け，顧客のニーズを的確に捉え，ニーズに合った商品を開発し，ニーズに沿う形で最適な販売チャネルを整備したうえで，商品を販売していくことが求められる。上記のように，コンダクトリスク管理のためにはその適切な管理態勢を整備することが求められるが，究極的には，顧客ニーズに完全に合致したサービスを顧客が望むかたちで提供が可能になれば，顧客からの苦情や不満がなくなり，コンダクトリスクの顕在化の抑制につながるといえる。逆に，顧客の利益を害する利益相反を適切に管理できない場合には，顧客中心のビジネ

280　第Ⅲ部　ビジネス戦略の意思決定・管理プロセス

スモデルの根底となる顧客の信頼を失うこととなるため，コンダクトリスク管理の中でもとりわけ利益相反管理が重要となる。

③　コンダクトリスク管理

(1)　コンダクトリスク管理の概要

　図表Ⅲ-4-3は，足元における一般的なコンダクトリスク管理の実務についてまとめたものである。

【図表Ⅲ-4-3】　コンダクトリスク管理の実務

リスクアペタイト
- コンダクトリスクの一定の許容や回避を決定
- 定性・定量的リスク指標やリスク限度を決定

コンダクトリスクの特定
- 提供する商品・サービスに起因して，顧客に損失が生じる可能性
- 自社の戦略やビジネスモデルに起因して，顧客に損失が生じる可能性
- 自社のガバナンスや企業文化に起因して，顧客に損失が生じる可能性　など

リスク管理の枠組み
- 一義的には，リスクに実際に直面している各ビジネスラインによるリスクの特定，評価，コントロール，モニタリングおよび報告
- ファーストラインに当たる各ビジネスラインの経営陣が説明責任を負う
- コンプライアンス部門やリスク管理部門などのセカンドラインによる，全社共通のコンダクトリスク管理の枠組みを通じた各ビジネスラインの業務フロー分析およびセルフアセスメントの支援
- 新商品や新サービスについてのビジネスラインおよびリスク管理部門による事前評価・承認プロセス
- 発生したミスコンダクトや他社発生事例などに基づいて，フォワードルッキングな全社的ホライゾン・スキャニング
- コンプライアンス部門やリスク管理部門などのセカンドライン，シニアマネジメント，特別に設置された委員会および取締役会などによるリスク管理の実効性評価とモニタリング
- 定期的およびアドホックな報告体制
- 役職員の研修やコンプライアンスプログラムの実施

　コンダクトリスクや利益相反の管理を含む，リスク管理の一般的なプロセスは，前述のとおり，リスクを特定，評価，コントロールし，モニタリングを行

うことである。一方で，第Ⅰ部第5章で述べたとおり，持続可能なビジネスモデルを構築するためには，リスク管理とビジネス戦略の策定プロセスを一体的に運営することが求められるが，こうした一体運営の中で重要な役割を果たすのが，第6章で説明するリスクアペタイトフレームワークである。リスクアペタイトフレームワークにおいては，金融機関のビジネス戦略や取引に関わるさまざまなリスクについて，これを積極的に取っていくのか，あるいは許容できないものとするのかといった，金融機関としてのリスクテイクに係る姿勢や方針を明確化することとなる。

　したがって，利益相反管理を含む適切なコンダクトリスク管理態勢を整備するにあたっては，金融機関自らが取ろうとしているビジネス戦略を踏まえ，それに伴うコンダクトリスクを特定し，同リスクに対するリスクアペタイトを明確化したうえで，当該アペタイトと整合的なコンダクトリスク管理態勢を整備していくことが必要となる。

　適切なコンダクトリスク管理態勢を整備していくにあたっては，リスクガバナンスにおいて，スリーラインズディフェンスと呼ばれる組織体制が世界金融危機後に多くの金融機関において見直されてきていることを踏まえる必要がある。これまでのリスク管理において主な役割を果たしてきたのは，3つのディフェンスラインのうち，セカンドラインと呼ばれるリスク管理部門とコンプライアンス部門であったが，利益相反を含むコンダクトリスクについては，これが顕在化した後にはコントロールするのが難しく，ビジネスに深刻な影響が生じるおそれが強い。そのため，コンダクトリスクについては，事前に，かつ適時適切に抑制するかたちでの管理を行うことが強く求められる。したがって，利益相反を含むコンダクトリスクについては，セカンドラインのみでその管理を行うのではなく，実際に顧客に向き合ってビジネスを執行し，提供される商品やサービスおよびこれらの提供チャネルのメリット・デメリットなどの特徴を最も理解しているファーストラインにおいて，積極的かつ主体的な管理を行うことが重要となる。そうした中で，セカンドラインは，グループ全体におけるコンダクトリスク管理の枠組みを構築し，各グループ会社および事業部門な

どにおけるその導入および実施と業務フロー分析，実施状況に係るセルフアセスメントを支援するとともに，ファーストラインにおけるコンダクトリスク管理状況のモニタリングを行うことが，その中心的な役割となる。一方で，具体的なコンダクトリスクの特定，評価，コントロールおよびモニタリングは，主としてファーストラインにおいて行われることとなる。

(2) コンダクトリスクのリスクアペタイト

コンダクトリスクは，金融機関がビジネスを営むうえでその多くの取引に伴い顕在化する可能性のあるリスクである。これが顕在化した場合，風評リスクや制裁金などの対象になる可能性もあり，場合によっては金融機関の存続可能性が脅かされることにもつながりかねない。そのため，一般的には，コンダクトリスクのリスクアペタイトを設定するにあたって，同リスクは許容できないとする金融機関が多い。

ここで注意すべきは，コンダクトリスクのリスクアペタイトを許容できない，あるいはゼロと決定することと，当該リスクの顕在化を完全に防ぐことは，同義ではないということである。すなわち，どれだけコンダクトリスクを取らないことを意図したとしても，これが個々の役職員の行動によって顕在化するものである以上，その顕在化を完全に排除することは実際上困難である。そのため，信用リスクや市場リスクといった，一般的に金融機関が積極的に取り，一定程度顕在化することがあらかじめ想定されるリスクとは異なり，コンダクトリスクについては，その顕在化につながるような取引動向などをフォワードルッキングに把握し，その顕在化を可能な限り未然に防止するための強固な管理態勢を整備することが必要となる。

かかる観点から，監督当局に報告が求められる案件の数や苦情件数といったバックワードルッキングな指標のみならず，コンダクトリスクの動向をフォワードルッキングに把握するためのモニタリング指標として，提供するビジネスの種類や商品・サービス，これらが提供される顧客や取引相手方の種類や属性，これらを提供する地理的範囲などについて，定性・定量的リスク指標やリ

スク限度枠を設定することが重要となる。例えば特定の顧客に対するリスク性商品の販売動向など，コンダクトリスクの顕在化につながっていく可能性のある取引動向をプロアクティブにモニタリングするための指標を設定することが必要といえる。

　また，コンダクトリスクは役職員の日々の業務における行動に起因して生じることから，その適切なリスク管理のためには，健全なリスク文化を組織内で醸成し，こうしたリスク文化に沿った適切なリスクテイクを促すような評価・報酬体系を整備することが重要となることにも留意が必要である。健全なリスク文化の醸成は一朝一夕では困難であるほか，グローバルにさまざまな拠点において多種多様な業務を行う金融機関であればあるほど，現場のすみずみに至るまで当該金融機関としてのリスク文化を浸透させることは容易ではない。そのため，経営陣自らが，率先垂範し（lead by example），行動で示すような強固なリーダーシップの発揮が期待される。また，こうしたリスク文化を醸成していくため，役職員を対象としたe-ラーニングなどの研修プログラムの整備および実施や，オープンでチャレンジ精神のある議論が可能となるワークショップの開催を行い，これらの成果を定期的に検証するなどして，リスク文化の浸透度合いを継続的に評価していく態勢を整備していくことも必要となる。

(3)　コンダクトリスクの特定

　コンダクトリスク管理プロセスにおけるリスクの特定にあたっては，自らのビジネス戦略に基づく図表Ⅲ-4-2で示したような金融機関のさまざまな市場における参加者や顧客との取引に関して，提供する商品・サービスに起因して顧客に損失が生じる潜在性，自社の戦略やビジネスモデルに起因して顧客に損失が生じる潜在性，および自社のガバナンスや企業文化，報酬体系などに起因して顧客に損失が生じる潜在性などを検証し，レピュテーションの低下や当局による制裁金などを通じて金融機関に損失が生じるリスクを特定するのが一般的である。

　コンダクトリスクの特定において重要なことは，金融機関グループが営むビ

ジネスおよび取引において，コンダクトリスクの発生要因になりうるものをフューチャーフォーサイトの手法を活用しつつ，フォワードルッキングな視点から網羅的に洗い出すことである。そのためには，フィンテックやデジタル技術の発展により，SNSやクラウドコンピューティングなどを通じた顧客のさまざまなデータの収集や活用など，これまでにないかたちでの業務執行が行われることが今後ますます想定されることから，過去事例や他社事例のみならず，これまでに経験したことのない新しい種類のコンダクトリスクの要因を，フォワードルッキングかつプロアクティブに特定することが重要となる。そのためには，**図表Ⅲ-4-4**に示すようなエマージングリスクの特定，すなわち今後生じるかどうか現時点では予測できないものの，仮に生じた場合にはビジネスモデルに深刻な影響を与えうるリスクを特定する方法として活用される，

図表Ⅲ-4-4　エマージングリスクの特定方法

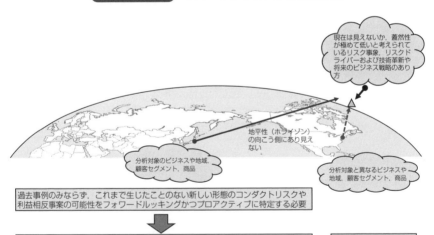

フューチャーフォーサイト（将来に対する洞察）の手法を用いることが有益となる。

フューチャーフォーサイトは，新しい技術発展の可能性の考察や，国家レベルにおけるエマージングリスクの特定などにおいてわが国のみならずさまざまな国において活用されており，具体的には，ワークショップ分析やホライゾンスキャニングといった手法を用いることで実施される。ワークショップ分析においては，過去事例や外部環境，自社グループのリスク文化などを踏まえ，さまざまなバックグラウンドを有する多様な階層の役職員が集まり，将来起こりうる事案などについてワークショップ形式で議論を行うことで，エマージングなコンダクトリスクの要因を特定していく。ここでは，新たなサービスや商品などを提供しようとする事業部門やその担当役員だけでなく，さまざまなバックグラウンドを有する役職員が集まって議論を行うことで，多面的な視点から潜在的なコンダクトリスクが検討され，新しい発想や見方が誘発されることが期待される。他方，ホライゾンスキャニングでは，足元のトレンドやSNSなどを通じてやり取りされている情報などを踏まえ，現時点では見えておらず発生確率は低いと考えられるもの，発生した場合に影響の大きいコンダクトリスクの要因を特定することが企図される。ここでは，現時点では想定されていない新たな変化の兆候を検出することが重要となるため，現時点では見えていないか，または蓋然性が極めて低いと考えられている将来のビジネス戦略のあり方やリスク事象，リスクドライバー，技術革新の可能性を同時に分析し，これらについて議論することを通じて，将来の不確実な動向に対する洞察力を磨くことが重要となる。

⑷　コンダクトリスクの評価

コンダクトリスクを特定した後に，その評価を行うのが次のステップとなる。コンダクトリスクは，信用リスクや市場リスクと異なり，その定量化を行うことが困難なリスクであり，共通する部分のあるオペレーショナルリスクについても，従前からこれを的確に定量化することは困難であり，過去の損失実績や

286 第Ⅲ部 ビジネス戦略の意思決定・管理プロセス

他社の同様の損失事象などをベースに損失規模分布と損失頻度分布からリスク量を見積もるといった取り組みが行われてきた。

しかしながら，コンダクトリスクの評価としては，第5章で説明する包括的なストレステストやシナリオ分析の中で，自社および他社における損失実績などを踏まえるだけでなく，自社を取り巻く社会経済システムの不確実性を前提に，損失の顕在化する可能性をフューチャーフォーサイトの手法を活用しつつ，フォワードルッキングに評価することが必要となる。その際，セカンドラインに当たるリスク管理部門やコンプライアンス部門が，自社における過去実績のみならず，他社事例なども踏まえ，グループ横断的な観点から，ファーストラインによるフォワードルッキングな視点でのコンダクトリスクのセルフアセスメントを支援する態勢を整備することが重要となる。

(5) コンダクトリスクのコントロール

評価されたコンダクトリスクに対するコントロールの手段としては，前述のとおり，コンダクトリスクは一般的に顕在化してしまうとコントロールが困難となるため，顕在化そのものを抑制するかたちでコントロールすることが望ましい。そのため，実際に業務を行うフロント，すなわちファーストラインにおいて，コンダクトリスク管理に関する責任を明確にしたうえで，例えば新しい商品やサービス提供にあたっての事前審査を強化するといったかたちで，プロアクティブにリスクをコントロールすることが重要となる。加えて，コンダクトリスクは金融機関の個々の役職員の行動によって顕在化するものであり，コンダクトリスクを事前に完全に排除することは困難なことから，仮にコンダクトリスクが顕在化してしまった場合の対応として，マネジメントアクションの有効性と実行可能性を網羅的に検証しておくことが重要となる。

また，金融機関が危機に陥った場合におけるコンダクトリスク管理のための備えとして，平時の取り組みに伴うコンダクトリスクのみならず，危機時に貸出債権の流動化やポートフォリオ売却といったさまざまなマネジメントアクションをとることに伴うコンダクトリスクの顕在化の可能性や，顧客に販売し

た商品価格が大幅に下落するなどしてコンダクトリスクが顕在化し，損失規模が拡大することについても，勘案する必要がある。さらに，コンダクトリスクの顕在化に伴い風評リスクが危機時に生じることも考えられるが，危機時においてこうした風評リスクの広まりをいかに早期に収拾し，経営に与える影響を最小化するかといった観点から，過去の他社事例なども踏まえつつ，適切な危機管理態勢を構築していくことも必要となる。

⑹　コンダクトリスクのモニタリング

　以上のようなプロセスを通じてコンダクトリスクの特定，評価およびコントロールが行われることとなるが，リスクアペタイト指標やモニタリング指標などを用いてその動向を継続的にモニタリングし，可能な限りその顕在化を未然に防止することも重要となる。

　そのためには，前述のとおり，なるべく現場に近い段階でのリスク管理，すなわち3つのディフェンスラインのうち，ファーストラインに当たるフロント部門が，自らその取引や活動をリアルタイムにモニタリングし，リスクの顕在化につながるような動きの有無を常時把握したうえで，ファーストラインの経営陣はもちろん，経営情報システムの整備を含めセカンドラインやサードラインに対して定例報告および危機時にアドホックな報告がタイムリーに実施できる体制を整備することが望ましい。とりわけ，国内外のさまざまな地域において業務を行っている国際的な金融機関や，コンダクトリスクの顕在化につながりやすい個人向けの取引を積極的に行っている金融機関，またマーケットコンダクトに関わる大規模な市場取引を行っている金融機関については，コンダクトリスクのモニタリングのためのITシステムの整備やファーストラインディフェンスの強化が，より一層求められるといえる。

　以上のとおり，適切なコンダクトリスクの管理は，持続可能なビジネスモデルの構築に向け，顧客本位の業務運営を行っていくうえで必要不可欠な要素であり，金融機関においては，提供する商品やサービス，顧客層やグループ構造などを踏まえ，適切な管理態勢を整備していくことが求められる。その際，コ

ンダクトリスクは，これが顕在化した場合に金融機関の存続可能性を脅かす可能性があることから，顕在化を未然に防止するための態勢，すなわち現場であるファーストラインにおいて可能な限りこれを抑制していくことが重要となる。そのためには，既に説明したフューチャーフォーサイトの手法を活用しつつ自社がさらされるコンダクトリスクを特定したうえで，適切なリスクアペタイト指標やモニタリング指標を設定し，各取引を常時モニタリング・報告するための経営情報システムを構築することで，実効的なリスク管理態勢を整備していくことが必要となる。

④ 顧客本位のビジネスモデルの確立と利益相反管理

(1) 利益相反管理の重要性

これまで述べてきたように，金融機関は，顧客本位の業務運営体制を整備し，顧客中心のビジネスモデルの展開とあわせて顧客の最善の利益を図ることで，金融機関自身の収益基盤を強化し，ビジネスモデルの持続可能性を高めていく必要がある。

そのためには，前述のとおり適切なコンダクトリスク管理態勢を整備することが重要となるが，その中でもとりわけ重要となるのが利益相反管理である。利益相反は，例えば悪意のない従業員による事務ミスや，最初から犯罪を目的とする行為や損失を隠蔽するための不正行為，あるいは顧客の不正に利用されまたは加担する行為などと異なり，主に金融機関の報酬体系やリスク文化・企業文化などの不備や不適切性などに起因するものであり，法令等に違反する行為に加えて必ずしも法令等に違反しているとは限らない行為も対象に含むものであるといえる。そのため，これを適切に管理できない場合には，多数の従業員によって各種取引に関し同様に広く発生する可能性もあり，多数の顧客への影響が生じるおそれがある。したがって，とりわけリスク管理の観点からは，

利益相反行為を網羅的に特定し，その行為の妥当性評価を含めて管理する必要性が高いといえる。

(2) 利益相反管理プロセス

図表Ⅲ－4－5は，顧客本位のビジネスモデルの確立のために顧客本位の業務運営を実施していく中で，金融機関が顧客ニーズをいかに捉え，それをどのようにサービスの提供に活かしていくのか，また適切なコンダクトリスク管理態勢の一環として利益相反管理をどのように実施していくべきかについて，一連のPDCAサイクルを表したものである。

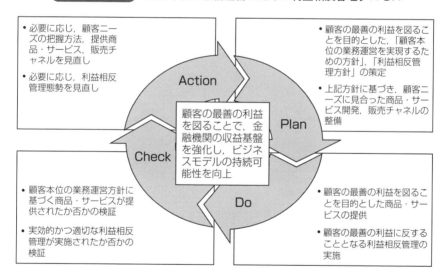

図表Ⅲ－4－5　顧客本位の業務運営のための利益相反管理プロセス

まず，金融機関として業務運営において具体的にどのように顧客の最善の利益を図るかについて定めるとともに，これを金融機関グループ全体において浸透させることを目的とする「顧客本位の業務運営を実現するための方針」や，金融機関および顧客に関わる利益相反の適切な管理のための「利益相反管理方針」を策定する必要がある。これらの方針を踏まえたうえで，ビジネス戦略に

基づき開発または整備される商品やサービス，販売チャネルを顧客ニーズに見合ったものとすることが重要である。また，後述のようにこれら業務運営に関し生じうる利益相反を特定，評価，モニタリングおよびコントロールするための利益相反管理態勢を整備することとなる。

次に，これらの商品やサービスを提供する過程において，顧客との利益相反が生じていないかについてモニタリングするとともに，潜在的な利益相反や既に顕在化した利益相反について適切なコントロールを行うことで，適切な利益相反管理を実現していくこととなる。

そのうえで，このようなサービス提供およびリスク管理の結果，顧客本位の業務運営方針に基づく商品・サービスが提供されたか，また実効的かつ適切な利益相反管理が実施されたかについて，内部監査を含む内部統制機能が適切な検証を行い，利益相反管理態勢の実効性の評価を行う。

以上の検証・評価結果を踏まえ，必要に応じて顧客ニーズの把握方法や提供商品・サービス，販売チャネルの見直しを行い，さらなる利益相反管理態勢の見直しを図っていくことになる。

このような顧客本位の業務運営を実施するための一連のPDCAサイクルを通じて，適切な利益相反管理の実施・改善を図っていくことで，顧客本位のビジネスモデルを確立していくことが，ビジネスモデルの持続可能性を高めることにつながっていくわけである。

5 利益相反関係

(1) 金融機関を取り巻く利益相反関係

顧客本位の業務運営を行っていく中で，金融機関あるいは金融グループにとって，顧客を含むその内外の関係者との間でさまざまな利益相反関係が生じうるが，前述のとおり，このような利益相反を適切に管理できない場合には，顧客中心のビジネスモデルの根底となる顧客の信頼を失うおそれがある。その

ため，コンダクトリスク管理の中でもとりわけ利益相反管理が重要となっている。

　図表Ⅲ-4-6は，このような金融機関を取り巻く利益相反関係を示した概念図とそのいくつかの具体例を示したものである。ここに示すように，金融機関と顧客の間および金融機関の役職員と顧客の間の利益相反は，顧客の利益や顧客のニーズを勘案せず，金融機関にとっての収益や金融機関の役職員の報酬を優先させることにより生じる典型的な利益相反の事例である。こうした事例以外にも，顧客間の利益相反として，金融機関が特定の顧客を優遇する結果として別の顧客が不利益を被る事例や，顧客の利益ではなく系列会社の商品を優先して販売するというグループ会社間の関係を通じた利益相反，またグループ外のベンダーが自社の利益のため金融機関の顧客情報を不正利用することなどによる利益相反など，さまざまなものが考えられる。このように，金融機関は，そのグループを取り巻くさまざまな関係者の間で，顧客ビジネスに関わる利益相反が生じうることに留意し，自社グループのビジネス特性やグループ構造，

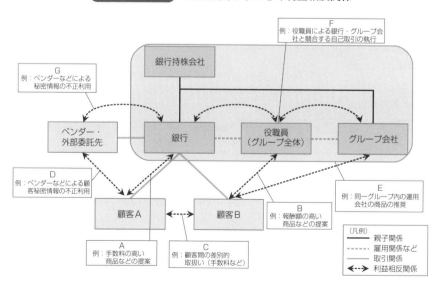

図表Ⅲ-4-6　金融機関を取り巻く利益相反関係

292   第Ⅲ部　ビジネス戦略の意思決定・管理プロセス

外部委託先の利用の有無などを踏まえたうえで，適切な利益相反管理態勢を整備していく必要がある。

(2) 利益相反の類型化

　図表Ⅲ－4－6に示すとおり，金融グループと顧客に関してさまざまな利益相反が生じうる。金融機関が適切な利益相反管理態勢を構築していくためには，このような自社グループに生じるおそれのある利益相反の潜在的要因を，前述のフューチャーフォーサイトの手法を活用しつつグループ全体として広く網羅的に洗い出し，その認識を全社的に広く共有することが重要となる。そのため

図表Ⅲ－4－7　利益相反の類型化

		利 益 相 反 行 為 の 類 型 例
A・E：顧客と金融機関・グループ会社	①	金融機関が，顧客に対する商品や業務などの提供において，顧客の犠牲のもとに，直接または間接に，不合理な利益を得，または損失を免れる場合
	②	金融機関が，同一の顧客または取引に関し，自己の利益を顧客の利益に優先させて，複数の業務などを提供する場合
	⋮	⋮
B：顧客と役職員（グループ全体）	①	顧客の利益以外を目的として業務を行うインセンティブを与える役職員の報酬体系が存在する場合
	⋮	⋮
C：顧客と顧客	①	金融機関が，同一のサービスの内容または費用などについて，顧客ごとに合理的ではない異なる取扱いを設定する場合
	⋮	⋮
D：顧客とベンダーなど	①	業務受託者が，業務受託の間または終了後において，顧客に関する情報などを不適切に管理しまたは取り扱う場合
	⋮	⋮
F：銀行と役職員（グループ全体）	①	役職員が，金融機関の利益と相反するおそれのある個人的取引または外部事業の運営・監督などの外部事業活動を行っている場合
	⋮	⋮
G：銀行とベンダーなど	①	業務委託者が，業務委託の間または終了後において，業務委託に関する情報などを不適切に管理および取り扱う場合
	⋮	⋮

には，このような利益相反について，グループ全体で，フォワードルッキング
かつプロアクティブに特定を行うとともに，特定された利益相反の要因が顕在
化しないよう，また顕在化した際には迅速に対応可能な態勢を整えることで，
これらを適切に管理していく態勢を整備することが必要となる。かかる利益相
反の特定の過程においては，ファーストラインにおいて自ら利益相反の潜在性
を認識することが可能となるように，網羅的に洗い出された利益相反の潜在的
要因を類型化して整理することが有益となる。

　このような利益相反の類型化の一例を示したものが，**図表Ⅲ-4-7**である。
提供しているサービスの種類やターゲットとなる顧客層が多様であればあるほ
ど，また自社グループの組織構造や外部委託関係が複雑であればあるほど，利
益相反が生じる可能性が高まる。ここに示される類型例は，あくまで一例にす
ぎず，これら以外にも，個別の金融機関の業務やグループ構造，顧客特性など
に照らしてさまざまな利益相反関係が生じうる。また，金融以外のプラット
フォーマーとの競争の中で，SNS情報やクラウドコンピューティングといった
デジタル技術を活用した新しい顧客情報，顧客ニーズの収集・活用などが増え
てくることで，今までにはなかった新しい種類の利益相反関係が生じてくる可
能性があることにも留意する必要がある。

⑥　利益相反管理プロセス

⑴　利益相反管理プロセスの概要

　適切な利益相反管理態勢を整備していくためには，前述のコンダクトリスク
の管理プロセスと同様に，利益相反の要因を特定，評価，コントロールし，モ
ニタリングを行うための利益相反管理プロセスを構築する必要がある。その一
般的なプロセスを示したのが，**図表Ⅲ-4-8**である。

　利益相反は，前述のとおりさまざまな金融機関をとりまく関係者との間で生
じる可能性があるうえ，金融機関グループが行うあらゆる業務執行の過程で生

294　第Ⅲ部　ビジネス戦略の意思決定・管理プロセス

図表Ⅲ－4－8　利益相反管理プロセス

2nd ライン

枠組み構築・セルフアセスメント支援

モニタリング

1st ライン横断的な利益相反

利益相反の分類

	FINRA（全称）	JPMC（全称）	OCC（（略称）	FDIC（ロージ）	FCA（（略称）業務運営	処分事例等	管理方法
A 顧客と銀行							
B 顧客と投資							
C 顧客と資産							

1st ライン

特定　→　評価　→　コントロール

エマージングリスクの特定が重要

1st ライン内の利益相反

• 当局の関心事項
• 業界実務
• 他社処分事例
• 社内報告事例

ヒートマップ評価

類型	
ビジネスライン取引	KRI

ヒートマップ（コントロール実施）

類型	
ビジネスライン取引	KRI

　じうるものであり，とりわけ新商品や新サービスを提供する際およびそれらの提供チャネルに関して，利益相反が生じないようにフォワードルッキングかつプロアクティブな管理を行うことが重要となる。前述のとおり，利益相反を含むコンダクトリスクについては，それが顕在化した後にコントロールを行うことが難しく，ビジネスに深刻な影響が生じる可能性があることから，事前かつ適時適切にそれを抑制するかたちでの管理を行うことが強く求められる。そのため，利益相反についても，コンダクトリスクと同様に，セカンドラインのみでその管理を行うのではなく，ファーストラインにおいて積極的かつ主体的な自己完結型の管理を行うことが重要となる。

　すなわち，セカンドラインは，グループ全体における利益相反管理の枠組みを構築し，各グループ会社および事業部門などにおけるその導入および実施と業務フロー分析，実施状況に係るセルフアセスメントを支援するとともに，ファーストラインにおける利益相反管理状況のモニタリングを行うことが，その中心的な役割となる。一方，当該利益相反管理の枠組みに基づく具体的な利

益相反の特定，評価，コントロールおよびリスクのモニタリングは，主として
ファーストラインにおいて行われる。ただし，例えば同一グループ内に法人営
業部門と運用部門を有する金融機関グループにおいて，当該運用部門が，資産
の運用先として法人営業部門が取引関係を有する企業を優先的に選ぶケースの
ように，グループ内でビジネスライン横断的に利益相反が生じる場合もありう
る。このようなビジネスライン横断的な利益相反については，ファーストライ
ンに当たる業務執行部門において管理することには限界があるため，ファース
トラインから独立したセカンドラインに当たるリスク管理部署などで適切な管
理が行われる必要がある。

(2)　利益相反管理の具体的プロセス

　具体的な利益相反の管理としては，まず，ファーストラインにおいて各ビジ
ネスラインに関連のある潜在的な利益相反の要因をフォワードルッキングな視
点から洗い出し，これらが顕在化した際の影響度を評価したうえで，セカンド
ラインへ伝達する。

　ファーストラインからの情報提供を受けたセカンドラインは，監督当局の関
心事項や業界における先進的な利益相反実務，国内外の他社の処分事例および
社内で報告された過去の問題事例なども踏まえ，フューチャーフォーサイトの
手法を用いつつ，グループ全体で今後顕在化する可能性のあるエマージングリ
スクを含め利益相反の潜在的要因の網羅的な洗出しを行い，これを図表Ⅲ－4
－7のように類型化して整理する。そのうえで，利益相反類型ごとに，これが
生じることがまったく許容されないものなのか，あるいは，適切な顧客への開
示といった対応策を講じることで一定程度許容されうるものなのかなど，どの
ように対応およびコントロールすべきかについて検討する。さらに，特定され
た利益相反の要因の顕在化の可能性について定期的にモニタリングし，必要な
コントロールを適時適切に実行できるようにするため，利益相反の類型ごとに，
例えば高齢者向けの金融商品の販売動向や，販売商品に占めるグループ内法人
の商品・サービスの占める割合など，さまざまな関連するリスク指標を設定す

296　第Ⅲ部　ビジネス戦略の意思決定・管理プロセス

る。これらのリスク指標に基づき，ヒートマップを作成するかたちで定期的に
グループ内における利益相反の動向をモニタリングし，必要に応じてドリルダ
ウン機能を用いて詳細分析を行うとともに，ヒートマップ上問題またはリスク
の顕在化の徴候があると認められるものについては，必要なコントロールを
ファーストラインにおいて実施することとなる。

　なお，利益相反の管理に関しては，コンダクトリスクと同様に，利益相反が
役職員の日々の行動に起因して生じることから，その適切な管理のためには，
健全なリスク文化を組織内で醸成し，こうしたリスク文化に沿った適切なリス
クテイクを促すような評価・報酬体系を整備することが重要となることにも留
意が必要である。また，評価・報酬体系については，顧客本位の業務運営を確
保する観点から，金融機関の役職員に対し，利益相反を防止し，金融商品の販
売などにあたり真に顧客の利益のために行動することを促すようなものとなっ
ているか否かを検証し，必要に応じその体系を見直す必要がある。

第5章

シナリオ分析（ストレステスト，デスクトップ シミュレーション，戦略策定への活用など）

1 リスクアペタイトフレームワークに基づく シナリオ分析を通じたリスク管理

(1) シナリオ分析を通じたリスク管理プロセス

　金融機関は，自らのビジネスモデルを持続可能なものとし，深刻なストレス時においてもビジネスの継続が可能となるよう危機に対する強靭性を備え，金融仲介機能を発揮して実体経済および金融システムを支え続けることが求められる。第Ⅰ部第1章で述べたとおり，金融機関はさまざまな社会経済システムの不確実性にさらされている。こうした不確実性について，クロスセクション的および時系列的（タイムシリーズ）にどのような影響が生じうるかを大局的かつフォワードルッキングに分析・評価を行ったうえで，これを戦略策定に活かしていくことが，持続可能なビジネスモデル構築のために重要となる。そのため，持続可能なビジネスモデルを構築していくためには，次章で説明するリスクアペタイトフレームワークに基づき，さまざまなシナリオ分析を通じたリスク管理を行うことが重要となる。

　図表Ⅲ－5－1は，かかるリスクアペタイトフレームワークにおける，シナリオ分析を通じたリスク管理プロセスについて具体的に示したものである。

　リスク管理が，リスクの特定，評価，コントロール，モニタリングのプロセスから構成されるのは前述したとおりである。金融機関は，これまでもこうし

第Ⅲ部　ビジネス戦略の意思決定・管理プロセス

図表Ⅲ-5-1　リスクアペタイトフレームワークに基づくリスク管理とシナリオ分析

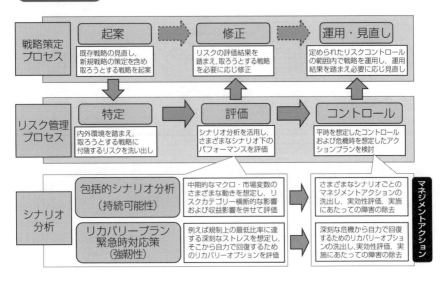

た観点から適切なリスク管理が求められてきたわけであるが，リスク管理をビジネス戦略に当たるリスクテイクと一体的に管理することが，持続可能なビジネスモデルを構築していくためには重要なポイントとなる。ビジネス戦略策定と一体的なリスク管理を行うためには，金融機関がビジネス戦略を策定および実施する過程において，当該戦略に伴うリスクを適切に特定，評価し，これをビジネス戦略の修正につなげるとともに，定められたビジネス戦略やリスクアペタイトを踏まえ適切なリスクコントロールを確保しつつビジネス戦略の運用を行い，その結果を踏まえ必要に応じた戦略見直しにつなげること，そして，こうした一連のプロセスをPDCAサイクルとして継続的に回していくことが重要となる。ストレス状態を含むさまざまなシナリオを想定したシナリオ分析は，このようなプロセスにおけるリスク評価の過程で重要な役割を果たす。

(2) シナリオ分析に用いられるシナリオ

シナリオ分析において用いられるシナリオは，一般的な経済・市場動向の今

第5章　シナリオ分析（ストレステスト，デスクトップシミュレーション，戦略策定への活用など）　299

後の見込みであるベースライン（期待）シナリオと，さまざまなリスクの顕在化を想定した複数のリスクシナリオ（ボディリスクの顕在化），およびストレスシナリオ（テールリスクの顕在化）に分けられる。ビジネス戦略を策定し，これを執行していくにあたっては，その前提となる巡航速度を想定したシナリオを策定し，その中で金融機関の損益や健全性がどのように推移するかを予想することが必要となるが，このシナリオがベースラインシナリオである。

　これに対し，自社が取ろうとしているビジネス戦略に関わる戦略リスクや財務リスクなどが，外部環境や競合環境の変化により顕在化してくる可能性があるが，このようなリスクが顕在化するシナリオとして策定されるものがリスクシナリオおよびストレスシナリオである。

　シナリオ分析においては，ベースラインシナリオにおける損益や健全性の予測と，リスクが顕在化した場合の損益や健全性の予測とを比較することで，ビジネス戦略やリスクアペタイトの妥当性を検証し，必要に応じ，リカバリーオプションやマネジメントアクションまたは戦略・アペタイト自体の見直し，経済資本の配賦，リスク限度枠の設定などにつなげていくことが大きな目的となる。リスク管理の視点からは，戦略策定時に行われるこのようなシナリオ分析を通じて，戦略執行に際して生じるリスクに係るリスク限度枠などを適切に設定し，実際のリスクプロファイルが当該限度枠に抵触する場合には適切なコントロールを実施できるような態勢を整備していくことが重要となる。

⑶　包括的シナリオ分析

　ベースラインシナリオやリスクシナリオ，ストレスシナリオは，1か月や半年といった短期的なシナリオに加えて，3年〜5年といった中長期的な時間軸でさまざまなシナリオを策定し，かかるシナリオが生じた場合における金融機関の損益や健全性に与える影響を分析することとなる。このように短期的なシナリオに加えて複数年にわたる中長期的なシナリオも用いることによって，その期間中にさまざまな事象が発生することを想定するとともに，これらに対して第Ⅱ部第4章で述べた自己資本に係る代替的キャピタルアクションや第3章

で述べた有価証券運用に係るマネジメントアクションを実施した場合の影響も
あわせて検証するなど，第1章で述べたフロー変数の変動に伴うストック変数
の想定ストレス期間にわたる変化を考慮した動態的（ダイナミック）なシミュ
レーションを行い，その影響を分析することが可能となる。

　このような動態的シミュレーションを行うことで，外部環境の変化や競争市
場の変化などによって，戦略固有リスクがどのような影響を受け，それに対す
るマネジメントアクションの発動も踏まえた戦略執行リスクとして，どのよう
に戦略リスク（収益，取引量）やオペレーショナルリスク，財務リスク（資産
価値・流動性）および企業価値リスク（健全性，収益性，成長性）が影響を受
けるかについて，包括的なかたちで分析および把握することが可能となる。

(4)　リカバリープラン・緊急時対応策において用いられる
　　シナリオ分析

　かかるシナリオ分析には，第Ⅱ部第3章で説明したリカバリープラン策定の
中で実施されるシナリオ分析であるリバースストレステストも含まれる。この
リバースストレステストの目的は，リカバリープランや緊急時対応策を策定す
ることで危機に対する強靱性を高めることにある。そのため，短期的かつ深度
の深いシナリオを想定し，そうしたシナリオが顕在化した際のリカバリーオプ
ションや緊急時のマネジメントアクションの有効性や実行可能性を評価するこ
ととなる。こうしたリカバリーオプションやマネジメントアクションの分析を
通じて，これらオプションやアクションの実施にあたっての障害が特定された
場合にはそれを取り除くとともに，これらの有効性や実行可能性を高める観点
から，さまざまなトリガーポイントを定めるとともに，当該ポイントにおいて
実施すべきアクションやオプションをあらかじめ検討しておくことにより，平
時から危機時にわたる各ステージにおいて，適切なリスク管理が実行できるよ
うな態勢を整備していく。

(4) 各シナリオ分析の概要

　以上の包括的シナリオ分析とリカバリープラン・緊急時対応策におけるシナリオ分析を活用しながら，必要な態勢整備を実施することにより，中長期的なビジネスモデルの持続可能性を高めるとともに，危機に対する強靭性を高めていくこととなるわけである。

　図表Ⅲ-5-2は，このようなシナリオ分析のイメージを示したものである。
　第Ⅰ部で説明したように景気変動の循環は絶えず生じているが，同図の上のグラフに示すように，世界金融危機においては，金融システムに影響を及ぼす大きなストレス事象が発生し，かつこれがソブリンリスクへの懸念を通じて欧州危機にまで発展したことで，想定された景気循環サイクルが大きな底割れを引き起こし，金融システムの安定性が大きく失われる事態となった。その後，世界金融危機に対応するかたちで金融規制の国際的な強化や各国・地域における金融政策および経済政策などが実施され，景気が回復局面に戻ってきたもの

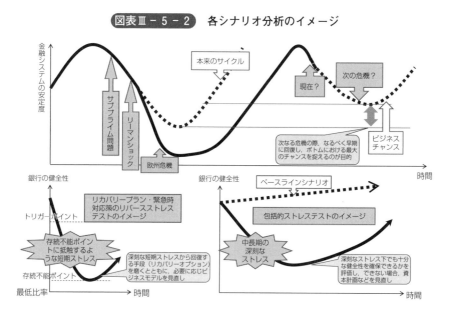

図表Ⅲ-5-2　各シナリオ分析のイメージ

の，第Ⅰ部第1章で述べたとおり景気循環の波に従って今後も繰り返し景気後退の周期に入ることが想定される。

　今後どのタイミングでどのような危機が発生するのかについて正確に見通すことは困難であるものの，金融機関にとって重要なことは，仮に次の危機が生じた場合であっても，システミックリスクを引き起こさずに，可能な限り早期に危機から自助努力により健全性を回復できるような仕組みをあらかじめ構築しておくことである。すなわち，景気後退時においてもビジネスモデルを持続可能なものにするとともに，景気が底割れするような深刻な危機が生じたとしてもそれに対応できる強靭性を高めることが求められるわけである。

　前述のとおり，短期のみならず中長期のさまざまなシナリオを想定し，その中で戦略執行リスクの顕在化の可能性につき動態的なシミュレーションを実施したうえで，マネジメントアクションの有効性および実行可能性を評価することで，仮にリスクシナリオやストレスシナリオが顕在化したとしても，当該アクションを実施することによりプロアクティブな対応が可能となり，マネジメントアクションが未整備の金融機関と比べて，ストレスによる影響は結果として小さいものとなるはずである。また，資本計画策定にあたっても，さまざまな事態をあらかじめ想定しておくことにより，より適切かつ効率的な資本計画の作成にもつながることとなる。

　シナリオ分析としては，包括的シナリオ分析とリカバリープランにおけるシナリオ分析の2つがあることはすでに説明したとおりである。中長期的な包括的シナリオ分析は，中長期的な景気循環の中でビジネスモデルの持続可能性を検証することが究極的な目的である。そのため，主に自己資本充実度評価や資本計画の妥当性の検証およびストレス顕在化時の資本計画における代替的キャピタルアクションの有効性および実行可能性を検証するために用いられる。具体的には，資本計画の策定プロセスにおいて，その前提となるベースラインシナリオ下における損益に対する影響と比較して中長期のストレスが顕在化した際の損益影響を評価することにより，さまざまなストレスが顕在化した際にも十分な健全性を確保できるか否かを評価し，これが困難な場合には，平時の

第5章　シナリオ分析(ストレステスト,デスクトップシミュレーション,戦略策定への活用など)　303

キャピタルアクションとして予定する配当の減額や自己株買いの中止を含め,資本計画を見直すことになる（同図の右下のグラフ）。

　他方,リバースストレステストにおける短期的シナリオ分析は,第Ⅱ部第3章で説明したように,危機に対する強靭性を高めるべく,深刻な短期ストレスから回復するための手段であるリカバリーオプションやマネジメントアクションを準備するとともに,その有効性および実行可能性を評価したうえで,その障害を取り除くための施策を検討し,あるいは必要に応じてビジネスモデルそのものを見直すために実施される。したがって,中長期のシナリオと比較すると,まず,自力で回復することが困難となる水準（自力で存続が不能となるポイント）を設定したうえで,かかる存続不能ポイントに抵触するような短期かつ深刻なストレスシナリオが逆算的に策定されることになる（同図の左下のグラフ）。なお,このような短期かつ深刻なストレスシナリオにおけるリカバリーオプションの分析においては,各オプションの評価をより効果的に行うことができることから,その取り組みの結果は,中長期のストレスが顕在化した場合のマネジメントアクションの検討にも活用されることとなる。第Ⅱ部で説明したとおり,これらのリカバリーオプションをもとに戦略や計画にまとめたものが緊急時対応策であり,さらにビジネスモデルの分析やリスク管理・危機管理態勢とともに文書化されるものがリカバリープランである。

2 シナリオ分析を活用した ビジネス戦略検討プロセス

(1) シナリオ分析を活用したビジネス戦略検討プロセスの概要

　前節で説明したシナリオ分析について,リスクアペタイトフレームワークに基づきビジネス戦略を検討・策定していく過程で,金融機関がどのようにこれを活用すべきかについて,もう少し具体的に説明する。

　図表Ⅲ-5-3は,かかるシナリオ分析を活用したビジネス戦略検討プロセ

図表Ⅲ-5-3 シナリオ分析を活用したビジネス戦略検討プロセス

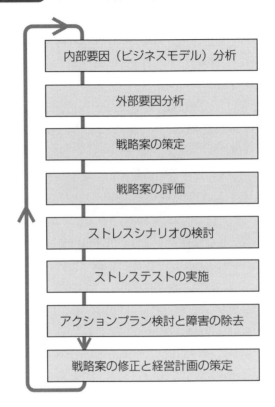

スのステップを示したものである。ここでは，基本的に，内部要因（ビジネスモデル）の分析（戦略固有リスクなど），外部要因（外部環境リスク，競合リスク）の分析，戦略案策定，戦略案の評価，ストレスシナリオ検討，ストレステストの実施，アクションプラン検討と障害の除去（戦略執行リスク），戦略案の修正と経営計画の策定というプロセスを繰り返し行うことで，シナリオ分析を通じた持続可能なビジネス戦略の策定，修正および見直しプロセスが継続的に実施されることが企図されている。

第5章 シナリオ分析(ストレステスト,デスクトップシミュレーション,戦略策定への活用など) 305

(2) 内部要因・外部要因の分析

このプロセスについて順を追って説明すると,まず,金融機関は,さまざまなストレスシナリオを検討するにあたっての外部環境に係るリスクドライバーを特定するため,こうしたドライバーにより影響が生じうる内部要因であるビジネス特性,収益源,リスクプロファイル,金融システムや金融市場との相互連関,グループ内エンティティ間の相互依存,およびこれらを踏まえた自らの脆弱性などのビジネスモデルの分析を行う(「内部要因(ビジネスモデル)分析」)。そのうえで,自社にとっての具体的なトップリスクおよびエマージングリスクを特定するために,自社のビジネスや脆弱性に影響を与えそうなグローバルおよび国内の経済・市場の動向,規制環境などの第Ⅰ部第1章で説明した社会経済の不確実性をもたらすさまざまな要素のほか,技術革新や新規参入など第Ⅱ部第1章で紹介したビジネスの進展などについて,短期的視点および中長期的視点の双方の視点から,その蓋然性もあわせて大局的かつフォワードルッキングに分析する。この過程で,自社のビジネスにとって喫緊に脅威となりうるトップリスクと,まだ顕在化していないが今後自社のビジネスに深刻な脅威となりうるエマージングリスクが特定されることとなる(「外部要因分析」)。

ビジネス戦略を策定するにあたっては,以上のようにビジネスモデルおよび外部要因それぞれを適切に分析することが不可欠となる。

(3) 戦略案の策定・評価

これらビジネスモデルの分析および外部要因の分析の結果を踏まえ,金融機関は,中長期的に取りうるさまざまな戦略を洗い出したうえで,定性的および定量的なリスクアペタイトを含む具体的な戦略の原案を策定する(「戦略案の策定」)。そして,想定される通常シナリオ(ベースラインシナリオ),すなわち今後経済・社会動向などが巡航速度で展開していくと見込まれるシナリオにおいて,ここで策定した戦略案をそれぞれ取った場合に金融機関の損益や健全性に与える影響を評価する(「戦略案の評価」)。収益性に関するリスクアペタ

イトの妥当性を評価するうえでベースラインシナリオによる戦略案評価は重要
な役割を果たす。また，ストレス事象が顕在化しないと想定されるベースライ
ンシナリオ下における影響度の評価なしには，リスクが顕在化した際の戦略案
に与える影響と比較することができないことから，ベースラインシナリオ下に
おける損益および健全性に与える影響の分析は，戦略策定にあたって欠かすこ
とのできない重要なプロセスの1つとなる。

(4) ストレステストの検討・実施

次に，ビジネスモデルおよび外部要因の分析の結果特定されたトップリスク
およびエマージングリスクを踏まえ，これらのリスクが顕在化することを想定
した中期的な景気変動サイクルを勘案したリスクシナリオおよびストレスシナ
リオを検討する。その際，自社のみに影響を与えうるシナリオ（いわゆるイ
ディオシンクラティックな（固有）シナリオ）や自社のみならず市場全体に影
響を与えうるシナリオ（いわゆるシステミックシナリオ）など，金融機関のビ
ジネス特性やリスクプロファイルに応じ5ないし10個程度のシナリオにについ
て検討する（「ストレスシナリオの検討」）。こうした性質の異なる複数のシナ
リオを検討する大きな理由の1つは，将来において実際に生じる事象を正確に
予測することは困難であり，むしろ想定外の事象が生じる可能性も高いこと，
また，発生するシナリオの内容によって取りうるマネジメントアクションの有
効性や実行可能性が異なることから，金融機関としてあらかじめ可能な限りさ
まざまなシナリオに基づくストレステストを実施し，さまざまな場面を想定し
たマネジメントアクションを検討しておくことが，想定外の事象や不確実性が
生じた場合に柔軟かつ臨機応変に対処できる能力を高めることにつながると考
えられるためである。もちろん，このようにさまざまな種類のストレスシナリ
オをあらかじめ想定したとしても，これがそのまま顕在化する可能性は必ずし
も高いとはいえないが，だからこそ特徴の異なるさまざまなストレスシナリオ
を想定し，これらシナリオにおけるマネジメントアクションの有効性や実行可
能性を評価しておくことで，想定外の危機に対する備えの実効性を高めておく

第5章　シナリオ分析(ストレステスト,デスクトップシミュレーション,戦略策定への活用など)　307

必要があるわけである。

　このように複数のシナリオを想定したうえで，ストレステストを実施し，各ストレス下において，ベースラインシナリオと比較して，収益面やリスク面を含めて，策定した戦略案がどのような影響を受けるのか，またその結果として自社の自己資本比率をはじめとした健全性にどのような影響が生じるのかについての評価を行う（「ストレステスト実施」）。

(5)　アクションプラン検討とビジネス戦略策定

　かかるストレステストの実施とあわせて，さまざまなシナリオが顕在化した場合に，その影響を抑制・軽減するためのリカバリーオプションやマネジメントアクションを検討することが必要となる。マネジメントアクションとしてはさまざまなものが考えられるが，想定されたストレスシナリオが顕在化する結果，負の影響が大きいものを中心に，当該影響度を軽減するためのマネジメントアクションを検討のうえ，その有効性および実行可能性，さらには実行にあたっての障害を特定したうえで，これらを踏まえたアクションプランを策定することとなる。その際，マネジメントアクション実行に際しての障害については，実際にストレスが顕在化した際の実効性を高める観点から，それを取り除くための施策を検討することが必要となる（「アクションプラン検討と障害の除去」）。

　当該ストレステストの結果を踏まえ，必要に応じ戦略案を見直したうえで，中期経営計画，資本計画などの各種ビジネスプランを策定し，ビジネスラインごとの計画に落とし込むなどしたうえで，実際にこれをビジネスラインにおいて執行していく（「戦略案の修正と経営計画の策定」）。

　以上が，ストレステストを活用したビジネス戦略およびビジネスプラン策定の一般的なプロセスである。策定された戦略や計画を実際に執行した後，あるいは計画執行中に外部環境などの変化があった場合には，その状況に応じ，改めてリスクの特定や想定されるシナリオの見直しを行ったうえで，戦略や計画の見直しにつなげることで，持続可能なビジネスモデルの構築に向けたPDCA

308　第Ⅲ部　ビジネス戦略の意思決定・管理プロセス

を回していくこととなる。

③　計画策定におけるシナリオ分析の活用

(1)　ビジネスプラン策定におけるシナリオ分析の活用の取り組み

　上記のようなプロセスを通じ，包括的シナリオ分析およびリカバリープラン（または緊急時対応策）におけるシナリオ分析を活用することでビジネス戦略およびビジネスプランを検討および策定することが，持続可能なビジネスモデルの構築のために必要となる。すでに，先進的な取り組みを行う金融機関においては，実際にシナリオ分析を活用しつつ，トップダウンおよびボトムアップの双方向のコミュニケーションを行うことで，ビジネスプランの策定プロセスが運用されている。こうした取り組みは，国際的に活動する大規模で複雑な金融機関に主に見られる事例ではあるものの，本邦金融機関においても，それぞれの規模・特性に応じ，同様の取り組みを行うことは有用であり，危機時に他の金融機関に対応面で後れを取らないことによって，被る可能性のある損害を他の金融機関に比べて軽減することができると考えられる。**図表Ⅲ－5－4**は，このように金融機関においてシナリオ分析を活用してビジネスプランが具体的に策定されるプロセスを示したものである。

(2)　具体的なシナリオ分析活用プロセス

　まず，各ビジネスラインにおける当該ラインに係るビジネスプランの原案を策定するとともに，当該ビジネスプランの妥当性およびマネジメントアクションの実効性などについて，ベースラインシナリオおよびストレスシナリオなどを活用したシナリオ分析を通じた検証が行われる。マネジメントアクションの有効性および実行可能性については，リカバリープラン策定の過程におけるリバースストレステストを通じてまず評価が行われ，ビジネスプラン策定の際の中長期的な包括的シナリオ分析の中で，その実効性を補完的に評価すること

第5章 シナリオ分析(ストレステスト,デスクトップシミュレーション,戦略策定への活用など) 309

図表Ⅲ-5-4 計画策定におけるシナリオ分析の活用プロセス

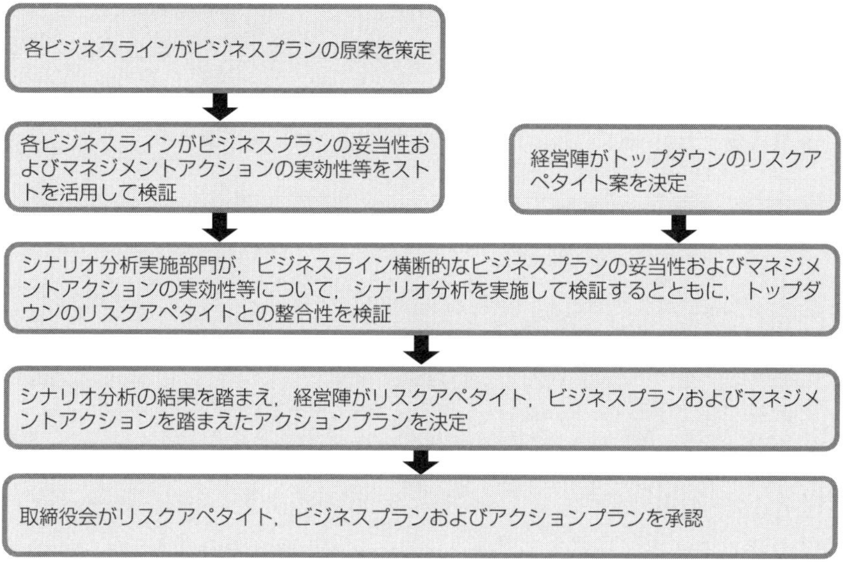

なる。ビジネスプランの妥当性の評価に際しては，包括的シナリオ分析において使用されるストレスシナリオを用いて，当該ビジネスラインが取るリスクカテゴリー横断的かつ損益への影響も織り込むかたちで影響度の検証が行われる。このような実務は，さまざまなビジネスラインを有する大規模金融機関において主に見られる事例ではあるが，ここでのポイントは，第一線（ファーストライン）に当たるフロント部門において，自らのプランの妥当性を，自ら一次的に検証することにある。

次に，各ビジネスラインが検証を通じて策定したビジネスプランについて，グループ全体のシナリオ分析実施部門が，当該ビジネスプラン全体，すなわちグループ横断的なプランの妥当性などについて，あらためてシナリオ分析を実施することで検証を行う。また，シナリオ分析実施部門は，この過程において，金融機関の経営陣がリスクアペタイトフレームワークにおいてトップダウン的に決定しているベースラインシナリオを踏まえたリスクアペタイトに照らして，

ビジネスプランが整合しているかについても，あわせて検証を行う。トップダウンおよびボトムアップのバランスについては，各金融機関の国際展開や業務特性，複雑性などにより異なるものであるが，一般的には規模が小さく複雑性が少ない，あるいは意思決定の機動性が求められるようなビジネス特性を有する金融機関については，よりトップダウンの部分に比重が置かれることになるといえる。

　このトップダウンおよびボトムアップの整合性の確認の過程で問題があると判断されたビジネスラインごとのビジネスプランについては，各ビジネスラインに差し戻され，当該問題について各ビジネスラインが改善を行ったうえで再度，シナリオ分析実施部門に提出され，あらためてビジネスプラン全体についての評価が実施される。このようなプロセスを繰り返し行い，最終的にシナリオ分析実施部門により承認された全体のビジネスプランが，シナリオ分析の結果とともに経営陣に提出され，経営陣は，当該シナリオ分析の結果を踏まえ，リスクアペタイト，ビジネスプラン，およびストレス時のマネジメントアクションを踏まえたアクションプランについて決定を行うこととなる（なお，リカバリープランは別途危機管理態勢を通じて決定される）。その後，これらは取締役会に上申され，その承認を受けることで，最終的な当該金融機関のビジネスプランとなる。

　このように，リスクアペタイトフレームワークの中で，経営陣が設定するトップダウンのリスクアペタイトと，ビジネスラインが策定するボトムアップのビジネスプランを，両者の整合性を確保しつつ，シナリオ分析を通じてアクションプランを備えた全体のビジネスプランとして策定していくことが，持続可能なビジネスモデル構築に向けた具体的かつ先進的な計画策定に係る事例といえる。

第5章　シナリオ分析（ストレステスト，デスクトップシミュレーション，戦略策定への活用など）　311

4　ストレステストプログラム

(1)　ストレステストプログラムの類型

　このように，さまざまなストレスにも耐えることのできる持続可能なビジネス戦略およびビジネスプランを策定していく際に，シナリオ分析の中で実施するストレステストは重要な役割を果たすわけであるが，これまで紹介したシナリオ分析におけるストレステストを含め，足元，金融機関において実際に実施されている主なストレステストプログラムの一般的な類型を示したものが**図表Ⅲ－5－5**である。

図表Ⅲ－5－5　ストレステストプログラムの類型

		概　要	主な目的
全体的	包括的ストレステスト	・グループおよびリスクカテゴリー横断的 ・期間損益の影響を勘案 ・時間軸は3～5年程度の中期 ・自社シナリオに基づくものと当局共通シナリオ（米国CCARなど）に基づくものの両方がある ・シナリオの深度は，相当程度深いストレスから，リスクシナリオ，ベースシナリオまでさまざま	・リスクアペタイト関連指標や計画（中期経営計画，ビジネスプラン，資本計画など）の妥当性検証 ・複数年のシナリオ下において，リバースストレステストを通じて実効性が検証されたマネジメントアクションの検証を補完
全体的	リバースストレステスト	・グループおよびリスクカテゴリー横断的 ・時間軸は通常1年以内の短期 ・規制上の最低要件を下回ったり，破綻処理のステージに入る状態から逆算したシナリオ ・シナリオの深度は非常に深く，蓋然性は低い	・ビジネスモデルの妥当性検証およびシステミックリスクの評価 ・リカバリープランやレゾリューションプランの策定およびその中で想定されるリカバリーオプションの実効性などの検証
部分的	信用，市場等のリスクカテゴリー別テスト	・リスクカテゴリー別（信用リスク，市場リスクなど） ・期間損益の影響は通常勘案されない ・時間軸は原則短期（ただし信用リスクについてはより長い時間軸） ・アセットクラスや国別などで実施されることがある	・リスクカテゴリー別の金融機関が晒されている脆弱性の特定 ・リスクリミットの妥当性の検証 ・リスクカテゴリー別のマネジメントアクションの実効性の検証
部分的	流動性ストレステスト	・流動性リスクが対象 ・期間損益の影響は通常勘案されない ・時間軸は1日，1週間から，1か月，3か月，1年までさまざま ・通貨別，拠点別などで実施されることがある	・ストレスを想定した資金流出に対して十分な流動資産が確保されているか否かの検証 ・流動性に係るマネジメントアクションの実効性の検証

　ストレステストプログラムは，大きく分けて，全体的に金融機関グループおよびリスクカテゴリー横断的に実施される全体的ストレステストと，ある一定のリスクカテゴリーについてのみ行われる部分的ストレステストに分類される。

⑵ 全体的ストレステスト

　全体的ストレステストは，中長期的ホライゾンのストレステスト（包括的ストレステストまたは包括的シナリオ分析）と，主に緊急時対応策やリカバリープラン策定のために実施される短期的ホライゾンのリバースストレステストの，大きく２つのストレステストから構成される。

　全体的ストレステストのうち包括的ストレステストについては，前述のとおり，ビジネス戦略やリスクアペタイト，ビジネスプラン策定において活用されるほか，そうしたストレスシナリオ下における代替的キャピタルアクションやマネジメントアクションの有効性や実行可能性の評価を補完的に実施する際にも用いられる。さらには，各国当局が共通のシナリオを金融機関に提供する形で行われる共通ストレステストや金融機関の実施する自己資本充実度評価（ICAAP，ORSA）においては，主に自己資本の十分性や第Ⅱ部第４章で述べた資本計画の妥当性の評価のために活用されている。

　他方，全体的ストレステストのうちリバースストレステストは，包括的ストレステスト同様，リスクカテゴリー横断的に実施されるテストであるが，リバースという名のとおり，例えば自己資本比率が最低比率を下回るような，ある一定の閾値に達するようなシナリオを逆算的に導き出すテストをいう。

　こうしたテストの意義は，どのようなストレスシナリオが発生した際に，自社が自助努力では再建不可能な状況に陥るのか，あるいは実質的な破綻処理をせざるを得ない状況に陥るのかについて把握するとともに，そうした深刻なストレス状況下において何らかの取りうる手段があるのか否か，またその手段が実効的であるのかといった点について評価することにある。したがって，かかるリバースストレステストは，第Ⅱ部第３章で説明したリカバリープランにおいて，深刻なストレスから自助努力で回復するためのリカバリーオプションやマネジメントアクションの実効性の評価などのために主に活用される。

第5章　シナリオ分析(ストレステスト,デスクトップシミュレーション,戦略策定への活用など)　313

⑶　部分的ストレステスト

　一方，部分的ストレステストは，従来から金融機関のリスク管理の一環として活用されてきたストレステストであり，健全性については，信用リスク，市場リスクおよびオペレーショナルリスク，またそれとは別途流動性リスクについて，これらのリスクが顕在化した際の影響を評価することにより，どのリスクに対する脆弱性が自社は大きいのか，あるいはリスクカテゴリー別に定めたリスク限度枠が妥当かどうか，さらにはリスクカテゴリーごとのマネジメントアクションが実効的かどうかといった点について検証するために活用される。

⑷　持続可能なビジネスモデルの構築に向けた積極的活用

　以上のように，ストレステストプログラムの目的はそれぞれの種類によって異なり，どのようなテストを実施すべきかは，金融機関の規模や特性にもよることとなる。世界金融危機より前においては，自己資本の十分性を評価するための全社的ストレステストと部分的ストレステストが主に用いられていたところ，世界金融危機後においては，それらに加えて，ビジネスモデルの持続可能性や強靭性を検証する目的で，包括的ストレステストとリバースストレステストがさまざまな金融機関において広く実施されている。金融機関においては，それらのストレステストの趣旨に照らして最適なテストを実施することによって，これを持続可能なビジネスモデルの構築に積極的に活用していくことが重要となる。

5　全体的ストレステストにおけるシナリオ分析

⑴　全体的ストレステストのシナリオ分析の類型

　以上のようなさまざまなストレステストプログラムのうち，全体的ストレステストである包括的ストレステストとリバースストレステストにおけるシナリ

314　第Ⅲ部　ビジネス戦略の意思決定・管理プロセス

オ分析については，金融危機後において各国で実施されているストレステスト
やシナリオ分析を踏まえると，**図表Ⅲ－5－6**のような類型が存在していると

図表Ⅲ－5－6　**全体的ストレステストのシナリオ分析の類型**

	共通シナリオに基づく分析		独自シナリオに基づく分析	
	トップダウンテスト	ボトムアップテスト	中長期シナリオ	短期シナリオ
主な目的	共通シナリオをもとに共通の計算ロジックを用いて影響度を算出することにより，各金融機関の影響を横並びで評価し，システミックリスクの可能性を検証	当局が各金融機関の自己資本の十分性，資本計画策定プロセスの妥当性を評価し，必要に応じ計画の修正を求める。システミックリスクの可能性の検証を補完	・自己資本充実度評価（ICAAP） ・ビジネス戦略やリスクアペタイト，資本計画などの戦略・計画の妥当性検証 ・短期シナリオで検証されたリカバリーオプションの実効性検証を補完	深刻な危機時における，自力で健全性および流動性を回復させるために取りうる手段（リカバリーオプション）の実効性（有効性および実行可能性）の検証
シナリオ	各国当局によるリスク分析を踏まえた1つ以上のストレスシナリオ		各金融機関のビジネス特性やリスクプロファイルを踏まえた独自シナリオ	
評価対象期間	おおむね3年～5年			おおむね1年以内
影響度評価対象	信用リスク，市場リスク，オペリスクを含むあらゆるリスク横断的かつ期間損益の影響			リスク横断的。短期シナリオのため期間損益影響の考慮は限定的
推計モデル	各当局のモデル	各金融機関のモデル		
テスト実行者	各当局	各金融機関		
主な事例	米国ドッド・フランク法ストレステスト（DFAST）	従来の米国SCAP，米国CCAR，欧州全体ストレステスト，英国共通ストレステスト	ICAAPに基づく統合的ストレステスト，ビジネス戦略・資本計画策定時に実施する包括的ストレステスト	リカバリープランや緊急時対応策策定の際に実施するリバースストレステスト

第5章 シナリオ分析(ストレステスト、デスクトップシミュレーション、戦略策定への活用など) 315

いえる。

　前述のように，全体的ストレステストは，中長期的ホライゾンの包括的スト
レステストと，緊急時対応策やリカバリープラン策定のために実施される短期
的ホライゾンのリバースストレステストから構成される。

　まず，包括的ストレステストにおけるシナリオ分析は，大きく，各国当局に
よるリスク分析を踏まえて策定された金融機関共通のシナリオが用いられるも
のと，個別金融機関のビジネス特性やリスクプロファイルを踏まえて策定され
る独自シナリオを用いるものに分けられる。

　このうち，金融機関が資本計画やビジネス戦略の策定において適切なリスク
コントロールを実施し，ビジネスモデルの持続可能性や強靭性を高める観点か
ら実施するシナリオ分析は，後者の独自シナリオを用いたものとなる。

　他方，前者の共通シナリオによるシナリオ分析はさらに，当局が共通の計算
ロジックを用いて個別金融機関への影響度を算出することにより，金融機関ご
との影響を横並びで評価するために当局自身が実施するトップダウンテストと，
監督当局が個別金融機関の自己資本の十分性および資本計画策定プロセスの妥
当性を評価し，必要に応じ計画の修正を求めるために金融機関自身がそれぞれ
の計測モデルを用いて実施するボトムアップテストの2つに分けられる。共通
シナリオトップダウンテストは，米国のドッド・フランク法に基づき連邦準備
制度理事会（FRB）が実施するストレステスト（DFAST）が代表例であり，
共通シナリオボトムアップテストは，米国におけるかつてのSCAP（監督資本
評価プログラム）および現在大規模金融機関に実施されているCCAR（包括的
資本分析レビュー）や，欧州における全体ストレステスト，英国の共通スト
レステストなどが代表的なものとして挙げられる。

(2)　共通シナリオに基づくシナリオ分析

　共通シナリオに基づくシナリオ分析は，監督当局がマクロプルーデンスやミ
クロプルーデンスの視点から実施するものであり，対象となるのは，ある程度
の規模を有する金融機関となる。ここでは，さまざまなストレスシナリオが顕

316　第Ⅲ部　ビジネス戦略の意思決定・管理プロセス

在化した場合における金融システム全体に対する影響を大きく把握する観点から，金融システムに大きな影響を与える可能性のある一定規模以上の金融機関のみが対象とされている。なお，こうした共通シナリオに基づくシナリオ分析は，各金融機関にとっても参考とはなるものの，あくまで当局がシステム全体に与える影響を把握するためのものであることから，金融機関は，共通シナリオに基づく分析の有無にかかわらず，そのビジネス特性やリスクプロファイルを踏まえた独自シナリオに基づく分析を実施することが必要となる。

(3)　独自シナリオに基づくシナリオ分析

　独自シナリオに基づくシナリオ分析は，中長期のシナリオ分析と短期のシナリオ分析に分けられる。前者の中長期シナリオは，共通シナリオに基づくシナリオ分析と対象期間はおおむね同様で，3年前後のシナリオホライズンを想定している。その中で，資本計画などの妥当性を検証するのみならず，従前からのリスク管理の目的である自己資本充実度評価（ICAAP）や，想定されるシナリオが顕在化した場合のマネジメントアクションやキャピタルアクションの有効性および実行可能性を評価する目的で使用される。

　一方で，短期のシナリオを踏まえたリバースストレステストにおけるシナリオ分析においては，主に深刻な危機に陥った金融機関が，自助努力で健全性および流動性を回復させるためのさまざまな手段であるリカバリーオプションの実効性の評価がその目的となる。リバースストレステストにおいて，通常1年以内の短期のシナリオを想定する大きな理由の1つは，リカバリーオプションの有効性や実行可能性を評価するにあたり，シナリオ期間が長ければ長いほどその評価が困難になるためである。最終的に，金融機関は平時から危機時に至るあらゆるステージを想定し，実効性あるマネジメントアクションの整備とその発動態勢の構築を行う必要があるが，そのために最も深刻な危機時，すなわちマネジメントアクションの有効性や実行可能性が限定される短期シナリオにおいてまずそれを評価することで，それよりも深刻度の低いステージにおけるマネジメントアクションの評価にこれを用いていくわけである。

第5章　シナリオ分析(ストレステスト,デスクトップシミュレーション,戦略策定への活用など)　317

6 決定論的手法によるストレスシナリオの策定

⑴　ストレスシナリオの策定手法

　ストレステストの実施にあたっては，そのためのストレスシナリオを策定する必要があるが，その策定手法としてさまざまなものが考えられる。包括的ストレステストについては，前述のとおり，イディオシンクラティックシナリオやシステミックシナリオなど，自社のビジネス特性やリスクプロファイルを踏まえ複数のシナリオを検討することが求められるが，こうしたシナリオをどのように検討し，具体的に策定するかが重要となる。ストレスシナリオについては従来，足元の戦略やバランスシートに，過去に実際に経験したストレスイベント時のシナリオや統計的アプローチで算出した最大損失シナリオを当てはめて影響を分析するヒストリカル法が用いられていた。もっとも，これらはあくまで過去のデータに基づくものであるため，フォワードルッキングな視点を持って行うことには限界があり，また，必ずしも金融機関のリスクプロファイルや取り巻く環境に即したものとならないという弱点があった。こうした弱点を踏まえ，**図表Ⅲ−5−7**に示すように，フォワードルッキングにストレス事象の影響を評価するために，決定論的手法を用いて，取り巻く環境の変化や金融機関のリスクプロファイルに即したストレスシナリオを策定することが求められてきている。

⑵　決定論的手法に基づくストレスシナリオの策定

　具体的には，まず，金融機関が直面する全ての主要なリスクをリスクファクター（リスクカテゴリー）として評価の対象にする必要があることから，金融機関の健全性，収益性および流動性などに大きな影響を与える主要なリスクカテゴリーを特定する。そのうえで，これら主要なリスクカテゴリーに対して影響を与えるリスクドライバーとなる，トップリスクやエマージングリスクを，

図表Ⅲ－5－7　決定論的手法に基づくストレスシナリオの策定

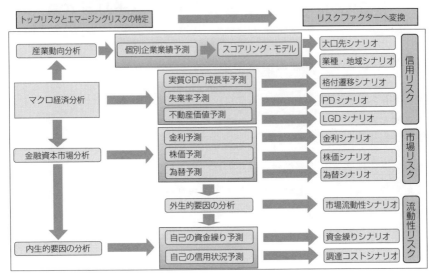

出所：『金融規制・監督と経営管理』（日本経済新聞出版社）を参考に作成

　外部環境分析の結果を踏まえ特定し，これらリスクドライバーが要因となって，それぞれのリスクカテゴリーに対して影響を与えるシナリオを考えていくこととなる。

　例えば，信用リスクに影響を与えるシナリオについては，大口集中，業種集中および地域集中などの個別ポートフォリオに関するシナリオと，ポートフォリオ全体の資産劣化シナリオに分けて考える。大口集中，業種集中，地域集中などの個別ポートフォリオに関するシナリオに関しては，マクロ経済分析をもとに，産業動向を予測し，個別企業の業績予想をもとに信用スコアを算定し，エキスパート・ジャッジメントを入れて信用格付を推定する。集中リスクをこのように切り出して検討する趣旨は，ストレス時に集中リスクが顕在化した際の影響がとりわけ大きいことによる。さまざまな集中リスクの度合いは金融機関ごとに千差万別であるため，特にイディオシンクラティックシナリオの検討にあたっては，各金融機関のリスクプロファイルに照らし，その独自の脆弱性

第5章　シナリオ分析(ストレステスト,デスクトップシミュレーション,戦略策定への活用など)　　319

に着眼したシナリオを決定論的に決めていくことが必要となる。

　一方でその他の融資先については，ポートフォリオ全体の格付遷移，信用リスク・パラメーターであるデフォルト確率（PD），デフォルト時損失率（LGD），デフォルト時エクスポージャー（EAD）をマクロ経済指標との関係で推計して求める。これらについてはおおむね分散化が図られていることから，ポートフォリオ全体で各種経済指標との相関関係を考慮して統計モデルを使用してシナリオを決定することが効率性の観点から望ましい。

　市場リスクに影響を与えるシナリオについては，マクロ経済分析をもとに，金融資本市場の状況を分析し，金利，株価，為替などの将来の市場の動きを予測し，シナリオを策定する。市場リスク関連のシナリオの決定については，市場のリスクファクターの時系列データを日次など細かい頻度でかつ過去に遡り取得することが可能であり，実際にストレスが顕在化した際，市場リスクを有するポジションに与える影響は時価の変動というかたちで現れることから，他のリスクカテゴリーと比較すると容易であるといえる。

　流動性リスクに影響を与えるシナリオについては，市場リスクで予測した金利，株価，為替などの市場の動きに基づき流動性リスク上の外生的要因を分析し，ストレス時における市場停滞，価格評価の不確実性などの市場流動性シナリオを策定する。また，金融資本市場の分析に基づき，金融機関固有の内生的要因を検討し外生的要因分析の結果を考慮して，将来のストレス下における金融機関の資金繰り環境や市場における信用状況を予測し，資金繰りおよび調達コストのシナリオを策定する。

　これらのマクロ経済分析を起点としたシナリオ策定プロセスによって，景気変動サイクル，市場の大きな変動，流動性の枯渇，ストレス下の価格評価などの不確実性を勘案して，全体として整合的なかたちで，資本と流動性のストレスシナリオを一体的に策定することができる。市場・信用・流動性リスク以外のオペレーショナルリスクやコンダクトリスクについてもこれらの関連からシナリオを策定することが可能である。システミックなシナリオについては，これらリスクカテゴリー横断的にストレスが同時に顕在化するシナリオ，例えば

320 第Ⅲ部　ビジネス戦略の意思決定・管理プロセス

経済状況が悪化し，貸倒れが生じる中，株価が低迷し市場リスクも顕在化する状況で，市場流動性の低下に伴う流動性リスクが顕在化するといったシナリオが考えられる。また，イディオシンクラティックなシナリオについては，例えば自社の大口集中先数社の破綻や，自社に対する風評リスクの顕在化に伴い資金調達が困難となるといったシナリオが考えられる。

　包括的ストレステストの実施にあたり，さまざまなストレスシナリオを検討する際に重要なことは，自社のリスクプロファイルを踏まえたうえで，リスクカテゴリー横断的にリスクカテゴリー間のシナリオの整合性を勘案しつつ，フォワードルッキングな視点からどのようなシナリオの顕在化の蓋然性がありうるか否かを議論し，検討するプロセスを整備することにあるといえる。

７ 主要なリスクドライバー（ヒートマップ）とその伝播

　ストレスシナリオを検討するにあたっては，前述の景気循環サイクルを考慮した時系列的な検討に加えて，金融機関の有するさまざまなリスクファクターのリスクカテゴリーに関し，これに影響を与えるトップリスクやエマージングリスクといったリスクドライバー間のクロスセクション的な連関を捉える必要がある。リスクドライバー間の連関は，平時とストレス時では異なる動きを見せるほか，ストレスの顕在化の過程や順序によっても異なってくることとなるが，そうしたさまざまな連関の経路を把握しておくことは，蓋然性のあるストレスシナリオを検討するために必要な要素になる。

　図表Ⅲ－5－8は，各地域における主要なリスクカテゴリーに対して影響を及ぼす主なリスクドライバーと，これらのリスクドライバー間の伝播経路としてどのようなものが考えられうるかの1つの例を示した図である。こうした図を作成し，リスクカテゴリーごとに，足元あるいは将来的に大きな影響を及ぼす程度やリスクドライバーの顕在化の可能性の高さなどによって色分けなどすることで，その重要性や発生可能性を視覚的に理解可能なヒートマップとして

第5章　シナリオ分析(ストレステスト,デスクトップシミュレーション,戦略策定への活用など)　321

利用することが可能となる。

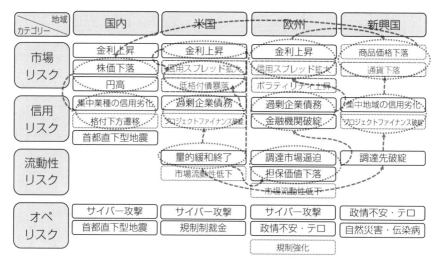

図表Ⅲ－5－8　主要なリスク（ヒートマップ）とリスクの伝播

出所：『金融規制・監督と経営管理』（日本経済新聞出版社）を参考に作成

　世界経済，日本経済，金融資本市場など，金融機関を取り巻く社会経済環境の変化を的確に把握するためには，第Ⅰ部第1章で説明したように，それぞれの連関性を把握し，社会経済システム全体を総体的に捉える，システムダイナミクスの思考が必要となる。その際には，どこにリスクが偏在し，歪み（ディストーション）が生じているのかを把握したうえで，他の要因との相互連関性を勘案しながら，当該歪みのさらなる蓄積あるいは急速な解消といった動きを予測することが重要となる。例えば，米国における金融緩和の段階的縮小の影響は，米国内における過剰債務者の返済負担の増加にとどまらず，欧州における金融機関の調達市場の逼迫を招くことになりうるほか，新興国からの資金の米国への還流に伴う資金調達先の破綻にもつながるおそれがある。また，これらを背景とする米国企業における信用リスクの問題の顕在化は，マーケットにおけるジャンク債と呼ばれる低格付債の暴落や，信用スプレッドの拡大といった問題に伝播しうる。

322　第Ⅲ部　ビジネス戦略の意思決定・管理プロセス

　以上は，あくまで米国における金融政策変更に端を発するリスクカテゴリー
および地域横断的な影響の伝播の一例を示したものであるが，ストレスシナリ
オを検討する場合にこのような手法を用いてどのようにリスクドライバー間で
リスクが伝播しうるかを検討することは，その蓋然性を検討したり，マネジメ
ントアクションやリカバリーオプションを検討したりする際における重要なポ
イントとなる。

8 取り巻く環境の変化に見合ったビジネスモデルの構築

　これまで見てきたように，金融機関は，さまざまなストレスシナリオを想定
したストレステストを活用することで，取り巻く環境の変化や，ビジネス戦略
に伴うリスクを適切に管理するとともに，ビジネス戦略の持続可能性および強
靭性の検証を通じて，持続可能なビジネスモデルを構築することが可能となる。
図表Ⅲ-5-9は，このプロセスを，持続可能なビジネスモデルの構築の観点
から捉え直したものである。
　取り巻く環境の変化に応じて，ビジネスモデルを適時適切に見直すことがで
きるか否かが，金融機関がビジネスモデルを持続可能なものにできるか否かの
重要なポイントとなる。ストレステストにおけるシナリオの策定における最初
のステップに当たる金融機関を取り巻く環境の変化については，第1章で述べ
たSWOT分析の手法を用いることが有益となる。この分析においては，金融
機関にとって強みでありかつ機会である部分をいかに伸ばしていくか，また，
逆に弱みであり脅威となる部分について，いかにリスクの顕在化を防ぎ，ある
いはその影響を抑制していくかが，ビジネスモデルを持続可能なものとできる
か否かの分水嶺として，重要な意味を有する。こうした分析結果を踏まえ，そ
の強みを生かしたビジネス戦略を立案する一方，弱点や脆弱性と脅威との連関
性の分析を踏まえたうえで，これらの戦略およびリスクに対して，包括的スト
レステストの実施により持続可能性の検証を行う。その際，かかる弱点や脆弱

第5章　シナリオ分析(ストレステスト,デスクトップシミュレーション,戦略策定への活用など)　323

図表Ⅲ-5-9　取り巻く環境の変化に見合ったビジネスモデルの構築

取り巻く環境変化	ビジネス戦略	持続可能性	ビジネスモデル
強みの特定 • 強固な顧客基盤 • 大規模拠点網 • 幅広い金融サービス　など	**強みを生かした ビジネス戦略立案** ➤顧客のライフサイクルに応じたソリューション型サービスの提供 ➤デジタル活用型ビジネスによる多様な顧客ニーズに即したサービス提供　など	**持続可能性の 検証** ➤取り巻く環境の変化,および自行の脆弱性を勘案してストレスシナリオを策定 ➤リカバリーオプションの実効性を評価 ➤オプション実行時の障害を特定 ➤障害を取り除くための対応策の決定	**ビジネスモデルの 決定** ➤ストレステストの結果を受けてマネジメントアクションの決定 ➤ビジネス戦略やビジネスプランの変更 ➤戦略・計画などの変更に伴うガバナンス態勢の整備
好機・チャンスの特定 • 資金ニーズや資産運用ニーズの高まり • デジタル技術の革新　など			
弱点・脆弱性の特定 • 非対面チャネルの低普及率 • 相対的に高い固定費 • 情報分析技術の不足　など	**弱点・脆弱性と脅威 との連関性を分析** ➤金融プラットフォームの基礎となる決済・為替業務の喪失 ➤デジタル化やAIによる業務代替が資産・拠点網をレガシーアセット化　など		
脅威の特定 • 非金融プラットフォーム企業の金融事業参入 • AIによる容易な業務代替　など			

性がリスクとして顕在化する事象のみならず,強みであり機会だと評価したうえで策定したビジネス戦略案について,例えば強みや機会による優位性を損なわせるようなさまざまなストレス事象が顕在化した際の影響についても,あわせて評価を行うことが必要となる。こうした評価を通じて,ストレス事象が顕在化した際にその影響を抑制・軽減するためのマネジメントアクションの有効性や実行可能性を評価するとともに,実行にあたっての障害を特定したうえで,特定された障害を取り除くための方策をあわせて検討することとなる。こうしたマネジメントアクションの評価および障害の除去が,危機が顕在化した際の金融機関の対応力を高めることにつながり,結果として,当該金融機関のビジネスモデルを,より持続可能なものとするわけである。

　同図においては,第Ⅰ部第1章や第Ⅱ部第1章で説明した金融機関を取り巻く社会経済の不確実性やさまざまなビジネス戦略をもとに簡易な事例を記載しているが,このような検討プロセスを経て,それぞれの金融機関において,取り巻く環境の変化に見合ったビジネスモデルを構築していくことが重要となる。

第6章

リスクアペタイトフレームワーク

① リスクアペタイトフレームワークを通じた リスク管理

(1) リスクアペタイトフレームワーク

　これまで第Ⅲ部では，金融機関が持続可能なビジネスモデルを構築するにあたって戦略の策定・執行とリスク管理の一体的運営が不可欠となることを踏まえ，ビジネス戦略に係るリスクの管理としての戦略リスク，オペレーショナルリスク，財務リスクおよび企業価値リスクの管理の必要性のほか，財務リスクとオペレーショナルリスクの具体例としてそれぞれ有価証券運用リスクとコンダクトリスクについて，シナリオ分析の手法を用い，これらをどのように管理していくべきかについて説明してきた。このようなビジネス戦略の策定とリスク管理プロセスを一体的に運用していくための包括的な枠組みが，リスクアペタイトフレームワークである。

　リスクアペタイトフレームワークとは，自社のビジネスモデルの特性を踏まえたうえで，事業計画達成のために進んで受け入れるべきリスクの種類と総量を「リスクアペタイト」とし，これを資本配賦や収益最大化を含むリスクテイク方針全般に関する金融機関内の共通言語として用いる経営管理の枠組みをいう。**図表Ⅲ－6－1**に示すように，リスクアペタイトフレームワークにおいては，金融機関のビジネス戦略やビジネスプランは，かかるリスクアペタイトと

整合的な形で策定および実施されるとともに，それを支える実効的なリスクガバナンスを運営していくことが求められる。このようなビジネス戦略およびこれを支えるガバナンス態勢から構成されるビジネスモデルについて，第5章で説明した包括的シナリオ分析や第Ⅱ部第3章で説明したリカバリープランの策定を通じて持続可能性の検証を行うとともに，その結果を踏まえて，必要に応じビジネス戦略の修正が行われることとなる。

図表Ⅲ-6-1　リスクアペタイトフレームワーク

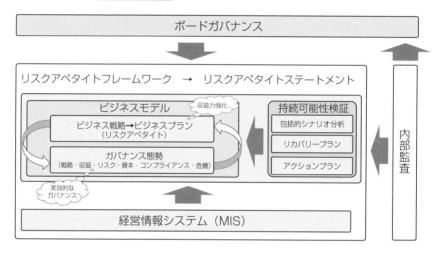

こうしたビジネスモデルの持続可能性の検証にあたっては，平時から懸念時を想定した包括的シナリオ分析のみならず，危機時を想定したリバースストレステストを通じた分析の両方が必要となることから，平時のみならず危機時においても，検証に必要なデータが適時かつ正確に取得可能となる経営情報システム（MIS）を整備することが不可欠となる。また，このような一連のリスクアペタイトフレームワーク全体の実効性について，内部監査機能がその検証を行うことで，リスクアペタイトフレームワークに対するアシュアランス（保証）を与えることも必要となる。

326 第Ⅲ部　ビジネス戦略の意思決定・管理プロセス

(2)　リスクアペタイトステートメント

　かかるリスクアペタイトフレームワークについては，リスクアペタイトステートメントとして，取締役会による承認を経て文書化するとともに，フロント部門から管理部門，現場から経営陣に至るまで全社的に共通の理解を得ることが，その実効性を高めるために不可欠となる。

　実際にビジネス戦略やビジネスプランなどが策定される際には，当該リスクアペタイトとの整合性を確保することが求められるほか，実際の業務執行やリスクテイクにあたっても，リスクアペタイトに沿った行動をとることが必要となるため，全社的に共通の認識を得ることは非常に重要なポイントとなる。また，リスクアペタイトフレームワークがグループ内で広く理解され，グループ内の共通言語として，リスクテイクおよびリスクガバナンスの実行プロセスを通じて実効的に機能するためには，経営陣によるトップダウンと現場からのボトムアップの双方向のコミュニケーション，さらには組織横断的なコミュニケーションがオープンなかたちで実施されるとともに，リスクテイクやリスクガバナンスに関する議論やチャレンジが促進されることも重要となる。したがって，リスクアペタイトステートメントは，例えばリスク管理のための方針や規程などとは役割が異なり，全社的に役職員が共通の理解を得ることが可能で，コミュニケーションが促進されるわかりやすいものとすることが必要となる。

(3)　ボードガバナンスの発揮

　取締役会は以上のような枠組みの中で，リスクアペタイトフレームワークやリスクアペタイトステートメントを承認するとともに，執行部門によるリスクテイクの状況を監視し，内部監査部門から独立検証の結果の報告を受け，執行部門に対し改善の指示を行うといった行動を通じて，適切なボードガバナンスを発揮していくことが重要となる。

2 リスクアペタイトフレームワークの概要

リスクアペタイトフレームワークにおいては、**図表Ⅲ-6-2**に示すように、金融機関のリスク文化を踏まえたうえで、第Ⅱ部第4章で説明したリスクキャパシティ、リスクアペタイトおよびリスク限度という3つの異なるレベルの指標が設定され、これらの指標を用いて、ビジネス戦略の策定・執行およびリスクガバナンスの一体的運営が実施されることとなる。

図表Ⅲ-6-2 リスクアペタイトフレームワークの概念図

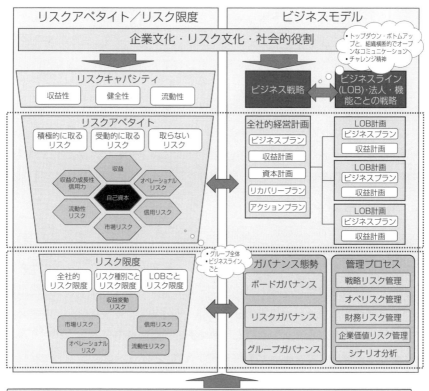

328　第Ⅲ部　ビジネス戦略の意思決定・管理プロセス

(1)　リスクキャパシティ

　リスクキャパシティは，自己資本比率規制や流動性規制，預金者や株主など
に対する責務などに基づき決定されるさまざまな制約を超過するまでの段階で，
金融機関が最大限引き受けることができるリスクの水準をいう。こうしたリス
クキャパシティの定量指標としては，例えば規制上の自己資本比率や流動性比
率の最低比率やそれに近い水準，すなわち当該水準を超えてリスクテイクを
行った場合，当局から介入が図られるであろう水準をリスクキャパシティとし
て設定することがある。

　こうしたリスクキャパシティの設定にあたっては，リカバリープランにおい
てリバースストレステストを実施する際に，この水準を超えると再建が困難と
なる水準（存続不能ポイント）や，その前のリカバリーオプションの発動を検
討するトリガーポイントとの関係を整理する必要がある。また，定量指標の設
定が困難なものについては，定性的考え方，すなわちリスクの顕在化を最大で
どこまで許容できるのかについての姿勢を明確化する。

　以上のリスクキャパシティは，次に述べるリスクアペタイトと異なり，金融
機関が取るリスク，取らないリスク別に主体的に設定するというよりは，規制
などで求められ，最低限守らなければいけない水準としての性質を有している。

(2)　リスクアペタイト

　金融機関は，規制などで求められるリスクキャパシティの範囲内でリスクテ
イクを行う必要がある。リスクキャパシティの範囲内で，どの程度リスクを取
りにいくかを表す指標がリスクアペタイトである。具体的には，金融機関が戦
略目標とビジネスプランを達成するために，そのリスクキャパシティの範囲内
で進んで受け入れるリスクの水準と種類である。金融機関は，リスクキャパシ
ティを踏まえて，まずグループ全体のリスクアペタイトを設定する。すなわち，
どのようなリスクを取るのかあるいは取らないのか，また取るとしたリスクを
積極的に取るのか受動的に取るのかといった点に関するグループ全体の方針を

決定する。そのうえで，取ると判断したリスクを定量指標で表すとどのような指標を用い，どのような水準感になるのかを定量リスクアペタイトして設定する（定量指標の具体例については，図表Ⅲ－6－4を参照）。以上のグループ全体のレベルの定性・定量アペタイトと整合性を維持するかたちで，グループ法人やビジネスラインのリスクアペタイトにさらに落とし込んでいくこととなる。

　こうした定性・定量アペタイトの設定にあたっては，グループの経営陣によるトップダウンの視点と，グループ内エンティティやビジネスラインからのボトムアップの視点のバランスをうまく取るかたちで議論を進めていく必要がある。金融機関のビジネスプラン，収益計画，資本計画およびリカバリープラン（またはアクションプラン）などを含む計画を策定する際には，リスクアペタイトとの間の整合性を確保する必要がある。仮にリスクアペタイトに反する戦略や計画の策定が行われようとする場合には，リスクアペタイトを踏まえそれに関係者がチャレンジすることを通じて，リスクアペタイトと整合的な戦略および計画を策定していく必要がある。また，リスクアペタイト自体も普遍的なものではなく，取り巻く外部環境や競合環境の変化のほか，これまで実行してきた戦略や計画の執行結果などを踏まえ，定期的あるいは必要に応じ見直すことが求められる。その際に必要となるツールが，第Ⅱ部第3章で述べたリバースストレステストや緊急時対応策を通じたリカバリーオプションやマネジメントアクションの検討と，第5章で説明した包括的シナリオ分析となる。前者については，その中で存続不能ポイントやリカバリートリガーポイントを設定することとなるが，こうした水準とリスクキャパシティやリスクアペタイトとの関係を整理することにより，平時から危機時に至る継ぎ目のない管理態勢を整備していくこととなる。また後者については，いわゆる巡航速度を想定したリスクアペタイトの水準が，さまざまなストレスシナリオが顕在化した際の影響を踏まえると妥当といえるか否かについて，包括的シナリオ分析を通じて検証していくこととなる。

(3) リスク限度

　以上のリスクアペタイトを踏まえ，実際のリスクプロファイルをモニタリングし，当該閾値を超過した際に適切なリスクコントロールアクションにつなげるため，リスク限度が設定される。リスク限度は，フォワードルッキングな前提に基づく定量的な測定基準で，金融機関全体のリスクアペタイトを各ビジネスライン，各グループ法人，特定のリスクカテゴリー，リスク集中および必要に応じてその他のレベルに配分した限度枠をいう。リスク限度は，リスクアペタイトの範囲内で設定されるが，その際リスクキャパシティやリスクアペタイトとの間の整合性を確保する必要がある。すなわち，結果としてリスクアペタイトやリスクキャパシティを超過するようなリスクテイクを許容する水準にリスク限度を設定してはならない。

　以上のリスクアペタイトフレームワークを通じて，リスクアペタイトの設定，それを踏まえた戦略・計画の策定，リスクアペタイトや戦略・計画と整合的な実際の戦略執行とリスクテイク，戦略執行の結果取られるリスクのモニタリング，そしてモニタリングされるリスクプロファイルがリスク限度枠を超過した際の適切なマネジメントアクションの執行という，戦略執行・策定およびリスク管理のプロセスを一体的に運営していくことが，金融機関が持続可能なビジネスモデルを構築していく上で不可欠となる。

③ リスクアペタイトの整理

(1) 定性リスクアペタイトの設定

　以上において説明してきた定性・定量リスクアペタイトを実際に金融機関が整理し，設定するためには，**図表Ⅲ-6-3**に示すように，ビジネス戦略に付随するリスク（図の右側）と，金融機関の普遍的なリスク特性に基づくリスク（図の左側）を踏まえ，どのようなリスクが許容できないのか，また取るリス

図表Ⅲ-6-3 リスクアペタイトの整理の方法

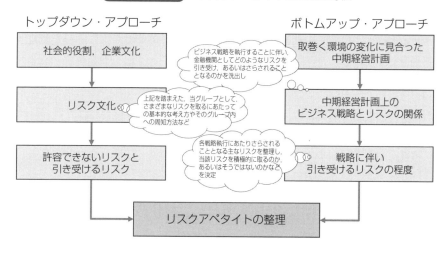

クはどの程度積極的に取るのかなどの点について整理していくこととなる。

　金融機関の普遍的なリスク特性に基づくリスクについては，トップダウン的に，自らの社会的役割や経営理念，企業文化などを踏まえ，ビジネスラインごとのビジネス特性と，ビジネス特性ごとにさらされるさまざまなリスクのリスク特性を整理し，自らの普遍的なリスク特性の概要をまとめる。リスクアペタイトは，本来の戦略・計画があり，それに伴うリスクを整理したうえで，これらのリスクを取るのか取らないのかを定めることで決定していくこととなるが，一方で，金融機関は，金融仲介機能の発揮といった社会的役割と，それを踏まえ長年受け継がれてきた経営理念があり，その結果として足元でどのようなリスクを取っており，あるいは取っていないのかについて整理することは，戦略・計画を踏まえたリスクアペタイトを整理するにあたって有用な視点をもたらすこととなる。かかる普遍的なリスク特性を踏まえたうえで，金融機関がビジネスを営むうえでのリスクテイクにあたっての基本的な姿勢，リスクテイクやリスク管理に対する基本的考え方をリスク文化として整理することとなる。このようにしてリスク文化が定まれば，当該リスク文化に照らして許容できないリスクが明確となり，その結果として引き受けるリスクが特定されることと

332　第Ⅲ部　ビジネス戦略の意思決定・管理プロセス

なる。

　他方，ビジネスプランを踏まえたリスクテイクに基づき整理を行うリスクア
ペタイトについては，中期経営計画などの取り巻く環境の変化に応じて策定さ
れたビジネスプランについて，これを執行することにより，金融機関としてど
のようなリスクを引き受けることとなり，あるいはさらされることとなるのか
についてボトムアップ的に網羅的な洗出しを行う。そのうえで，ビジネスプラ
ンの執行にあたり金融機関がさらされることとなる主なリスクを整理し，当該
リスクを積極的に取るのか，受動的に取るのか，あるいは取らないのかなどと
いったリスクテイクの方針を決定する。

　以上の大きく2つのプロセス，すなわち社会的役割などを踏まえ金融機関と
してはどのようなリスクを許容し，あるいは許容しないのか，そしてビジネス
プランを執行するにあたってはどのようなリスクを取り，逆に取らないのかを
明確化することを通じて，金融機関の定性リスクアペタイト，すなわちリスク
テイクにあたり，取るリスクや取らないリスクが整理されることとなる。なお，
定性リスクアペタイトの設定において，リスクテイクをその姿勢に応じいくつ
かの階層に分類することとなる。かかる分類方法や分類される階層の数は，例
えば，許容できない，取らない，一定程度取る，受動的に取る，積極的に取る
など，金融機関ごとにさまざまであり，各金融機関のビジネス特性やリスクプ
ロファイルを踏まえ設定することが必要となる。

(2)　定量リスクアペタイトの設定

　このようにして設定される定性リスクアペタイトを踏まえ，リスクカテゴ
リーごとに定量リスクアペタイトを設定していくこととなる。第1章で説明し
た戦略リスク，オペレーショナルリスク，財務リスクおよび企業価値リスクの
それぞれについて，例えば**図表Ⅲ－6－4**に示すような指標について，金融機
関ごとのビジネス戦略やリスクプロファイルを踏まえ，リスクキャパシティの
範囲内で定量指標を設定していくこととなる。

　これら定量リスクアペタイト指標のうち，グループ全体の指標として中心的

図表Ⅲ-6-4 定量リスクアペタイト指標の例

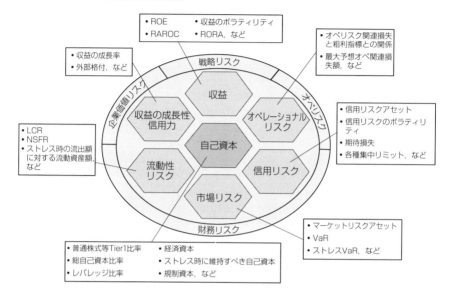

役割を担うのが，経営の健全性を表す自己資本比率関連の指標である。これらの指標は，規制上最低水準が定められているため，リスクキャパシティの設定が必要となるほか，さまざまな損益やリスクの顕在化の影響を受けて変動する指標となることから，グループ全体の経営管理上最も重要な指標の1つとなる。

自己資本比率に関連する指標としては，リスクの計測対象となる信用リスクおよび市場リスク（以上が財務リスク），オペレーショナルリスク，そして損益に直接影響を与える戦略リスクに関連する指標が挙げられる。持続可能なビジネスモデルを構築していくためには，リスクテイクとリスクコントロールのバランスをとることが必要となるため，リスクテイクに当たる収益の追求目標とあわせて，それに伴い取ることとなるリスクについてどの水準までそれを引き受けることを許容するのかについてあらかじめ明確にしたうえで，これらと整合的なかたちで実際に戦略執行やリスクテイクを行っていくことが求められる。

以上に加え，金融機関にとって健全性と並んで重要な要素である流動性につ

334　第Ⅲ部　ビジネス戦略の意思決定・管理プロセス

いても，規制上あるいは内部管理上用いられる指標を活用して定量リスクアペタイトを設定することが必要となるほか，一連の収益およびリスクの顕在化の影響を受けて最終的にその価値が左右される企業価値リスクについても，例えば外部格付や成長性を表す定量指標などを定量リスクアペタイトとして定め，これと整合的なリスクテイクをグループとして 慫慂 していくことが求められる。

　一連の定量指標は，例えばグループ全体の健全性（自己資本比率など）や収益性（連結ROEなど）といったグループ全体のレベルで定める指標のほか，これらを踏まえて各エンティティ別あるいはビジネスライン別に定められる指標などに分類することができる。一般的に，ビジネスラインのレベルに近付くほど，よりリスクカテゴリー別の指標を用いるなど，具体的な指標をリスクアペタイトとして設定することとなる。

4　リスクアペタイトフレームワークの目的

　本章の最後に，経営プロセス，すなわちビジネス戦略の策定・執行プロセスと，リスク管理プロセスの一体的管理について説明する。これまでも述べてきたが，こうしたビジネス戦略の策定・執行プロセスと，リスク管理プロセスを一体的に運営することが，リスクアペタイトフレームワークの目的であり，リスクアペタイトフレームワークを適切に整備し実施することで，結果としてビジネスモデルの持続可能性を高めることができる。

　経営プロセスは，第Ⅰ部第5章で説明したように，ビジネス戦略の実施方針の決定，ビジネス戦略の実施・モニタリング，実施状況の評価，および当該評価を踏まえたビジネスモデルの見直しというPDCAサイクルによるプロセスを通じて継続的に実施される。ここにリスク管理の目線を入れると，ビジネス戦略に係るリスクの管理の観点からは，まずビジネス戦略の実施方針の決定に際し，当該戦略に伴うリスクの特定および評価を行うことが重要となる。その際，前述のとおりリカバリープランやアクションプランと包括的シナリオ分析を活

用することで戦略とリスクの評価を行う。そして，当該ビジネス戦略が実施され，リスクテイクの動向がモニタリングされる中で，リスク管理の視点からはビジネス戦略に係るリスクのリスクプロファイルのモニタリングと，あらかじめ定めたリスク限度枠を超過した際には適切なマネジメントアクションを実行することによりコントロールが行われる。一連のビジネス戦略の執行結果を踏まえ，ビジネス戦略の実施状況の評価とこれを踏まえ必要に応じビジネスモデルの見直しにつなげていくこととなるが，リスク管理の視点からは，例えば環境変化に伴い新たにリスクドライバーとなりうるトップリスクやエマージングの特定や，見直し後のビジネスモデルに係る戦略リスクの特定・評価など，あらためてリスクの特定および評価が実施されることとなる。

　繰り返しとなるが，リスクアペタイトフレームワークのもと，ビジネスモデルの持続可能性を高めていくためには，ビジネス戦略の策定・執行プロセスとリスク管理プロセスを一体的に運営し，その中でリカバリープランやアクションプランと包括的シナリオ分析を活用することで，適切な戦略やリスクアペタイトの設定および定められたリスクアペタイトなどを踏まえた適切なリスクコントロールにつなげていくことが重要となる。

第 **IV** 部

ガバナンス体制

第IV部では，持続可能なビジネスモデルの構築に向けて，ビジネス戦略の策定・執行およびリスク管理のプロセスが一体的なものとして適切かつ実効的に機能するために必要となる金融機関のガバナンス体制について，広く説明を行う。

まず，取締役会によるボードガバナンスのもと，経営陣によるビジネス戦略の策定および執行ならびにこれに関わるリスク管理が金融機関において実効的に機能するように，金融機関としてあるべきコーポレートガバナンス体制について説明を行う（第1章）。

また，ビジネス戦略に係るリスクを含む金融機関がさらされるリスクを実効的に管理するため，適切なリスクガバナンスフレームワークを整備することが求められる。そこで，スリーラインズディフェンスやリスク文化を含む金融機関としてあるべきリスクガバナンスについて説明を行う（第2章）。

さまざまなグループ会社を通じてビジネスを行う金融機関においては，グループ全体を通じた実効的なガバナンスの発揮が求められる。そこで，グループ全体にわたる適切な戦略策定・執行およびこれと一体的なリスク管理の観点から，あるべきグループガバナンスについて説明を行う（第3章）。

顧客中心のビジネスモデルの推進に向けたリスク文化を全社的に醸成し，これに基づくサービスや商品の提供を確保するためには，リスク文化を支える実績評価・報酬体系が重要となる。また，金融機関においてビジネス戦略の策定および執行ならびに健全なリスク文化の醸成に向けて強力なリーダーシップが継続して発揮されるためには，サクセッションプランニングが必要となる。そこで，実績評価・報酬体系およびサクセッションプランニングについて説明を行う（第4章）。

最後に，本書を通じて説明してきた持続可能なビジネスモデルの構築に向けたガバナンス態勢の妥当性について検証するための，内部監査機能を通じたビジネスモデル監査の手法について説明を行う（第5章）。

第1章

コーポレートガバナンス

1 ビジネスモデルを支える実効的ガバナンス

　第Ⅰ部から第Ⅲ部までにおいては，ビジネスモデルを持続可能なものとするためのビジネス戦略の策定の方法や，ビジネス戦略や業務執行に伴うリスクの管理プロセスを説明してきた。このようなビジネス戦略の策定や執行に関して生じるリスクの管理が実効的に行われるためには，社内に適切なガバナンス態勢が整備されることが必要となる。**図表Ⅳ-1-1**に示すように，ビジネス戦略と計画の策定（同図のⅠ）に関わる意思決定・管理プロセス（同図のⅡ）を実効的に機能させるため，これらのプロセスを支えるための適切なガバナンス体制（同図のⅢ）を整備するとともに，一連のプロセス・体制全体をガバナンス態勢として実効的に機能させることが必要となる。

　したがって，金融機関は，自らを取り巻くさまざまなステークホルダーの正当な利益を踏まえつつ，その目標の達成に向けてそれぞれの機関や役職員が果たすべき役割や責任および意思決定方法を明確にし，適切な監督および牽制を機能させるためのコーポレートガバナンス（ボードガバナンス）を整備することが必要となるとともに，あわせて，適切かつ実効的なリスク管理を行うためのリスクガバナンスの整備も必要となる。また，国内外で複数の子会社を通じてさまざまな金融ビジネスを提供する金融機関については，子会社や関連会社を含むグループ全体の観点からのグループガバナンスの整備も必要となる。

　このように整備される一連のガバナンス体制について，これを実効的なもの

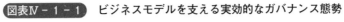

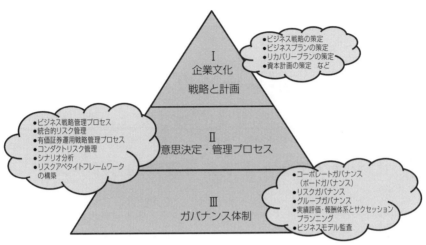

図表Ⅳ-1-1　ビジネスモデルを支える実効的なガバナンス態勢

として機能させるために重要な役割を果たすのが、第Ⅲ部第6章で述べたリスクアペタイトフレームワークである。リスクアペタイトフレームワークのもと、ビジネス戦略の策定・執行プロセスとリスク管理プロセスを一体的に運営することの重要性はすでに説明したとおりであるが、リスク文化を踏まえたリスクアペタイト・戦略・計画の策定が同図のⅠに当たり、それを支える適切なガバナンス態勢のうち、ビジネス戦略策定・執行およびリスク管理のためのプロセスが同図のⅡであり、そして、こうしたプロセスを実行するためのガバナンス体制が同図のⅢとなる。

　以上のとおり、金融機関による持続可能なビジネスモデルの構築においては、実効的なガバナンスを機能させるためのリスクアペタイトフレームワークの整備を含む、実効的なガバナンス態勢の整備が求められる。

第1章　コーポレートガバナンス　341

② コーポレートガバナンス高度化の潮流

　企業の持続的な成長と中長期的な企業価値の向上のために，実効的なコーポレートガバナンスを整備および実現させることが，重要な社会的要請となって久しい。近時においても，株式会社東京証券取引所が2015年6月1日に公表したコーポレートガバナンス・コードをはじめ，コーポレートガバナンスの強化のための会社法の改正や，経済産業省によるコーポレートガバナンスに関する指針の公表など，コーポレートガバナンス改革のためのさまざまな施策が公表・実施されている。

　とりわけ，金融機関については，その業務が金融仲介機能を含む高度な公共性を有しており，信用維持と預金者などのステークホルダーの保護および金融の円滑を確保するため，業務の健全かつ適切な運営が法律上求められるなど，実効的なコーポレートガバナンスを整備する必要性が大きいといえる。そのため，実効的なコーポレートガバナンスの整備は，バーゼル銀行監督委員会が求めているものを含め，国際的にも広く求められるものとなっており，それぞれの金融機関においては，ビジネス特性や規模，リスクプロファイル，グループ構造などを勘案しつつ，同委員会が2015年に7月に公表した「銀行のためのコーポレートガバナンス諸原則」を十分に踏まえた体制を整備することが重要となる。

　なお，コーポレートガバナンスの整備にあたっては，それが単なる形や器として整備されるだけではなく，実際に業務の過程において実態を伴ったものとして運営され，実効的に機能することが重要である。そのためには，コーポレートガバナンスを発揮するための機関設計において，各機関の意思決定や行動に関して他の機関との間の相互の監督や牽制が適切に機能する枠組みにする必要があることはもちろん，第2章で説明する実効的なリスクガバナンスをリスクアペタイトフレームワークとあわせて整備することが重要となる。

③ 金融機関のあるべきガバナンス体制

(1) ガバナンス体制の構築の視点

金融機関のガバナンス構造は，特に，ビジネス特性や規模，リスクプロファイル，グループ構造などを踏まえて，金融機関のグループの実態に即したものとする必要がある。とりわけ，ガバナンス体制を構成する各機関に関して，権能と責任をこれらビジネス特性や規模，リスクプロファイル，グループ構造などに照らして適切に配分し，相互に牽制と監督機能を働かせつつ，組織としての意思決定プロセスを明確にすることが重要となる。

第Ⅳ部では，一般的に金融機関においてあるべきと考えられるガバナンス体制について説明するが，下記④において説明するように，経営と監督の分離の観点からは，金融機関における取締役会の役割として，取締役会は業務執行に関する意思決定を行う経営陣の監督に注力するモニタリングモデルが望ましいと考えられ，とりわけ，業務の複雑さや多様性が大きい金融機関や，国際展開が幅広く行われる金融機関においてはその必要性は高い。そのため，第Ⅳ部のうち日本における会社法に基づく機関設計に関連する説明箇所においては，当該モニタリングモデルと親和的な指名委員会等設置会社または監査等委員会設置会社であると仮定して説明を行う。なお，業務が複雑ではなく，その規模が小さいことなどから，取締役会の監督機能のみならず業務執行に係る意思決定機能を重視する金融機関や，信用金庫や信用組合などの限られた地域において業務を行う協同組織金融機関においては，監査役会設置会社または理事会・監事の組織形態となることが考えられるが，この場合においても，第Ⅳ部について監査委員会および監査委員をそれぞれ監査役会および監査役と適宜読み替えたうえで，指名委員会等設置会社および監査等委員会設置会社との法律上の制度差異を踏まえつつ，経営陣による職務執行の監督をより実効的なものとする観点から，第Ⅳ部の説明を参考に実効的なガバナンス態勢を構築していくこと

が重要となる。

⑵　金融機関のあるべきガバナンス体制

　まず，取締役会（協同組織金融機関については理事会。以下同じ）は，株主（協同組織金融機関については会員や組合員。以下同じ）に対して忠実義務や善管注意義務，説明責任を負う取締役（協同組織金融機関については理事。以下同じ）により構成されるが，取締役会は，これら株主の付託に応えるため，金融機関のビジネス戦略，経営陣人事，内部統制，ガバナンス構造ならびにリスクおよびコンプライアンスの管理を含む金融機関全体に関する最終的責任を負う。取締役会は，このような株主から付託された責任を果たすため，金融機関全体の実効的なガバナンス体制を構築し，ボードガバナンス，すなわち取締役会としての金融機関全体に対するガバナンスを発揮する。具体的には，取締役会は，後述するように，経営と監督の分離の観点からもっぱら経営陣による経営の監督を行うことが求められることから，その実効性を確保するために，リスク文化の醸成を含むリスクアペタイトフレームワークや内部統制システムなどを整備し，実効的なガバナンス体制を構築するとともに，これらを通じて経営陣の職務執行の監督を行うことが求められる。

　また，経営陣に対する客観的かつ専門的な監督を確保し，とりわけ，ガバナンス上重要な分野に関して効率的かつ焦点を当てた監督を行う観点から，過半数を独立性のある社外取締役から構成される専門委員会を設置し，特定の事項に関する責任や権限を付与することが重要となる。具体的には，取締役および経営陣に関し個人としておよび会議体全体として必要な資質を保持するためにこれらの選解任やサクセッションプラン策定などを担う指名委員会，健全なガバナンス，リスクテイクおよび実効的なリスク管理を支える報酬体系などを担う報酬委員会，経営陣の客観的かつ独立的な立場からの監督などを担う監査委員会，および健全かつ適切なリスクテイクを促すリスクアペタイトやリスクガバナンスを担うリスク委員会などの設置が重要となる。これら委員会の独立性を確保する観点から，委員会の議長は，独立性を有する非執行の取締役が務め

344 第IV部　ガバナンス体制

ることも重要となる。

　経営陣は，モニタリングモデルのもと，取締役会から，基本的には，重要な業務執行も含めて業務執行の決定の委任を受ける。そのため，経営陣は，取締役会からの委任に従い，その管理監督のもと，自らが策定し，取締役会により承認されたビジネス戦略，リスクアペタイト，従業員の報酬体系その他の方針に従い，金融機関の業務執行に関する意思決定を行い，業務活動を執行および管理する。経営陣は，策定するビジネス戦略の遂行のために，リスクガバナンスとして，第2章で説明するスリーラインズディフェンスにおけるファーストラインに当たるビジネスラインを整え，リスク文化やリスクアペタイトに従ったビジネス戦略の実施を推進する。以上が，経営陣によるビジネス戦略の策定・執行プロセスに当たる。

　このような経営陣およびファーストラインによるビジネス戦略の策定・執行については，これに実効的なリスク管理を及ぼすべく，全社的なリスクガバナンスとコンプライアンス態勢を整備する必要がある。具体的には，まず，金融機関は，最高リスク責任者（CRO）のもと，ファーストラインから独立し，十分なリソースと取締役会へのアクセスを有する実効的なリスク管理機能を，スリーラインズディフェンスにおけるセカンドラインとして整備する必要がある。かかるリスク管理機能を実効性あるものとするため，リスク管理機能についてはその時々の金融機関のビジネス特性やリスクプロファイル，外部環境，業界実務，監督当局からの期待などに適合したものとすることが求められるとともに，金融機関の内部においてリスクに関する活発なコミュニケーションが行われることを確保および促進することが重要となる。また，最高コンプライアンス責任者（CCO）のもと，コンダクトリスク管理や利益相反管理を含め，全社的なコンプライアンスリスクの管理態勢の整備と実施を担うコンプライアンス機能も，セカンドラインにおける重要な一部となる。

　こうした，CROおよびCCOの役割や責任は，それぞれの金融機関のビジネス特性やリスクプロファイルなどに応じて定められるべきものであり，とりわけ，戦略リスクのほかコンダクトリスクやオペレーショナルリスク，さらには

企業価値リスクに至るさまざまなリスクを実効的に管理していく観点から，従来型のリスク管理体制下におけるこれらの役割・責任を必要に応じて適宜見直すことが必要となる。すなわち，第Ⅲ部第4章においてコンダクトリスク管理に関して述べたとおり，従来はこうしたリスク管理の役割を主にセカンドラインが中心として担うことが一般的であったが，世界金融危機後，プロアクティブにリスクの顕在化を抑制する観点から，ファーストラインにおけるリスク管理の役割の重要性が高まってきている。そのため，ファーストラインおよびセカンドラインならびにそれぞれの責任者に対して適切な役割や責任を明確に割り当てる必要がある。

　以上のファーストラインによるビジネス戦略の推進・実施およびファーストラインとセカンドラインにおけるリスク管理に対しては，サードラインとしての独立した内部監査機能による監視・牽制が行われる。かかる内部監査機能は，金融機関の内部統制やリスク管理・コンプライアンス管理機能を含む，リスクガバナンス・リスクアペタイトフレームワークについて，独立的かつ客観的な立場から，取締役会および経営陣に対して独立したアシュアランス（保証）を与え，実効的なガバナンスプロセスと金融機関の長期的な健全性を促進させるものとして，リスクガバナンスにおいて重要な役割を果たす。

　また，金融機関が子会社や関連会社からなるグループを構成している場合，当該グループの親会社の取締役会は，グループ全体において整合的かつ一貫したガバナンス体制を構築し，グループ全体にわたる実効的なリスクガバナンスが機能するように，グループおよび各エンティティの構造，ビジネスおよびリスクに適した，明確なグループガバナンスフレームワークを，全社的なリスクアペタイトフレームワークのもと確立し，運営することが求められる。

　以上のような金融機関のガバナンス体制は，株主，預金者，その他のステークホルダーにとって十分に透明性があるものとして確立される必要がある。

　図表Ⅳ－1－2は，以上のような金融機関のあるべきガバナンス体制を示したものである。

　なお，それぞれの金融機関において構築すべき適切かつ実効的なガバナンス

図表Ⅳ-1-2　金融機関のあるべきガバナンス体制

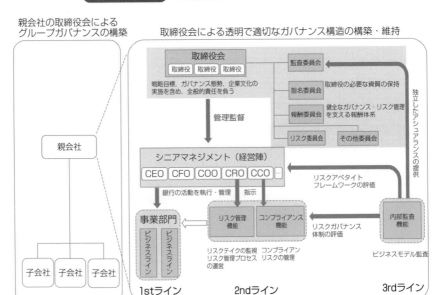

体制は，金融機関のビジネスの性質，規模および複雑性，リスクプロファイルやグループ構造などにより異なることとなる。一般的には，大規模な金融機関においてはより複雑かつ高度なガバナンス体制が必要となるのに対し，小規模で単純な構造の金融機関においては，よりシンプルなもので足りる傾向にあるといえる。

4　ボードガバナンス

(1)　モニタリングモデルとマネジメントモデル

　以上のように，金融機関の取締役会は，株主から付託された責任を果たすため，金融機関全体の実効的なガバナンス態勢を構築し，ボードガバナンスを発

揮することが求められる。

　取締役会設置会社における取締役会の役割としては，一般的に，業務執行に係る意思決定を行うことに求めるマネジメントモデルと，経営と監督の分離の観点から，取締役会は業務執行の意思決定を行う経営陣の監督に注力するモニタリングモデルの，２つのガバナンスモデルがあるとされる。マネジメントモデルでは，取締役会は，基本的に，自ら重要な業務執行の決定を行い，当該決定に従い代表取締役や業務執行取締役が行う業務執行について監督する役割を行う。他方，モニタリングモデルでは，取締役会は，基本的に，重要な事項を含めて業務執行の決定について執行役や取締役などの経営陣[1]に委任し，取締役会の主な役割は，これら経営陣による業務執行の決定や実際の職務執行を監督することとなる。本邦の会社法における機関設計制度に照らすと，一般的に監査役（会）設置会社がマネジメントモデルに親和的であり，指名委員会等設置会社および監査等委員会設置会社がモニタリングモデルに親和的であるといえる。

　金融機関におけるコーポレートガバナンスの設計にあたっては，急速に変化する国内外の外部要因の変化やリスクドライバーに迅速かつ柔軟に対応するため，経営陣による意思決定を迅速に実施できることが必要となるうえ，かかる業務執行の意思決定に対して実効的な監督を通じた十分な牽制効果が発揮される必要がある。そのため，経営状態や経済動向に左右されることなく金融仲介機能を果たし，業務の適切かつ健全な運営が求められる金融機関においては，一般的に，経営陣に対する監督がより強化されたガバナンス体制であるモニタリングモデルの機関構成のほうがより望ましいといえる。海外の大手金融機関の多くにおいてモニタリングモデルが採用されているのも，法制度の違いもさることながら，同様の背景があるためと考えられる。したがって，以下では，このような金融機関のモニタリングモデルに基づく機関設計を採用したと仮定した場合のガバナンス体制の構築について説明する。

1　指名委員会等設置会社においては執行役，また監査等委員会設置会社においては取締役会もしくはその委任を受けた取締役となる。

348 第Ⅳ部　ガバナンス体制

　なお，業務が複雑ではなく，その規模が小さいことなどから，取締役会の監督機能のみならず業務執行に係る意思決定機能を重視する金融機関や，信用金庫や信用組合などの限られた地域において業務を行う協同組織金融機関においては，マネジメントモデルを基本的視座とする場合が考えられるが，この場合においても，経営陣による職務執行の監督をより実効的なものとする観点から，以下に説明するモニタリングモデルのポイントのうち，必要または重要と考えられる点を積極的に取り入れていくことが重要となる。

(2)　ボードガバナンスの全体像

　図表Ⅳ－1－3は，このようなモニタリングモデルを前提とした場合の取締役会が果たすべきボードガバナンスの全体像を示したものである。

図表Ⅳ－1－3　**ボードガバナンスの全体像**

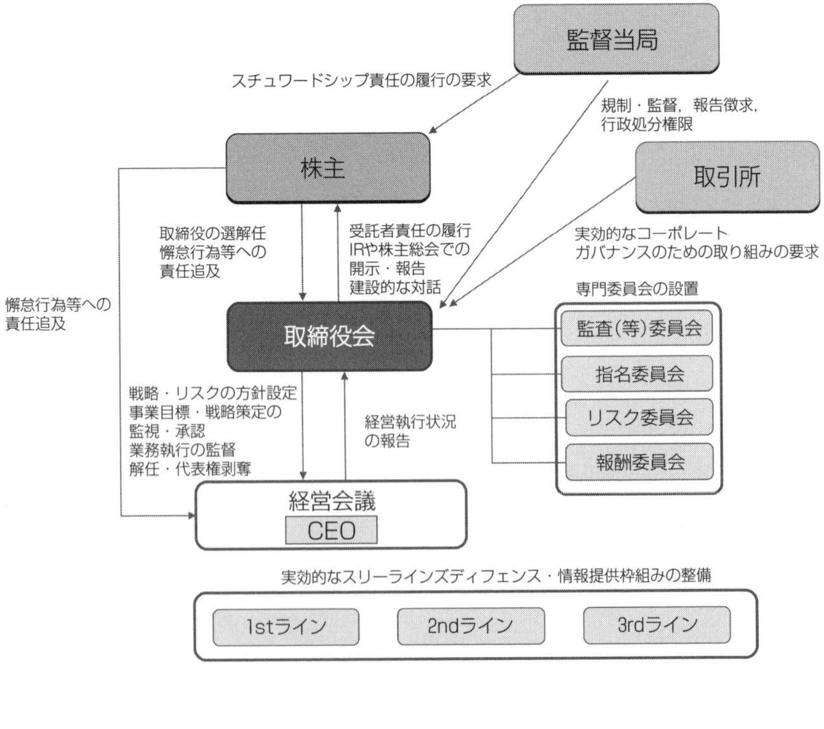

①　取締役会

　金融機関には，株主のほか，従業員，顧客（預金者や融資取引先など），債権者および地域社会をはじめとするさまざまなステークホルダーが存在している。そのため，取締役会は，株主（プリンシパル）から経営を付託された者（エージェンシー）としての責任（いわゆる受託者責任）をはじめ，さまざまなステークホルダー（プリンシパル）に対する責務を負っていることを十分に認識したうえで，それらの公正な利益を十分に考慮したうえで，その職責を果たすことが求められる。とりわけ，金融機関は，金融仲介機能や信用秩序の維持に重要な役割を果たし，その業務の公共性を有することから，顧客や預金者などを保護するために，銀行法などの法令に基づき，いわば社会全体を代表するプリンシパルとしての立場にある監督当局による規制・監督に服している。監督当局は，金融機関の業務の健全かつ適切な運営を確保するために必要があると認めるときは，報告徴求や立入検査のほか，場合によっては業務停止命令などを行う権限を法律上与えられており，これらの権限が行使される場合のレピュテーション上の悪影響を含め，金融機関による継続的なビジネスの提供に大きな影響が生じるおそれがある。そのため，取締役会としては，その責務の遂行にあたり，監督当局が求める健全かつ適切な業務運営を常に意識すること，すなわち，監督当局との円滑なコミュニケーションを通じ，自社のボードガバナンスの状況の適切な説明と，経営やガバナンス，リスク管理などに関して当局が期待する目線や水準を適切に理解することが求められる。

　また，取締役会の構成員である取締役は，株主総会によって選任され，株主に対していわば受託者としての責任を負い，取締役がかかる受託者責任の履行を怠った場合には適用法令に従い解任や責任追及がなされうる。取締役会は，株主の付託に応えるべく，金融機関の中長期的な持続的成長や株主価値の向上に向けた取り組みを行うことが求められる。そのため，取締役会は，通常のIR活動における積極的な開示や株主総会における報告，リスクアペタイトステートメントに関する公開情報などを通じ，株主との間の建設的な対話が行われることを確保することが重要となる。このような株主との建設的な対話を通

じて，株主との間の健全な信頼関係を構築することは，例えば増資をはじめとする株主に影響を及ぼすおそれのあるマネジメントアクションを行う場合の理解を得ることにもつながっていくと考えられる。株主価値の向上や持続可能なビジネスモデル構築の観点からは，金融機関として果たす環境問題や社会問題，人権問題など持続可能な社会の実現に向けた取り組みに対する役割を示すことも重要となる（いわゆるESG投資の観点）。また，上場会社の場合には，株式を上場する証券取引所が求めるコーポレートガバナンスに係る取り組みを行うことも求められる。

　取締役会は，以上のような金融機関を取り巻くステークホルダーの公正な利益を踏まえて，これを金融機関の経営にも適切に反映させるべく適切なガバナンス体制を構築していくことが求められる。前述のとおり，モニタリングモデルのガバナンスにおいては，業務執行の決定については重要なものを含めて基本的に経営陣に委任され，取締役会の主な役割は，これら経営陣による業務執行の意思決定や実際の職務執行を監督することとなる。取締役会が果たすべき具体的な役割については後述するが，実効的なボードガバナンスの観点からは，取締役会は，金融機関の戦略やリスクに関する明確かつ一貫した方針を策定するとともに，取締役会において十分な情報に基づく審議や意思決定が可能となることを確保するための情報提供の枠組みを整備することが重要となる。また，取締役会は，経営陣に対し，このような戦略やリスクに関して定めた方針を実施し，リスク管理と統制の枠組みを維持することについて，説明責任を課すとともに，実効的なリスクガバナンスのためのスリーラインズディフェンスの整備を確保すること，すなわち実効的な監督を支えるリスク管理部署および内部監査部署の独立性と高い能力を積極的に確保することも重要である。取締役会は，その求められる役割を適切に果たすために必要かつ十分なスキルや知識，経験を有する取締役により構成されるとともに，取締役会レベルの委員会の整備を含む実効的なガバナンス構造が整備されることが求められる。

　② 専門委員会

　取締役会による経営陣に対する客観的かつ専門的な監督を確保し，特に重要

な分野に関して効率的かつ焦点を当てた監督を行う観点から，実効的なガバナンス構造の一環として，監査委員会[2]，指名委員会，報酬委員会，リスク委員会などの専門委員会を設置することが重要となる。なお，会社法上，指名委員会等設置会社においては，監査委員会，指名委員会および報酬委員会の法定三委員会が設置されるのに対し，監査等委員会設置会社においては，取締役会に監査等委員会が設置されるものの，指名委員会および報酬委員会は設置が法律上求められるものではないが，前述のこれら委員会の役割の重要性に鑑みると，任意の委員会として取締役会に設置することが適当と考えられる。もちろん，とりわけ地域金融機関の中には，その規模や内部組織ならびにビジネスの性質，規模および複雑性，リスクプロファイルやグループ構造などに照らして，必ずしもこのような任意の委員会を設置することまでは必要ではないと考えられる金融機関もあると思われる。もっとも，その場合においても，以下に説明するそれぞれの委員会の趣旨や役割・責任に照らし，必要な役割・責任については例えば取締役会が担うことを明確化するなど，金融機関の具体的な特性に合わせた実効的なガバナンス体制を構築することが重要となる。なお，上記委員会のほか，任意の委員会としては，前述のリスクガバナンスおよびリスクアペタイトフレームワークに関する事項を主に担うリスク委員会のほか，グループ全体におけるコンプライアンスやレピュテーションに関する議論を行うコンプライアンス委員会，コーポレートガバナンスに関する態勢整備・強化や実務監視を担うコーポレートガバナンス委員会，グループ全体の潜在的なものも含む利益相反に関する審議を行う利益相反委員会などを設置することが考えられる。

③　経営陣

　一方，経営陣は，取締役会から受けた具体的な委任の範囲内において，経営会議を通じて，リスクガバナンス態勢を整備し，取締役会が承認したリスクアペタイトステートメントや各種戦略・経営計画に従い，経営の意思決定や職務の執行を行う。経営陣は，取締役会による適時適切な監督を支えるために，取

2　監査等委員会設置会社においては，監査等委員会を指す。以下同じ。

締役会への情報提供の枠組みの整備を推進するほか，定期的に，または必要な場合にはアドホックに，経営執行状況を取締役会に報告することが求められる。取締役会は，これらを通じて把握する情報を踏まえ，また，監査委員会などの委員会や内部監査部門から報告を受けた情報をもとに，経営陣の監督を行い，事業目標や戦略実施状況などについて監視し，場合によっては，執行役の解任や代表権の剥奪を通じて経営陣のコントロールを行う。なお，経営陣の実効的かつ効率的な業務執行を支えるために，監督側の取締役会が設置する委員会とは別に，経営側の委員会として，リスク管理委員会，ALM委員会，投融資委員会などを設置するのが一般的である。これら経営側の委員会を設置する趣旨は，金融機関が営む業務範囲が多岐にわたりかつ専門性も高いことから，それぞれの委員会において経営執行に係る適切な議論を実施し，適切かつ実効的な意思決定へとつなげていくことにある。

　以下では，このようなボードガバナンスの枠組みを前提に，金融機関の各機関が果たすべき役割と機関相互の関係について説明していく。

5 取締役会

(1) 取締役会の役割

　前述のとおり，モニタリングモデルにおける取締役会の主な役割は，業務執行の決定については，基本的に，重要なものを含めて取締役・執行役などの経営陣に委任し，取締役会はこれら経営陣による業務執行の意思決定や実際の業務執行を監督することである。そのため，取締役会が自ら決定すべき事項としては，会社法などに定める経営の基本方針や内部統制システム整備に関する決定などの，取締役会が取締役・執行役の職務執行の監督という自らの責務を果たすための基本方針や枠組みのほか，取締役会において判断すべき会社にとって特に重要な事項や，最終的な経営陣のコントロールの手段となる執行役の選解任や代表権の付与・剥奪などが中心となり，それら以外に事項に関する業務

第1章　コーポレートガバナンス　353

執行の決定については経営陣に委任し，取締役会は専ら経営陣の業務執行の決定や遂行に対する監督を行うこととなる。

　具体的には，以下に説明するように，主要なものとして，①金融機関のビジネス戦略やビジネスプラン，財務健全性に関わる資本政策や流動性戦略の承認などの，経営戦略および経営管理に関わる事項，②ガバナンス・内部統制の整備を含む経営陣の監督に関する事項，③財務諸表の承認を含む財務報告や監査に関する事項，④リスクアペタイトフレームワークおよびリスクアペタイトステートメントに関する承認，リスク管理およびコンプライアンス管理の態勢整備などの，リスクアペタイトやリスクガバナンスに関する事項，および⑤執行役の選解任や代表権の付与・剝奪，経営陣の評価などの経営陣の人事や報酬に関する事項などについての役割や責任を担うこととなる。

①　経営戦略および経営管理に関わる事項

　取締役会は，経営理念や経営方針などの確立や，金融機関の戦略的な方向付けを行うことが主な役割・責任の１つであり，金融機関のリスク文化を含む企業文化や価値観の確立に主導的な役割を果たすとともに，経営陣による金融機関の経営戦略，事業目標およびビジネス戦略ならびにビジネスプランをはじめとする各種計画の策定を監視し，これらの内容について建設的な議論を行い，最終的な承認を行うことが求められる。

　そのため，取締役会は，金融機関の中長期的な利益を守るために適時に行動することに加え，金融機関の業務に積極的に関心を持ち，金融機関のビジネスや外部環境に生じる重大な変化を常に把握する必要がある。また，策定された金融機関の事業目標および経営戦略・ビジネス戦略やビジネスプランなどの実施状況についてのモニタリングを行う。

②　経営陣の監督に関する事項

　取締役会は，モニタリングモデルのもと，独立的かつ客観的立場から，経営陣の意思決定や職務執行などに対する実効性の高い監督を行うことが求められる。そのため，取締役会は，ガバナンス態勢や，金融機関の所要自己資本算定プロセス，自己資本および流動性に係る計画，コンプライアンスに関する方針

および責務ならびに内部統制システムに係る重要な方針の実施のための取り組みを承認し，これらの実際の導入を監視する。また，内部告発に関する金融機関の方針および手続の整合性，独立性および実効性を監視することも重要な役割となる。なお，経営陣の職務執行に対しては，監査委員会によって独立的見地からの監査も行われる。

　経営陣の業務執行を実効的に監督するためには，取締役会において十分な情報に基づく審議や意思決定が可能となることを確保するための金融機関内における情報提供の枠組みを整備することが重要となる。その一環として，取締役会が，経営陣に対し，経営の意思決定と職務執行の状況のほか，リスクや健全性の状況，外部環境の変化などについて，定期的に，また適時かつ適切に，報告および説明を行うことを求めることも重要となる。

　前述のとおり，経営陣の実効的な監督の観点から，法定の委員会に加えて，特定の役割を担う任意の委員会を設置し，独立的な権限および役割・責任を与えることも重要となる。これらの委員会には，その役割・責任を遂行するために必要な全ての関連する情報やデータにアクセスする権限が与えられる必要がある。取締役会は，各委員会が担う役割に鑑み，当該委員会の委員の構成が最適なスキルや経験の組み合わせとなるようにその選定を行う必要がある。その際には，委員会の客観性を確保するために，非業務執行取締役や独立性のある取締役を選任することが重要となる。また，委員会の構成の検討においては，委員相互の適切な連携や情報提供などを促進させる観点から，例えば複数の委員会の委員を兼務する者を選任することなども考えられる。これら委員会の議長は，非執行の取締役または独立性のある取締役が担うことが，各委員会が客観的かつ独立的な判断を行ううえで重要となる。

③　財務報告・監査に関する事項

　財務報告・監査に関するものとして，取締役会は，年次計算書類を承認することが求められるが，その前提として，監査委員会に対し，重要な事項については定期的に独立した監査を求めるとともに，監査報告書の作成を求める。また，このような会計監査を支える金融機関の会計・財務データの強固な管理シ

ステムが整備されていることを監視する。

これら財務・監査に関する事項については，独立的かつ客観的な見地から十分な監査が実施される必要があることから，過半数を独立社外取締役からなる監査委員会に，これらの役割に関する付託がなされることが一般的である。

④　リスクアペタイトやリスクガバナンスに関する事項

取締役会の主要な責務の1つは，経営陣によるリスクテイクを支える環境整備を行うことである。そのため，金融機関のリスクアペタイトの策定や，実効的なリスクアペタイトフレームワークおよびリスクガバナンスの導入・整備を監視し，これを最終的に承認することが求められる。また，金融機関を取り巻く競争環境や規制環境，金融機関の長期的な利益，リスクエクスポージャー，およびリスクを実効的に管理する能力などを考慮しながら，経営陣が設定するリスクアペタイトを含むリスクアペタイトステートメントの承認を行う。これは，金融機関の短期および長期的なビジネス戦略，ビジネスプラン，資本計画，リカバリープラン（または緊急時対応策），リスク文化および報酬制度などと整合的であることが確保される必要がある。

そのうえで，金融機関がリスクアペタイトステートメント，リスク方針およびリスク限度枠を遵守しているか否かについて監視を行い，金融機関の規模，複雑性，地理的拠点，ビジネス戦略，市場，および規制要件を含む外部環境の重大な変化などに照らし，その適切性が保たれているか否かを定期的にレビューする。そのため，経営陣に対して，リスク限度枠の超過や重要なリスクエクスポージャーを適時に特定，管理または上申することを含む，リスクアペタイトフレームワークの完全性および実効性に対する説明を求めるとともに，実際のリスクプロファイルやリスク限度枠について定期的にモニタリングし，レビューする必要がある。

また，ビジネス戦略を支えるリスク文化，リスクアペタイトフレームワーク，実績評価・報酬体系については，第5章で説明するように，内部監査機能が独立的かつ客観的な立場から，ビジネスモデル監査を実施することで検証を行うことが重要となる。

取締役会は，潜在的なものを含めて金融機関に関わる利益相反を適切に特定，評価およびコントロールするための態勢整備とその実施を監視する。また，グループ内取引その他の関連当事者との取引における利益相反のリスクを評価するため，かかる取引のレビューが行われ，かつ適切な制限（アームズレングス条件の確保など）に服することや，銀行のリソースや経営資源が不正または不適切に利用されることを防ぐための態勢整備とその実施を確保することも求められる。

なお，このようなリスクアペタイトやリスクガバナンスに関する事項については，独立的かつ客観的な見地から，これらの専門的知見や実務経験を踏まえた十分な議論がなされる必要があることから，過半数を独立社外取締役からなるリスク委員会に対しその役割に関する付託がなされることが，業務の複雑さや多様性が大きい金融機関や，国際展開が幅広く行われる金融機関においてはより求められることとなる。また，利益相反に関しては，利益相反管理委員会を設置して独立的かつ客観的な見地から議論や検討を行うことも考えられる。

⑤ **経営陣人事や報酬に関する事項**

取締役会は，経営陣による業務に関する意思決定および執行において実効的な牽制や監督が機能するように，適切な組織構造を構築することが求められる。その一環として，取締役会が業務執行の決定を委任する経営陣について，最高経営責任者（CEO）や最高執行責任者（COO），最高財務責任者（CFO）などのみならず，リスク管理について責任を負う最高リスク責任者（CRO）やコンプライアンスについて責任を負う最高コンプライアンス責任者（CCO）を含めて，その主要な役割と責任を明確にすることが必要となる。取締役会は，これら経営陣の選任（役職の付与を含む）を行い，選任された経営陣の業務執行の状況を監視し，評価する。

また，取締役会は，役員報酬の設計，モニタリングおよびレビュー，ならびにそれが銀行のリスク文化およびリスクアペタイトと整合しているか否かについての評価を含め，金融機関の役職員の適切な報酬体系を整備する必要がある。とりわけ，経営陣の報酬については，中長期的な会社の業績や潜在的リスクを

反映させ，リスクアペタイトに基づく健全なリスクテイク活動を促すようなインセンティブ付けを行うことが重要となる。

これら役員の人事や報酬に関わる事項については，お手盛り的要素を排除し，会社業績向上のためのインセンティブ付けを行うための高度な経営上の判断も必要となり，そのため独立的かつ客観的な見地から十分な議論がなされる必要があることから，過半数を独立社外取締役からなる指名委員会と報酬委員会に，これらの役割に関する付託がなされることが望ましい。

以上のような取締役会の役割と他の機関との関係を示したものが，**図表Ⅳ－1－4**である。

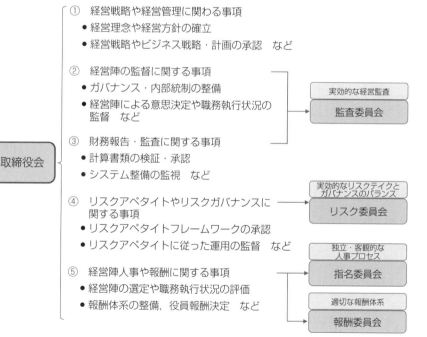

(2) 取締役会の構成

　取締役会は，以上のようなさまざまな役割および責務の遂行に適しており，かつ金融機関の実効的な管理監督ができるように構成されるとともに，取締役会においてはそれぞれの取締役による積極的な議論や討議がなされる必要がある。このような積極的な議論や討議がなされるためには，取締役会全体として，国内外および地域の経済や市場の動向のほか法律や規制環境に関する合理的な共通理解を有する必要がある。そのため，取締役会においては，十分な数の独立取締役が選任されるとともに，スキル，多様性（ダイバーシティ）および専門知識においてバランスの取れた個人によって構成される必要があり，また，取締役会全体としても，銀行の規模，複雑性およびリスクプロファイルなどに照らして，必要な資質を備えていることが求められる。

　そのため，取締役会の構成員である取締役は，その果たすべき役割や義務に照らし，取締役個人としての観点から，また取締役の総体としての取締役会としての観点から，これに必要な資質を保持することが求められる。とりわけ，持続可能なビジネスモデルの構築に向けて，リスク文化やリスクアペタイトフレームワークに従った経営陣の監督を実効的に果たすためには，金融機関を取り巻く環境を理解し，経営陣の策定する戦略について建設的でチャレンジ精神のある議論ができる知識や経験のある人材を確保することが重要となる。

　すなわち，取締役は，金融機関において自らが果たすべき管理監督およびコーポレートガバナンスにおける役割を理解し，健全かつ客観的な判断を実施できる必要がある。具体的には，取締役は，政治，経済，社会および技術革新などの外部環境，金融機関の競合環境，リスクアペタイトフレームワーク，リスク文化，財務，IT，戦略・計画，リスク管理，報酬，法令，規制，ガバナンスおよびマネジメントスキル，さらには場合によっては国際的な経験といった，関連分野における多様な知識と経験を有することはもちろん，取締役会における見解の多様性を促進する観点から，さまざまな背景を持った人物であることが求められる。

第1章　コーポレートガバナンス　359

　このように取締役会による実効的な監督機能の発揮を支える個々の取締役については，下記**8**で説明するように，指名委員会において選任や解任に関する株主総会議案の内容が審議または決定されることが一般的となる。

　また，取締役個人は，必ずしも金融機関の管理監督を行うために必要なスキルや知識を全て保持しているとは限らず，金融業務や金融規制，金融機関を取り巻く外部環境やリスクについて，最新の情報を常にアップデートしておく必要がある。そのため，取締役会は，そのメンバーによる知識やスキルの獲得，維持および強化ならびにその責任の履行を支援するための機会，すなわち研修を通じた研鑽や，経営陣や執行部門からの定期的およびアドホックな情報提供体制を確立することが重要となる。とりわけ，独立性を有する社外取締役については，金融機関の社内事情やビジネスに必ずしも精通しているとは限らないことから，このような機会の提供や，取締役会や各種委員会における活発な議論を行う前提となる必要な情報の提供を行うことが重要となる。

(3)　取締役会の運営

　取締役会の運営において，取締役会議長は極めて重要な役割を担う。すなわち，取締役会議長は，取締役会を主導することはもちろん，取締役の信頼関係を維持することを含め，取締役会全体を実効的に機能させる責任を負う。そのため，取締役会議長は，それぞれの取締役が取締役会において果たすべき役割について明確化するとともに，取締役会の決定が，必要な検討時間とともに取締役会に対して提供される十分かつ適切な情報に基づいてなされることを確保するため，取締役会内部において，また取締役会と各委員会との間で，必要かつ十分な情報の提供や授受がなされる仕組みを構築する。実際の議論の場においては，取締役会議長は，オープンかつ建設的な議論を奨励・促進し，反対意見の表明を含めて，意思決定の過程で自由闊達な議論がなされることを確保する役割を担う。

　そのため，取締役会議長は，かかる責任を果たすために必要な経験，能力および個人的資質を有していることが求められ，また，以上のような取締役会議

長としての責任を果たすために十分な時間を費やすことができる必要がある。

　さらに，適切な牽制監督を機能させる観点から，取締役会の議長は，原則として，独立取締役または非執行の取締役であることが重要となる。

6 リスク委員会

(1) リスク委員会の役割

　リスク委員会は，金融機関全体における実効的なリスクアペタイトフレームワークおよびリスクガバナンスを確保する観点から，金融機関の業務や財務に関わるリスクについての審議や決定[3]を行う委員会である。リスク委員会は，日本において指名委員会等設置会社についても法令上設置が義務付けられるものではないが，一般的に金融機関は多種多様なリスクにさらされていることに鑑みると，金融機関の規模やビジネスモデル，リスクプロファイル，複雑性，グループ構造などを踏まえ，金融機関を取り巻くさまざまなリスクについて，客観的かつ独立的な立場から，専門的かつ集中的に議論する会議体として設置することが望ましいといえる。

　かかるリスク委員会の主な役割としては，以下のものが挙げられる。

① リスクアペタイトやリスクガバナンス

　リスク委員会は，金融機関がリスクガバナンス，リスク管理実務およびリスクコントロールのインフラに関する適切な方針および手続を有することを確保する観点から，リスク管理機能の独立性を確保し，リスクを特定，評価，コントロールおよび報告するための全社的プロセスの構築や改善に関して提言を行う。また，取締役会によるリスク文化の醸成および維持のために必要な助言・提言や，リスク文化の全社的な浸透状況などについて管理監督を行う。金融機関のリスク方針についても，少なくとも年に一度のレビューを行う。

3　決定については決定権限を付託される場合に限る。以下は，リスク委員会にこのような決定権限が付託されている場合について説明する。

第1章　コーポレートガバナンス　　361

　また，リスク委員会は，信用リスク，市場リスク，オペレーショナルリスク，
コンダクトリスク，レピュテーションリスク，戦略リスク，企業価値リスクな
どの金融機関が直面する全てのリスクに関し，外部要因やビジネス戦略の変化
も踏まえたうえで，金融機関の全体的な現在および将来のリスクキャパシティ，
リスクアペタイトおよびリスク限度（リスク統合ベースおよび種類別の双方）
などについて議論し，取締役会への必要な提言を行う。とりわけ，エマージン
グリスクやトップリスクなどの重要なリスクについて定期的な議論を行うとと
もに，平時およびストレス時におけるリスクの収益や自己資本および流動性に
対する影響，すなわち戦略リスクおよび財務リスクについて定期的に議論する。
コンダクトリスクや利益相反管理（オペレーショナルリスク）に関しては，金
融機関が提供する全ての重要な商品やサービスが，そのビジネスモデルやリス
クアペタイトと整合していることをリスク委員会において監視することも重要
である。
　以上に際しては，金融機関のビジネス戦略や流動性および自己資本の計画な
どが，リスクアペタイトと整合的であり，重要なリスクが戦略計画の中で対応
されることを確保する必要がある。また，自己資本および流動性の管理に関す
る戦略について，設定されたリスクアペタイトとの整合性を確保すべく管理監
督する。さらに，リスク管理に用いられるストレステストを含むシナリオ分析
の設計・実施や，策定されたリスクアペタイトを踏まえた戦略の実施やリスク
限度枠の遵守，日々のリスク管理活動について，モニタリングを含めた管理監
督を行う。
　また，リスクアペタイトを踏まえた業務執行を確保するため，承認されたリ
スク方針の金融機関による遵守を促すためのプロセスが，マネジメントによっ
て導入されているかどうかについても監視を行う。
　なお，リスク委員会は，このようなリスクアペタイトやリスクガバナンスに
関する役割を果たすにあたり，十分かつ必要な情報を独自に取得および把握す
べく，リスク管理機能に対し必要な報告を求めることができるなど，リスク管
理機能との間で実効的な連携が確保されることが重要となる。

リスク委員会は，以上のような，リスクアペタイトフレームワークに基づくリスク管理について，その実効性の確保および向上に向けた議論を行うことも求められる。

② 経営陣による職務執行のレビュー

リスク委員会は，経営陣によるリスク方針およびリスクアペタイトステートメントの実施および推進について議論する。また，金融機関の現行のリスクプロファイル，リスク文化の浸透状況や実施状況の現状，設定されたリスクアペタイトに対する実際のリスクプロファイル，リスク限度枠，リスク限度枠への抵触の有無およびリスクコントロールとしての削減計画などについて議論するために，経営側の委員会であるリスク管理委員会や最高リスク責任者，リスク管理部門から，リスクプロファイルの状況やリスクアペタイトやリスク限度枠の抵触の有無，これに対処するための軽減措置などについて定期的に報告を受け，これら事項に関するコミュニケーションを行う。

③ 監査委員会との連携

監査委員会が経営陣の職務執行の監査を行うにあたり，潜在的なものも含めて，金融機関が直面しているリスクの最新の状況について常に把握していることが必要となる。そのため，リスク委員会は，エマージングリスクを含む金融機関が直面する全てのリスクについて，金融機関における共通理解や実効的対処，さらにはリスクガバナンスフレームワークの必要な改善の促進を目的として，監査委員会との間で，相互に実効的なコミュニケーションや協調を行うことが求められる。また，リスク委員会において監査委員会による監査が必要と判断する事項が生じた場合には，監査委員会に対して監査実施を求めるとともに，監査結果についての報告を受ける。

④ 報酬委員会との連携

経営陣にリスクアペタイトを踏まえた適切なリスクテイクを促す観点から，経営陣の報酬の一部に業績目標などに関連付けられたインセンティブ構造が組み込まれる。リスク委員会は，かかるインセンティブ構造を含む経営陣の報酬が，リスクアペタイトフレームワークに整合的となっているか否かについて検

証を行い，報酬委員会との間で，相互に実効的なコミュニケーションや協調を行う必要がある。

なお，リスク委員会は，報酬システムが提供するインセンティブが，リスク，自己資本，流動性および収益の可能性やタイミングを考慮に入れたものであるか否かを検証し，この点について報酬委員会とコミュニケーションや協議を行う。報酬システムにおいてリスクテイクやその結果としてのリスクの状況が反映される変動報酬などが組み込まれている場合には，リスク委員会は，その実績評価について報酬委員会に対し報告を行う。

以上のようなリスク委員会の役割と他の機関との関係の概要を示したものが，**図表Ⅳ-1-5**である。

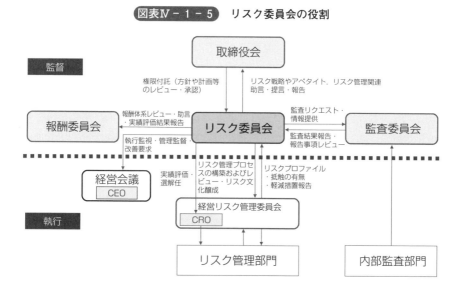

(2) リスク委員会の構成

リスク委員会は，このように客観的かつ専門的な審議を促すために，その過半数は金融機関からの独立性を有する者によって構成され，また，リスク管理

に関する実務的な知見や経験のある者が含まれるべきである。また，リスク委員会の議長は，独立性を確保する観点から，独立取締役であり，取締役会や他の委員会の議長と兼任しない者とすることが適当である。

7 監査委員会

(1) 監査委員会の役割

　監査委員会は，主として，経営陣および取締役の職務執行の監査を行い，監査報告を作成するとともに，会計監査人の選任および解任などについて，株主総会に対し提出する議案の内容を決定する。より具体的な役割および責務としては，まず，金融機関の財務諸表や事業報告を含む財務報告を監査し，これらについて経営陣および会計監査人と協議することや，内部統制手続およびリスク管理方針・体制を監視し，金融機関が直面する財務上のリスクおよびそれに対する経営陣の対処方法について経営陣と協議すること，内部監査の実施状況をモニタリングすることなどが挙げられる。さらに，会計監査人から指摘され，または内部監査機能から報告を受け，あるいは自らの調査により認めた内部統制上の欠陥，法令や規制の不遵守その他の問題について，これに対処するために必要な方策とともに取締役会に報告する。必要な場合には，監査委員自ら取締役や執行役の法令違反行為などの差止請求を行う。加えて，金融機関の全社的なリスクアペタイトフレームワーク，リスクガバナンスフレームワークおよび内部統制システムの設計および実効性に対する第三者の意見をレビューすることも監査委員会の役割となる。

　なお，監査委員会は，エマージングリスクを含む全てのリスクについて，情報交換と実効的なカバーを促し，銀行のリスクガバナンスフレームワークの必要な調整を促すため，監査に関して必要な事項についてリスク委員会に情報提供を求め，他方で監査の過程でこれらリスクに関して認識した事項についてリスク委員会と共有することで，リスク委員会との間で実効的なリスクガバナン

図表Ⅳ-1-6　監査委員会の役割

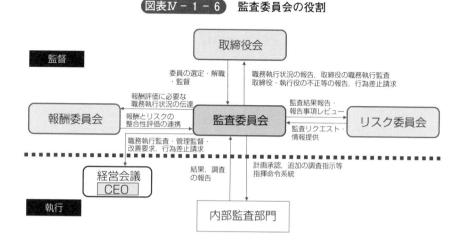

スのためのコミュニケーションを行い，協働する。

　また，監査委員会は，監査の過程で認識した執行役や取締役の職務執行の状況について，これを報酬評価や業績評価において反映させるため，指名委員会や報酬委員会との間で必要な情報提供を行う。

　以上のような監査委員会の役割と他の機関との関係を示したものが，**図表Ⅳ-1-6**である。

(2) 監査委員会の構成

　監査委員会は，コーポレートガバナンスにおけるあるべき姿として，独立社外取締役および非執行の取締役のみで構成されるべきであり，少なくとも過半数が独立社外取締役の必要がある。また，前述のとおり取締役として求められる知見や経験を有することはもちろんであるが，監査報告の作成のために財務報告や会計の専門的知識も必要となることから，監査，財務報告および会計に関する実務経験を有する者が監査委員の中に含まれる必要がある。さらに，監査委員会は，金融機関の複雑性や委員会の職務に照らし，全体として集団的バランスの取れたスキルと専門的知識を有しているべきである。

なお，監査委員会の議長としては，独立性を確保する観点から，金融機関からの独立性を有し，かつ，取締役会またはその他の委員会の議長ではない人物を任命することが必要である。

(3) 監査委員会の職務の補助者

監査委員会は少なくとも過半数が社外取締役によって構成される必要があるところ，特に業務や拠点が多岐に及び，複雑なリスクプロファイルを有する金融機関においては，監査委員のみで金融機関のリスクアペタイトフレームワークの実効性を検証することは実務上困難な場合が想定される。そのため，監査委員会の職務を補助し，監督の実効性を高めるために，監査委員会の直属の組織として監査委員会室や監査委員会事務局を設置し，当該組織において監査委員会の補助の役割を担う者を選任することが有用となる。監査補助人については，一般的に，主として内部監査部門やコンプライアンス部門などの従業員から，専任または兼任のものを選任する。監査補助人については，監査委員会の職務を補助するという性質上，執行部門からの独立性を確保するとともに，その人事評価や人事異動には監査委員会の同意を必要とし，また，監査の補助の遂行に必要な権限を付与し，監査委員会による指揮命令権を明確にすることなどが重要となる。

(4) 内部監査部門との関係

監査委員会による実効的な監査の実施の観点から，業務執行の監査においては，内部監査部門との連携が重要になる。とりわけ，監査委員会による実効的な監督を行うためには，監査委員会が，執行側から独立して，内部監査部門に対して直接の指揮命令権限を行使できることが必要となる。そのため，内部監査部門の長の選解任や職員の人事について監査委員会が承認権限を有するほか，内部監査の計画や予算の承認権限や，必要な調査や報告を直接求めることができる権限が監査委員会に付与されていることが重要となる。監査委員会は，内部監査部門から監査計画と監査結果について定期的に報告を受けるとともに，

必要に応じて調査を求める。内部監査部門の監査結果は，内部統制システムに係る監査に実効的に活用される。

8 指名委員会

(1) 指名委員会の役割

　指名委員会は，取締役の選任に関する内容の決定のほか，執行役の選任および解任や，重要な子会社の取締役や主要な経営陣の選任および解任についての審議や提言，承認などを行う。金融機関のコーポレートガバナンスを実効的に発揮するためには，取締役や執行役として適任である候補者が選任される必要があるとともに，選任後に問題や不適合な点が発生した場合には，すみやかにこれを解任することが求められる。とりわけ，執行役に対しては，このような人事権を通じた牽制機能を発揮させることが求められる。このような取締役や執行役の人事に関して，独立的かつ客観的な判断を行う観点から，指名委員会にこれらの権限を付与することが適当となる。

　具体的には，指名委員会は，取締役および執行役について，株主総会または取締役会への提案などを行うこととなるが，そのための方針やプロセスを策定する必要がある。すなわち，取締役および執行役の選任および解任の方針およびプロセスを整備するとともに，それぞれの候補者を特定，評価および選定するための資格要件や基準の明確化など，明確かつ厳格なプロセスを整備する。また，現任の取締役や執行役については，貢献度評価を含む再任や解任のための評価基準を明確化する。現任の取締役や執行役については，これらの評価基準に基づき会社業績や取締役会または経営会議などへの貢献を評価する。さらに，持続可能性を高める観点から，最高経営責任者などを中心として，経営陣を中心とするサクセッション方針とサクセッションプランニングの整備の推進を行う。加えて，取締役会の規模および構成についても定期的な評価を行い，絶えず適切な規模や構成の検討を行う。金融機関の取締役の職務遂行において

は，前述のとおり高度な金融や経済その他の外部環境に関する知識や理解が求められることから，取締役の継続的な教育や研修について推進することも，指名委員会の重要な役割となる。

また，取締役会は，自らの実効性評価を行うことが求められるが，指名委員会は，各取締役の取締役会への貢献度の評価を含めて，かかる取締役会の実効性評価をサポートする。さらには，指名委員会自身の実効性評価を実施するとともに，他の委員会の自己評価についてもサポートすることが望ましい。

なお，取締役や執行役の業績評価については，必要に応じて報酬委員会との間で情報交換や協議を行う。

以上のような指名委員会の役割と他の機関との関係を示したものが，**図表Ⅳ－1－7**である。

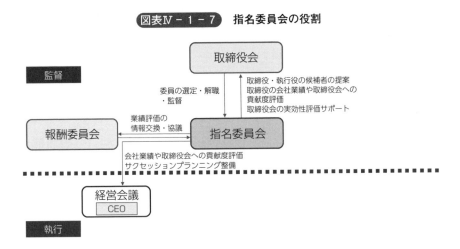

図表Ⅳ－1－7　指名委員会の役割

(2) 取締役の選定および評価の基準

取締役候補者の選定においては，指名委員会により，前述の取締役に求められる知識，スキルおよび経験[4]，経歴に鑑みた高潔性および厚い信望，取締役としての責任を遂行する十分な時間，真摯な対話能力を有することや，独立的かつ客観的に職務を履行する能力を妨げたり，経営陣や他の株主，自らの過去

または現在の地位や経歴，その他の個人的な経済的関係などによる不当な影響をもたらしたりするような利益相反を有していないことが検証される。とりわけ，独立性の観点からは，これを実質面において担保することに主眼を置いた独立性判断基準を策定し，開示することが求められている。

　取締役の評価については，現任取締役の再指名または取締役会評価に関連し，指名委員会は当該取締役のバックグラウンド，大局観，スキル，経験をレビューし，取締役会に対する貢献を評価するとともに，当該取締役の任期を勘案の上，現在および将来のニーズに照らした当該取締役の金融機関に対する継続的な価値を評価する。

　なお，取締役の選任や再選任に際しては，取締役会全体としての構成についても評価する必要があるが，指名委員会は，取締役会の構成員としての取締役の役割と責任，およびかかる役割において必要とされる知識，経験および能力を分析することが求められる。また，取締役会が，金融機関全体の利益に悪影響を及ぼすような方法で特定の個人やグループに支配されないことを確保すべく努める必要がある。そのため，指名委員会は，取締役のスキルおよび経験の組み合わせ，取締役会が全体としてその監督機能を生産的かつ平等なかたちで実効的に発揮するための必要な手段の有無，現任取締役のスキルセット，会社の戦略計画，予想される取締役の退任などを踏まえ，取締役として求められる価値のある資質や特性の特定を含め，年次で取締役会の構成を検討することが必要となる。

　なお，指名委員会がその職務を果たすにあたり，これをサポートするものとして，独立性のある人事コンサルタントなどの外部専門家から助言を受けることも許容されるべきである。

4　非執行取締役については，取締役会におけるその責任を考慮し，また銀行の業務やリスクプロファイルに鑑み，金融機関からのいわゆる精神的独立性を有していることが必要となる。

(3) 指名委員会の構成

指名委員会のメンバーは，少なくとも過半数は独立社外取締役の必要がある。なお，指名委員会の議長としては，取締役会議長または独立性のある非執行取締役がこれを務めることが適当である。また，指名委員会は，上記のような取締役および執行役の選任や委員会の職務に照らし，全体として集団的バランスの取れたスキルと専門的知識を有しているべきである。

9 報酬委員会

(1) 報酬委員会の役割

報酬委員会は，取締役や執行役に対する報酬などに関し，その決定方針を定め，個別の報酬額などを決定することはもちろん，それ以外の役職員の報酬体系も評価し，これがリスク文化やリスクアペタイトに従った適切なリスクテイクやリスク管理活動を促すものとなっていることを検証することで，報酬体系の適切な設計・運用の確保のための経営陣に対する必要な牽制機能を発揮する役割を担う。

一般に，役職員に対する報酬は，これら役職員の日々の行動を規律付ける大きなドライバーとなり，第 I 部第 5 章で説明したリスク文化においては，制度設計により変えることが可能な表層文化を構成する。そのため，リスクアペタイトフレームワークに基づく長期的な企業価値向上に向けた適切なリスクテイクを促すインセンティブとするためにも，変動報酬の設計も含めて，適切な評価報酬体系・制度を整備することが重要となる。報酬委員会は，このような役職員の適切なリスクテイクのための評価報酬体系・制度を整備するうえで中心的な役割を果たすこととなるが，取締役および執行役について報酬の決定方針や個別の報酬額などを定めることはもちろん，従業員に関しても報酬体系の設計および運用について監視・牽制機能を及ぼす。具体的には，役職員の報酬が，

金融機関の業績や健全性および将来の見通し，長期的な企業価値向上のための適切なリスクテイクに向けたインセンティブ付けなどに照らして適切であり，法的または規制上の要件のみならず，リスク文化，長期的ビジネスやリスクアペタイト，業績および統制環境に整合していることを検証し，必要に応じて取締役会への報告や提言を行うこととなる。また，報酬額全体の水準が，グループ全体の財務の健全性や将来見通しと整合的であり，将来の自己資本の十分性に重大な影響を及ぼさないことを確認および検証することも求められる。

また，報酬委員会は，リスク委員会やリスク管理部門と緊密に連携し，報酬システムにより作られたインセンティブの，リスクアペタイトなどとの間の整合性や適切性を評価する。その際には，例えば，業界における同業他社との間の業績比較に基づく業績指標，金融機関の報酬制度がインセンティブ付けする可能性のあるリスクまたは役職員の行動，報酬制度が長期的な株主価値（企業価値）を促進するよう設計されており，過剰なリスクテイクを助長させないかどうかといった検討を行う。役職員が，表面的にリスクを減少させる取引を行うなど，リスク管理と整合的な報酬体系とした設計趣旨を損ねかねないような行為に及ぶおそれについても適切に監視および牽制する態勢の整備も必要となる。

なお，報酬委員会がその職務を果たすにあたり，これをサポートするものと

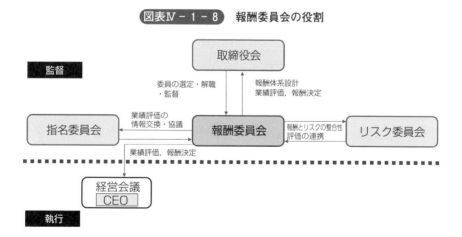

図表Ⅳ－1－8　報酬委員会の役割

372 第Ⅳ部 ガバナンス体制

して，独立性のある報酬コンサルタントなどの外部専門家から助言を受けることも許容されるべきである。

　以上のような報酬委員会の役割と他の機関との関係を示したものが，**図表Ⅳ－1－8**である。

(2) 報酬委員会の構成

　報酬についてはお手盛りの危険性を排除し，また，会社業績向上のためのインセンティブ付けを行うための高度な経営上の判断も必要となることから，報酬委員会についても，少なくとも過半数は独立性のある社外取締役から構成される必要があり，とりわけ，報酬方針および報酬実務，ならびにそれらに基づいたインセンティブについて，的確で独立した判断を行えるような構成とすることが求められる。報酬委員会は，報酬体系の適切な設計・運用を通じた監視・牽制機能を独立して発揮することができるように，必要な権限や体制などが確保されることが求められる。

10 経営会議

(1) 経営会議の役割

　経営陣は，一般的に執行役または取締役からなる経営会議[5]を構成し，取締役会から委任された業務執行の決定を行うとともに，それぞれにおいて，金融機関の日々の経営を健全かつ慎重に行う責任を有し，かつ取締役会に対して説明責任を負う。そのため，経営陣の構成および手続，意思決定は，明確で透明性を備え，金融機関の実効的な経営を促進するように設計されることが必要となる。これには，最高経営責任者も含め，経営会議を構成する種々の役付執行役または取締役の役割，権限および責任を明確にすることが含まれる。

5　なお，名称としては，例えば執行役会など，金融機関によって異なる。

図表Ⅳ－1－9　経営会議の役割

取締役会
- （P）ビジネス戦略およびリスクガバナンス態勢の承認
- （D）執行部門によるビジネス戦略およびリスク管理の執行の監視
- （C）執行部門によるビジネス戦略およびリスク管理の執行結果の検証
- （A）執行結果を踏まえた課題や問題につき，執行部門に対する改善の指示およびフォローアップ

経営会議（CEOを含む）

P
- グループ全体のリスクアペタイトの設定
- 全社的なビジネス戦略やグループ戦略，経営計画，ビジネスプラン，資本計画などの原案策定
- 内部統制枠組み（リスクガバナンス）の原案策定
- グループ内エンティティやビジネスラインの計画などを承認

D
- ビジネス戦略および各種計画のリスクアペタイトやリスク方針に従った実施の推進
- グループ内エンティティやビジネスラインの計画執行状況をレビューし，必要に応じ調整を実施
- 内部統制部門による内部統制実施状況に係る報告を受領
- 計画およびガバナンス執行状況の取締役会への報告
- 健全なリスク文化の醸成を率先垂範

C
- リスクアペタイトに基づくリスクテイクの執行状況のモニタリング
- グループ内エンティティやビジネスラインのパフォーマンス評価

A
- 内部監査や監督当局による検査などの結果指摘された事項について，改善を実施するとともに，改善状況を取締役会に対して報告
- グループ全体のリスクアペタイトの見直し

　経営会議が果たすべき役割と責任について，**図表Ⅳ－1－9**にまとめている。

　経営会議は，取締役会の指示に従い，とりわけ最高経営責任者（CEO）や最高リスク管理責任者（CRO），最高財務責任者（CFO）が中心となってリスクアペタイトを設定し，これと整合的な全社的なビジネス戦略やグループ戦略，ビジネスプラン，資本計画などを立案する。ここで，リスクアペタイトは，各ビジネスラインや各エンティティに対するリスク限度に適切に変換されたうえで，各ビジネスラインや各エンティティにおいてリスクアペタイトをそのビジネス戦略や財務計画，意思決定プロセス，報酬決定などに取り入れられることが求められる。また，全社的なリスクアペタイトステートメントが，各ビジネ

374 第Ⅳ部　ガバナンス体制

スラインや各エンティティにおいて策定・設定される整合的なリスクアペタイトステートメントまたは明確なリスク限度を通じて実施されることを確保する必要がある。加えて，経営会議は，包括的かつ独立したリスク管理，コンプライアンスおよび監査機能ならびに実効的な内部統制システムを含む，リスクガバナンス枠組みを立案する。なお，その際，経営会議としては，リスク管理，コンプライアンスおよび内部監査機能にそれぞれ独立した職務があることを十分に認識し，これを尊重するとともに，これら機能による職務の遂行に干渉しないことが求められる。

　これら経営会議によって立案されるビジネス戦略および各種計画やリスクガバナンスの枠組みは，取締役会に提案され，その審議を経て承認される。経営会議は，このように取締役会によって承認されたグループのビジネス戦略や各種計画に従い，グループ内エンティティやビジネスラインごとの計画を策定または承認する。経営会議は，取締役会に承認されたリスクガバナンスの整備方針に従い，グループ内においてその十分な態勢整備を行う（以上が同図の❷の部分）。

　経営会議は，このように取締役会による承認を受けたビジネス戦略および各種計画について，自らの管理下にある人員を十分に管理監督しつつ，リスクアペタイトやリスク方針に従いこれを実施させるとともに，グループ内エンティティやビジネスラインの計画執行状況やリスクプロファイルの状況について，定期的またはアドホックな報告を受けるとともにこれをレビューし，その結果を踏まえて必要な調整や対応を行う。また，かかるビジネスラインによる計画執行に関し，内部統制部門による内部統制実施状況に係る報告を受領する。また，経営会議は，健全なリスク文化の醸成を率先垂範する。

　これらビジネスラインによる計画執行や経営会議としてのガバナンス実施の状況については，経営陣に対する実効的な監督を支えるため，取締役会に対して適時適切に報告がなされることが重要となる。具体的には，ビジネス戦略やリスクアペタイトの変更，金融機関の業績および財務状況，リスク限度枠やコンプライアンス規則に対する違反，内部統制の欠陥，法律上または規制上の懸

念，ならびに金融機関の内部告発手続の結果として提起された問題を含む，金融機関に関わる重要な事項について，十分な情報を取締役会に定期的かつ継続的に提供する必要がある。取締役会は，これら提供を受ける情報と，監査委員会やリスク委員会などから報告を受けた情報などをあわせて，経営陣の監督を行う（以上が同図の**❶**の部分）。

　そのうえで，経営会議は，リスクアペタイトに基づくリスクテイクの執行状況についてのモニタリングを行う。また，執行されたビジネスプランなどの状況に基づき，グループ内エンティティやビジネスラインの実績評価を行う。取締役会は，経営会議から報告される実績評価も踏まえて，経営陣によるビジネス戦略およびリスク管理の執行結果について検証を行う（以上が同図の**❸**の部分）。

　経営会議は，上記の自らの検証や取締役会からの検証で発見または指摘された事項のほか，内部監査や監督当局による検査などの結果として指摘された事項について，必要な改善を実施するとともに，改善状況を取締役会に対して報告を行う。また，必要に応じて，グループ全体のリスクアペタイトの見直しも行う。取締役会は，かかる経営陣による改善状況を監視し，必要な場合には追加指示やフォローアップを行う（以上が同図の**❹**）。

　経営会議は，このように，取締役会から承認されるリスクガバナンス態勢のもと，取締役会から承認されるビジネス戦略について執行をし，これを，PDCAサイクルを通じて検証および改善していくことで，ビジネスモデルを持続可能性のあるものとして実施していくこととなる。

(2)　取締役会による監督

　取締役会は，経営陣の監督に関する責任を負うが，かかる責任を果たすために，経営陣に対し，それぞれが担う職務についての説明責任を課すとともに，リスクアペタイトやリスク文化を含む取締役会の期待に沿わない行動をとった場合に生じうる結果（解任を含む）をあらかじめ示すことが重要となる。取締役会は，経営陣の行動が，リスクアペタイトを含め，取締役会が承認した戦略

および方針と一致しているかどうかをモニターするとともに，経営陣と定期的に会合し，経営陣が提供する説明や情報について質問を行い，批判的な立場でレビューすることが求められる。また，報酬委員会を通じて，金融機関の長期的な戦略目標や財務の健全性と整合的で適切な業績および報酬基準が設定されることを確保し，最高経営責任者やその他の重要な経営陣のサクセッションプランの策定を直接的かつ積極的に推進する。

(3) ビジネスモデルに関する承認・決定

　前述のとおり，金融機関のガバナンスモデルとしては一般的にモニタリングモデルが適当であり，取締役会は，業務執行の決定について，重要なものを含めて基本的に執行役や取締役などの経営陣に委任し，これら経営陣による業務執行の決定や実際の職務執行を監督することが，その主な役割となる。そのため，金融機関の取締役会が決定または承認すべき事項は，基本的に，金融機関にとって特に重要な事項や金融機関の根本に関わる事項などに限られることとなる。

　このようなモニタリングモデルを採用する金融機関において，持続可能なビジネスモデルの構築に向けて，ビジネスモデルを構成するビジネス戦略とガバナンス態勢に関する承認や決定を行う場合，平時を想定したビジネス戦略・グループ戦略やグループビジネスプランと，危機時を想定したリカバリープランを含めたリカバリー戦略，リスク管理・内部統制の枠組みやリスクアペタイトフレームワークは，とりわけ重要性が高く，経営陣がビジネスを執行していく枠組みとして取締役会の監督を及ぼす必要があることから，経営陣が立案を行ったうえで，取締役会による承認がなされる。一方，これに基づくビジネス部門の戦略や調達計画などは，取締役会による承認を受けたビジネス戦略やビジネスプランに基づき，経営陣によって策定または承認が行われることとなり，取締役会はもっぱらその策定および実施状況に関する監督を行うこととなる。

第2章

リスクガバナンス

① リスクガバナンスフレームワーク

　金融機関の経営陣は，コーポレートガバナンスの一環として，グループ全体のリスクガバナンスについて取締役会に対する説明責任を負い，そのため，リスクの特定，評価，コントロール，モニタリングといった一連のリスク管理プロセスを実践するための適切なリスクガバナンスフレームワークを整備することが求められる。取締役会は，かかる経営陣が整備するリスクガバナンスフレームワークの実効性および強固性について監視する責任を負う。

　かかるリスクガバナンスフレームワークを実効的かつ強固なものとするためには，強固なリスク文化，明確なリスクアペタイト，リスク管理や統制機能に関する責任の明確化などが不可欠となるほか，金融機関の規模やビジネス特性，複雑性およびリスクプロファイルに見合った枠組みを設計する必要がある。さらに，第Ⅰ部第5章で説明したように，リスクガバナンスを実効的なものとして機能させるためには，過度なリスクテイクやリスク限度枠への抵触などリスク管理の過程で課題や問題が認められた場合に，上申プロセスや内部通報手続を通じリスク管理責任者や経営陣に対する適切な報告がなされる仕組みのほか，リスクガバナンスに反する行動をとった役職員に対して，社内懲戒処分を含むペナルティを与える仕組みを設けることで，自社のリスクガバナンスフレームワークに従った行動を役職員に促すことも必要となる。

2 スリーラインズディフェンス

(1) スリーラインディフェンスの概要

　リスクガバナンスフレームワークにおいては、一般的に「3つの防衛線（スリーラインズディフェンス）」と呼ばれる、実効的なリスク管理のための明確に定義された組織上の責任と権限の分配を含め、これら3つのディフェンスラインに対し適切な人材配置や必要なITシステムの整備などを行うことが重要となる。

　かかるスリーラインズディフェンスは、図表Ⅳ-2-1に示すように、ファーストラインとしてフロント部門を構成するビジネスライン、セカンドラインとしてファーストラインから独立したリスク管理機能およびコンプライアンス機能など、ならびに、サードラインとして他のラインから独立した内部監査機能から構成される。これら3つのラインの構成や責任・権限は、金融機関の規模やビジネス特性、複雑性およびリスクプロファイルなどに応じて、リス

図表Ⅳ-2-1　スリーラインズディフェンスによるリスクガバナンス

出所：『金融規制・監督と経営管理』（日本経済新聞出版社）を参考に作成

クガバナンスのための実効的な牽制機能が働くものとして明確に設計し，組織内で周知される必要がある。

(2)　ファーストラインの役割の概要

　ファーストラインは，実際にフロントとして対外的ビジネス活動を行うビジネスラインやビジネス部門が該当する。ファーストラインにおいては，リスクテイクのみならず，自己完結型のリスク管理として，金融機関のリスクアペタイトならびにその方針，手続および統制を踏まえつつ，自らフォワードルッキングにリスクの特定，評価，コントロールおよびモニタリングを行うことが求められ，これらについての報告および説明に関する責任を負う。ファーストラインでこのような1次的な自己完結型のリスク管理を行わせるためには，これを推進する堅固なリスク文化の醸成および浸透が不可欠となる。

　第Ⅲ部第4章で述べたとおり，世界金融危機後，リスク管理の第一線としてのファーストラインの役割は大きく変化し，その重要性が高まっている。これまでリスク管理の中心を担っていたのは，セカンドラインに当たるリスク管理部門やコンプライアンス部門であったが，リスクの顕在化を未然に防止するとともに，顕在化した際に適切なコントロールを機動的に実施するためには，セカンドラインにおける対応では十分に対応することが困難である。とりわけ，金融機関を取り巻く環境に適時適切に対応するためには，ビジネスの最前線において自らリスクテイクを行うフロント部門，すなわちファーストラインにおいて，リスクを特定および評価しコントロールすることが重要である。そこでは，ビジネス戦略，リスクアペタイト，収益およびリスクを一体的に管理していくことが必要となる。こうした取り組みはリスクカテゴリー横断的に求められるが，とりわけ，一般的にリスクテイクを許容できないあるいは積極的に取らないとされるコンダクトリスクなどについては，これが顕在化した場合，金融機関のレピュテーションに与える影響や，制裁金などを通じて金融機関の財務に及ぼす影響が甚大となる可能性があるため，ファーストラインにおけるプロアクティブなリスク管理の重要性がより高いといえる。

(3) セカンドラインの役割の概要

　セカンドラインとしては，ファーストラインから十分に独立性のあるリスク管理部門およびコンプライアンス部門が，ファーストラインによるリスクテイク活動や自己完結型リスク管理についてのモニタリングを行うとともに，ファーストラインから独立した立場において自らの判断によりさらされるリスクを評価する。また，セカンドラインは，戦略，収益，資本，流動性およびコンプライアンスなどの金融機関が直面するリスクについて，グループ全体にわたり横断的リスク管理を行う。セカンドラインのうちコンプライアンス部門は，特に，金融機関に適用される法律，コーポレートガバナンスに関するルール，規制，規範および方針の遵守状況を日常的にモニターする。また，コンプライアンス部門は，取締役会が承認するコンプライアンス方針の遵守の状況を評価し，金融機関によるコンプライアンスリスクの管理の方法および状況について，経営陣，および必要に応じて取締役会に報告する必要がある。

　以上のセカンドラインの役割についても，ファーストラインと同様，世界金融危機後大きく変わってきている。すなわち，セカンドラインは，ファーストラインが行うビジネス戦略の策定およびそれに伴うリスク評価に対して独立した立場から評価を実施し，トップダウンの方針とファーストラインから上がってくるボトムアップの方針との整合性を確保することや，あるいはビジネス戦略やリスクアペタイトを踏まえ実際にファーストラインがリスクテイクを行うプロセスを独立した立場からモニタリングすることが，その役割の中心となってきている。

(4) サードラインの役割の概要

　サードラインは，独立した実効的かつ客観的な内部監査部門や外部監査人によって構成される。このうち内部監査は，主な役割として，リスク管理，コンプライアンスおよびコーポレートガバナンスの手続を含む，既存の方針，手続および内部統制が，金融機関のビジネスにとって実効的で，適切かつ十分であ

ることを評価するとともに，かかる方針と手続が金融機関内において遵守されることを確保することが求められる。そのため，サードラインは，他のラインから独立した立場から，銀行の内部統制システム，ファーストラインおよびセカンドライン，ならびにリスク文化との関連性を含むリスクガバナンスフレームワークについて，戦略・ビジネスプランの策定，報酬および意思決定プロセスとともに，その品質と実効性に対する独立したレビューと客観的なアシュアランスを提供することが必要となる。具体的には，リスクアペタイトフレームワークのもと，ビジネス戦略に見合う態勢整備の有無や，監督当局の期待や業界実務に照らした妥当性の検証を行ったうえで，これらについての保証（アシュアランス）を取締役会に提供することとなる。なお，方針と手続の遵守の確保に関しては，実効性を確保する観点から，実際に遵守状況を検証するのはファーストラインやセカンドラインの役割であり，必要なITシステム対応も含めて，内部監査部門は，このような遵守がなされることを確保する役割を担うことが実務における基本的な方向性といえる。このようなサードラインの役割を果たす内部監査に従事する者としては，その役割に照らして有能で，適切なトレーニングを受けており，かつ，リスク管理機能や他のラインの機能・役割の策定，導入または運営に関与していない者を選任することが求められる。

(5) 取締役会の役割の概要

取締役会は，このようなセカンドラインまたはサードラインを構成するリスク管理部門，コンプライアンス部門および内部監査部門に対し，ファーストラインを中心とする他のラインに実効的に牽制を行うことが可能となるように，適切な地位，人員およびリソースが与えられ，その責任が独立的，客観的，かつ実効的に遂行されることを確保することが必要となる。こうした責任は取締役会が担うが，実際のリソース配分は経営陣が実施し，取締役会はその管理監督，モニタリングを行うこととなる。

取締役会はまた，リスクガバナンスフレームワークの管理監督において，重大なリスクや問題点を特定し，対処するため，また改善が必要な領域を確認す

るため，経営陣ならびにリスク管理，コンプライアンスおよび内部監査部門の責任者とともに，重要な方針と統制を定期的にレビューする。実効的なリスクガバナンス態勢を整備していくためには，リスク管理に関わる一連のPDCAサイクルがうまく機能することが求められ，そのためにはリスク管理プロセスを通じて発見された問題や課題点について，これを適切に改善していくことが重要となる。こうした改善の役割を直接担うのは経営陣の役割であるが，取締役会は，改善が意図したとおりに実施されているかどうかをモニタリングする役割を果たすこととなる。

3 セカンドライン

(1) リスク管理部門の役割

　前述のとおり，独立したリスク管理部門は，スリーラインズディフェンスにおけるセカンドラインの重要な要素である。リスク管理部門は，金融機関全体のリスクテイク活動を監視する責任があり，金融機関内においてこれを行うために必要な権限を有することが求められる。

　このようなリスク管理部門は，最高リスク責任者（CRO）のもと，金融機関のリスク文化，リスクアペタイトおよびリスク限度を含め，全社的なリスクガバナンスフレームワークの構築および導入を推進するとともに，金融機関のリスクアペタイトまたはリスク限度の抵触に対する早期警戒トリガー（ソフトトリガー）またはマネジメントアクションの実施を検討するハードトリガーの確立を推進する役割を担う。リスク管理部門は，リスクアペタイトの強靱性と持続可能性を評価し，また，リスクアペタイトが適切にリスク限度に変換されていることを確保する。

　上記のハードトリガーを設定するためには，リカバリープランや緊急時対応策の策定を通じて実施されるリバースストレステストを活用することとなる。また，リスク管理として，とりわけ，金融機関にとって足元において重大また

は脅威となる個別のまたは全体のリスク（いわゆるトップリスク）および今後顕在化する可能性があるが現時点ではその可能性の程度が見通せないリスク（いわゆるエマージングリスク）を特定し，それらに対する金融機関のリスクエクスポージャーを評価する。こうしたリスクの評価や，トップリスクまたはエマージングリスクが顕在化した際の損益や自己資本・流動性に与える影響は，包括的シナリオ分析を通じて評価される。以上が，リスク管理プロセスの中のリスクの特定・評価におけるリスク管理部門の役割となる。

さらには，取締役会の承認を受けたリスクアペタイト，リスク限度およびそれらに対応する自己資本または流動性ニーズに沿って，リスクテイク活動やリスクプロファイルを継続的にモニタリングする。以上について，経営陣や取締役会，リスク委員会に対して適切な報告や付随する必要な提案などを行うが，これがリスク管理プロセスにおけるモニタリングの役割となる。

リスク管理機能は，このように金融機関のリスクガバナンスに関わる幅広い職務を担うことから，リスク統制力のみならずマーケットや商品の知識を含め，必要な経験および資質を有する職員が十分に確保され，職員に対して継続的に必要な教育や研修が行われることが重要となる。

(2) 最高リスク責任者の役割

規模が大きく複雑なリスクプロファイルを有する金融機関においては，グループ全体にわたりより実効的なリスク管理を行う観点から，経営陣の一員として，ファーストラインやサードラインから独立して，金融機関のリスク管理機能について全体的な責任を負う最高リスク責任者（CRO）を備えることが求められる。かかる最高リスク責任者は，金融機関全体にわたるリスク管理機能の構築と実施を監視する第一義的な責任を負う。これには，金融機関のリスク管理機能が，戦略目標および全てのリスクテイク活動を全面的に支えるのに十分に強固かつ実効的であることを確保するため，継続的にリスク管理人員のスキルを強化し，必要に応じてリスク管理システム，方針，プロセス，定量モデルおよびリスク報告を強化することが含まれる。

384　第Ⅳ部　ガバナンス体制

　最高リスク責任者は，リスクアペタイトフレームワークを通じたリスクガバナンスについて取締役会を支援する責任を負うとともに，金融機関のリスクテイクやリスク限度枠遵守状況，リスクプロファイルの状況などについて能動的なモニタリングを行い，リスク委員会や取締役会に対し，これらの結果を含む金融機関に関わるリスクの包括的な情報を，定期的に，また必要な場合にはアドホックに，報告を行う。この中には，最高リスク責任者が監督当局の期待に沿うような適切なリスクアペタイトを最高経営責任者や最高財務責任者などと設定し，これと整合的で適切なリスク限度を設定することが含まれる。また，リスクアペタイトに対するリスクプロファイルのモニタリングのためのリスク計測技術や経営情報システムの完全性を確保し，リスクアペタイトやリスク限度枠の超過などに対応したリスク削減などリスクコントロールとしてのマネジメントアクションの策定に向けた適切な行動をとることなどが含まれる。

　最高リスク責任者は，このように金融機関の全体的なリスク管理活動を監視するため，他の業務執行機能から独立した地位として，金融機関がさらされるリスクに影響を及ぼす経営陣の決定に対して異を唱える（チャレンジ）ことが可能な権限を含め，組織内で必要な権限が与えられ，またその責任を果たすために必要なスキルや経験などを有する必要がある。また，その職務を全うするため，職務遂行に必要な情報を経営情報システムやリスク管理部門からの報告を通じて適時適切に入手できることが確保される必要があるとともに，取締役会またはリスク委員会に対して自ら直接報告を行うことができ，これらとの定期的な会合によって必要な情報提供や意見交換が行われることを確保する必要がある。

(3)　コンプライアンス部門の役割

　ファーストラインから独立した実効的なコンプライアンス部門は，セカンドラインの重要な要素であり，金融機関が誠実に，かつ適用ある法律，規制および社内方針を遵守して業務を行うことを確保する責任を負う。コンプライアンスリスクに関して，金融機関の経営陣は，取締役会によって承認される基本原

則を含み，かつ組織の全てのレベルを通してコンプライアンスリスクを管理するための主なプロセスについて説明したコンプライアンス方針を策定し，金融機関の全ての役職員に周知徹底する。

コンプライアンス部門は，コンプライアンス方針および策定されたコンプライアンス状況のモニタリング計画に従い，金融機関による適用ある法律，ルールおよび基準の遵守状況をモニタリングし，取締役会および経営陣に対しその結果を継続的に報告するとともに，これら法律などの遵守を確保するための手段について経営陣への提言も行う。また，法律または規制上の環境変化による金融機関のビジネスやコンプライアンス枠組みへの潜在的影響の評価も行う。さらに，コンプライアンスに関し金融機関の職員教育を支援し，コンプライアンス関連照会窓口として，適用ある法律，ルールおよび基準の金融機関全体における適切な実施について，コンプライアンスマニュアル，社内行動規範，実務ガイドラインなど，方針や手続およびその他の文書の策定を通じて，ガイダンスを提供する役割を担う。

かかるコンプライアンス部門は，その職務遂行に対する不当な影響や障害を回避するため，経営陣やビジネスラインなどから独立性を有するとともに，コンプライアンスに関し調査などを行う権限が付与される必要があり，必要に応じて，取締役会に対して直接，コンプライアンス管理やコンプライアンスに関わる情報を提供できる体制が整備される必要がある。金融機関全体にわたるコンプライアンス部門の責任者として最高コンプライアンス責任者（CCO）を選任するとともに，コンプライアンス部門に携わる人員については，金融機関の規模や事業活動，リスクなどに見合った知識，スキル，経験およびリソースを有していることが重要となる。

このように，コンプライアンス部門がコンプライアンスリスク管理などの役割を担うが，当該リスクはオペレーショナルリスクに含まれるものとしてリスク管理部門による管理の対象にもなるとともに，コンダクトリスクや利益相反リスクとも関連することから，両部門は密接に連携をとり，必要な情報共有や情報交換を行うことが求められる。とりわけ，金融機関が新たな商品やサービ

スの提供などを行おうとする場合には，両部門が密接に連携をとり，適用ある法規制への遵守はもちろん，これに関わるさまざまなリスクの検証を行うことが重要となる。

(4) 世界金融危機後のセカンドラインの役割の変化

なお，世界金融危機以前は，主に定量化されるリスクの管理を担うリスク管理部門と，コンプライアンスや顧客保護を担うコンプライアンス部門がそれぞれ独立して業務を行う例が多かったといえる。しかし，世界金融危機の経験を踏まえ，金融機関は，リスクアペタイトフレームワークのもと，自らがさらされるあらゆるリスクを特定し，これらリスクに関するリスクアペタイト，すなわち取るのか，取らないのか，取るとした場合どの程度取るのかを明確化するともに，適切なリスクガバナンス態勢の整備が求められることとなった。とりわけ，コンプライアンスリスクに関しては，第Ⅲ部第4章で説明したように，金融機関やその役職員のコンダクトに関わるリスクをコンダクトリスクとして包括的に捉え，リスクの顕在化を未然に防止する観点から，ファーストラインにおいて，特定，評価，コントロールおよびモニタリングからなるリスク管理を自ら行うことが重要となっている。一方，セカンドラインにおいては，グループ全体におけるコンダクトリスク管理の枠組みを構築し，各グループ会社および事業部門などにおけるその導入および実施と，実施状況に係るセルフアセスメントを支援するとともに，ファーストラインにおけるコンダクトリスク管理プロセスの妥当性を評価するとともに，そのリスク管理状況のモニタリングを行うことが，その中心的な役割となる。

以上を踏まえ，ファーストラインにおけるリスク管理の役割と，セカンドラインにおけるリスク管理部門やコンプライアンス部門の役割のあり方をそれぞれ整理し直すとともに，各金融機関の規模やビジネス特性，複雑性およびリスクプロファイルを踏まえ，全社的にビジネス戦略に見合う実効的なリスクガバナンス態勢を構築していくことが必要となる。

4 サードライン

　金融機関の実効的かつ効率的な内部監査部門は、スリーラインズディフェンスのサードラインを構成する。内部監査部門は、リスクアペタイトフレームワークのもと、図表Ⅳ-2-2に示すように、金融機関の全ての事業活動を対象とする金融機関の内部統制、リスク管理、コンプライアンスおよびガバナンスに関し、方針や手続を含むシステムおよびプロセスの実効性と効率性、適切性および十分性について、取締役会および経営陣に対し独立したアシュアランス（保証）を提供する。内部監査部門は、リスクアペタイトの遵守状況やリス

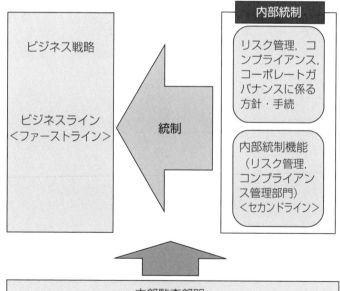

図表Ⅳ-2-2　内部監査機能の役割

ク限度枠の超過の状況を含むリスクアペタイトフレームワークの実施状況について，取締役会やリスク委員会に適時適切に報告することが求められるほか，ビジネスモデルを支えるガバナンス態勢を構成するリスクアペタイトフレームワークやリスクガバナンスおよびリスク文化については，第5章で説明するビジネスモデル監査の手法を通じた検証を行うことが求められる。また，リスク評価や会計において用いられる内部モデルなどの各種手法の信頼性を確保するプロセスの完全性を検証することも，内部監査部門の重要な役割となる。なお，方針と手続の遵守の確保に関しては，実効性を確保する観点から，実際にこれらの遵守状況を検証するのはファーストラインやセカンドラインの役割であり，必要なITシステム対応も含めて，内部監査部門は，このような遵守がなされることを確保する役割を負うものとすることが適当である。

　内部監査部門は，監査対象活動であるファーストラインやセカンドラインからの独立性が確保される必要があり，実効的かつ客観的な内部監査活動を確保するための十分な権限，スキルおよびリソースを付与することが求められる。そのため，内部監査部門には，経営情報システムへのアクセスを含め，金融機関のあらゆる記録，データおよび有形資産に完全かつ無条件のアクセス権が与えられる必要がある。また，実効的な内部監査の観点から，内部監査部門の人員は，金融機関の規模や事業活動，リスクなどに見合った知識，スキル，経験およびリソースを，各自がおよび集団として保有していることが重要となる。内部監査部門に携わる役職員への報酬についても，例えばビジネスラインの業績に結び付けないなど，内部監査部門の独立性と客観性の確保も考慮に入れたうえで設計される必要がある。

　内部監査部門が取締役会または監査委員会により承認された監査計画などに基づき行った内部監査の結果である内部監査報告は，経営陣による干渉を受けることなく取締役会および監査委員会に直接提出され，また，内部監査部門は発見された課題などにつき直接コミュニケーションを行うため，取締役会および監査委員会に直接アクセスすることができる必要がある。内部監査部門に対しては，第1章で説明したように，監査委員会が人事や業務を含めて直接の指

揮命令権限を有することが重要となる。

5　リスクガバナンスを支えるリスク文化

(1)　リスク文化の重要性

　このようなリスクガバナンスフレームワークは，リスクの特定，評価，コントロールおよびモニタリングという一連のリスク管理プロセスを実践するための枠組み，すなわち，リスクアペタイトフレームワークを踏まえたリスク管理プロセスを，金融機関において実践するために整備が必要となる体制といえる。もっともこのような体制を整備したとしても，金融機関の役職員がこのようなリスクガバナンスフレームワークやリスクアペタイトフレームワークに従ったリスクテイクやリスク管理を実践しなければ，これらの意味や実効性は損なわれることとなる。したがって，金融機関全体にわたり，役職員に健全なリスク文化を醸成し，個々の役職員による適切なリスクに関する行動を促すことが重要となる。実際，世界金融危機の最中に海外金融機関をはじめとしてさまざまなミスコンダクトの事例が明らかとなったが，これら金融機関の脆弱なリスク文化がその根本原因となったと考えられている。

　ここで，リスク文化とは，第Ⅰ部第5章で簡単に触れたが，金融機関の現在および将来のリスクに関して，これを特定したうえで，理解し，議論し，対処するための能力や方法を決定付ける金融機関における個人やグループの振舞いに関する規範・基準または伝統・慣習として整理することができる。すなわち，リスク文化は，金融機関の日々の収益追求およびリスクへの対応における経営陣や従業員の決定を左右し，これにより引き受けるリスクの種類や内容，水準に影響を与えるものといえる。金融機関は，健全なリスクガバナンスの基礎として，リスク認識，リスクテイク行動およびリスク管理に関する役職員の責任ある倫理的な行動を奨励する適切な規範を強化するようなリスク文化を，グループ全体において醸成および浸透させる必要がある。また，それと同時に，

390　第Ⅳ部　ガバナンス体制

個々の役職員が収益機会を見出し，稼ぐ能力や方法を決定付ける企業文化として醸成していくことも重要となる。

⑵　リスク文化の醸成および浸透のための方法論

　このようなリスク文化を金融機関において醸成および浸透させる方法論としては，一般的な民族文化の分析と同様に，これを表層文化と基層文化に分類して，それぞれについて健全なリスクガバナンス構築に向けた取り組みを行うという分析的なアプローチが有用と考えられる。表層文化は，知覚や認識が容易なものの外部環境や時代の変化とともに適合・修正されていくものである一方，基層文化は，表層文化の基礎として長期にわたり持続し，一定程度普遍性を有するものである。そのため，リスク文化の醸成および浸透を図る場合においても，役職員による知覚などを通じて適切なリスク行動を促す表層文化的な視点と，金融機関全体における役職員の共通かつ普遍的なリスク行動の認識を生じさせる基層文化的な視点を持つことが重要となる。

　さらに，一般的に，文化の構成要素は，主に道徳や価値観といった概念的なものから構成される基準・規範／価値・言語と，制度面や日常的交際（コミュニケーション）などから構成される伝統・慣習／社会・技術に分類されるところ，健全なリスク文化を組織全体で醸成および浸透させる観点から，表層文化と基層文化という分類に加えて，かかる価値・言語と社会・技術という文化の構成要素による分類をあわせて行った４つの分類ごとに，これを支える適切なフレームワークを整備していくことが重要と考えられる。これにより，健全なリスク文化を組織内で醸成および浸透させるとともに，ビジネス戦略の執行を適切にコントロールしていくことが可能となる。具体的には，金融機関の役職員の間に，リスクアペタイトに従った適切なリスクテイクやリスク管理を行うという共通で普遍的な価値観や慣習を基層文化として醸成するとともに，これに従った行動を役職員に促す価値・言語としての適切な評価報酬制度と，これを組織内の制度的側面から担保する社会・技術としての実効的なリスクガバナンスを，表層文化として整備することが重要と考えられる。そのため，**図表Ⅳ**

－2－3に示すように，基層文化の醸成のために実効的なリスクアペタイトフレームワークを整備し，表層文化の価値・言語として適切なリスクテイク行動を促す実績評価・報酬体系の実務を，また，表層文化の社会・技術として実効的なリスクガバナンスをそれぞれ整備することとなる。

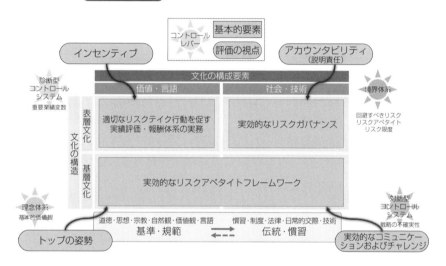

図表Ⅳ－2－3　リスク文化の基本的要素と評価の視点

(3) リスク文化の評価の視点

こうしたリスク文化を支えるフレームワークの整備は，経営戦略管理論における4つのコントロールレバーの考え方を踏まえたものと整理できる。事業戦略のコントロール（統制）は，理念体系，境界体系，診断型コントロールシステムおよび対話型コントロールシステムの4つのレバーを統合することによって実現されると考えられ，これら4つのコントロールレバーが，意図した戦略を実行し，創発的戦略を取り込むために活用されることは，第Ⅰ部において説明したとおりである。

そのため，このような，リスクガバナンス，リスクアペタイトフレームワー

クおよび適切なリスクテイク行動を促す報酬実務によって支えられる健全なリスク文化が醸成されているか否かを評価するための視点は，以下のように大きく4つに分類することができる。

① トップの姿勢

1つ目は，取締役会が，かかるリスク文化をグループ全体に醸成するために，強固かつ健全なリスク文化に関するトップの姿勢（tone at the top）を示すことである。そのため，取締役会は，金融機関における全てのビジネスが合法的かつ倫理的に行われるという取締役会の期待をもたらすような企業価値を設定し，経営陣および従業員がかかる企業価値を遵守しているかどうかを監視する役割を担う。かかる取締役会の期待としては，強固なリスク文化のもと，役職員のリスクに対する認識を高めることで，取締役会は役職員に適切なリスクテイクを求めており，過剰なリスクテイクを求めていないこと，また，役職員は定められたリスクアペタイトとリスク限度の範囲内で事業活動を行うよう努める責任があることを明確に周知することが重要となる。

② アカウンタビリティ（説明責任）

2つ目は，上述のとおり実効的なリスクガバナンスを促すために，役職員の容認できない行動や違反には，しかるべき懲戒処分その他の処分が伴うことについて，行動規範や内部規程に明確に定め，これを全ての役職員が理解していることを，取締役会は確認する必要がある。そのためにも，これらの容認できない行為や違反については，これを認識した従業員が取締役会や監査委員会，内部監査部門に対してただちに秘密裏に通報を行うことを促す内部通報制度を整備し，かかる内部通報を奨励し，あわせて，かかる内部通報を行った従業員がこれによって不利に扱われることを防ぐ方策を講じることが重要となる。加えて，かかる内部通報制度の運用の状況を管理監督し，従業員より内部通報を通じて提起された正当な問題については，これに経営陣が適切に対処することを確保する必要がある。また，かかる取締役会のリスク文化に係る期待について，経営陣と従業員の全てが，自らがかかる期待に従って職務を果たすことが求められていることを理解し，自らが関与する金融機関のリスクテイクに関す

る活動について説明責任を負うことを認識することが重要となる。

③　実効的なコミュニケーションおよびチャレンジ

　３つ目として，意思決定プロセスにおいて，さまざまな見解や現在の実務の再検討や見直し，従業員の積極的・批判的態度の奨励，およびオープンかつ建設的な関与が可能な環境の醸成などがもたらされるように，健全なリスク文化の実践のためのオープンなコミュニケーションと実効的な議論やチャレンジが，組織垂直的のみならず組織横断的になされることも重要である。

④　インセンティブ

　最後に４つ目として，役職員に対して適切なインセンティブ付けを行うことで，金融機関の望ましいリスクに関する行動を奨励し維持させる業績人事評価制度も，金融機関の基本的価値およびリスク文化を支える重要な要素となる。

(4)　リスク文化の個別評価

　このように，トップの姿勢，アカウンタビリティ（説明責任），実効的なコミュニケーションおよびチャレンジ，ならびにインセンティブという４つの重要な要素が，組織内において健全なリスク文化が醸成されているか否かを評価するための視点となる。このうち，リスク文化の基層文化にあたる実効的なリスクアペタイトフレームワークの評価の視点として，リスク文化の構成要素である価値や言語に係るものがトップの姿勢であり，社会や技術に係るものが実効的なコミュニケーションおよびチャレンジとなる。また，表層文化のうち社会・技術に係るものが，実効的なリスクガバナンスに係る評価の視点である役職員の説明責任となり，価値・言語に係るものが，実績評価・報酬体系の評価の視点となるインセンティブとなる。これら４つの評価の視点に基づきリスク文化の評価を行うにあたっては，それぞれについて**図表Ⅳ－２－４**に示すような個別の評価指標に沿って，実際のリスク文化の醸成状況を評価していくこととなる。

394　第Ⅳ部　ガバナンス体制

図表Ⅳ-2-4　リスク文化の個別評価指標

		文化の構成要素		
		言語・価値	社会・技術	
		適切なリスクテイク行動を促す報酬実務	実効的なリスクガバナンス	
		インセンティブ	説明責任	
文化の構造	表層文化	健全なリスクテイクを促す報酬体系 / リスク管理の視点を踏まえた昇進プラン・サクセッションプラン	リスクの特定・評価・モニタリング・コントロール	上申プロセス・内部通報手続
		人事ローテンションと研修プログラム / 方針等の遵守を促す目標設定と実績評価体系	リスクガバナンスに反する行動に対する罰則	
		実効的なリスクアペタイトフレームワーク		
		トップの姿勢	実効的なコミュニケーションおよびチャレンジ	
	基層文化	健全なリスク文化醸成を先率垂範 / 基礎的な評価体系の整備	チャレンジとオープンなコミュニケーションの促進	実効的な統制機能と意思決定へのプロアクティブな関与
		RAFの意思決定や運営への組込み / 重大なリスクの認識・チャレンジと欠陥や指摘事項への対応		
		過去の経験からの学習		

①　基層文化の評価

　実効的なリスク文化の醸成を行うためには，その土台となる基層文化を醸成していくことが不可欠となるが，そのために最も重要といえるのが，トップの姿勢である。同図に示すようにさまざまな個別評価指標があるが，その中でも，取締役会や経営陣が，自らの言葉のみならず行動を通じて，健全なリスク文化の醸成を率先垂範しているか否かという点が，トップの姿勢を測るための重要な評価指標の１つとなる。

　また，基層文化を形作るためには，こうして示されたトップの姿勢を踏まえ，役職員が組織内において日ごろからさまざまな意思決定プロセスにおけるオープンなコミュニケーションを実施し，リスクアペタイトに抵触するような意思決定がなされる可能性があれば，それぞれの所管や上下関係によらずチャレンジを推奨するような環境が整備されているか否かという点も，重要な測定指標となる。

② 表層文化の評価

以上が基層文化の醸成状況を測る測定指標の例であるが，これに加えて表層文化の醸成が図られているかどうかを測定することも必要となる。表層文化の醸成状況は，適切なインセンティブ体系やリスクガバナンスが整備されているか否かを通じて測っていくこととなる。インセンティブ体系としては，リスク文化に反するリスクテイクを促さないような評価・報酬体系が整備されているか否かという点に加え，実効的なリスクガバナンスを構築していくために必要となる人事ローテーションが整備されているか，すなわちリスクガバナンス関連部門にどこかで携わるような人事ローテーションが構築されているか，またそのための教育や研修プログラムが整備されているか否かといった点が測定指標となる。

また，リスクガバナンスについては，実効的な一連のリスク管理プロセスの整備，違反時の罰則，問題を内部通報する手続の整備などが測定指標となる。

(5) 健全なリスク文化の醸成に向けたPDCAサイクル

健全なリスク文化の醸成は，実効的なリスクアペタイトフレームワークやリスクガバナンスの基礎をなし，これらが相互に連関することで，それぞれに影響し合うことから，金融機関はそれぞれの整備や改善のPDCAサイクルを円滑に回すことで，継続的な改善に取り組んでいくことが求められる。そのため，リスク文化の醸成については，以上に述べたような評価指標を用いることで絶えず現状を評価し，課題を特定したうえで，そうした課題を克服・改善を行うサイクルを回していくことが，持続可能なビジネスモデルの構築に不可欠なリスクガバナンス態勢の整備につながることとなる。

かかるプロセスの中で，リスク文化について，これを支える3つの要素であるリスクアペタイトフレームワーク，リスクガバナンスおよび実績評価・報酬体系について，前述の4つのコントロールレバーの考え方を踏まえた評価の視点であるトップの姿勢，実効的なコミュニケーションおよびチャレンジ，インセンティブならびにアカウンタビリティ（説明責任）が機能しているのか否か

について評価するとともに，仮に機能していないと評価されるのであれば，かかる機能不全を生じさせているリスク文化の醸成における原因を特定し，これに対処していく必要がある。

(6) リスク文化監査

具体的には，第5章で説明するビジネスモデル監査の場合と同様に，完全性と実効性の大きく2つの側面からの分析および評価を行うこととなるが，例えば，方針・規程・手続がビジネス戦略に見合っており，インセンティブとアカウンタビリティが適切に設定され周知されているのであれば，表層文化には問題が認められず，基層文化に原因があるということになる。この場合，例えばリスク文化に関わるトップの姿勢を明確に示すとともに，実効的なコミュニケーションおよびチャレンジの促進に向けた取り組み（研修やロールプレイといったものを含む）を行うこととなる。

このようなリスク文化の完全性および実効性の両面からの評価は，主に内部監査部門により実施されることとなり，その結果は取締役会に報告されるとともに，特定された課題や問題点への対処について取締役会から経営陣に指示がなされ，その改善状況のモニタリングやフォローアップがなされることとなる。

(7) 収益を持続的に稼ぐ文化の醸成

持続可能なビジネスモデルの構築の観点からは，リスク文化について，前述のように，個々の役職員が収益機会を見出し，持続的に稼ぐ能力や方法を決定付ける企業文化として会社全体に醸成していくことも重要となる。すなわち，リスク文化と整合的なリスクテイクを促すと同時に，どのように収益を継続的に稼いでいくかという企業文化をグループ全体に根付かせることが持続可能なビジネスモデル構築に向けた大きなポイントとなる。

金融機関が収益を持続的に稼ぐためには，第Ⅱ部第1章で説明したように，金融機関を取り巻く外部環境や競合環境を踏まえて，顧客ニーズの把握，技術革新（イノベーション）の活用，新規ビジネスの創造など，自らのビジネスモ

デルの競争優位性を向上させることが重要である。加えて，金融以外のプラットフォーマーとの間の厳しい競争に勝ち抜き，ビジネスモデルを持続可能なものとするためには，トップラインの収益力のみならず，その成長力を確保するとともに，生産性を向上させることによって，金融機関全体としての企業価値を向上させていくことも重要となる。

このように，収益を持続的に稼ぐためには競争優位性や企業価値をいかに向上させていくかが重要となることから，金融機関においては，競争優位性や企業価値の向上に向けて，具体的にどのようなコンピテンス（第Ⅱ部第2章で説明）を磨き，発揮していくことが必要となるのかについて，全社的，部門ごと，および役職員それぞれの階層について，定期的に検討を行うのみならず，環境の変化に応じて随時，検討を行うとともに，その発揮に向けた取り組みを行うことが求められる。

もっとも，このようなコンピテンスが適切に社内で確立され，かつ発揮されるためには，これを支える企業文化やリスク文化が不可欠となる。金融機関においてこのような文化が醸成されているか否かは，前述のようにトップの姿勢やインセンティブ，アカウンタビリティ（説明責任）などに現れてくることとなる。それゆえ，健全なリスクテイクを促すと同時に持続的に収益を稼いでいくための文化が醸成できているか否かについて，これらの視点を踏まえ検証を行うことが重要となる。

したがって，金融機関の経営陣は，**図表Ⅳ－2－5**に示すように，こうした文化の全社的な醸成に向けて，必要となるコンピテンスが社内に確立され，かつ発揮されるように，基本的価値観の共有，目標設定・実績評価体系の整備および対話促進策の実行といった，企業文化・リスク文化の醸成に向けた金融機関運営のコントロールレバーへ適用していくとともに，国際的諸原則の見直しや業界実務の進展に応じてこれらを高度化していくことが重要となるといえる。

図表Ⅳ-2-5 収益を持続的に稼ぐ文化の醸成

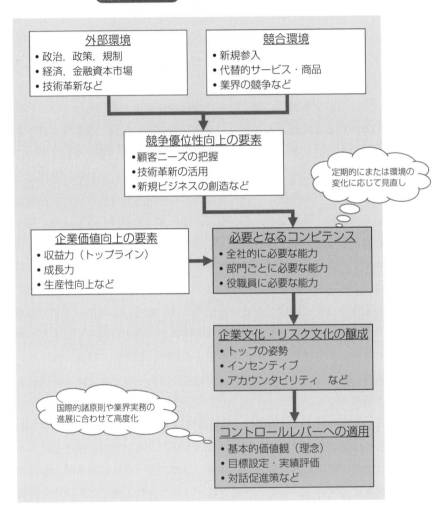

第3章

グループガバナンス

1 グループガバナンスの重要性

　メガバンクをはじめとして，大規模で国際的な業務を含め多種多様な業務を営む金融機関は，自らおよびグループ会社を通じ，商業銀行業務，信託銀行業務，証券業務，資産運用業務，ベンチャー投資業務などさまざまな金融に関わる業務を国内外で提供している。また，地域金融機関の中には，複数の金融機関が経営統合によりグループ化することで，持株会社のもと，銀行グループとして業務運営を行うケースも見られる。このように金融機関がグループとしてさまざまな金融業務を提供する場合，グループ全体を通じて，全社的なビジネス戦略にあわせ，資本や流動性および人材を含む経営資源を効果的かつ効率的に配置するとともに，システムの共通化などを通じてバックオフィス業務を含めた業務の効率化を行うことが期待される。また，グループ内の各子会社間のシナジーを高めるため，利益相反管理に留意しつつ，グループ帯同型の総合的な営業推進として，さまざまな金融サービスを総合的に提供することによる顧客との継続的な取引や取引基盤の拡充などを通じて，収益力の強化がなされることも期待される。

　その一方で，グループ内のある子会社におけるリスクの顕在化が，他のグループ会社へ波及することにより，金融機関グループ全体の健全性や評判に大きな影響が及ぶおそれもある。とりわけ，利益相反を含めたコンダクトリスクの顕在化は，グループ全体のレピュテーションリスクに波及する可能性があり，

これによって顧客基盤を喪失するのみならず，多額の罰金や制裁金を通じてグループ全体の健全性へ大きな影響を与えるおそれがある。そのため，それぞれのグループ会社でリスク特性が異なることには留意しつつ，グループ全体として総合的なリスク管理を行う必要があり，グループの頂点となる持株会社がグループ全体にわたる実効的なガバナンスを発揮するため，全社的な経営方針や業務運営方針，リスク管理方針を定めたうえで，これら方針に基づき各グループ会社に対して必要な経営指導や牽制作用を働かせていくことが重要となる。

　したがって，持株会社は，グループ全体としてのビジネスの特性や規模，複雑性，リスクプロファイルなどを十分に考慮したうえで，グループガバナンスとして，全社的なリスクアペタイトフレームワークを整備し，これによりグループ一体としての健全なリスク文化の醸成を図り，グループの全ての子会社のすみずみにまでそれを浸透させることが求められる。持株会社は，個々のグループ会社において，こうしたグループ全体のリスクアペタイトやリスクに関する方針を踏まえ，それぞれのリスク特性を踏まえつつ，グループ全体のリスクアペタイトフレームワークと整合的な形で適切かつ実効的なガバナンス態勢が構築されることを確保する必要がある。グループ全体のリスクアペタイトフレームワークを通じたグループガバナンス態勢のもと，グループを構成する各社は，それぞれ独立して存在する法人として，自らの内部管理態勢に従い，財務健全性の確保や，顧客本位の業務運営に努めることが求められるわけである。

② 持株会社によるグループ一体的管理

　このようなグループガバナンス態勢の整備においては，グループ全体的な経営管理やリスク管理を行うために，どのようなグループ構造（法人構成）とするかについて検討することが必要となる。具体的には，持株会社の傘下に金融機関や他の金融業務を営む会社を置く形態もあれば，持株会社を用いず，金融機関を頂点として他の金融業務を営む子会社を位置付ける形態もある。さらに前者の中でも，グループにおける経営管理を持株会社に負わせるものもあれば，

中核子会社に一定程度重要な役割を担わせる形態もあり，グループ構造のありようはさまざまである。

　このように，それぞれの金融機関グループにおいて，グループとしての規模（子会社数を含む）やビジネス戦略，リスクプロファイルなどを踏まえて適切な形態を判断していくことが求められる。例えば，証券業務や資産運用業務などを営む子会社をグループ内に有するケースで，それぞれの業務のグループのビジネスモデルにおける重要性が認められる場合には，これらの業務を営むグループ会社をグループ内の中核金融機関の子会社ではなく兄弟会社とすることで，相互の経営の影響を間接的なものとし，それぞれの会社の経営の透明性を高め，親子関係から生じる利益相反性を遮断することが考えられる。そのため，かかるケースにおいては，一般的には，持株会社方式を採用し，持株会社に経営管理機能を集中的に担わせることが望ましいと考えられる。このような持株会社方式によった場合，経営と監督を分離しグループガバナンスの実効性を高める観点から，グループ全体の経営戦略と個別ビジネスの執行を分離し，持株会社にグループ全体の資本政策をはじめとする経営戦略や経営管理の機能を専門的に集中させることで，グループ全体の経営資源の最適配分や経営戦略の徹底を行うこと可能となり，ビジネス戦略の実施においてグループとしての総合力をより発揮できることとなる。

　持株会社は，法令上，グループの経営管理やグループ内部統制として，グループの経営方針のほか収支・資本に係る方針その他のリスク管理方針や，グループ危機管理に係る方針を策定し，それらの適正な実施を確保することや，グループ会社間の利益相反の管理，ならびにグループコンプライアンス体制の整備などが求められている。これらには，一般的に，グループ経営戦略とグループ各社の戦略との整合性確保，グループ全体の資源配分および管理，グループ各社の定量リスクアペタイト指標や業績目標の設定と業績評価，グループ全体の統合的なリスク管理とグループ各社のリスク管理の整合性確保，グループ間取引や連携の管理，グループを通じた情報開示，リカバリープランや緊急時対応策の策定を通じたグループ危機管理態勢の整備などが含まれる。か

かかる持株会社によるグループガバナンスは，第Ⅲ部第 6 章で説明したように，全社的なリスクアペタイトフレームワークを構築し，これを持株会社およびグループ各社において実践していくことで達成されることとなる。

　もっとも，かかる全社的なリスクアペタイトフレームワークを構築するためには，持株会社において，グループ各社から必要な情報が経営情報システムを通じて適時適切に収集できるとともに，グループ各社やビジネスラインの事業活動やリスクプロファイルを把握および分析し，リスクアペタイトの遵守状況について定期的なモニタリングを行うなど，持株会社においてグループ全体の一体的・効率的な経営管理を実施できる体制の整備が必要となる。そのため，持株会社にグループ共通機能を集約し，効果的な戦略策定・執行と，収益，資本，コンプライアンス，リスクおよび危機管理に係る一体的なガバナンス態勢を構築することが重要であり，例えば，**図表Ⅳ－3－1**に示すように，グループ一体的管理の観点からビジネス戦略，収益管理，リスク管理，コンプライアンス，危機管理，財務，人事，システム管理，内部監査などのグループ全体で共通する部分で，一体的・効率的な経営管理に資するものについて，持株会社に集約することを検討していくことが考えられる。ここでは，子会社によるグループ全体のリスクアペタイトを踏まえたリスクガバナンスやコンプライアン

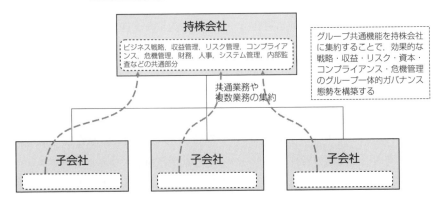

図表Ⅳ－3－1　持株会社によるグループ一体的管理

図表Ⅳ－3－2　グループ一体的ガバナンス態勢

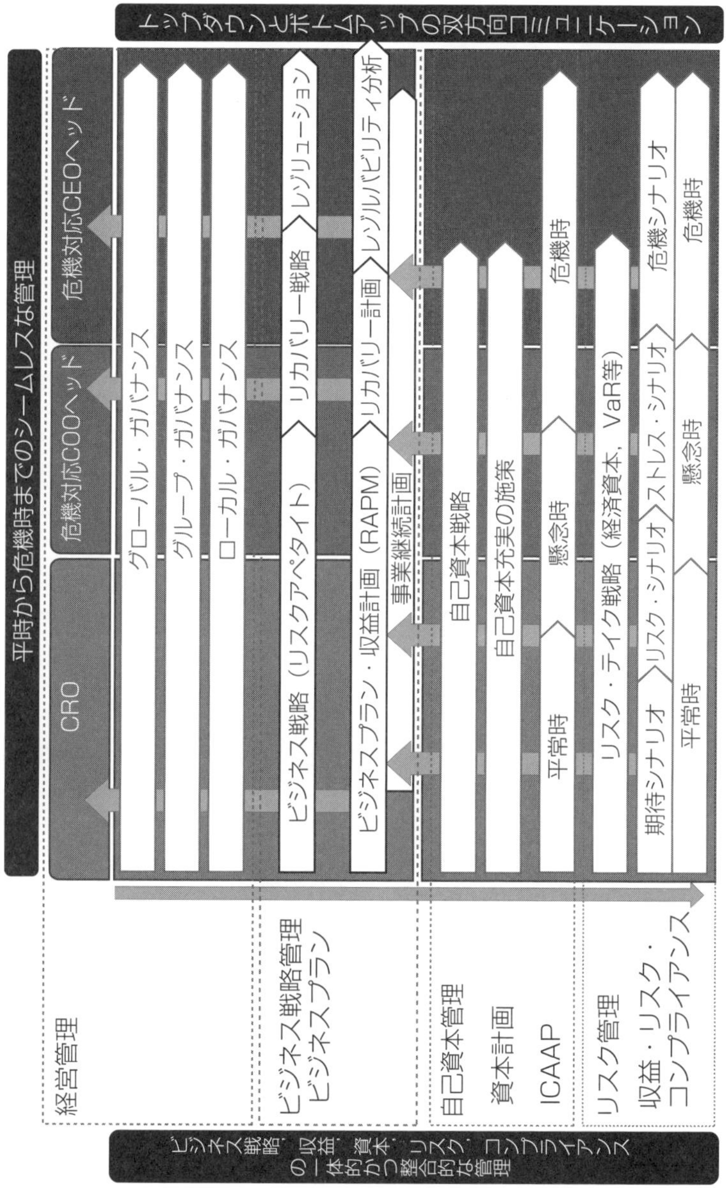

トップダウンとボトムアップの双方向コミュニケーション

平時から危機時までのシームレスな管理

ビジネス戦略、収益、資本、リスク、コンプライアンスの一体的かつ整合的な管理

	CRO	危機対応COOヘッド	危機対応CEOヘッド

経営管理
グローバル・ガバナンス
グループ・ガバナンス
ローカル・ガバナンス

ビジネス戦略管理
ビジネスプラン
ビジネス戦略（リスクアペタイト）
ビジネスプラン・収益計画
事業継続計画
リカバリー戦略　レゾリューション
リカバリー計画
レゾルバビリティ分析

自己資本管理
資本計画
ICAAP
自己資本戦略
自己資本充実の施策
平常時　懸念時　危機時

リスク管理
収益・リスク・コンプライアンス
リスク・テイク戦略
自己資本（経済資本、VaR等）
期待シナリオ　リスク・シナリオ　ストレス・シナリオ　危機シナリオ
平常時　懸念時　危機時

404　第Ⅳ部　ガバナンス体制

スおよびリスク管理の遵守状況を，持株会社が適切にモニターするための十分なリソースを，持株会社に与えることも重要となる。

　図表Ⅳ－2－4にグループCRO，グループCOOおよびグループCEOの一般的な担当範囲を示すと，**図表Ⅳ－3－2**のようになる。効果的な戦略策定・執行と，収益，リスク，資本，コンプライアンスおよび危機管理のグループ一体的なガバナンス態勢を構築する観点からは，平時を想定したリスクアペタイトフレームワーク，危機時を想定したリカバリープラン（または緊急時対応策）およびシステム上重要な金融機関につき破綻処理時を想定して監督当局などにより策定されるレゾリューションプランについて，持株会社においてグループ全体的観点から策定し，あるいは監督当局に対して必要な情報の提供を行い，これらを通じたシームレスなリスク管理，自己資本管理および経営管理を行っていくことが重要となる。そのため，ステージごとにガバナンス機能を発揮する役割・責任を明確化すること，例えば，平時はグループ最高リスク責任者をヘッドとしたリスク管理を実施するものの，懸念時や危機時に至った場合にはグループ最高執行責任者をヘッドとし，リカバリーオプションの発動検討を含めた危機管理を実施し，さらに危機が進む中ではグループ最高経営責任者をヘッドとした経営の意思決定を実施するといった役割分担の明確化とそれを支える体制の整備が必要となる。とりわけ危機時においてはグループ全体としての整合的な対応がより求められることから，持株会社を中心とした経営の意思決定の枠組みを構築し，持株会社が適切に子会社を指導していく体制を整備することが必要となる。そのためには，リスク管理機能のグループ共通部分を持株会社に集約し，持株会社におけるリスク管理機能の強化を図るとともに，グループ全体においてリスクアペタイトフレームワークに従ったリスク管理が実施されていることを検証するため，持株会社に実効的な内部監査機能を構築することも重要となる。

③ グループガバナンス態勢の整備

(1) グループガバナンス態勢の全体像

このような持株会社を中心としたグループガバナンス態勢（体制およびプロセス）は，**図表Ⅳ-3-3**に示すように，親会社である持株会社とその傘下にある各グループ会社で果たすべき役割・責任を明確にしたうえで，全社的なリスクアペタイトフレームワークのもと，持株会社および各子会社のファーストライン，セカンドラインおよびサードラインが適切に報告や連携を行うことで，実効的なグループガバナンスを機能させる必要がある。

持株会社は，グループガバナンス態勢を整備するため，全社的なリスクアペタイトフレームワークおよびリスク文化を構築・醸成するとともに，グループ全体のリスク管理やグループの利益相反への対処を行う。他方，グループ会社においては，かかるグループガバナンス態勢に従い，その会社自身のリスク管理やガバナンス，また親会社への必要な報告などを行うこととなる。

グループ全体を通じて国際的な業務を行う金融グループが，グローバルレベルにおける実効的なガバナンスを機能させるためには，持株会社および子会社の取締役会の役割・責任を明確にするとともに，それぞれのセカンドラインであるリスク管理部門およびコンプライス部門ならびにサードラインである内部監査部門間の連携や報告が重要となる。

なお，第1章においては，モニタリングモデルのガバナンス体制として，本邦の会社法を前提とすると，指名委員会等設置会社または監査等委員会設置会社の機関設計が望ましいという点について触れた。グループの頂点となる親会社についてはこのような機関設計を採用することが望ましいといえるが，持株会社と子銀行におけるガバナンスのあり方は，金融機関グループの規模やビジネス特性，持株会社と子銀行の役割分担などに応じて多種多様であることから，必ずしもその形式にのみこだわるのではなく，グループ全体において実効的に

406　第Ⅳ部　ガバナンス体制

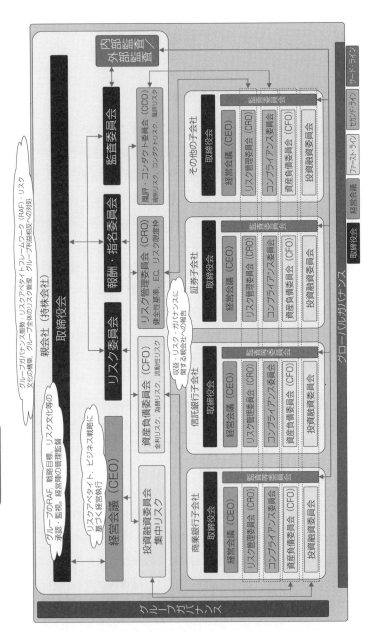

図表Ⅳ-3-3　ビジネス戦略に見合うグループガバナンス態勢の整備

ガバナンスを機能させる適切な体制を，実質的な観点から検討することも重要である。

(2) 持株会社の取締役会の役割

　持株会社を中心としたグループガバナンス態勢の整備においては，持株会社の取締役会が，戦略的なグループ全体のリスク管理のため，グループの構造ならびにグループ全体のビジネスモデルおよびリスクプロファイルに見合った明確なガバナンスの枠組みの構築とその運営を確保し，それに従い執行を担う経営陣を管理監督することが求められる。そのため，持株会社の取締役会は，グループ経営において，グループ全体とそれぞれのグループ会社に影響を及ぼしうる重大なリスクや問題点，法律上およびガバナンス上の責務を認識する必要がある。

　グループガバナンスの枠組みの構築および維持にあたっては，それぞれのグループ会社の複雑性と重要性に鑑み，グループのビジネスおよびグループ会社が直面する重大なリスクを考慮しつつ，必要と認められる場合にはグループの子会社レベルのものも含めて，持株会社の取締役会が明確に定めることが重要となる。また，グループとしてのリスク管理の観点から，グループ全体のみならず個々のグループ会社やビジネスラインに係るリスクについて，グループ横断的に管理し，グループの実効的な監督を確保するためのシステムやプロセスのほか，潜在的なものを含めてグループ内の利益相反を特定・対処するための適切なプロセスおよび統制が整備されていることを確保し，各グループ会社，グループの一部およびグループ全体に係る実効的な内部監査機能を整備することも，持株会社の取締役会の責務となる。さらには，グループ会社がリスク管理を行うに際し適切な手段と権限を提供するとともに，グループ会社から持株会社に対する定期的な報告や必要な場合にはアドホックな報告が適切に行われる体制を確保する必要もある。

　なお，グループ会社の数や，グループ会社間の相互連関，グループ内取引が，グループ全体としてのリスクの特定と管理の課題を生じさせる場合がある。と

りわけ，複雑または不透明な構造のもとで事業を行うことにより，これが持株会社の取締役会や経営陣による適切な管理監督の障害となり，金融機関グループが財務上，法律上，レピュテーション上のリスクなどに直面する可能性がある。また，危機が生じ，金融機関グループの破綻処理が行われる際に，複雑なグループ構造となっている場合には，これが円滑な処理に対する障害にもなりうることから，実効的なグループガバナンスを発揮し，破綻処理時の処理のしやすさ（レゾルバビリティ）を高めるためにも，グループ構造の簡素化や透明化を進めることが重要となる。

(3)　グループ会社の取締役会の役割

　グループ会社の取締役会および経営陣は，持株会社が整備したグループガバナンスの枠組みに従い，当該会社の実効的なリスクガバナンス態勢を整備し，これに従ったリスク管理プロセスを確保することが求められる。グループ会社の取締役会は，グループとして営むビジネスの内容を踏まえ，自らに適用のある法律や規制上の要件に照らし，グループの方針の適合性を評価し，必要に応じて自社について当該方針を修正したうえで，自らのガバナンス責任を履行し，適用される法律および規制上の要件を遵守する。子会社の戦略目標，リスクガバナンスフレームワーク，企業価値およびコーポレートガバナンスの方針は，持株会社のものと整合的であるべきであるが，グループの方針が，グループ会社に適用される法律や規制上の要件または健全性規制に抵触し，あるいはグループ会社の健全かつ慎重な経営に悪影響を及ぼすと考えられるような場合には，当該グループ会社の取締役会は，必要な調整を行うことが求められる。典型的には，グループ会社の規制上許容される限度を超えたリスクテイクを求めるグループ戦略や，グループ会社で法令上認められていないビジネスの実行を求めるようなグループ戦略が策定されている場合に，適切な調整をグループ会社において行うことが必要となる。

(4) 持株会社とグループ会社におけるセカンドラインの整備

　以上のように，持株会社においてグループ全体のリスクアペタイトフレームワークを用いたグループガバナンス態勢を構築する必要があることから，持株会社のセカンドラインに当たるリスク管理部門やコンプライアンス部門は，グループ全体のリスク文化の醸成を含む全社的リスクアペタイトフレームワークや全社的リスクガバナンスフレームワークの整備を行い，持株会社グループ全体の横断的なリスク管理を行う。グループ全体のリスク管理に関しては，とりわけ，グループ全体の戦略リスクや企業価値リスクのリスク管理を行うことが重要である。加えて，グループ各社におけるファーストラインやセカンドラインにおけるリスク管理の実践状況のモニタリングや，第Ⅲ部第4章で述べたとおり，グループ各社にまたがるグループ内の利益相反や相互連関によるリスク伝播のような，グループ横断的なリスクについても，持株会社のリスク管理部門がそのリスク管理の役割を担うこととなる。

　他方，グループ会社のリスク管理部門においては，持株会社で整備された全社的リスクアペタイトフレームワークについて，必要に応じ調整された当該グループ会社のリスクアペタイトを踏まえ，第2章で説明したようにリスク管理を行う。グループ会社におけるリスク管理の責任は，各社のリスク管理部門が果たしていく必要があるが，定期的なリスクプロファイルのモニタリング状況はもちろん，リスク管理上で生じた問題点や課題について，定期的，また必要な場合にはアドホックに，持株会社のリスク管理部門に対する報告を行い，課題への対応に向けた連携を行うことが重要となる。報告を受けた持株会社のリスク管理部門は，必要に応じグループ最高リスク責任者や取締役会などへ課題を上申し，当該グループ会社における課題へ対応していくための体制の強化などを進言することとなる。

(5) 持株会社とグループ会社におけるサードラインの整備

　持株会社のサードラインに当たる内部監査部門は，グループ全体に共通かつ

410 第Ⅳ部 ガバナンス体制

一貫した内部監査態勢の整備と内部監査の実施を確保する必要がある。そのため，グループ内部監査の状況を的確に認識し，適正かつ実効性のある内部監査態勢の整備および確立に向けた具体的な方策を検討のうえ，内部監査基本方針を策定し，これをグループ会社に周知徹底することとなる。また，持株会社の内部監査部門は，グループ全体のリスクアペタイトフレームワークのもと，第2章で説明したように，金融機関の内部統制，リスク管理ならびにガバナンスシステムおよびプロセスの実効性と効率性について，取締役会に独立したアシュアランス（保証）を提供することが職務の中心となり，グループ全体にわたるビジネスモデルについて，第5章に説明するビジネスモデル監査を行う。また，第2章で説明したように，リスク文化に関する評価をグループ全体に関して行うことも，その重要な役割の1つとなる。

　グループ全体における内部監査のあり方については，グループにおけるガバナンスのあり方や人員配置，持株会社と子銀行の内部監査部署の役割分担など，多種多様なものがありうるが，グループ会社のファーストラインおよびセカンドラインについては，グループ会社の内部監査部門が内部監査を行うのが一般的である。持株会社の内部監査部門は，グループ会社による内部監査の結果について適宜フォローアップし，グループ会社のガバナンス態勢やビジネスモデルに関わる問題のほか，その経営や財務状況に重大な影響を与えるおそれのある問題や，グループ会社では対応が困難でグループ全体的な対処が必要な問題などに対して，グループ会社の内部監査部門と連携しつつ，すみやかに補完的な内部監査機能の発揮を行うなど，グループ全体として適切な措置を取る必要がある。

　他方，グループ会社の内部監査部門においては，持株会社から提供を受けるグループ内部監査基本方針に基づき，自社のビジネスやリスクプロファイルなどを踏まえた内部監査方針を策定したうえで，これに従い，自社のファーストラインおよびセカンドラインについて，第2章で説明したような内部監査を行うこととなる。

　なお，グループ内部統制システムの一環として，グループ会社の取締役や執

行役，監査役および従業員などが，持株会社の監査委員会に報告をするための体制の整備が法令上持株会社の取締役会に求められるように，持株会社によるグループ会社全体の実効的なガバナンスを機能させる観点から，グループ会社の監査等委員会や監査役，内部監査部門が，その実施する監査の状況や結果のほか，その他の重要な情報を，持株会社の監査委員会に定期的およびアドホックに報告することが求められる。持株会社の監査委員会は，これら受領した情報や，自らグループ会社の監査等委員会や監査役，内部監査部門に求めて受領した情報に基づき内部監査部門を活用しつつグループ会社の監査を行い，グループ会社において対応すべき事項などが認められる場合には，持株会社の取締役会や経営陣を通じて，当該グループ会社において是正を求めることとなる。

④ 海外子会社のガバナンス管理

メガバンクを中心として，海外において銀行業務や証券業務，資産運用業務などを行う海外子会社をグループ会社に有しているが，海外において自力で一からビジネス基盤を立ち上げることは困難を伴うことが多く，またビジネスとして確立できるまでに相当な時間が必要となることから，多くの場合，ノンオーガニックな手法，すなわち，M&Aや企業買収などの手法を通じて事業を立ち上げることが行われる。もっとも，このような海外における企業買収については，特に一般事業法人において，買収後に海外子会社の経営や財務に関する問題が生じ，あるいは当初想定していたような買収による成果が得られない，といった問題が顕在化した例が散見されている。また，海外子会社においてミスコンダクトが行われまたは過去に行われており，これによりコンダクトリスクが顕在化した場合には，海外当局によって多額の制裁金や罰金が科される可能性があり，実際，欧米の金融機関には，買収した会社で行われていた不正行為を理由として巨額の和解金の支払が求められたものもある。海外の会社を買収する場合，とりわけ，当該会社において，買収を行う金融機関とは異なる法域における法令や規制のもと，異なる企業文化やリスク文化がすでに醸成され

ており，また，異なるガバナンス態勢が構築および運用され，それに基づきビジネスが実施されていることから，買収前のデューデリジェンスの徹底と，これを踏まえた買収時の適切なプライシングと買収合意，および買収後の実効的なガバナンス態勢の整備が特に重要となる。リスク管理の観点からは，このようなM&Aや企業買収，ジョイントベンチャーなどをビジネス戦略の一環として行う場合には，第Ⅱ部や第Ⅲ部で説明したシナリオ分析やリカバリープランの取り組みを通して，当初の想定どおりとならない場合や危機時におけるマネジメントアクションやアクション発動時の障害とその対応策などの検討を通じて，適切なビジネス戦略に係るリスクの管理を行うことが重要となる。

　これらのうち海外企業買収後の実効的なガバナンス態勢の整備に関しては，グループの持続可能なビジネスモデルにおける海外子会社のビジネスの占める位置付けを踏まえたうえで，これを構成するビジネス戦略とガバナンス態勢が海外子会社においても着実に実施されるように，海外子会社自身における経営の監督機能と執行機能の分離・牽制を確保するとともに，本邦の親会社において当該子会社のビジネス戦略の執行についてモニタリングおよび監督できるように，当該子会社から適切な報告や情報提供が行われる態勢を構築することが重要となる。そのため，グループ持株会社の監査委員会が，必要な調査を直接行うことが可能な権限や，当該海外子会社の内部監査部門に必要な調査を指示できる権限を有する必要がある。また，海外子会社のガバナンス態勢に関しては，グループのリスク文化を海外子会社においても浸透させることが重要であり，表層文化に当たる実績評価・報酬体系やリスクガバナンスを海外子会社において明確にすることはもちろん，その法域において適用される法令や規制を踏まえたうえで，リスク文化の基層文化に当たるグループのリスクアペタイトフレームワークの中に海外子会社を組み込み，海外子会社においてもグループ一体的なリスクアペタイトフレームワークが機能することを確保することが重要となる。

第4章
実績評価・報酬体系と サクセッションプランニング

1 リスク文化を支える実績評価・報酬体系

　持続可能なビジネスモデルの構築のためには，顧客中心のビジネスモデルに向けたリスク文化を全社的に醸成し，かかるリスク文化に従ったサービスや商品の提供が行われることで，顧客からの信頼を得ることが重要である。このようなリスク文化やリスクアペタイトを踏まえたグループの役職員によるビジネス戦略の適切な執行を確保するためには，第Ⅰ部第3章で述べたように，役職員による過剰なリスクテイクを抑制し，適切なリスクテイク行動を促すインセンティブとしての実績評価・報酬体系を整備することが求められる。そのため，報酬および実績評価の基準が，望ましいリスクテイクおよびリスクアペタイト，リスク文化を整合的にサポート，推進するとともに，従業員が自らあるいはそのビジネスラインのためではなく，会社全体の正当な利益を優先して常に行動することを慫慂するものとなる必要がある。すなわち，個人やビジネスラインの実績に過度に依存しない評価・報酬体系の構築が求められる。

　また，役職員の年次の実績評価や目標設定プロセスにおいて，金融機関にとってのコアバリューを高め，望ましい行動を促すとともに，実効的なPDCAサイクルを回していくために，内部監査や監督当局に指摘された欠陥などに適時に対処することを含めた方針や手続の遵守を促す必要がある。さらには，報酬体系におけるインセンティブ報酬部分について，顧客の適切な取扱い，内部統制機能や監督当局との協力の促進，リスク限度枠の遵守，実績と取られたリ

スクの間の調整を含め，役職員やビジネスラインに金融機関のコアバリューおよびリスク文化を遵守させるような仕組みを体系的に含めることが求められる。

② リスク文化およびリスクアペタイトを踏まえた報酬体系

(1) リスク文化を支える報酬体系の整備

　報酬体系は，取締役会や経営陣がこれを通じて業績の向上を促すだけでなく，許容可能なリスクテイク行動を役職員に対して伝達し，金融機関におけるビジネス運営とリスク文化を強化する，ガバナンスやインセンティブ構造の重要な要素となる。このように，報酬体系は，リスクアペタイトフレームワークに従ったリスクテイクやリスク管理に向けた表層文化の形成のための重要な手段となるが，金融機関の基層文化や雇用制度，役職員の昇進制度，役職員に醸成されるべき文化の内容などを検討したうえで，それに見合ったものとすることが重要である。これらの点を十分に踏まえたうえで，取締役会や報酬委員会は，経営陣により，グループのリスク文化を踏まえた報酬体系がグループ全体に整合的なかたちで導入されているかどうかを監督することが求められる。

　また，取締役会や報酬委員会は，健全性の観点から，金融機関全体の報酬体系がリスク，自己資本および流動性の管理に対する望ましいインセンティブを提供しているか否かを評価するため，グループ全体の報酬体系を定期的にモニターし，その結果を検討するとともに，少なくとも年に一度，報酬に係る計画，プロセスおよび結果をレビューすることで，適切なリスクテイクに反する体系となっている場合に，それを見直すことも重要となる。

(2) 報酬体系の設計

　金融機関における最適な報酬体系は，当該金融機関のリスク文化，リスクアペタイト，これらを踏まえたビジネスおよびリスクの戦略，目標，価値観，長

期的な利益に整合的なものとして，雇用制度や役職員の昇進制度などにあわせて設計される必要があり，グループの規模，提供する業務の種類や複雑性，海外拠点の有無などによって金融機関ごとに異なるものである。そのため，報酬体系は，それぞれの金融機関におけるこれら事情を踏まえたうえで，顧客の適切な取扱い，指摘事項への適切な対処のための内部統制機能や監督当局との協力およびリスク限度の尊重などを含む健全なリスク文化を奨励するように設計される必要があり，従業員は自分自身またはビジネスラインのためではなく，顧客中心のビジネスの提供に向け，金融機関全体の利益のために行動することが奨励される。また，報酬体系は，利益相反を回避するように設計される必要があるほか，過度のリスクテイクへのインセンティブを与える内容となってはならない。すなわち，変動報酬が，個人や所属するビジネスラインにおける実績にのみ基づく体系となることは適切でないほか，必要に応じ，過度なリスクテイクや法令違反などがあった場合にはマイナスの評価が行われるような体系とすることが望ましい。

　このような報酬政策を検討するに際しては，経営戦略を前提に，これを踏まえて具体的な目標となる経営指標（KPI）を設定するとともに，かかる経営指標を達成していくためにどのような報酬体系がよいのか，という順番で検討していくこととなる。もっとも，報酬にはリスクテイクとリスクテイクの結果が適切に反映されるべきであり，とりわけ発生時期や蓋然性が不明確な将来の潜在的収益に対する報酬については，定性的な指標と定量的な指標の両方を用いた慎重な評価を行う必要がある。そのため，報酬体系には，KPIの達成状況のみならず，リスクアペタイトやリスク限度，社内手続や法律要件への違反などのリスクに関する側面を考慮に入れて調整される変動報酬が含まれる必要がある。

(3)　報酬決定における評価指標

　このような定性的および定量的な指標の例として，例えば経営陣に関して考えられる主なものとしては，**図表Ⅳ－4－1**に掲げるようなものを挙げること

ができる。定量的指標としては，粗利益や経常利益といった収益指標だけでなく，健全性を表す自己資本比率や不良債権比率，また足元の業績だけでなく成長率といった中期的な目線を含めて評価を行うことが望ましい。一方，定性的指標としては，リスク文化がどの程度実践されているか，適切なリスク管理が行われているか，リスクアペタイトに反するリスクテイクが行われていないか，会社全体の利益への貢献がどの程度なされているか，顧客中心のビジネスモデルを構築する観点から顧客に対してどのような貢献があるのかといった目線をもとに報酬を決定していくこととなる。

図表Ⅳ－4－1 定量的指標・定性的指標の例

定量評価項目の例			定性評価項目の例		
• 粗利益 • 経常利益 • 税引前利益 • RORWA • ROA	• 普通株式等 Tier 1 比率 • レバレッジ 比率 • リスクアセット • 不良債権比率 • 信用コスト率	• 成長率 • OHR	• リスク管理 の状況 • 自己資本管理の状況 • 持続可能な 収益管理 • 実効的資本配賦	• 文化の実践 度，振舞い，評判 • 顧客に対する貢献 • 競合他社対比の業績 • 人事管理の 状況	• リスク文化 やリスクアペタイトと 不整合なリスクテイクの有無 • 会社の利益 への貢献

⑷ 業績連動報酬の設計

経営陣の報酬は，持続的な成長に向けた健全なインセンティブの1つとして機能するよう，**図表Ⅳ－4－2**に示すように，固定報酬に対し，中長期的な業績などと連動する変動報酬の配分や，現金報酬と自社株報酬などとの配分を，適切に設定することが求められる。その際には，金融機関として掲げるリスク文化やリスクアペタイト，これらを踏まえた経営戦略などの基本方針に沿った内容となっていることや，定量的な財務指標と定性的な非財務指標を適切な目標として選択していることなどを確保する必要がある。

第4章 実績評価・報酬体系とサクセッションプランニング　417

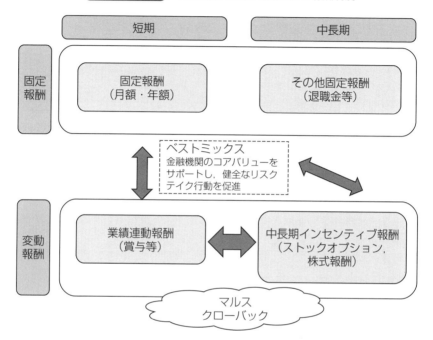

図表Ⅳ－4－2　固定報酬と変動報酬による報酬制度

　経営陣の報酬額に占める業績連動部分の割合は、その職責や実際の業務内容のほか、グループ全体の財務の健全性やグループ全体のリスクテイクに関する方針なども踏まえ、適切なものとすることが求められる。また、その報酬額のうち相当部分を業績連動とする場合には、報酬額が確定するまでの間に生じうる財務上のリスクへの対応状況を踏まえた設計とする必要があるほか、業績不振の場合には変動報酬を相当程度縮小できる設計とすることも重要となる。加えて、その職責や実際の業務内容に応じて、株式報酬やストックオプションの付与といったより長期的な企業価値の創出を重視する報酬支払方法や、例えば株式の一定期間における譲渡制限やストックオプションの権利行使時期の設定、報酬支払の繰延べや業績不振の場合の報酬の取戻し[6]を採用することが求められる。また、複数年にわたる賞与や支払額の最低保証、高額な退職一時金制度など、リスク管理に影響を及ぼしかねない報酬体系については、適切な改善策

418　第Ⅳ部　ガバナンス体制

を検討および実施することが求められる。

(5)　マテリアル・リスクテイカーの報酬

　なお，このような経営陣に関する報酬の留意点については，グループ全体の
リスクテイクに重大な影響を与える従業員（いわゆるマテリアル・リスクテイ
カー）に関しても，基本的に同様に考える必要がある。

　加えて，これら従業員については，そのリスクテイクの結果を適切に反映さ
せる必要があることから，その報酬の支払スケジュールは，単年のみならず複
数年にわたって金融機関に生じるリスクテイクの影響，すなわちリスクテイク
の結果としての財務の状況や法令違反などのリスクが顕在化していないかどう
かにあわせて調整されるべきであり，リスクテイクの結果が明確になるまで，
報酬の相当部分の支払を延期するといった取決めを検討する必要がある。

(6)　セカンドライン・サードラインの従業員の報酬

　金融機関において，牽制やコントロールの役割を主に果たすリスク管理部門
およびコンプライアンス部門のセカンドラインや内部監査であるサードライン
の従業員の報酬は，かかる従業員が監視するビジネスラインの業績などから独
立して決定される必要があり，その評価指標についても，その牽制やコント
ロールの役割を果たすという職責の重要性を反映させるとともに，これらの業
務の独立性に影響が生じることのないよう，原則として従業員自身の目標達成
度合に基づいたものとすることが求められる。例えば，金融機関のリスク管理
やコンプライアンス遵守の達成度に加え，リスク管理態勢やコンプライアンス
態勢の構築への貢献度を反映することなどが考えられる。

　以上において説明してきた健全なリスク文化を支える報酬体系の整備におい

6　報酬の権利が確定する前に顕在化したリスクまたはコンダクトイベントに基づき報酬が
　減額または消滅するいわゆるマルス条項や，支払われた報酬が誤った前提に基づいていた
　という事実が発覚した場合や，従業員による法令や社内方針などの不遵守が判明した場合
　に，報酬権利確定後に報酬を減額または消滅させるクローバック条項などがある。

て求められる要素は，**図表Ⅳ－4－3**のようにまとめられる。

図表Ⅳ－4－3 報酬体系の整備において求められる要素

ガバナンス

- 報酬委員会の設置
- リスク管理部門などの報酬の独立決定

報酬体系とリスクの整合性

- 変動報酬決定の際のリスクの勘案
- 業績不振時の変動報酬の圧縮
- リスクエクスポージャーに重要な影響のある役職員の報酬体系
- 報酬の繰延期間の設定
- 変動報酬の相当部分の株式・ストックオプションなどによる提供
- 金銭変動報酬の業績不振時の取戻し（クローバック）

- 当局による救済時の報酬修正権限
- ボーナス最低保証は業績に応じた支払原則と不整合
- 雇用終了に伴う現行報酬支払契約見直し
- 報酬基準および監督上の関連措置遵守のための必要な手段の手当て
- 報酬設計とリスクの整合性を減ずるヘッジ等を利用しないよう要求

報酬と自己資本

- 資本基盤の維持と変動報酬の制限

開示

- 報酬体系や報酬総額などの年次開示

② サクセッションプランニング

(1) サクセッションプランニング

　金融機関が，将来にわたって自らの金融仲介機能を発揮し，実体経済を十分に支え，これらの持続的かつ健全な成長・発展に貢献していくためには，金融機関を取り巻くさまざまな外部環境変化のもと，これを常に的確に把握し，絶えずビジネスモデルを持続可能なものとしていくことが必要となる。そのため

420 第Ⅳ部 ガバナンス体制

には，金融機関の経営陣が，持続可能なビジネスモデルの構築に向けて強力な
リーダーシップを発揮することが重要であり，とりわけ最高経営責任者
（CEO）について，そのための優れた能力，知識および経験を有する者が継続
的に確保されることが不可欠となる。

　したがって，指名委員会は，取締役会からの諮問を受けて，独立かつ客観的
な立場から，積極的に経営陣のサクセッションプラン（後継者計画）の策定を
行うことが求められる。このように社外取締役が過半数を占める指名委員会に
おいてサクセッションプランニングを行うことで，後継者指名の外部の目から
の確認が行われ，その客観性や公正性が担保されるとともに，現任者主導の不
透明な人事が回避されることになる。また，サクセッションプランニングの策
定や更新を通じて，指名委員会において，後継候補者に触れる機会と時間を継
続的に確保し，モニタリングを行うことが可能となり，これにより当該金融機
関にふさわしい経営陣の指名を実効的に行うことが可能となる。なお，かかる
サクセッションプランの策定にあたり，その実効性を高める観点から，指名委
員会は，適当な場合には外部人材の登用も視野に入れつつ，潜在的な候補者の
さまざまな情報について必要に応じて外部の人材調査会社なども活用しながら
詳しく調査し，プロアクティブに経営陣の候補者を特定することが必要となる。

　また，サクセッションプラン自体の客観性を高める観点から，指名委員会は，
最高経営責任者をはじめとするサクセッションプランの対象となる経営陣の各
役職において求められる要件として，金融機関の経営に必要な能力やスキル，
価値観といった候補者の資質，経営人材として相応しい職務経験，および経営
人材として相応しい過去の高い実績などについて十分な議論および検討を行っ
たうえで，これを明確に文書化することが重要となる。とりわけ，金融機関に
おける持続可能なビジネスモデルの構築におけるリスクアペタイトフレーム
ワークの重要性に鑑み，健全な企業文化やリスク文化のもと，フォワードルッ
キングな視点や将来に対する洞察力を有し，それらに基づく方向性のもとビジ
ネス戦略を的確に執行できる経営陣が継続されるようなサクセッションプラン
の策定が重要となる。その際，経営陣の資質や経験としてリスク管理に関する

ものを含むこと，すなわちフロント部門における経験のみならず，セカンドラインやサードラインにおける経験も考慮に入れる形で後継者を評価することも重要となる。

(2) 経営陣候補のための人材育成

　サクセッションプランを実効的なものとするためには，短期的な観点のみならず，中長期的な観点から，将来において最高経営責任者をはじめとする経営陣となりうる候補者層を充実させることが必要となる。そのためには，**図表Ⅳ－4－4**に示すように，次の候補となりうる執行役員などの階層のみならず，今後最高経営責任者ら経営陣の候補となりうる部長などの階層も含め，中長期的な観点から，経営陣となりうる候補者の育成を複層的に行っていくことが重要となる。

　したがって，取締役会や指名委員会は，かかる複層的に後継候補者を育成するプロセスの構築やレビューに積極的に関与すべきと考えられる。例えば，上記(1)において説明した経営陣の各役職において求められる資質や職務経験などを前提に，これを将来的に満たしていくために，その前段階または前々段階としての各階層において求められる資質や職務経験などを明確化することが重要

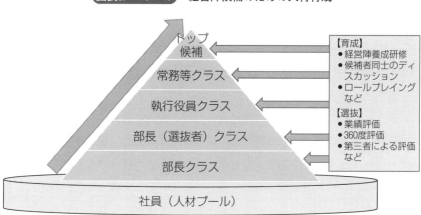

図表Ⅳ－4－4　経営陣候補のための人材育成

といえる。また，その資質や能力などを開発および向上させるための育成制度を整備することも必要となる。

　このように最高経営責任者をはじめとする経営陣の複層的候補者プールを形成するためには，社内人材の能力やスキルといった資質を把握および評価することで，候補者の選抜を行っていくこととなる。候補者の選抜においては，その業績評価はもちろんであるが，客観性を確保する観点から，いわゆる社内の360度評価や外部の人材調査会社に委託することで評価を行うといった取り組みも必要となる。また，このような取締役会や指名委員会を中心とする取り組みについては，最高経営責任者をはじめとする経営陣による必要なサポートを受けることも重要である。経営陣の複層的候補者プールの形成に向けて，以上のような取り組みを通じて，これら候補者の業績や実績についての継続的なモニタリングが行われる。

　さらに，選抜した候補者それぞれについて，将来の経営陣として必要な資質を開発し，必要な経験を積ませるための育成が重要となる。具体的には，育成戦略に沿った配置および研修を実施するとともに，育成環境の整備および支援を行うことが重要となる。例えば，将来の経営陣の育成の観点からは，困難な課題の解決を通じた自己開発力の育成を目的として，いわゆるタフ・アサインメントを行うことや，経営陣となった場合を仮定したロールプレイングなどを行うことが考えられるほか，将来の経営陣の候補として必要な経験を積ませるための戦略的な人事異動を行うこともありうる。このような各ビジネスラインでの実効的な育成が行われるよう，経営陣の主導により，人事部門とビジネスラインの連携を図りつつ，会社全体として，候補者の育成に必要な時間と資源をかけることが求められる。

　なお，このような将来の経営陣候補の育成の成果を高めていくため，候補者の育成結果を評価し今後の育成計画に反映するとともに，育成施策がリスク文化やリスクアペタイトを踏まえたビジネス戦略の実行に資するものとなっているか否かについて再評価や見直しを行うことも重要となる。また，取締役会や指名委員会は，このプロセスをレビューすることが求められる。

第5章

ビジネスモデル監査

1 ビジネスモデルの持続可能性を検証するための内部監査

　これまで説明してきたように，ビジネスモデルは，ビジネス戦略とこれを支えるガバナンス態勢により構成される。かかるガバナンス態勢としては，プロセスとガバナンス体制の双方の整備が必要であり，具体的には，プロセスとして，ビジネス戦略管理プロセスおよび統合的リスク管理プロセスならびにこれらを実効的に機能させるためのリスクアペタイトフレームワークが，また，ガバナンス体制として，リスク文化，リスクガバナンスおよび実績評価・報酬体系を整備していく必要があることは，第Ⅰ部第5章で説明したとおりである。金融機関としては，自らのビジネスモデルの持続可能性を高めるために，これら一連のプロセスおよびガバナンス体制が妥当か否かについて，独立した目線から定期的に検証することが必要となる。

　これまで説明してきたとおり，ビジネスモデルの持続可能性は，リカバリープランにおけるリバースストレステストと，包括的シナリオ分析の実施を通じて検証していくこととなるが，ここでの検証は，こうしたビジネスモデルの持続可能性の検証を含めた一連のプロセス・体制が適切に整備・運営されているかどうかを，これらから独立した者が第三者的に行う検証を意味している。このような検証を行うためには，ビジネスモデル監査として，取締役会が内部監査機能を通じて，ビジネス戦略に見合ったガバナンス態勢に必要な要素の整

424　第Ⅳ部　ガバナンス体制

備・運営状況について定期的に検証することが求められる。取締役会は，内部監査機能による検証において特定された欠陥や問題点について，取締役会自らも検証を行ったうえで，経営陣に指示を行うことで改善を促すとともに，ボードガバナンスを発揮するかたちで，当該指示に従い経営陣が当該欠陥や問題点の改善を行っているか否かについて監視およびフォローアップすることにより，持続可能なビジネスモデルの構築に向けたガバナンス態勢の強化を進めていくことが可能となる。

② 持続可能なビジネスモデルのためのPDCAサイクル

　このようなビジネスモデル監査は，持続可能なビジネスモデル構築に向けたPDCAサイクルの一環として位置付けられる。

　持続可能なビジネスモデルは，**図表Ⅳ－5－1**に示すようなPDCAサイクルを通じて，金融機関自身により，取り巻く環境の変化に応じて改善を実施し，その持続可能性を高めていくことが必要となる。

　これまで説明してきたとおり，金融機関においては，まず，自らを取り巻く外部要因の変化や，内部要因である自社の競争優位性や強み・弱みを踏まえ，かつ最近の規制環境の変化の背景となる基本的考え方や金融当局が求める水準を理解することが必要となる。これらを踏まえ，ビジネス戦略，ビジネスプラン（バリューチェーン，収益計画，リスクアペタイトなど），リカバリープラン，資本計画などの原案を検討し，自らが直面するトップリスクやエマージングリスクを特定・整理したうえで，リスクが顕在化することを想定した包括的シナリオ分析を通じて持続可能性を検証し，戦略および計画の策定を行うこととなる（図のPLAN）。

　こうして策定される種々の戦略および計画を執行していくにあたり，ビジネス戦略管理プロセスと統合的リスク管理プロセスの整備や，リスク文化を踏まえたリスクアペタイトフレームワーク，リスクガバナンスおよび実績評価・報

第5章 ビジネスモデル監査　425

図表Ⅳ-5-1　持続可能なビジネスモデル構築に向けたPDCAサイクル

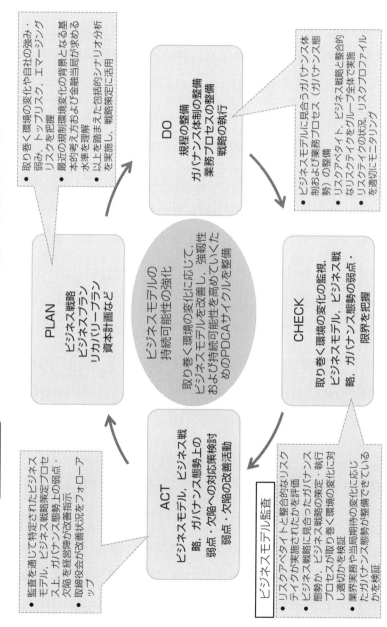

酬体系の整備を通じて，ビジネス戦略に見合うガバナンス体制と業務プロセスを構築するとともに，リスクアペタイトやビジネス戦略と整合的なリスクテイクをグループ全体で実施していくことが必要になる。各ビジネスラインにより行われるリスクテイクについては，グループのセカンドラインを通じて，リスクプロファイルの状況を含めてグループ横断的に適切にモニタリングされる（図のDO）。

　そのうえで，取り巻く環境の変化を監視しつつ，ビジネスモデルやビジネス戦略，ガバナンス態勢の弱点や限界を把握し，その改善のために行われるのが，内部監査部門を通じたビジネスモデル監査である。ここでは，ビジネス戦略管理プロセスと統合的リスク管理プロセス，リスク文化やリスクアペタイトフレームワーク，リスクガバナンスおよび実績評価・報酬体系という，持続可能なビジネスモデルの構築に向けた一連のプロセスおよびガバナンス体制が，規制環境や当局の期待の変化に応じ，ビジネス戦略に見合った妥当なものとして整備されているか否かについて検証が行われる。そのうえで，フロント部門においてリスクアペタイトと整合的なリスクテイクが実施されたか否かを評価するとともに，金融機関を取り巻く環境の変化に応じ，ビジネス戦略の策定・執行プロセスが適切なものとなっているかについての検証も行われることとなる（同図のCHECK）。

　かかるビジネスモデル監査を通じて特定されたビジネスモデルやビジネス戦略策定プロセス，またはガバナンス態勢上の弱点や欠陥について，取締役会自身による検証を経たうえで，経営陣に対し，必要な改善が指示されることとなる。その際，必要な改善が現場で行われることを確保する観点から，ビジネスモデル監査の結果は，取締役会だけでなく，執行を担う経営陣に対しても直接伝達されることが重要となる。そのうえで，取締役会は，経営陣の改善に向けた取組みと改善状況をフォローアップし，こうした一連のプロセスを通じて，持続可能なビジネスモデルを支えるガバナンス態勢の改善・強化を図っていくこととなる（同図のACT）。

③ ビジネスモデルの持続可能性の検証

(1) 検証の概要

　ビジネスモデルの持続可能性の検証のためには，第Ⅰ部第5章で説明したように，金融機関はビジネス戦略に見合った実効的なガバナンス態勢（プロセスとガバナンス体制）を整備する必要がある。このうちプロセスについては，ビジネス戦略管理プロセスおよび統合的リスク管理プロセスならびにこれを実効的なものとする実効的なリスクアペタイトフレームワークを整備し，また，ガバナンス体制については，リスク文化，リスクガバナンスおよび実績評価・報酬体系を整備することが求められる。これらのガバナンス態勢を構成するそれぞれの要素に関する整備・運営状況については，完全性と実効性の2つの観点からの検証を行うべきと考えられる。

　完全性の側面は，これらガバナンス態勢の各構成要素について，それぞれに必要となるリスクアペタイトステートメントや方針・規程の整備といった文書化や，必要な組織体制やシステム構築といった体制面の整備について検証するものである。他方，実効性の側面は，これら完全性の側面で構築された体制に基づき実際に実効的な運用がなされているかについて，関連する会議体における議論の状況の検証や，ビジネス戦略やリスク管理を執行する部門に対するヒアリングなどを通じて検証を行うものである。

　なお，かかるビジネスモデルの持続可能性の検証にあたっては，それぞれの金融機関のビジネス特性やリスクプロファイルを踏まえ，業界における良好な実務（グッドプラクティス）の水準を参考にしつつ，自社グループが目指すべき水準感を設定し，監督当局からの期待も勘案しながら，目標とする水準感を達成しているか否かを検証していくことが必要となる。その際，業界実務の水準については，その規模・特性・リスクプロファイルなどに応じて，業界をいくつかのティアに分類し，自社グループがどのティアに属するかを判断したう

図表Ⅳ-5-2　実効的なリスクアペタイト枠組みに係る原則

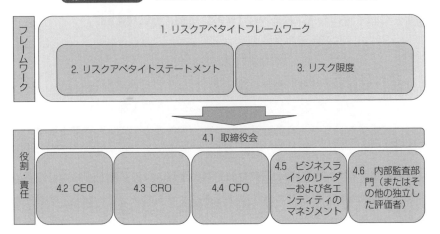

えで，当該ティアに属する金融機関が目指すべき水準をゴールとして設定するかたちで監査を実施していくことが望ましい。

　そして，実際の検証にあたっては，例えば実効的なリスクアペタイト枠組みに係る原則や堅実なリスクガバナンス実務，銀行のためのコーポレートガバナンス諸原則といった，金融安定理事会やバーゼル銀行監督委員会が公表している関連諸原則などを参照しながら，国際的に求められる水準を踏まえつつ，持続可能なビジネスモデル構築に向け必要なビジネス戦略策定プロセスと，それを支えるガバナンス体制の完全性と実効性をそれぞれ評価していくこととなる。例えば，**図表Ⅳ-5-2**は，実効的なリスクアペタイトフレームワークの構築に関し，金融安定理事会が公表した実効的なリスクアペタイト枠組みに係る原則の大枠を示したものである。同文書は，大きく分けて，リスクアペタイトフレームワークとして満たすべき事項と，取締役会や経営陣，関係部署に係る役割と責任に関して満たすべき事項から構成されており，その主要な内容については第Ⅲ部第6章や第Ⅳ部第1章および第2章における説明に含まれているが，ビジネスモデルの持続可能性を検証するビジネスモデル監査にあたっては，リスクアペタイトフレームワークの実効性を検証することがその基礎となる。例

えば，リスクアペタイトフレームワークについては，フレームワークそのものが満たすべきものと，それを踏まえ策定されるリスクアペタイトステートメントや，リスクアペタイトフレームワークの中で設定されるリスク限度が満たすべき要件が明確にされている。これらにつき，ステートメントなどで明記されているかが完全性の検証の例となり，ステートメントなどに記載されていることを踏まえ実際に議論が行われているか否かを確認するのが実効性の検証の例となる。また，取締役会などの役割・責任についても同様に，これらが方針・規程などで明確化されているか否かの確認は完全性の検証となり，それを踏まえ取締役会などで実際に議論が行われているか，あるいは実際に指示が行われているか，改善が求められる事項につき改善を行っているか否かといった点の検証を行うものが実効性の検証となる。

(2) 検証プロセス

このようなビジネスモデル監査については，**図表Ⅳ-5-3**に示すようなプ

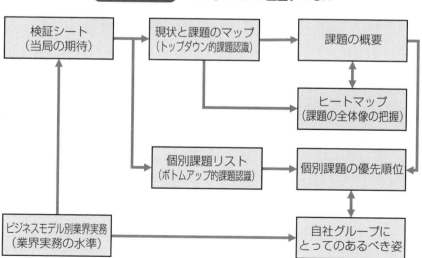

図表Ⅳ-5-3　ビジネスモデル監査プロセス

430　第Ⅳ部　ガバナンス体制

ロセスで進めていくことが考えられる。

　まず，前述のように，ビジネス戦略を支えるリスク文化やリスクアペタイトフレームワーク，リスクガバナンスおよび実績評価・報酬体系に関し，自社と同じようなビジネスモデルを有する他の金融機関における良好な実務の水準を，リスク文化，戦略と計画策定，意思決定プロセスおよびガバナンス体制ごとに整理を行う。また，個別のテーマである包括的シナリオ分析やリカバリープラン，経営情報システムの整備については，テーマごとに業界実務の水準をまとめる。

　以上の業界実務および自社のビジネス特性やリスクプロファイルなども踏まえたうえで，自社として目指すべき水準を設定する。その際，業界実務の整理と同様，リスクアペタイトフレームワーク全般に係る論点と，リカバリープランなど個別論点ごとに目指すべきゴールを設定する。あわせて，業界実務の水準と，当該ティアに属する金融機関に対する監督当局からの期待水準，そして金融安定理事会やバーゼル銀行監督委員会が作成しているガイダンスやガイドライン，国内における関連規制などを踏まえ，実際にビジネスモデル監査を行うための検証シートを，例えば**図表Ⅳ－5－4**のようなものとして策定する。

　この検証シートは，完全性に係る検証項目と，実効性に係る検証項目の両方の項目から構成される。内部監査を通じた検証の結果，主に取締役会や監査委員会向けにトップダウン的に完全性および実効性を一覧できるよう，「Ⅰ．リスク文化と戦略・計画」，「Ⅱ．意思決定プロセス」および「Ⅲ．ガバナンス体制」のそれぞれについて，実効的なリスクアペタイトフレームワーク構築の観点から求められるフレームワークそのものと，取締役会などの役割・責任それぞれにつき評価結果の概要をまとめるとともに，より細かい検証項目ごとの完全性および実効性を一覧できるようヒートマップを作成する。前者については，**図表Ⅳ－5－5**に表すように，ピラミッド上でこれを整理することによって，全般的な課題の概要を把握するとともに，現時点において充足されていない点について，今後充足を目指していくのか，あるいはビジネスモデルに照らし自社においては必ずしも整備の必要がないという説明を行うのか，すなわちコン

図表Ⅳ-5-4　ビジネスモデル監査のための検証シート例

貴社にとってのあるべき姿（個別テーマ）

貴社にとってのあるべき姿（全体像）
Ⅰ. リスク文化, 戦略と計画　Ⅱ. 意思決定プロセス

個別のテーマ（シナリオ分析, リカバリープラン, コンダクト, MIS）

ビジネスモデル別業界実務（ガバナンス）

ビジネスモデル別業界実務（プロセス）

ビジネスモデル別業界実務（戦略と計画）

ビジネスモデル別業界実務（企業文化, リスク文化）

	フレームワーク
革新的	常にフロン……新的なビジネスを展開することから, 独創性・革新性を重んじ, 非伝統的なビジネスに伴うリスクテイクを積極的に行……するリスク文化を有する。一方で, 革新的なビジネスを展開する……に伴い, コンプライアンリスクやコンダクトリスクについては特に慎重な姿勢。基本的に, 積極的なリスクテイクを評価す……を構築。
先進的	革新的な金融機関と比較すると, 確立したビジネスを中心に総合的な金融サービスを, 国境横断的に広く分散された形で提供することから, 主に……ビジネスや手数料ビジネスに伴うリスクテイクを積極的に行おうとするリスク文化を有する。国際的なビジネスを営むことから, 各国当局からの期待水準も高く, コンプライアンスリスクや……リスクについては慎重な姿勢。バランスのとれたリ……を評価する評価・報酬体系。
堅実な	先進的な金融……に伝統的な商業銀行ビジネスや手数料ビジネスに伴うリスクテイクを積極的に行おうとするリスク文化を有する。各国当局からの……は, 革新的・先進的金融機関と比較すると相対的に低い……コンプライアンスリスクやコンダクトリスクについて……姿勢。バランスのとれたリスクテイクを評価する評価・報酬体系。
限定的	伝統的な商業銀行ビジネスを中心に, あくまでも特定の地域や特定の金融サービスに軸足を置くことから, 当該特定の地域等に対するサービス提供に伴う……テイクを積極的に行おうとするリスク文化を有する。コンプライアンスリスクについては慎重な姿勢。地域やサービスが……ていることから, 限られた地域・サービスの中での成果を積極的に評価する評価・報酬体系。

第Ⅳ部　ガバナンス体制

図表Ⅳ-5-5　全般的な課題の概要マップ

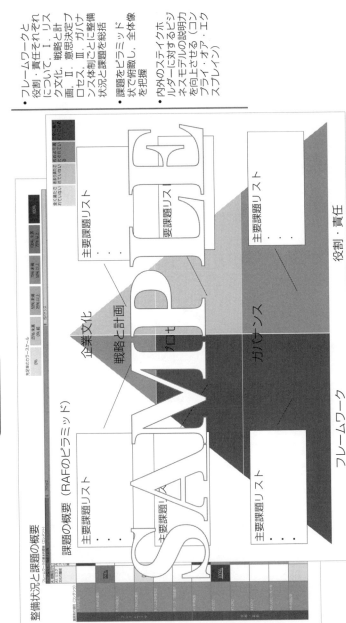

- フレームワークと役割・責任それぞれについて、Ⅰ．リスク文化、Ⅱ．戦略と計画、Ⅲ．意思決定プロセス、Ⅳ．ガバナンス体制ごとに整備状況と課題を総括
- 課題をピラミッド状で俯瞰し、全体像を把握
- 内外のステイクホルダーに対するビジネスモデルの説明力を向上させる（コンプライ・オア・エクスプレイン）

プライ・オア・エクスプレインを通じて，監督当局や株主など，対外的な説明力を高めていくことが求められる。

　一方で，検証結果を踏まえ改善が必要な項目については，経営陣の指示のもと，各部署において改善が図られることとなるが，そのために**図表Ⅳ－5－6**に示すように，個別項目ごとに完全性および実効性それぞれについての課題（個別課題）の概要をまとめる。その際，充足率とあわせて課題として指摘された項目の改善が急を要するか否かの緊急度と，実際に改善を図るにあたっての難易度を評価する。一般的に，完全性を充足するための文書化などは比較的短期間で実施することが可能となるが，実効性を確保していくために必要なシステム投資や新規の人員確保などは難易度が高くなる。最終的にどこを優先的に改善していくべきかは，経営陣および取締役会により議論・承認が行われる必要があるが，監督当局の期待水準と業界実務を踏まえ設定した目指すべきゴールを踏まえ，優先順位を付けていくこととなる。そのうえで，実際の改善活動を担当部署が実施し，取締役会がその実施状況をモニタリングすることで，リスクアペタイトフレームワーク全体の完全性および実効性を継続的に改善することにより，ビジネスモデルの持続可能性を高めていくことが求められる。

④ ビジネスモデル監査における監査委員会および内部監査の役割

　このように，ビジネスモデル監査については，内部監査部門が主としてビジネス戦略を支えるガバナンス態勢（プロセスとガバナンス体制）の検証を独立的かつ客観的立場から実施することとなる。より具体的には，内部監査部門は，リスクアペタイトフレームワークの設計やその実効性のほか，組織文化・リスク文化，ビジネスプラン策定，報酬評価制度，意思決定プロセスとの連関を含めたリスクアペタイトフレームワークの実効性，および監督当局からの期待に沿ったものとなっているかなどについて，独立的かつ客観的な立場から評価を行う。また，リスクアペタイトに関してリスクプロファイルをモニタリングす

434　第Ⅳ部　ガバナンス体制

図表Ⅳ-5-6　個別課題の整理マップ

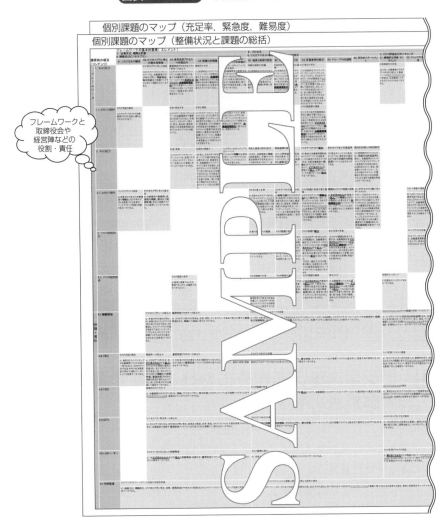

るために用いられるリスク計測手法やリスク限度枠の抵触状況とそれに対する対応状況，経営情報システムの設計や実効性についても評価を行うことが求められる。

かかる内部監査部門によるビジネスモデル監査を行う過程としては，**図表Ⅳ－ 5 － 7** に示すように，まず，独立性の確保された内部監査部門によって策定されたビジネスモデル監査計画が，監査委員会によって議論および承認される。内部監査部門は，監査委員会により承認された内部監査計画に基づきビジネスモデル監査を実施し，上記のようなリスクアペタイトフレームワークの実効性のレビューおよびリスク管理を含めた内部統制におけるリスクの特定と評価ならびにリスクコントロールとしてのマネジメントアクションの妥当性と有効性の検証およびモニタリングを含む監査の実施状況について，監査委員会に必要な報告を行うこととなる。その際，監査の結果指摘された課題につき改善が必要と認められる事項については，その実効性を高める観点から，取締役会や監査委員会のみならず，経営陣に対しても直接報告を行うことが望ましい。

⑤ 監督当局との対話

このように金融機関においてビジネスモデル監査がなされ，持続可能なビジネスモデルの構築に向けたリスクアペタイトフレームワークの強化が継続的に実施されているかどうかについては，**図表Ⅳ－ 5 － 8** に示すように監督当局が金融機関と対話を行うことによって検証されることとなる。

具体的には，まず，監督当局は，金融機関によるリスクテイクが，取締役会が承認したリスクアペタイトステートメントと整合的であることを確保すべく，ビジネス戦略や経営計画に関する文書や，取締役会への報告その他の資料を検証することで，取締役会がどのようにリスクアペタイトを決定，実施およびモニタリングしているかを把握することとなる。かかる監督当局による検証においては，金融機関において，最高リスク責任者が，金融機関のニーズを満たし，監督当局の期待に沿うような適切なリスクアペタイトを経営陣として策定して

436　第Ⅳ部　ガバナンス体制

図表Ⅳ-5-7　ビジネスモデル監査における監査委員会と内部監査の役割

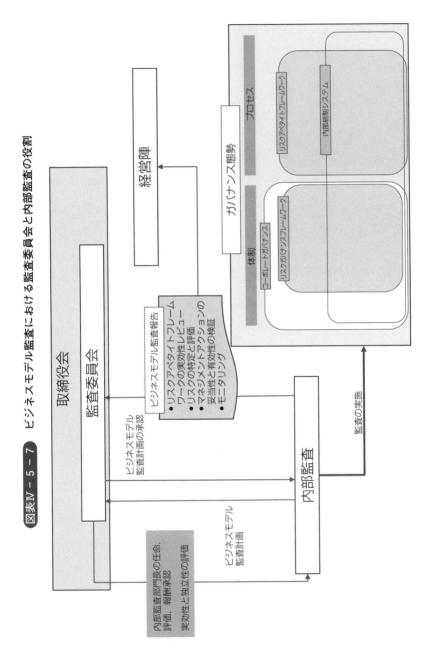

第5章 ビジネスモデル監査 437

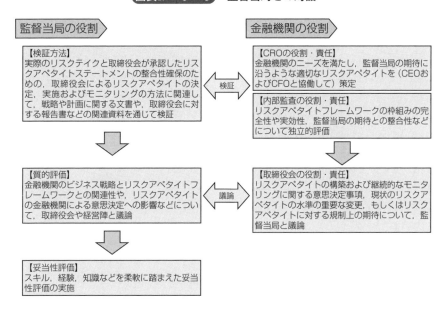

図表Ⅳ-5-8　監督当局との対話

おり，また，内部監査部門が，リスクアペタイトフレームワークの設計およびその実効性，ならびに監督当局からの期待に沿ったものであることを独立的かつ客観的な立場で定期的に評価しているか否かの検証も行われる。

　そのうえで，監督当局は，例えば，金融機関のビジネス戦略がどのようにリスクアペタイトフレームワークと関連付けられ，リスクアペタイトがどのように金融機関の意思決定に影響を与えたのかについて，取締役会や経営陣と議論することによって，リスクアペタイトフレームワークの質を評価する。この過程で，金融機関の取締役会との間で，リスクアペタイトの構築および継続的なモニタリングに関する意思決定事項，現状のリスクアペタイトの水準の重要な変更，ならびにリスクアペタイトに対する規制上の期待について，活発な議論が行われる。したがって，取締役会はこうした事項について，常に監督当局に対して適切な説明が行えるよう準備をしておくことが求められる。

　以上の検証を通じて，監督当局は，そのスキル，経験および金融機関に関す

る知識を柔軟に応用して，リスクアペタイトフレームワークの妥当性を評価する。評価の結果，リスクアペタイトフレームワークの実効性や妥当性が十分ではないと判断される金融機関については，改善を促したり，必要に応じて監督上の措置を発動したりすることによって，直接的に改善を求めていくこととなる。

　内部監査部門による金融機関におけるリスクアペタイトフレームワークの運用に係るPDCAサイクルの独立検証の実施およびそれを補完する形での監督当局による検証を通じて，リスクアペタイトフレームワークの実効性を高め，ビジネスモデルの持続可能性を高めることに，ビジネスモデル監査の大きな目的があるわけである。

参考文献

第Ⅰ部

英『エコノミスト』編集部（2012）『2050年の世界―英『エコノミスト』誌は予測する』文藝春秋

─────（2017）『2050年の技術―英『エコノミスト』誌は予測する』文藝春秋

坂本龍一・河邑厚徳（2002）『エンデの警告「地域通貨の希望と銀行の未来」』日本放送出版協会

ドネラ・H・メドウズ（2015）『世界はシステムで動く　いま起きていることの本質をつかむ考え方』栄治出版

─────ほか（1972）『成長の限界―ローマクラブ「人類の危機」レポート』ダイヤモンド社

トマ・ピケティ（2014）『21世紀の資本』みすず書房

NIRA研究報告書（2011）『時代の流れを読む―自律と連帯の好循環―』総合研究開発機構

松田卓也（2013）『2045年問題　コンピューターが人類を超える日』廣済堂書籍ヨルゲン・ランダース（2013）『2052 今後40年のグローバル予測』日経BP社

レイ・カーツワイル『シンギュラリティは近い　人類が生命を超越するとき』NHK出版

Financial Stability Board（2016）"Guidance on Arrangements to Support Operational Continuity in Resolution"

───────（2013）"Recovery and Resolution Planning for Systemically Important Financial Institutions: Guidance on Identification of Critical Functions and Critical Shared Services"

───────（2013）"Recovery and Resolution Planning for Systemically Important Financial Institutions: Guidance on Developing Effective Resolution Strategies"

第Ⅱ部

上田雅夫・生田目崇（2017）『マーケティング・エンジニアリング入門』有斐閣

エイドリアン・J・スライウォツキー（2008）『大逆転の経営』日本経済新聞出版社

─────（2002）『ザ・プロフィット　利益はどのようにして生まれるのか』ダイヤモンド社

─────（2001）『デジタル・ビジネスデザイン戦略』ダイヤモンド社

エイドリアン・J・スライウォツキー，デイビッド・J・モリソン（1999）『プロフィット・ゾーン経営戦略』ダイヤモンド社

坂本雅志（2014）『CRMの基本』日本実業出版社

佐藤隆文（2010）『金融行政の座標軸－平時と有事を超えて』東洋経済新報社

ジェイ・B・バーニー（2003）『企業戦略論（上・中・下）』ダイヤモンド社

ジョアン・マグレッタ（2012）『〔エッセンシャル版〕マイケル・ポーターの競争戦略』早川書房

日本総合研究所　経営戦略研究会（2008）『この1冊ですべてがわかる　経営戦略の基本』日本実業出版社

堀公俊（2013）『ビジネス・フレームワーク』日本経済新聞出版社

マッキンゼー・アンド・カンパニー（2016）『企業価値評価［第6版］（上・下）』ダイヤモンド社

マーク・ジェフリー（2017）『データ・ドリブン・マーケティング　最低限知っておくべき15の指標』ダイヤモンド社

目黒謙一・栗原俊典（2014）『金融規制・監督と経営管理』日本経済新聞出版社

ロバート・サイモンズ（2003）『戦略評価の経営学』ダイヤモンド社

Banking Committee on Banking Supervision (2017) "Consultative Document: Sound Practices: Implications of fintech developments for banks and bank supervisors"

──── (2014) "A Sound Capital Planning Process: Fundamental Elements"

Financial Stability Board (2017) "Financial Stability Implications from FinTech"

──── (2017) "Guidance on Continuity of Access to Financial Market Infrastructures ("FMIs") for a Firm in Resolution"

──── (2016) "Key Attributes Assessment Methodology for the Banking Sector"

──── (2014) "Key Attributes of Effective Resolution Regimes for Financial Institutions"

──── (2013) " Recovery and Resolution Planning for Systemically Important Financial Institutions: Guidance on Recovery Triggers and Stress Scenarios"

第Ⅲ部

北野淳史・緒方俊亮・浅井太郎（2014）『バーゼルⅢ　自己資本比率　国際統一／国内基準　告示の完全解説』金融財政事情研究会

佐藤隆文（編著）（2007）『バーゼルⅡと銀行監督』東洋経済新報社

日本証券アナリスト協会（編）（2009）『新・証券投資論　Ⅱ─実務編─』日本経済新聞出版社

目黒謙一・栗原俊典（2014）『金融規制・監督と経営管理』日本経済新聞出版社

Financial Stability Board (2017) "Stocktake of efforts to strengthen governance frameworks to mitigate misconduct risks"

──── (2013) "Principles for an Effective Risk Appetite Framework"

Banking Committee on Banking Supervision (2017) "Consultative Document: Stress testing principles"

──── (2017) "Supervisory and bank stress testing: range of practices"

──── (2013) "Principles for effective risk data aggregation and risk reporting"

──── (2009) "Principles for sound stress testing practices and supervision"

第Ⅳ部

天谷知子（2013）『金融機関のガバナンス』金融財政事情研究会

池田唯一・中島淳一（監修）・佐藤則夫（編著）（2017）『銀行法』金融財政事情研究会

江頭憲治郎（2017）『株式会社法［第7版］』有斐閣

川本裕子（2015）『金融機関マネジメント』東洋経済新報社

小山嘉昭（2012）『詳解　銀行法［全訂版］』金融財政事情研究会

田中亘（2016）『会社法』東京大学出版会

目黒謙一・栗原俊典（2014）『金融規制・監督と経営管理』日本経済新聞出版社
経済産業省（2017）『コーポレート・ガバナンス・システムに関する実務指針（CGSガイドライン）』
———（2017）『企業価値向上に向けた経営リーダー人材の戦略的育成についてのガイドライン』
東京証券取引所（2015）『コーポレートガバナンス・コード』
Basel Committee on Banking Supervision (2015) "Corporate governance principles for banks"
——— (2014) "External audit of banks"
——— (2012) "Core Principles for Effective Banking Supervision"
——— (2012) "Internal audit function in banks"
——— (2010) "Compensation Principles and Standards Assessment Methodology"
Financial Stability Board (2014) "Guidance on Supervisory Interaction with Financial Institutions on Risk Culture"
——— (2013) "Thematic Review on Risk Governance - Peer Review Report"
Financial Stability Forum (2009) "FSF Principles for Sound Compensation Practices"

　上記のほか，金融庁の公表する金融行政方針・金融レポート，監督指針，日本版スチュワードシップ・コードその他の公表文書，ならびに他の各種国際機関または各国の金融規制監督当局・中央銀行・処理当局・取引所などが公表する指針やガイドラインその他の文書についても参考とした。

索　引

英数

4つのコントロールレバー ········ 83, 391
5 Forces分析 ····························· 220
CCAR（包括的資本分析レビュー）
································· 249, 315
DFAST ································· 315
EaR（Earnings-at-Risk）··············· 245
EVE（Economic Value of Equity）··· 245
GDP ································· 17, 20
Ｐ２Ｐ（ピア・トゥー・ピア）送金··· 37
PDCAサイクル ··············· 39, 55, 92,
194, 255, 289, 298, 395, 424
PEST分析 ····························· 217
SCAP（監督資本評価プログラム）··· 315
SWOT分析 ····················· 229, 322
VaR（Value-at-Risk）··················· 245
VRIO分析 ··························· 222

あ行

アカウンタビリティ（説明責任）
································· 88, 375, 392
アクションプラン ··············· 167, 307
アセット型ビジネス ··················· 124
アラームポイント ··············· 183, 186
イディオシンクラティック（固有）
シナリオ ····················· 185, 317
意図した戦略（intended strategy）
································· 83, 216
インフラ型ビジネス ··················· 117
エコノミックファンクション ··········· 60
エマージングリスク
················· 39, 219, 226, 317, 361, 383

エマージングリスクの特定方法 ······ 284
オペレーショナルリスク
················· 98, 214, 225, 233, 243, 385
オムニチャネル
················· 37, 41, 44, 133, 134, 147

か行

海外子会社 ····························· 411
外部環境分析 ··························· 98
外部環境リスク ··········· 96, 213, 217
外部要因 ····················· 51, 96, 213
カウンターシクリカル ··················· 57
価格競争力向上戦略 ··················· 113
ガバナンス体制 ··········· 50, 55, 342
ガバナンス態勢 ······ 49, 54, 81, 339
ガバナンスモデル ··················· 347
監査委員会 ········ 343, 351, 362, 388, 435
監査委員会の構成 ··················· 365
監査委員会の役割 ··················· 364
監査等委員会設置会社 ················· 342
監査補助人 ··························· 366
完全なプラットフォーム ········ 132, 134
管理機能横断的プロセス ··············· 255
危機管理態勢 ··························· 186
危機に対する強靭性 ····················· 51
企業価値リスク ··· 100, 217, 234, 242, 300
企業構造分析 ··························· 173
企業文化 ····················· 55, 353
技術力活用戦略 ··················· 112
基層文化 ····················· 82, 86, 390
キャピタルアクション ··········· 46, 190
キャピタルアクション分析 ··········· 201
キャピタルアクション分析シート ···· 206

境界体系 ･･････････････････ 83, 88, 391
競合分析 ･･････････････････････････ 98
競合リスク ･････････････ 96, 213, 220
競争優位性 ･･･････････ 112, 130, 222
競争優位性向上戦略 ･･･････････････ 112
競争優位性分析 ･･･････････････････ 98
緊急時対応策 ･･････････ 164, 242, 251, 404
金融以外のプラットフォーマー
　･･･････････････ 114, 128, 159, 220
金融システムとの連関性 ････････････ 79
金融のプラットフォーム
　･････････････････ 33, 107, 113, 128
クライシスマネジメント（危機管理）
　･･････････････････････････････ 45
クリティカリティ ･･････････ 60, 72, 76
クリティカルシェアードサービス
　･････････････････････ 64, 74, 175
クリティカルファンクション
　･･･････････････････ 60, 74, 80, 175
クリティカルファンクションの特定方
　法 ･･････････････････････････ 62
グループ一体的管理 ･･･････････････ 402
グループ一体的内部管理プロセス ･･･ 253
グループ会社の取締役会 ･･････････ 408
グループガバナンス ･･････ 339, 345, 400
グループガバナンス態勢 ･･････････ 405
グループ共通機能 ･･･････････････ 402
グループ構造 ･･･････････････････ 400
クロスセクション分析 ･･････････ 18, 32
経営会議 ･････････････････････ 372
経営会議の役割 ･･･････････････ 372
経営側の委員会 ･･･････････････ 352
経営管理機能 ･･････････････････ 256
経営資源 ･･････････････ 120, 141, 157
経営情報システム（MIS）････ 55, 325, 384
経営陣の監督 ･････････････････ 353
経営と監督の分離 ･･････････････ 343

経済システムとの連関性 ･････････ 78
決定論的手法 ･･･････････ 243, 245, 317
コアコンピテンス ･･････････ 133, 153
コア戦略 ･･････････････････ 51, 110
コア度 ･･･････････････ 58, 66, 72, 76
コアビジネスライン ･･･････ 58, 74, 173
コアビジネスラインの特定方法 ･･･････ 58
コーポレートガバナンス
　･･･････････････ 53, 339, 341, 347
コーポレートガバナンス委員会 ･･････ 351
顧客視点からの実績評価 ･･････････ 39
顧客チャネル ･･･････････････ 37, 39, 147
顧客中心主義 ･･･････････････ 33, 141
顧客中心の商品・サービス ･･･････････ 39
顧客中心のビジネスモデル
　･･･････････ 33, 39, 112, 141, 278
顧客との連関 ･･･････････････････ 78
顧客ニーズ ･･････ 36, 39, 141, 144, 152, 220
顧客本位の業務運営 ･･･････････ 275, 288
コンダクトリスク
　･･･････････ 39, 275, 277, 361, 385
コンダクトリスクのリスクアペタイト
　････････････････････････････ 282
コンダクトリスク管理 ･･･････････ 280
コンダクトリスク管理態勢 ･･････････ 281
コンティンジェンシープラン ･･･････ 80
コンピテンス ･･･････ 120, 132, 141, 153
コンプライアンス委員会 ･･････････ 351
コンプライアンス部門 ･･･････ 380, 384
コンプライアンスリスク ･･･････････ 385

さ行

サードライン ･･･････ 345, 380, 387, 418
サービスピラミッド構造 ･･････････ 117
最高経営責任者（CEO）････ 372, 373, 420
最高コンプライアンス責任者（CCO）
　････････････････････････ 344, 385

最高財務責任者（CFO）・・・・・・・・・・・・・373
最高リスク責任者（CRO）
・・・・・・・・・・・・・・・・・・・・・・・344, 373, 383
財務アドバイス・・・・・・・・・・・・・・・・・・・・・120
財務分析・・・・・・・・・・・・・・・・・・・・・・・・・・・173
財務リスク・・・・・99, 215, 219, 233, 243, 300
サクセッションプラン・・・・・・・・・・・・・91, 376
サクセッションプランニング・・・367, 420
シームレスなリスク管理態勢・・・207, 252
事業継続計画（BCP）・・・・・・・・・・・・・51, 108
時系列的視点・・・・・・・・・・・・・・・・・・・・・10, 32
自己完結型のリスク管理・・・・・・・・・・・・・379
自己資本管理・・・・・・・・・・・・・・・・・・・・・・・189
自己資本管理機能・・・・・・・・・・・・・・・・・・・256
自己資本充実度評価・・・・・・・189, 198, 316
自己資本の十分性・・・・・・・・・・・・・・・・・・・189
資産負債管理（ALM）・・・・・・・・・・・・・・・・・45
資産負債管理機能・・・・・・・・・・・・・・・・・・・257
資産負債戦略・・・・・・・・・・・・・・・・・・・・・・・257
資産負債のリスクファクター・・・・・・・・・・98
市場特性活用戦略・・・・・・・・・・・・・・・・・・・112
市場との連関・・・・・・・・・・・・・・・・・・・・・・・・78
システミックシナリオ・・・・・・・・・・・185, 317
システムダイナミクス・・・・・・・・8, 219, 321
システム連関性・・・・・・・・・・・・・・・・・・・・・・76
持続可能なビジネスモデル
・・・・・・・・・・・・・・・・・・・・・・・3, 49, 94, 322
持続可能なビジネスモデルの構築の全
　体像・・・・・・・・・・・・・・・・・・・・・・・・・・・・・・54
実効的なコミュニケーションおよび
　チャレンジ・・・・・・・・・・・・・・・・・・・・87, 393
実効的なリスクアペタイトフレーム
　ワーク・・・・・・・・・・・・・・・・・・・・・・・・・・・391
実効的なリスクガバナンス・・・・・・・・・・・391
実績評価・報酬体系
・・・・・・・・・・・・・・・・・55, 83, 90, 391, 413
シナリオ分析・・・・・・・・・・94, 243, 297, 361

資本計画・・・・・・・・・・・・51, 100, 108, 189, 373
資本計画策定プロセス・・・・・・・・・・・・・・・195
資本政策・・・・・・・・・・・・・・・・・・・・・・・・・・・193
指名委員会・・・・・・・・・・・・・・・343, 351, 420
指名委員会等設置会社・・・・・・・・・・・・・・・342
指名委員会の構成・・・・・・・・・・・・・・・・・・・370
指名委員会の役割・・・・・・・・・・・・・・・・・・・367
社会経済システムの不確実性
・・・・・・・・・・・・・・・・・・・4, 30, 95, 213, 219
収益管理・営業推進機能・・・・・・・・・・・・・257
収益計画・・・・・・・・・・・・・・・・51, 108, 160
収益性のリスクファクター・・・・・・・・・・・・98
主要法人・・・・・・・・・・・・・・・・・67, 74, 173
上申プロセス・・・・・・・・・・・・・・・・・・・・・・・377
商品・サービス開発力・・・・・・・・・・・・・・・154
商品ポートフォリオ戦略・・・・・・・・・・・・・112
商品流通のプラットフォーム
・・・・・・・・・・・・・・・・・・・・・・・115, 117, 123
情報のプラットフォーム
・・・・・・・・・・・・・・・・・・・114, 117, 123, 145
人事ローテーション・・・・・・・・・・・・・・・・・395
診断型コントロールシステム
・・・・・・・・・・・・・・・・・・・・・・・・・83, 90, 391
スイッチング（乗り換え）・・・・・・・119, 126
ストックから発生する損益・・・・・・・・・・・234
ストックのリスクファクター
・・・・・・・・・・・・・・・・・・・・・・・214, 225, 227
ストック変数・・・・・・160, 216, 227, 243, 300
ストレスシナリオ
・・・・・・・・・・・・・・・・161, 196, 271, 299, 306
ストレステスト・・・・・・・・・・・・94, 245, 361
ストレステストプログラム・・・・・・・・・・・311
スリーラインズディフェンス
・・・・・・・・・・・・・・・・・・・281, 344, 350, 378
成長戦略・・・・・・・・・・・・・・・・・・・・・・51, 110
セカンドライン
・・・・・・・・・・・・281, 294, 344, 380, 382, 418

セカンド・ラウンド・エフェクト
　　………………………………57, 175
セパラビリティの分析方法…………66
セパラビリティ（分離可能性）
　　………………………52, 66, 71, 73
全社的なビジネス戦略…51, 94, 108, 373
全体的ストレステスト………………312
専門委員会………………………343, 351
戦略固有リスク……97, 213, 223, 243, 300
戦略執行リスク………98, 213, 228, 300
戦略・収益・資本・リスク・コンプラ
　　イアンスの一体的プロセス………249
戦略リスク…………99, 215, 234, 242, 300
相互依存性………………………………174
相互連関性…………………68, 79, 174
創発的戦略（emergent strategy）
　　………………………………83, 216
ソリューション型サービス
　　………………37, 120, 152, 156
ソリューション提供戦略……………112
存続不能ポイント……171, 183, 303, 328

た行

代替的キャピタルアクション
　　………………101, 190, 202, 299
代替的キャピタルアクションプラン
　　………………101, 191, 195, 202
対話型コントロールシステム……83, 391
ダブルベット戦略……………………119
地域循環型経済………………………136
地域通貨…………………………………136
地域トップ型ビジネス………………135
低コスト型ビジネス…………………134
定性リスクアペタイト………………332
定量リスクアペタイト………………332
定量リスクアペタイト指標…………332
デジタル化されたプラットフォーム　137

デジタル活用型ビジネス……………130
デジタル通貨……………………34, 42
統計的手法……………………243, 245
統合的リスク管理プロセス………53, 240
投資アロケーション……………263, 265
投資手段・投資商品……………………266
投資スタイル……………………263, 264
投資セグメント…………………263, 265
投資戦術…………………………………264
投資戦略…………………………………263
投資戦略検討プロセス………………268
投資哲学…………………………260, 262
投資方針…………………………………260
独自シナリオ……………………………315
トップダウンおよびボトムアップの双
　　方向のコミュニケーション………308
トップダウンシミュレーション
　　………………………………183, 186
トップの姿勢（tone at the top）
　　………………………………86, 392
トップリスク
　　…………217, 226, 269, 317, 361, 383
取らないリスク…………………………86
トリガーポイント……183, 186, 271, 328
取締役……………………………………358
取締役会……………343, 349, 381, 414
取締役会議長……………………………359
取締役会の運営…………………………359
取締役会の構成…………………………358
取締役会の役割…………………………352
取締役候補者の選定……………………368
取締役の評価……………………………369
取引市場型ビジネス……………………124
取引プラットフォーム………………124
取るリスク………………………………86
トレード・オフ……………116, 127, 149

な行

内部監査機能 ································· 55
内部監査部門 ··········· 366, 380, 387, 433
内部通報制度 ······························ 392
内部通報手続 ······························ 377
内部統制システム ············ 343, 364, 374
内部要因 ······················ 51, 96, 213
ネットワーク効果 ···················· 119, 126
ノンコアビジネスライン ······ 58, 74, 173

は行

バリューチェーン ······ 132, 140, 160, 222
バリューチェーン分析 ···················· 140
バリューチェーンリスク
································· 98, 214, 225, 243
ヒートマップ ························ 296, 320
ビジネスコンダクト ······················ 278
ビジネス戦略 ··················· 49, 54, 353
ビジネス戦略管理プロセス
································· 53, 98, 212, 235
ビジネス戦略検討プロセス ············· 303
ビジネス戦略に係るリスク ······ 7, 97, 211
ビジネス戦略の最適化 ··················· 51
ビジネス戦略モデル ······················ 49
ビジネスプラン ··············· 51, 108, 160,
307, 308, 353, 373
ビジネスポートフォリオ ········ 49, 56, 72
ビジネスポートフォリオの強靭性 ······ 51
ビジネスポートフォリオの最適化 ······ 72
ビジネスモデル監査 ········ 355, 388, 423
ビジネスモデルの構成要素 ············· 49
ビジネスモデルの持続可能性
································· 46, 102, 423
ビジネスモデルの持続可能性向上
································· 171, 176
ビジネスモデルの持続可能性の検証

································· 427
ビジネスモデルの分析 ··········· 170, 173
ヒストリカル法 ··························· 317
表層文化 ················· 82, 88, 90, 390
ピラミッド型ビジネスポートフォリオ
································· 117
ファーストライン ······ 281, 294, 345, 379
フィデューシャリー・デューティー
（受託者責任）························· 276
風評リスク ······························· 279
複合シナリオ ····························· 185
部分的ストレステスト ·················· 313
フューチャーフォーサイト
································· 39, 284, 292, 295
プラットフォーム戦略 ·················· 112
プラットフォームビジネス ······ 107, 113
ブレークスルー戦略 ···················· 113
プロアクティブなリスク管理 ········· 172
フローから発生する損益 ··············· 234
フローのリスクファクター
································· 214, 225, 227
フロー変数 ········ 160, 216, 227, 243, 300
ベースラインシナリオ
································· 161, 196, 299, 305
包括的シナリオ分析 ····· 55, 193, 302, 383
包括的資本分析レビュー ··············· 315
包括的ストレステスト ······ 312, 315, 322
報酬委員会 ········ 343, 351, 362, 376, 414
報酬委員会の構成 ······················ 372
報酬委員会の役割 ······················ 370
報酬体系 ································· 355
ボードガバナンス ············· 53, 55, 343
ポジショニング戦略 ·········· 51, 110, 112
ホライゾンスキャニング ··············· 285

ま行

マーケットコンダクト ·················· 278

マネジメントアクション
……57, 95, 99, 242, 270, 286, 300, 307
マネジメントアクションの検討
………………………………183, 229
マネジメントアクションの洗出し‥‥272
マネジメントモデル‥‥‥‥‥‥‥‥347
持株会社の取締役会‥‥‥‥‥‥‥‥407
持株会社方式‥‥‥‥‥‥‥‥‥‥‥401
モニタリングモデル‥‥‥‥‥‥342, 347

や行

有価証券運用管理プロセス‥‥‥‥‥260
有価証券運用戦略‥‥‥‥‥‥‥‥‥259

ら行

ライフサイクル‥‥‥‥‥‥‥‥41, 121
ライフステージ‥‥‥‥‥‥‥‥41, 121
利益相反‥‥‥‥‥‥‥‥275, 278, 356
利益相反委員会‥‥‥‥‥‥‥‥‥‥351
利益相反関係‥‥‥‥‥‥‥‥‥‥‥290
利益相反管理‥‥‥‥‥‥‥281, 288, 361
利益相反管理プロセス‥‥‥‥‥289, 293
利益相反の類型化‥‥‥‥‥‥‥‥‥292
利益相反リスク‥‥‥‥‥‥‥‥‥‥385
リカバリーオプション
………164, 171, 179, 190, 203, 242, 307
リカバリーオプションのリストアップ
………………………………………176
リカバリーオプションのリストアップ
の方法………………………………179
リカバリー戦略‥‥‥‥167, 171, 178, 251
リカバリープラン（再建計画）
……51, 72, 108, 164, 229, 242, 251, 404
リカバリープラン・プロジェクト‥‥167
リスクアペタイト‥‥‥‥‥94, 199, 244,
324, 328, 355, 361, 374, 377, 382

リスクアペタイトステートメント
………………………326, 355, 362, 373
リスクアペタイトフレームワーク‥‥55,
83, 86, 242, 255, 297, 324,
340, 355, 362, 364, 400, 404
リスクアペタイトフレームワークの目
的………………………………………334
リスク委員会
……………343, 351, 360, 364, 371, 384
リスク委員会の構成‥‥‥‥‥‥‥‥363
リスク委員会の役割‥‥‥‥‥‥‥‥360
リスクガバナンス
……………53, 83, 339, 355, 360, 374
リスクガバナンスの役割‥‥‥‥‥‥88
リスクガバナンスフレームワーク
………………………………364, 377, 382
リスク管理部門‥‥‥‥‥‥380, 382, 385
リスク管理プロセス‥‥‥‥‥‥195, 297
リスクキャパシティ
……………88, 188, 199, 244, 327, 361
リスク限度‥‥‥88, 199, 244, 327, 361, 382
リスクシナリオ‥‥‥‥‥161, 196, 299, 306
リスクドライバー‥‥‥7, 97, 217, 220, 320
リスクファクター‥‥‥‥‥‥‥‥7, 225
リスク文化‥‥‥‥‥‥‥‥55, 82, 283,
296, 353, 355, 360, 370, 382, 389
リスク文化監査‥‥‥‥‥‥‥‥‥‥396
リスク方針‥‥‥‥‥‥‥‥355, 361, 374
リバースストレステスト
………………171, 176, 300, 303, 312
レゾリューションプラン‥‥‥72, 165, 404
レゾルバビリティ‥‥‥‥‥‥‥‥52, 69
レゾルバビリティの分析方法‥‥‥‥69

わ行

ワークショップ分析‥‥‥‥‥‥‥‥285

《著者紹介》

栗原　俊典（くりはら　としのり）所長

安田信託銀行，野村セキュリティーズ・インターナショナルのマネージング・ディレクター，野村IBJグローバル・インベストメント・アドバイザーズのプレジデントを経て，金融庁に入庁。金融庁では，統括検査官，広島大学大学院客員教授，検査局バーゼルⅡ検査指導室室長，バーゼル銀行監督委員会関連部会メンバーを歴任。2010年から2014年までプロモントリー・フィナンシャル・ジャパン専務取締役。2015年1月より現職。

北野　淳史（きたの　あつし）マネージング・ディレクター

金融庁へ入庁し，検査局を経て，総務企画局にてバーゼル銀行監督委員会の作業部会に参加。その後，監督局にて国際基準行に対するバーゼルⅢの実施，国内基準行に対する新しい自己資本規制案の策定やG-SIFIのリスク管理，ストレステスト，再建計画の検証および処理計画の策定に関わる。その後，プロモントリー・フィナンシャル・ジャパンを経て，2015年1月より現職。

古宇田　由貴（こうだ　ゆき）マネージング・ディレクター

国内大手銀行にて市場業務などを経験後，プロモントリー・フィナンシャル・ジャパンにて金融機関に対し，ガバナンス態勢，リスク管理，RRP策定などに関わる。2015年1月より現職。

緒方　俊亮（おがた　しゅんすけ）弁護士

2006年10月から2016年6月まで長島・大野・常松法律事務所弁護士。うち2010年10月から2013年9月まで金融庁監督局健全性基準室に出向し，国際統一基準行に対するバーゼルⅢの実施や国内基準行に対する新しい自己資本比率規制の策定を主に担当し，バーゼル銀行監督委員会の作業部会にも従事。2016年7月より現職。

愛敬　祥文（あいきょう　よしふみ）上級コンサルタント

国内大手銀行で，法人営業，資本市場業務や日本国債ディーリングに携わった後，銀行証券子会社にて一般債ディーリング部門を統括。その後，外資系証券会社で一般債ディーリング，JGBプロップディーリング業務に従事した後，会計事務所勤務を経て，PwCあらた有限責任監査法人に入社，2015年11月より現職。

〈編者紹介〉

PwC総合研究所合同会社

PwC総合研究所は，PwC Japanグループの一員として，PwCグローバルネットワークを活かした知の集積およびその活用ならびに情報の発信とクライアントに対する専門的助言を通じた付加価値の創造および提供を通して，クライアントの成長および社会・経済の持続的な発展に貢献することを目指しています。とりわけ，日本の金融慣行を熟知する専門家集団として，国内外の市場に対し，PwC Japanグループとしての見解・提言などを示すというシンクタンクとしての任務のみならず，クライアントが抱える新たな規制などへの戦略的かつ包括的な対応，およびリスク管理やガバナンス態勢の高度かつ先進的な取り組みに関して，幅広く助言および支援などを行うことで，クライアントの幅広いニーズに応えられるよう努めています。
詳細はwww.pwc.com/jp/ja/about-us/member/pwc-research-institute.htmlをご覧ください。

PwC Japanグループ

PwC Japanグループは，日本におけるPwCグローバルネットワークのメンバーファームおよびそれらの関連会社（PwC総合研究所合同会社，PwCあらた有限責任監査法人，PwC京都監査法人，PwCコンサルティング合同会社，PwCアドバイザリー合同会社，PwC税理士法人，PwC弁護士法人を含む）の総称です。各法人は独立した別法人として事業を行っています。
複雑化・多様化する企業の経営課題に対し，PwC Japanグループでは，監査およびアシュアランス，コンサルティング，ディールアドバイザリー，税務，そして法務における卓越した専門性を結集し，それらを有機的に協働させる体制を整えています。また，公認会計士，税理士，弁護士，その他専門スタッフ約6,300人以上を擁するプロフェッショナル・サービス・ネットワークとして，クライアントニーズにより的確に対応したサービスの提供に努めています。
PwCは，社会における信頼を築き，重要な課題を解決することをPurpose（存在意義）としています。私たちは，世界158カ国に及ぶグローバルネットワークに236,000人以上のスタッフを有し，高品質な監査，税務，アドバイザリーサービスを提供しています。
詳細はwww.pwc.comをご覧ください。

本書は，一般的な情報を提供する目的で作成したものであり，いかなる個人または企業に固有の事案についても専門的な助言を行うものではありません。本書に含まれる情報の正確性または網羅性について保証は与えられていません。本書で提供する情報に基づいて何らかの判断を行う場合，個別に専門家にご相談ください。PwC総合研究所合同会社ならびにPwCグローバルネットワークの他のメンバーファームおよびそれらの関連会社は，個人または企業が本書に含まれる情報を信頼したことにより被ったいかなる損害についても，一切の責任を負いません。

©2018 PwC Research Institute (Japan) LLC. All rights reserved.
PwC refers to the PwC network member firms and/or their specified subsidiaries in Japan, and may sometimes refer to the PwC network. Each of such firms and subsidiaries is a separate legal entity. Please see www.pwc.com/structure for further details.
This content is for general information purposes only, and should not be used as a substitute for consultation with professional advisors.

金融機関のビジネス戦略
持続可能なビジネスモデルの構築に向けた態勢整備

2018年5月10日　第1版第1刷発行

編　者	PwC総合研究所	
著　者	栗　原　俊　典	
	北　野　淳　史	
	古宇田　由　貴	
	緒　方　俊　亮	
	愛　敬　祥　文	
発行者	山　本　　継	
発行所	㈱中央経済社	
発売元	㈱中央経済グループ パブリッシング	

〒101-0051　東京都千代田区神田神保町1-31-2
電　話　03 (3293) 3371 (編集代表)
03 (3293) 3381 (営業代表)
http://www.chuokeizai.co.jp/
製版／三英グラフィック・アーツ㈱
印刷／三　英　印　刷　㈱
製本／誠　　製　　本　　㈱

© 2018
Printed in Japan

＊頁の「欠落」や「順序違い」などがありましたらお取り替えいた
しますので発売元までご送付ください。(送料小社負担)

ISBN978-4-502-26341-5　C3033

JCOPY〈出版者著作権管理機構委託出版物〉本書を無断で複写複製 (コピー) することは,
著作権法上の例外を除き,禁じられています。本書をコピーされる場合は事前に出版者
著作権管理機構 (JCOPY) の許諾を受けてください。
JCOPY〈http://www.jcopy.or.jp　eメール：info@jcopy.or.jp　電話：03-3513-6969〉

2017年1月1日現在の基準書・解釈指針を収める
IFRS財団公認日本語版!

IFRS®基準 2017

IFRS財団 編　企業会計基準委員会
公益財団法人 財務会計基準機構　監訳

中央経済社刊　定価17,280円（分売はしておりません）B5判・4080頁
ISBN978-4-502-23701-0

IFRS適用に必備の書!

●**唯一の公式日本語訳・最新版**　本書はIFRSの基準書全文を収録した**IFRS Standards 2017**の唯一の公式日本語翻訳。2010年3月決算より、国際財務報告基準(IFRS)の任意適用がスタートしたが、わが国におけるIFRS会計実務は、日本語版IFRSに準拠することとなっているので、IFRS導入に向けた準備・学習には不可欠の一冊である。

●**使いやすい2分冊**　2010年版から英語版の原書が2分冊となったため、日本語版もPART AとPART B 2分冊の刊行となっている。各基準書の本文をPART Aに収録し、「結論の根拠」「設例」などの「付属文書」をPART Bに収録。**基準書本文と付属文書の相互参照も容易**となっている。

●**最新の基準と最新の翻訳**　第15号「顧客との契約から生じる収益」の明確化等の最新基準を収録したほか、2017年1月1日までの基準・解釈指針の新設・改訂をすべて織り込む。また、とくに改訂がなかった基準も、より読みやすい日本語訳を目指して訳文を見直した。
IFRSの参照に当たっては、つねに最新の日本語版をご覧ください。

中央経済社
東京・神田神保町1
電話 03-3293-3381
FAX 03-3291-4437
http://www.chuokeizai.co.jp/

収録内容
国際財務報告基準(IFRS)
国際会計基準(IAS)
解釈指針(IFRIC・SIC)
概念フレームワーク ほか　PART A収録
結論の根拠・適用ガイダンス・設例
用語集・索引ほか　PART B収録

▶価格は税込みです。掲載書籍は中央経済社ホームページ http://www.chuokeizai.co.jp/ からもお求めいただけます。